何火任

男，1938 年生，中共党员，曾在中华人民共和国外交部国际司工作。中国社会科学院文学研究所研究员，中国作家协会会员。曾任中国毛泽东诗词研究会常务副会长，现为中国毛泽东诗词研究会特聘顾问。

在中央和省市报刊上发表新体诗、旧体诗 100 余首；发表文学论文、评论等近 200 万字；出版专著、评论集《艺术情感》《当代文学论集》《文苑觅英》；编撰《谌容研究专集》《张洁研究专集》；参与主编《中国文学大辞典》、《毛泽东诗词大辞典》和《毛泽东诗词研究丛刊》（第一、二辑）；主编《中国当代名作家小传》《毛泽东颂诗大典》《老一辈革命家颂诗大典》等。

中国社会科学院
老年科研基金资助

中国社会科学院老年学者文库

贺敬之评传

何火任

著

社会科学文献出版社
SOCIAL SCIENCES ACADEMIC PRESS (CHINA)

目　录
CONTENTS

引　言

　　中国现代革命文学，从 1919 年"五四"新文学运动到 1942 年延安文艺整风，历经风风雨雨，走过 20 多年艰难曲折的路程。毛泽东在延安文艺座谈会上的讲话，像春风吹拂大地，催发了文艺百花园的勃勃生机，带来了革命文艺界又一次伟大的思想解放。于是，在革命圣地延安，在各抗日民主根据地，一大批革命青年作家脱颖而出，有如灿烂的群星，闪耀在祖国的夜空。贺敬之便是这灿烂群星中的一颗引人注目的新星。

　　贺敬之的名字，不能不使人立即想到从延安上演到新中国的新歌剧《白毛女》，想到从 1943 年唱到如今的革命歌曲《翻身道情》《南泥湾》，想到那大气磅礴、振聋发聩的长篇政治抒情诗《放声歌唱》《雷锋之歌》《中国的十月》《"八一"之歌》，想到那清新俊逸、意境深邃的精美短诗《回延安》《三门峡歌》《桂林山水歌》《西去列车的窗口》，想到那"烈士暮年，壮心不已"的新古体诗《富春江散歌》。

　　这些作品当然不是贺敬之佳作的全部，更不是他创作的全部，却是他奉献给中华民族文学宝库的璀璨明珠。贺敬之并非一个著作等身的多产作家，然而他常常以其厚积薄发、掷地有声的文学精品，震动了不断发展的文学时代，在中国现当代文学史上留下了他那坚实的闪光的足迹，谱写了他那独具思想艺术风采的篇章。

　　像文学史上许多卓有成就的作家无不受到时代的哺育一样，贺敬之也是时代的产儿。1938 年春，中国人民奋起抗日的台儿庄大战的连天炮火，将他这个年仅 13 岁的鲁南农家子弟，抛入了浪迹天涯的人生轨道。他紧紧追随山东流亡学校先在湖北均县后到四川梓潼，一边投入抗日救亡活动，一边求学，并与文学结下不解之缘，开始学习诗歌、散文创作。1940 年，未满 16 岁的贺敬之就奔赴延安，成为鲁迅艺术文学院文学系最小的学生，次年加入中国共产党，掀开了他人生的崭新一页。他那一系列歌颂延安新生活和控诉童年时代家乡农村黑暗现实的诗篇，受到文艺界和读者的青睐。1944 年，在延安如火如荼的新秧歌运动中，他被陕甘宁边区文教大会授予"乙级文教英雄"称号。1945 年春夏间，他熔铸集体智慧，充分调动自己的生活积累和艺术才华，主笔创作了中国新歌剧的扛鼎之作《白毛女》，他时年才 20 岁，年轻剧作家贺敬之的名字，开始轰动华夏大地。

贺敬之并没有沉醉在已经获得的引人瞩目的成就和名声中，而是乘着时代的风浪，扬起奋进的征帆，继续奔向革命人生更远大的航程。1945 年 9 月，他随华北文艺工作团从延安出发，长途跋涉，到达华北新解放区，以诗歌和剧作为武器，积极投入中国人民解放战争的伟大事业中。1947 年 6 月，他在冀中下到野战军部队，并在解放沧县的激烈战斗中立功受奖。

就是这位吃着延安的小米饭、喝着延河流淌的"乳汁"长大的接受过人民解放战争炮火洗礼的著名作家贺敬之，在新中国成立后，长期默默无闻地辛勤工作在人民戏剧战线上。自 1956 年发表《回延安》到 1963 年《雷锋之歌》问世，他迈着快捷而有力的步伐向着中国诗歌园地里政治抒情诗这一独秀的巅峰攀登。他以惊天动地的澎湃激情，放声歌唱祖国和人民，歌唱中国共产党，歌唱新的时代生活，歌唱新时代哺育的新英雄。"文革"十年，他被剥夺了创作的权利，受到迫害，胸中深埋着炽烈的愤怒的感情火焰。当"四人帮"被历史的铁拳粉碎，诗人胸中这火焰便喷射出来，他又一次放声歌唱党和人民的伟大胜利，歌唱社会主义祖国的再度新生。1978 年起，党和人民将文艺领导工作的重担放在了贺敬之的肩头。他在思想文化领导岗位上为新时期社会主义文艺事业的繁荣发展而呕心沥血，同时在诗歌园地里独辟蹊径，开始了中国"新古体诗"即古体歌行创作的探索。

半个多世纪来，贺敬之走过了一条漫长的人生道路。这是一条真诚而坚定的革命者的道路，一条质朴而刚毅的战士的道路，一条始终与祖国和人民同呼吸、共命运的革命剧作家、社会主义诗人的道路。正是在这条独特的艺术和人生的道路上，铸就了贺敬之那革命战士兼作家的独特气质、性格和灵魂，形成了他的文学创作所独具的思想艺术风貌与魅力。

革命现实主义和革命浪漫主义相结合，是贺敬之孜孜以求的艺术境界。中华民族源远流长的文学艺术，历来就存在着现实主义和浪漫主义两大潮流，存在着作家艺术家倾向于现实或是倾向于理想的区别。在现代文学史上，鲁迅和郭沫若就分别代表了革命现实主义和革命浪漫主义的两座高峰，树立了两个光辉的典范。贺敬之继承和发扬了中国优秀的文学传统，特别是鲁迅和郭沫若的革命文学传统。就贺敬之独特的生活经历所形成的独特的性格和气质来说，他更加钟情于革命浪漫主义。他努力吸取中国历代和国外积极浪漫主义的思想艺术精髓，融入自己反映和讴歌新中国社会主义现实生活的诗歌创作，使他的许多优秀政治抒情诗深蕴一种独具个性色彩与风格的革命浪漫主义的文学精神，这是一种对共产主义理想抱有坚定信念、对革命事业充满信心、满怀革命豪情的精神，一种不懈地追求真理与正义、追求崇高、追求真善美而憎恶假恶丑的精神，一种善于透过黑暗看到光明并百折不挠地奔向光明的精神，一种始终注目于时代大潮而不惧暗礁与旋涡的大无畏精神，一种将个人的"小我"融入人民的"大我"从而正气浩然、胸怀坦荡的精神。

贺敬之艺术生命中的"恋母"情结，是形成他的创作个性与艺术风格的一个深层的原因。贺敬之的童年生活是贫穷而凄怆的，然而他有一位给予自己无限慈爱的母亲。这一位中国普通农村妇女的善良温柔、勤劳朴实、忠厚正直的品性，在贺敬之的精神世界里植入了不可更易的基因。在他那幼小的心灵中，母亲是慈祥、高尚、美好的象征，也只有母亲才是人世间至亲至爱、至善至美的人。贺敬之投入革命怀抱后，特别是到了革命摇篮延安后，在同学、老师、战友、领导的眼中，他仍然是个"小孩子"，总是得到无微不至的关怀、照顾和爱抚，享受到革命大家庭更多的温暖，渐渐地，"母亲"的精神和形象在他的心灵世界里得到了升华，她不仅是慈祥、高尚、圣洁、美好的象征，而且是伟大、崇高、神圣、壮美的象征，是他的人格精神力量的依仗和寄托。于是，在他的心目中，在他的许多诗歌作品中，"祖国""人民""共产党""毛泽东""延安""鲁艺""革命集体"都是"母亲"。面对"母亲"，他总有说不完的心里话，唱不完的动人的歌；面对

"母亲"，他总有无法割舍的深深眷恋的情怀，同生死、共患难的赤胆忠心。为了"母亲"，他总有一腔赴汤蹈火在所不辞的热血和无畏的献身精神，一种鞠躬尽瘁、死而后已的壮志豪情。

辩证文艺观的形成，是贺敬之的文学创作和艺术思维臻于成熟的重要标志。当贺敬之从黑暗、污浊的国统区，风尘仆仆投奔到革命根据地延安的怀抱后，在这个朴实、纯洁的少年的眼中，一切都是那么新鲜、明丽和美好，他对"解放区的天，是明朗的天"感受格外深切。在他加入中国共产党后，特别是在延安文艺座谈会以后，他的心灵、境界和思想感情得到进一步的净化和升华。他总是用一种光明、美好、赤诚和积极乐观的心态与眼光来看待世界，来看待他周围的一切，来看待革命事业的现实和未来。因此，在延安文艺整风之后，直到"文化大革命"之前，尽管他在自己的人生道路上曾屡受挫折，尽管他也曾意识到革命事业的艰巨性、曲折性和复杂性，然而在他的笔下，在他的作品中，始终如一地真诚而热烈地歌唱光明。历经"文革"后，林彪、"四人帮"这伙在光明的新中国大造黑暗的家伙，使他进一步认识到，"歌唱光明和暴露黑暗，从来是一个问题中不可或缺的两个方面"[①]，因而在自己的创作中应当"不仅见喜，也要见忧；不仅见此，也要见彼"[②]。作为一名历经了旧、新两种社会和"文革"前后新中国巨大变化的革命文艺老战士，贺敬之的政治观和文艺观中充满了辩证思维。在新时期，他正是用这种辩证文艺观给自己的诗歌创作注入了新的活力和生命力。当他走上文艺领导岗位后，更是用这种辩证文艺观来指导他所负责的文艺工作。比如，他反复强调：党对文艺的领导是要"坚持"但不是"僵持"，是要"改善"但不是"改掉"；社会主义文艺工作者不要走"老路"但也不要走"邪路"，不要"僵化"但也不要"自由化"；学习西方文艺既不要"因噎废食"，也不要"饮鸩止渴"；等等。再比如，他多方面论证：文艺创作要注重形式美，但又不能因此抛弃思想内容而走向形式主义；无限夸大世界观对创作的制约作用是应当纠正的，但又不能由此认为文艺创作不受任何世界观的制约；一切为政治、一切从属于政治的文

---

① 《贺敬之诗选·自序》，山东人民出版社，1979。
② 《贺敬之诗书集·自序》，《诗刊》1993 年第 6 期。

艺观是必须改正的，但又不能导致要所有作家和所有作品都排除政治内容；只许歌颂光明、不许暴露黑暗是完全错误的，但又不能否定在历史发展的总趋势上光明是主流；等等。显然，贺敬之努力将马克思主义的辩证文艺观贯穿于他的文艺创作和文艺领导工作的方方面面，这是难能可贵的。

从现代中国新文学到新中国社会主义文学是一脉相承的，也是不断发展的。在近一个世纪中，中国现当代文学由向西方开放，到只注重吸收苏联和其他少数国家革命文艺经验的半封闭，到逐渐走向完全的自我封闭，再到向世界各国优秀文艺学习的全方位开放，确实经历了一个曲折的螺旋式上升的演进过程。贺敬之正是在这样的时代文化背景中步入文坛并走向成熟的一名革命作家。他的生活道路与人民革命的行程同轨，他的创作道路与文学时代的发展同步，然而他的人生和艺术的道路又是相当独特的。贺敬之早年深受鲁迅、郭沫若、艾青、田间、臧克家等老一辈革命作家的影响，同时努力向马雅可夫斯基、惠特曼、歌德、普希金等世界巨匠的文学作品学习，后来又不断地从中国优秀的古代文学和民间文学中吸取丰富的营养。他以自由体新诗创作起步，而以新歌剧创作成名，又以政治抒情诗的创作确定了他在文学史上的特殊地位，继而以"新古体诗"的创作展现出他晚年丰富的精神世界和不懈追求诗体创新的探索精神。贺敬之是著名剧作家，又是著名诗人，也是长期处于重要文艺领导岗位的著名文论家。他对现当代中国文学发展的贡献是多方面的、卓有成就的。

文坛上，对贺敬之及其创作的评价仁者见仁、智者见智。无疑，就像他的文学创作的思想艺术特色十分鲜明一样，他的作品中的时代和个人的局限性也十分明晰，这正是贺敬之艺术个性的生动表现。的确，贺敬之的人生道路是平坦的又是曲折的，他的精神世界是单纯的又是复杂的，因此，他的创作内蕴是那么丰富、深邃而富有魅力。要真正认识贺敬之及其创作，就必须从时代的进程和他自己的人生轨迹的交叉点上，客观地实事求是地进行认真考察和透视。这样，我们就可以看到一个真实的、既是时代的儿子又独具个性风采的作家贺敬之。

第一章 勤奋好学的农家子弟

一 风雪夜，一只雏鸟诞生了

时代造就了作家，任何成就卓著的作家，都可以从他所生长的时代找到他所以取得那些成就的充分根据。德国著名诗人歌德在谈到时代与人的关系时曾说："时代给予当时的人的影响是非常大的，我们真可以说，一个人只要早生十年或迟生十年，从他自己的教养和外面的活动看来，便成为全然另一个人了。"① 奥地利著名心理分析学家 A. 阿德勒强调人的"早期的回忆是特别重要的"，认为"在所有心灵现象中，最能显露其中秘密的，是个人的记忆"。他说："从儿童时代起便记下的许多事情，必定和个人的主要兴趣非常相近，假使我们知道了他的主要兴趣，我们也能知道他的目标和生活样式。这件事实使早期的记忆在职业性的辅导中，有非常重大的价值。此外，我们在其中还能看出儿童和父、母，以及家庭中其他成员之间的关系。"② 当然，一个作家的成长和成熟，是在他漫长的人生道路上逐渐完成的。就一个革命作家来说，他的革命实践经历对于他的世界观、人生观和文艺观的形成及其创作成就的取得，尤其起着关键的决定性的作用。即使如此，他的故乡的人文环境和自然环境，他的童年时代的生活和记忆，

① 歌德：《歌德自传》，生活书店，1936，第 10 页。
② A. 阿德勒：《自卑与超越》，作家出版社，1986，第 66~67 页。

对于他的创作，对于他的思想感情及性格气质的形成，影响也是非常深刻和重要的。贺敬之曾说："我的成长主要是在以后的时代。当然，我家里比较穷，小时候在农村生活，虽然那时生活面不宽，但是印象很深，对我以后的创作很有影响。我的诗集《乡村的夜》里所描写的，实际上很多都是我小时候生活的记忆，当然不是真人真事，是根据当时农村生活那些记忆加工了的。《白毛女》第一幕里所写的过年呀，佃户受压迫呀，杨白劳自杀呀，那是我小时候从自己的父亲、叔叔、伯伯、亲戚朋友那里直接或间接得来的那些印象。我没有到地主家里具体生活过，但是我有时到农民家串门，听他们说过一些，当然以后的生活补充也很多，要不是小时候那些生活的记忆，我的那些诗啊，剧本啊，就写不出来。应该说，我对农民特别是贫苦农民的感情和生活知识，都与那时的生活有关系。"①

贺敬之于 1924 年 11 月 5 日（阴历十月初九日）出生在山东省峄县贺窑村（今属枣庄市台儿庄区薛庄乡）一个贫苦农民的家庭里。他于 1940 年 12 月在延安写的一首题为《雪，覆盖着大地向上蒸腾的温热》的诗中，是这样如泣如诉地描绘了他诞生时的凄凉景象：

> ……一九二四年，
> 雪落着，
> 风，呼号着，
> 夜，漆黑的夜……
>
> 在被寒冷封锁的森林里，
> 在翻倒了的鸟窠中，
> 诞生了一只雏鸟……

于是，在挂满蜘蛛网的破屋子里，他的祖母跪在屋角，连连地磕头祷告："天啊，俺喂他什么吃，——这个小东西！"而他的父亲，躲账在村庄

---

① 贺敬之 1994 年 3 月 16 日同笔者谈话记录。

的酒馆里，又赊了账，醉倒在柜台边。于是，贺敬之在诗中大声感叹："亲爱的同志，这就是我的自传的第一页：时代＋灾难＋母亲，这，我就生长起来。"①

正是在这样一个灾难的时代里，在一位贫寒母亲的温暖的怀抱中，贺敬之生长起来了。也许当他开始能记事的时候，他才得知，在那个大雪纷飞、漆黑寒冷的夜晚，在那间被阵阵刺骨的朔风刮得瑟瑟作响的小茅草屋里，一贫如洗的贺家迎接他这个呱呱坠地的头生儿子的，只有一块残缺的炕席，一把破烂的棉絮；他来到人世的第一声呼喊，唤起的只是祖母和母亲的连声叹息。这个穷苦的农家，又添了一张吃饭的嘴啊！

然而，细加考察，贺姓的族系是颇有来历的。据《贺氏族谱》记载：

> 贺氏居于会稽，至唐贺知章已五十余世矣。知章之后分居吴（今江苏苏州）。吴之后徙居卫州（今河南汲县），卫州之族繁伙。宋元祐间，贺铸字方回者，系知章十世孙也。方回仕归复居于吴，吴之族又繁今……明时，贺氏家族老先人长期在朝为官。1644 年明亡，先人希伦、希贤、希圣率子侄宦游北渡（沿运河）来到山东台儿庄……散居鲁南。

鲁南台儿庄地区处于二省（山东、江苏）六县（腾县、峄县、临沂、郯城、铜山、邳县）的交界处。这一特殊的地理位置，使该地区具有一种独特的人文环境。一方面，各地政治势力极难顾及这块灾难深重、民不聊生的土地，因此这里自古为盗匪出没之境，其中许多所谓"强盗""马子"（土匪）实际上是被残酷的阶级压迫和剥削逼出来的。另一方面，这里南临徐州，北依枣庄，西傍微山湖，津浦铁路纵穿南北，古运河横贯东西，境域优越，地势险要，历代志士仁人辈出，亦为兵家必争之地。太平天国运动时期，刘平在峄县南部率饥民万余组成"幅军"揭竿而起，高呼"劫富济贫，除霸灭强"的革命口号，攻城夺寨，被太平天国封为"北汉王"。抗

---

① 贺敬之：《并没有冬天》，上海泥土社，1951，第 60～62 页。

日战争中，台儿庄大战驰名中外，铁道游击队也在这一带神出鬼没，活跃异常。

贺窑村就坐落在台儿庄地区一个三面环山的平原上。历史上，贺窑村有时属兰陵县，有时属峄县，有时属铜山县。这是一个只有几十户人家百多口人的相当闭塞而贫穷的村庄。村里住有贺、王、张、韩四姓，贺姓最多。小村东倚翠屏山，北临大运河。村东约一里有座山叫东山，东山往东南延伸为磨盘山。村南穿过桥头村和姬楼村可见黑山，这是当地最高的山。桥头村向贺窑村西北而下有一条水沟叫西河，冬天干枯，夏季东山上泉水汩汩流出，清澈见底。村子四周筑有石头围墙，南、北各有两扇木门。村西有座石头堆起的楼，四四方方，像个古城堡。那座镶嵌在村中的茅草屋天主教堂，并未给信奉者带来任何福音。村民们世世代代主要靠种植高粱、白薯、小麦、谷子等农作物为生。不少农户还从东山上取来黄泥土烧制缸、盆、碗等陶器销售，"贺窑村"大概因此而得名。

贺敬之的家在贺窑村南北通道的东边，一座小院内挤着几间狭窄低矮的小茅草房，却生长着楝树、桑树、桃树和一丛石榴树，一棵高高的香椿树和一棵大槐树也从院里探出头来。大门面南而开，门外是集市。他家的上几辈本来聊足温饱，可是到他祖父这辈，兄弟四人分家，各分得土地无几，很快陷于贫困。家里仅有的一亩多地，主要由祖母和母亲耕种。他的父亲当粮食经纪人，每年到县上办个手续，逢集就在门口给买卖双方称量粮食，收取少许手续费，并扫起掉在地上的粮食颗粒，以补家中生计。

贺窑村和贺敬之的家，像当年北方许多贫穷的村庄和农家一样，有如一叶破旧的小舟，长期在时代的风雨和历史的浪涛中漂荡。贺敬之的童年时代，是在兵荒马乱、饥寒交迫的岁月中度过的。北洋军阀连年混战，地主豪强横征暴敛，国民党兵痞蛮横霸道，日本帝国主义者的铁蹄疯狂践踏，在那暗无天日的年代，许多农民被逼得妻离子散，家破人亡，走投无路，甚至铤而走险。一个个"老爷""财主""东家"却张开贪婪的大口，伸出残忍的魔爪。多少善良的妇女变成了"女鬼"，多少无辜老人身上烙下条条鞭痕，多少嗷嗷待哺的婴儿被抛弃在风雪地上奄奄一息，多少血气方刚的反抗者倒在鲜红的血泊中。小小的贺敬之，目睹了家乡父老陷于水深火热之中的悲惨景象，也饱尝了人世间百般的酸楚与艰辛。一次，国民党的兵半夜三更闯进家来，拿东西，要大烟抽，把他父亲打了一顿。还有一次，那是快要过年的时候，贺敬之的家里为了卖点钱，将辛辛苦苦养了一年的一头猪宰了，一个国民党兵见后，硬是掠走四分之一还多，让贺敬之跟着去连部拿钱，可到了连部，那个兵再也不出来。这个荒唐、痛苦的时代，在贺敬之幼小的心灵深处，留下了一道道无法磨灭的伤痕，萌生出朦朦胧胧的阶级意识，也播下了对黑暗旧社会仇恨的种子。

贺敬之的家乡，对于幼年贺敬之来说，既是凄怆的，也是秀美的，既给了他伤痛，也给了他欢乐。那里淳厚的民俗风情、独特的自然景观，在贺敬之儿时的精神家园里，有如大地般的质朴，梦幻般的神奇。土琵琶弹奏出悦耳的曲调，集场上演唱着引人入胜的"拉魂腔"，原野上放牛娃们吹响了牛角伴和着悠扬动人的牧歌，祭灶君时点燃的爆竹噼噼啪啪的轰响，晚风中传出天主教堂阵阵的钟声，还有那高粱叶上蝈蝈的吟唱，绿树林里知了的长鸣，这些是贺敬之小时候所倾听和欣赏到的最优美的音乐，最动心的旋律。桃花似火，李花如银，杏花闪霞，彩蝶翩翩起舞，蜜蜂吹着晨笛，疲惫的村庄散发出浓重的高粱酒味，高粱秆搭成的低矮的瓜屋前的凉棚里撒满荫凉，瓜地周围飘荡着新瓜蜜一样的气味和掺过新鲜麻汁的土壤的清香，流淌不息的小河中鱼儿活蹦乱跳，爬在黄牛背上的牧童滚落在河边的草地上，打水仗，扎猛子……啊，贺敬之儿时记忆的屏幕上，这种种气息多么浓烈扑鼻，这幅幅画面是多么美好动人。

一般农家孩子，也许被贫穷的生活重负压得直不起腰来，也许被美好的风土人情迷醉而不识人间愁苦，而幼年贺敬之高出普通儿童的地方，正是他能在承受生活的困厄中感受大自然的恩惠，在沉迷大自然的美好中省悟人世的辛酸。鲁南农村这块多灾多难而又淳厚美好的土地，哺育出自己多情多思而又纯朴正直的儿子。贺敬之那倔强而内向的性格，那爱憎鲜明、信理而不信邪的脾性，那内心炽烈如火而行为举止文质彬彬的气质，以及流注在他许多作品中的思想感情，都不难从他家乡那块土地对他的影响找出最初的印迹。儿童时代的贺敬之那独特的禀赋和个性，颇受乡亲们的珍爱与器重。他的族叔和小时的同学贺绅谟曾回忆说："童年时期的贺敬之，长得很讨人喜爱。圆胖的面庞，见人常带着微笑，不好多说话，说起话来很腼腆，有时有些羞涩。他性格善良，对同龄的小伙伴，能和睦相处，从没有和孩子们打架斗殴的不良行为。当时农村闭塞，没有学前教育，唯一的识字教育，就是识字卡片。他喜欢看旧小说上的人物画像。由于这些良好的表现，亲邻长辈都很喜欢他，祖父母更是爱如掌上珠。"①

贺敬之，这只风雪夜诞生的"雏鸟"，在鲁南农村那块贫瘠而美丽的土地上，在父母家人温暖的怀抱中，羽毛一天天丰满起来。这只小鸟将如何抖翅翱翔，又将飞向何方？

二　要善良正直，还要有骨气有出息

贺敬之的父母家人对贺敬之的性格、气质与人品的形成，对他的人生道路的最初抉择，产生过深刻的影响，起了重要的作用。

往上三辈，即贺敬之的曾祖父生四子：祖介、祖烈、祖祯、祖宜。贺敬之的祖父排行第二，名祖烈，生一子名典谟。典谟生四子一女，贺敬之为长子。"贺敬之"系学名，按家族辈分排行为"敬"字辈，"之"是他的大祖父祖介据文言虚词"之、乎、者、也"首字而起的，寓意深挚，希望这位孙子辈能成为一名知书识礼有学问的人。这是一个贫穷但颇有特色的农民家族。他们追求功名而怀才不遇，身处黑暗而向往光明，无可奈何又不甘受辱，以农为本又不善耕耘，于是在贫困里拼搏，在挤压中挣扎，在重负下抗争。祖父贺祖烈系清末童生，考秀才未中，但颇有才气，诗书文章较有根底，常为乡里撰写挽联、贺幛、碑文等，往往挥笔而就，词意贴切。他生活贫困但性格乐观诙谐，常顺口作诗以自嘲。他非常喜欢长孙贺敬之，终日抱在怀中，视为掌上明珠。贺敬之的堂叔贺明谟（贺祖宜之次子）为中共早期地下党员，参加了运河游击队，在抗日战争中部队转移时被日寇抓获，押解到台儿庄附近的大桥上，同其他被捕的中共地下党员17

---

① 贺绅谟：《贺敬之的青少年时代》，《台儿庄文史资料》第二辑，1990，第38页。

人一起，被日军用刺刀一一刺死，推入运河，顿时河水变红。

贺敬之的父亲贺典谟，只读过几个月的书，但聪颖过人，写字、画画均令人赞叹，能以劈竹画兰草，无不生态毕肖，一本《芥子园画谱》成为他倍加珍爱之物。他虽读书不多，却很有悟性，《聊斋志异》《三国演义》《水浒传》等古典小说，都能过目不忘，尽管不甚精通，但也会讲出故事梗概。由于那样的时代和家境，他的才能不可能得到发展，因此他颇有一种落魄之感。他不善农耕，以门前粮摊经纪人的微薄之酬金养家糊口，过着一种"水上漂"的生活。

万恶的旧社会，压得这位略带书生气的善良农民喘不过气来。有钱有势的人，耀武扬威，无恶不作，官绅兵痞对他百般欺凌。一年，国民党县政府一伙衙役拥着一个"官"途经贺窑村，贺敬之的父亲恰巧从围墙内门口走过，衙役不问青红皂白，抓住他就一顿狠揍，打得他头破血流。

面对强大的黑暗势力，作为一个普通农民，当然是无能为力的。然而他又是一位不认命、不畏强暴的有血性的农民，炽烈的反抗意识像火焰在他的胸膛里窜动、燃烧。他曾对贺敬之说："我要不就千方百计把你养大，将来由你为穷人报仇；要不我就攒钱买把盒子枪，把那有钱有势的坏家伙崩了！"①

显然，在贺敬之父亲的心灵世界里，既有着中国农民传统的纯朴、正直、耿介的品格，又有着中国知识分子那种扶弱抗强、疾恶如仇的人文精神。在村里，他好打抱不平，主持正义，爱说公道话，往往遭到那些有势力的人的忌恨、欺负与压制。他的心情长期极度痛苦，只好借酒消愁，因此好酒成癖。他深感自己生不逢时，出头之日无望，于是寄希望于儿子求学成才，将来能撑持门户，出人头地。为此，他不顾家境贫寒，节衣缩食，东挪西借，坚持供贺敬之上学读书。1939 年，他送奔赴湖北寻找山东流亡学校的贺敬之上路的第二年，由于内心郁闷，加之思子心切，饮酒过度，酒精中毒，不幸早逝，时年仅 39 岁。

幼年贺敬之从他父亲身上看到了耿直与骨气，又从他母亲身上深深感

---

① 贺敬之 1994 年 3 月 16 日同笔者谈话记录。

受到慈爱与善良。他的母亲那勤劳、朴实与贤良的素质，那吃苦耐劳、心灵手巧又爱子如命的动人形象，使贺敬之自小就形成了深沉的"恋母"情结。在漫长的革命征程和人生道路上，母亲在贺敬之的精神世界里，始终是一盏不灭的明灯。

谈到自己的母亲，贺敬之深情地说："我的母亲很爱我，因为我是她的头一个孩子。我很小的时候，她常带我到地里去搂柴火，夏天劈高粱叶子，秋天搂豆叶。记得有一次，我不小心掉进一口水汪（即小池塘）里去了，呛得不行，不会游水的母亲立即飞动小脚，不顾一切地扑进汪里捞上了我。有一年初冬，一天夜里忽然有人喊'土匪来了'，于是母亲抱着我躲进村北一片树林子里去，很冷，她用棉衣裹着我，披得紧紧的，风吹树叶哗哗响，我叫嚷：'把树都砍了，谁叫它刮风。'母亲拍拍我的头告诉我：'风不是树刮起的，是风吹树叶才响。'她就是这样教我知识，启发我的智慧。有时她对我讲故事很动情，像朗诵抒情诗似的，一次她对我讲：'那天啦，下着大雪，我上山打柴火去啊，忽然听得山沟里有个小孩哇哇哭呀，我跑过去一看，哟，那个小孩躺在冰窟窿里差点要冻死啦，我就把他抱回家来啦。那个小孩是谁呢？就是你呀！'我听着听着，就拼命'哇哇'大哭，我说：'我不是你抱回来的，我是你生的！'长大后我上学了，一年暑假我回家，母亲病得很厉害，瘦得不像样子，我痛哭一场。母亲硬撑着起来给我做饭……"① 贺敬之与母亲之间，真是情深似海。

贺敬之的母亲姓吴，江苏省邳县人。按旧社会男尊女卑的传统，她没有自己的名字，称"贺吴氏"。只是到新中国成立后，她到北京住在贺敬之身边，为了填户口，才起了个名，叫"吴纪国"。她嫁到贺家时，家庭人口多，除公婆外，还有四个姑姑，家境贫困。她几乎担起全部家务，拾柴、挑水，一亩多地也主要由她和婆婆耕耘，种点棉花之类的作物，作为一个小脚妇女，颇为不易。为了供贺敬之上学，她省吃俭用，食不果腹，衣不暖身。1938 年，长子贺敬之离家外出闯荡，第二年，她的丈夫早逝，不久婆婆也过世了。第三个儿子刚 4 岁，也因生病无钱医治而夭折。女儿不到

---

① 贺敬之 1994 年 3 月 16 日、18 日同笔者谈话录。

18岁，被人家用一百斤高粱骗婚娶走。这一连串沉重的精神打击和生活折磨，并没有压弯这位普通农村妇女的腰。她顽强地拼搏着，苦苦地挣扎着，仍然千方百计供第二个儿子和第四个儿子入学念书。她认为，穷人家的孩子，只有读书，有了知识和本领，将来家里才不会受穷，才能过好日子。

在贺窑村，无人不知贺敬之的母亲是一位能干、正直与贤惠的妇女。她不仅会种地，会干家务，还会做鞋，会裁剪缝纫衣服，也会接生。在家里，她任劳任怨，同嗜酒成癖又不善农耕的丈夫从未红过脸。村里人有什么活计需要她帮忙，她总是乐意相助。邻里间发生纠纷也常找她调解。尽管自家生活极为艰难，她还常常周济更贫穷的邻居。因此，她与村里左邻右舍、男女老少的关系都处得非常好。

贺敬之所受到的最早的文学熏陶，主要来自他的母亲。她不仅很爱听故事，也善于讲故事。在儿童时代贺敬之的心目中，母亲讲的民间故事，都是那么曲折而动人，如祭灶神、铁拐李等。特别是那个关于"老虎的接生婆"的生动故事，深深打动了幼年贺敬之的心：一个孤苦的接生婆，住在森林尽头一座矮小的茅屋里，秋天的一个深夜，敲门声把她惊醒，开门一看，见一只老虎伏在地上向她磕头，她又惊又怕："这是怎么啦？虎大哥，是叫我给你家接生去吗？"老虎点点头，又指指自己的背，老婆子就爬上虎背，来到一个山洞里。一只母老虎躺在洞里又哭又叫。可爱的小老虎终于接下了。母老虎用爪子抓抓小虎，又用舌头舔着它未干的皮毛。接生婆把小老虎抱在怀里，哼着催眠曲。公老虎到外头衔了一口清泉水，给接生婆洗净了手。她回家不久，年三十晚上，又听见推门，开门一看，门口躺着一头咬死的大肥猪。接生婆的年好过了，因为她在深山里结交了好朋友。贺敬之的母亲所讲述的这些动人故事，反映出这位勤劳妇女内心深处的美好与善良，这对贺敬之幼小的心灵，既是人间真情的教育，又是文学美感的启迪，也成为他后来一些诗歌创作的素材。

我们从新歌剧《白毛女》，从诗集《并没有冬天》和《乡村的夜》，从长篇政治抒情诗《放声歌唱》和《雷锋之歌》以及贺敬之的其他一些作品中，可以看出贺敬之的家乡、他的家人父母——特别是母亲，给予他的影响有多么深刻、多么强烈。我们更可以看到，贺敬之这个鲁南农家子弟，这个贫苦农民的儿子，他身上那种质朴与憨厚的本色，那种追求真理、向往光明的精神，那种同情与热爱劳动人民特别是贫苦农民的感情，那种真诚坦直、平易近人的素质，那种勤奋好学、百折不挠的品格，都有他的父母留给他的深深的烙印。

贺敬之从他的父母身上，获得了深挚的亲情之爱，也体味到穷人的苦难、劳动的艰辛，更深深感受到中国劳动农民传统的精神美德和父母各自独具的个性气质。这一切使得童年时代的贺敬之，渐渐悟出这样一个朴素而又影响终身的道理：人生活在世界上，要善良，要正直，还要有骨气，有出息。

三　出路在读书

峄县农村，当时一般的农民家庭，特别是贫苦农民家庭，思想相当保守和闭塞，对于读书并不怎么重视。他们的孩子入学启蒙，大都跟私塾先生念两三年"四书五经"，便改习他业，以求生存，而对于新式学校教育并不感兴趣。贺敬之的家庭在农家中比较特殊，从他的曾祖父、祖父到他的父母，相当重视后代的学业，都深深感到，生活在农村穷人家的孩子尤其应当上学读书，因为只有读书才不受人欺负，只有读书才有出路。

由于家庭的影响与熏陶，更由于贫困农家艰苦生活的磨炼，贺敬之自小就逐渐养成了吃苦耐劳、勤奋好学的品质，加之天资聪颖，思维敏捷，记忆力强，因此走上了求学成才之路，走上了天宽地阔的人生坦途。尽管这条人生之路是曲折艰难、荆棘丛生的，但他能以披荆斩棘、百折不回的精神，在这条路上苦苦探寻着人生的真谛与意义，一步步登上了他所锐意追求的文学的峰巅。

1932年，贺敬之8岁入本村小学读书。这所茅草房小学的校址就在他家的后面。教师名叫石同伦，教课很认真，大小楷毛笔字都写得颇有功力，深得学生及其家长们的尊敬。学校开办不到一年，学生猛增到40多人，年龄大的有十七八岁。贺敬之上一年级，个子最矮，年龄最小，但很老实、稳重，学习非常用功和刻苦。他聪慧过人，喜欢画画和写字，所学课程往往过目成诵，总是先交作业，各门功课常得高分。老师开始教汉语注音符号，许多同学读起来吃力发笑，而贺敬之每次几乎都拼写正确，发音准确。贺绅谟在回忆他这位族侄和小同学当时的学习与表现情况时说："幼年时期的贺敬之，不但天资聪明，勤奋好学，在平日表现上，也与普通儿童迥异。性格略呈内向型，但不孤僻，除学习外，一般的热闹很难惊动他，思想极为冷静，用'文质彬彬'来形容他，也恰如其分。如他家的门前，是逢集的粮食摊子，每年秋收后，总要唱上几个月的拉魂腔（即现在的柳琴戏），不过那个时候，道具简单，摆地摊出演，一般儿童哪个不去看热闹听唱？贺敬之虽然对家乡的艺术十分喜爱，却总是克制自己，尽量少去戏场听唱，而是在家学习。"①

在贺窑村小学念书三年后，少年时代的贺敬之面临人生道路上第一次重要的抉择。由于他勤奋刻苦，天分甚高，学识智力增长很快，本村小学显然不能满足他强烈的求知欲望。下一步他到底如何迈，往哪里走，当时有多条路可供他选择。一是入运河南涧头集的小学就读，校方可供食宿。二是到台儿庄镇上当学徒，学一技之长，虽然这未必不好，但出路也十分渺茫。贺敬之有幸的是，他是个好学上进的少年，他的父亲也是个明白人，因此，既没有送他上涧头集的小学，也没有送他到台儿庄镇当学徒，而是在他11岁那年，即1935年春天，由族人祖父辈、进步人士贺祖尧帮助，转学到北洛小学插班入四年级就读。

北洛小学设在峄县运河北边的北洛村。这所小学为该村孙业洪私人独资创办，经营十年，名冠全县。据山东史料记载，1932年，全县举办运动会，北洛小学夺得10项冠军；1933年举行全县小学毕业生会考，北洛小学毕业生，不但全体通过考试，并且获得第一名；这所小学的毕业生，革除了不升学的思想，绝大多数升入简师、初中，完成大学教育者亦居全县各小学之冠②。由于该校教学质量高，声誉大振，闻名遐迩，各地学生纷纷转学到这里读书。

---

① 贺绅谟：《贺敬之的青少年时代》，《台儿庄文史资料》第二辑，1990，第39页。
② 《山东文献》第一卷第一期，第109页。

孙业洪是国民党党员，任过国民党的乡长、区长、游击大队长、行署副主任、县参议员等职，曾投身抗日。当时他从峄县城请来老国民党员刘克敏任北洛小学校长，他自己担任总务主任。这两人办教育还是颇有一套办法的，比较热心，也很认真。他们的功劳就在于为学校聘来了水平相当高的好教师。这些教师中给予贺敬之影响特别深的主要有两位，一位叫崔宝之，一位叫梁吟鹤。他们都是胶东人，学识渊博，思想先进，为学校买来许多进步书籍，常给学生讲革命道理，介绍红军的消息。

贺敬之进入北洛小学，犹如走进一片新天地，思想大为开阔，学习更加勤奋刻苦。第一学期成绩较差，从第二学期起，他每学期考试成绩均名列第一，由于品学兼优，深得学校领导和任课教师的器重。他的家庭经济困难，贺祖尧及其他亲邻都尽力接济他，学校也免收学杂费，使他得以继续学习。

这期间，农村里残酷的阶级压迫，给贺敬之留下强烈的印象。那是发生在北洛小学旁边一个村庄里的事，贺敬之亲眼见到一个地主鞭打长工的惨景，那长工被打得遍体鳞伤。不久，贺敬之将这件事写进他的一篇作文里，引起老师和同学的共鸣。

在这所学校里，贺敬之不仅精修课业，还阅读了鲁迅、巴金、蒋光慈、叶紫等许多进步作家的作品，萧军的《八月的乡村》及外国的《爱的教育》等小说也曾深深吸引过他。特别是鲁迅的作品，如《离婚》《肥皂》等短篇小说，老师曾作为课外读物向他们认真分析讲解，使他激动不已，反复品读，不少句子都能背诵。

当时社会上正开展拉丁化新文字运动，在北平设立了拉丁化新文字学会总会，还出版拉丁化新文字的刊物和书籍。北洛小学的老师教学生学习拉丁化新文字，学校里成立了拉丁化新文字学会，贺敬之被推选为会长。他当时不仅能阅读拉丁化新文字书刊，还会用拉丁化新文字写信。在老师的指导下，他曾用新文字给北平总会写过一封信，得到老师和同学们的称赞。从当时的拉丁化新文字报刊上，他还得以知道红军到了哪里及西安事变等消息，知道了毛泽东、朱德的名字，也朦朦胧胧知道有共产党。

贺敬之在北洛小学就读的两年半中，接触到许多新鲜事物，学习了较为丰富的文化知识，进步文学的熏陶开始引起他对文学的兴趣，特别是他在这里第一次受到了革命的教育。这一切，对于贺敬之后来人生道路的选择，起了十分重要的作用。

1937年秋，贺敬之高小毕业，又面临着下一步怎么走的问题。还是由他的父亲决定，并在亲友的帮助下，他前往滋阳县（今属兖州区）投考山东省立第四乡村师范学校。这是一片穷学生角逐的天地。他们都知道，乡师毕业出来可以当小学教员，有一个较为可靠的谋生职业；在校学习期间每月还能得到8元钱的生活补贴①，可以解决伙食问题；还有，入乡师学习，年龄不受限制。对于出身于贫苦人家而又有志于求学的学生来说，这些无疑具有很大的吸引力。滋阳第四乡师又是当时鲁西南一带名气颇大的一所乡村师范，学校里教师水平相当高，其中绝大多数是毕业于北京大学、北京师范大学、南京金陵大学等名牌大学的本科生，这在考生们面前更增添了一层迷人的色彩。

贺敬之投考滋阳第四乡村师范学校那年，竞争尤为激烈。这年前往该校报考的学生达4000多人，而学校录取名额为100名，也就是说，40名考生中只能录取1名。为了保证招生质量，录取真正的优秀学生，学校采取了两次考试、两榜筛选的办法。第一次考试国语、算术、常识3门课程，择优预取300名，先淘汰3000多名；第二次考试除这3门课程外，并加体检与口试，再择优录取正取生100名，备取生20名。贺敬之在两次考试、两榜筛选中，都以优异成绩名列前茅，被录取为正取生，时年不满13岁。9月初开学，他入第四乡师第九级学习，是全班也是全校年龄最小、个子最矮的一位学生。他那出众的才华，受到全校师生的称赞。

这一录取消息震动了贺敬之的家乡。贺绅谟回忆说："贺敬之考取乡师回家后，家乡亲友无不为之庆祝。一致认为，小小年纪能考取省立学校，当时在运南②各村是绝无仅有的。那时运南农村凋敝，教育不发达，他能考取省立乡师，确是难能可贵的。这一消息不胫而走，很快传遍各乡，都认为贺

① 据贺绅谟在《贺敬之的青少年时代》一文中回忆，1937年以前乡师每月补贴学生生活费为5元。
② 运南系指运河南岸。

敬之是个奇才。"①

　　然而，个人的前途命运，总是同祖国和人民的前途命运息息相关。就在贺敬之考取滋阳第四乡师的时候，"七七"卢沟桥事变发生了，全国局势出现急剧变化。日本帝国主义者的铁蹄步步逼近山东。当时的山东省主席韩复榘，消极应付日本侵略者，轻易放弃黄河天险，屯兵20万于宁阳观战，形势咄咄逼人。山东全省中等学校纷纷停课，动员学生们回家。值此民族危亡之际，青年学生走投无路，苦闷彷徨，年龄稍大的学生，有的投笔从戎，有的参加抗日团体开展救亡宣传活动。贺敬之年龄太小，只好回家等待。

　　1938年3月23日，离贺窑村仅十多里的鲁南古镇台儿庄上空响起了隆隆炮声，震惊中外的台儿庄大战爆发了。贺敬之爬到村旁的山头上，目睹台儿庄方向火光冲天，耳闻炮声、机枪声震动大地。4月，台儿庄大战结束后，日军又蠢蠢欲动，杀气腾腾，向徐州进逼。一天，贺敬之的父亲心情沉重而又满怀希望地告诉他，从北洛小学传来消息说，山东的一些普通中学和乡村师范，已经一起流亡到湖北西北部的郧阳和均县，他可以去湖北寻找学校继续念书。在那个战火纷飞、兵荒马乱的年代，让尚未成年的儿子远离家乡，浪迹天涯，作为父亲，作为一名普通农民，这是多么不容易、需要下多么大的决心啊！尤其是贺敬之的母亲，这位崇高而慈爱的母亲，怎么能舍得让自己心爱的儿子，离开她走向一个她无法想象的有多么遥远的地方？然而，为了儿子能继续读书，为了儿子的前途，他们割舍了心头肉，决定让儿子远行。

　　这是贺敬之少年时代面临的又一次重大的人生抉择。临行的前一天晚上，全家人围坐在一间小茅草屋里，夜深了，一盏如豆的油灯，微弱的灯光跳跃着，闪烁着。父亲送给儿子一本中国地图，又将家里仅有的5元钱放进贺敬之的母亲手里。母亲不断地撩起破旧的衣襟，擦着流不完的泪水。她用颤抖的手将那5元钱装进儿子的衣角里，拿起针线，密密地缝着。母子相对无言，把一片骨肉深情各自藏进心底。贺敬之后来在诗中写道：

---

① 贺绅谟：《贺敬之的青少年时代》，《台儿庄文史资料》第二辑，1990，第41～42页。

母亲呵，

撒开手，

妹妹，

给我的夹袄——

我要走了！

这长长的道路，

这漆黑的道路……①

就这样，年仅 13 岁的贺敬之告别了父老乡亲，告别了生他养他的亲爱的母亲，告别了他熟悉的那座茅草房，告别了伴他成长的院子里那恋恋不舍的老槐树、香椿树、桃树和石榴树。他的父亲陪伴着他，送他一步步走进了许阳乡涧头集镇旺庄那个村子，依依惜别地同儿子分手，返回家去。

贺敬之在那个村子里，与他的同学张延龄、陈德秀、孙炳成聚会，决定立即动身到湖北找学校去。临走时，又碰到一位初小老师任宝善。五人同行，奔赴津浦铁路附近的一个小站贾汪，在一片混乱中爬上火车。到徐州下车，他们找到了战地红十字会，在难民队里排着长长的队列，领到一点仅能充饥的食品。当时日本飞机狂轰滥炸，铁路沿线人心惶惶，火车每到一站，无数的难民都拼命往上爬。他们五人在徐州车站好不容易在混乱中爬上了火车，到了郑州，又在郑州爬上开往武汉的火车。在火车呼啸着从河南许昌奔向漯河的这段路程中间，一件惊心动魄的事情发生了。尹在勤和孙光萱曾这样记述了如此一个小小的却惊人的插曲：

实在是太拥挤了。他们四人（实为五人——笔者）爬上火车，根本进不到车厢里去。怎么办？他们只得爬到车厢顶上挤着。夜间，火车开到漯河附近，突然上来了几个人，拔出匕首，向他们要东西。抓住车把的陈德秀开始带头反抗。哪知他一反抗，猛地就被那几个人一家伙推下了火车。陈德秀惊叫了一声。火车不停地开走了。

---

① 贺敬之：《雪，覆盖着大地向上蒸腾的温热》，《并没有冬天》，上海泥土社，1951，第 64 ~ 65 页。

到了下一个小站，火车停了。年纪比较大的孙炳成说："我们赶快下车，找陈德秀去！"于是，三人（实为四人——笔者）立即下了车。他们沿着铁路线，倒回过去找寻着自己的同伴，焦急着，呼喊着，找呀，找……

陈德秀被推下去时，身上还挎着一个小包袱。除了他自己的东西外，里面还装着贺敬之临行前母亲给他缝在衣服里的那五块钱。因为离家以后，小小的贺敬之觉得，钱缝在自己的衣角里还不保险，于是又取出来，交给了陈德秀，认为让他保管更可靠一些，想不到恰恰又出了这个意外。……

后来，陈德秀终于被找到了。三人（实为四人——笔者）急忙凑上前去，看到的是陈德秀那被撕碎的衣衫，被摔伤的血痕……①

途中经历的这一次令人胆战心惊的事件，深深地刻印在贺敬之的记忆里。父亲临行前送给他的那本中国地图，也是在这次事件中丢失的。他们五人继续爬火车南下，又遭遇了不知多少类似的惊人险境，才到了武汉，费尽周折，又从武汉乘上汽船沿汉水而上。到湖北钟祥县，任宝善脱离了这个小群体，自谋出路去了。贺敬之他们四个吃着大饼，喝着江水，终于在1938年5月，流浪到了湖北西北部汉水上游偏僻的均县。

贺敬之少年时代所走过的求学之路，是有幸的，又是艰难曲折的。这是文明与愚昧的拼搏，是意志与阻力的抗争。贺敬之的父母、族人和亲友，都深信贺敬之是有出息、有作为的，都深信他的出路就在于读书，为此，他们同心协力，百折不挠，培养贺敬之。是的，贫苦农民家的孩子想有出路，无疑要读书；然而，在当时那样的社会条件下，只是读书，穷人家的孩子是不是就一定有出路？有什么样的出路？这个问题，贺敬之在他以后的人生道路上，逐渐找到了明确的答案。

---

① 尹在勤、孙光萱：《论贺敬之的诗歌创作》，上海文艺出版社，1983，第3~4页。关于同行者中有任宝善，因此应为"五人"一说，系根据贺敬之1994年3月16日同笔者谈话笔录。

第二章 追求光明的文学青年

一 流亡岁月的心路历程

从山东家乡到湖北均县的艰险经历，拉开了贺敬之流亡生活的序幕。其实，到均县后，直至到达延安前，贺敬之一直处于流亡岁月中。

作为青少年时代的学生，流亡，是在特殊年代里人生旅途中一种特殊的生活状态，而在流亡生活中如何选择自己的人生道路，则是由各人不同的心灵发展历程所决定的。当时，日本侵略者的铁蹄践踏着祖国大地，中华民族处于生死存亡的关头，抗日烽火遍地熊熊燃烧。在这国难当头、人民激奋的年代，流亡学生中，有的投奔国民党的军队，有的报考国民政府的军校，有的仍孜孜于个人读书成才，也有极少数沦为国民党三青团的走卒。然而，流亡学生中的绝大多数，将个人的命运同祖国和人民的命运紧紧联系在一起，一到均县就开始积极投身于抗日救亡活动，做时代的弄潮儿。贺敬之便是这些弄潮儿中年纪虽小却颇为引人注目的一个。

山东的中等学校，包括高中、初中和乡村师范，在抗日烽烟弥漫大地的动荡岁月中流亡到湖北后，组建了国立湖北中学，总校设在郧阳，师范部和简师部设在均县。均县有学生800多名。贺敬之同张延龄、陈德秀、孙炳成都插入均县分校简师部一年级二班学习。

当贺敬之他们到达均县时，这个武当山下的小县城里，抗日浪潮汹涌澎湃。冼星海的《在太行山上》等抗战歌曲日日夜夜响彻大街小巷。县城南北大街的墙壁上贴满了号召民众团结抗战的标语口号和学生宣传抗日的壁报。学校里课程较少，师生们纷纷走向街头，走向机关，走向工厂，走向农村，编演抗日救亡的小节目，高唱抗日歌曲，宣讲抗日道理。国文课老师选讲与抗日有关的教材，给学生提供抗日宣传资料。在这群热血沸腾的爱国学生中，人们渐渐发现经常闪动着一个少年学生的身影，他就是刚从山东结伴流亡到均县的贺敬之。

小小年纪的贺敬之，不仅经常为壁报写稿，在歌咏队伍里唱歌，还参加演戏，在一个描写中国平民家庭遭受日本飞机轰炸和鬼子抢劫惨景的独幕话剧里，他扮演一个小孩，台词不多，就在台上哭啊哭，哭得是那么伤心，那么动情，仿佛台儿庄大战那冲天的火光、隆隆的炮声和流亡途中难民们那惶恐拥挤哭喊着的情景，又浮现在自己的眼前，震响在自己的耳边。

特殊年代，常常促使那些有着独特生活经历和个人禀赋的青少年早熟。同均县简师部许多学生相比，贺敬之那好学、多思和政治敏感的特点，渐渐凸显出来。当时正处于国共合作抗日的统一战线时期，不少进步书刊在学校里能够读到。学校图书馆有进步的哲学、政治、经济、文学书籍，学生们也组织起读书会，凑钱买些进步书刊。给贺敬之留下深刻印象的，是他读了描写中国工农红军长途奋战去延安的《二万五千里长征》和表现苏联地方军队投奔主力红军的《铁流》等革命书籍。一天，同学们传看一张《大公报》，贺敬之要来看了，见上面登有蔺风莩（柳杞）的一篇描写他自己从郧阳总校奔赴延安的生动经历的散文，开头一句就是"山谷里的水哗哗地流着"，深深吸引了贺敬之。这篇散文给贺敬之以强烈的震动，他的心灵深处开始萌生对延安的向往之情。

时局变化很快。由夏入秋，国民党战干团来学校"招生"以欺骗青年学生上钩，并派来军事教官在简师部增加军训课，训育主任还向学生吹嘘在武汉成立的三青团的"进步性"。与此同时，国立湖北中学里中共地下党组织在林英纯的领导下积极开展活动，有的进步学生加入了中共地下党组织，不少青年学生悄悄加入了"民先"①。学生们从汉口共产党的《新华日

---

① "民先"即中华民族解放先锋队，为共产党领导的进步青年组织。

报》的宣传中了解到三青团的反动本质，认识了"民先"的进步性。贺敬之当时年纪很小，虽未加入"民先"组织，但他心明眼亮，唾弃三青团，倾向进步师生，积极投入抗日活动。由于他好学多思，接受进步思想快，因此懂的革命道理也往往比一般青年学生多。比他年长4岁的山东老乡、简师部同学李德让回忆说："我从此认识了贺敬之，并从这位青年的言谈中受到不少启发。"①

1938年冬，日本侵略军向湖北武汉地区大举进攻。国立湖北中学奉国民政府教育部之命迁往四川。从湖北均县到四川梓潼，有两千多里的崎岖路程，师生们徒步跋涉一个多月才到达目的地。他们白天走，晚上还搞宣传活动，演出《放下你的鞭子》《电线杆子》等抗日小戏。李德让曾这样记述这段艰难历程和感受：

记忆犹新的是，在长途跋涉中，我们翻山越岭，跨过无数条河流，在经白河至安康的途中，我们发现从敌占区逃出的难民。他们衣衫褴褛，愁容满面，肩挑背驮，扶老携幼，迈着沉重的双腿，一步一步艰难地在路上走着，缓缓地走向暂时无敌人魔爪的汉中平原。只有从他们的眼中闪着同我们青年学生一样的无比仇恨的光芒。

这一切对我们有志的青年来说，怎能不同情，怎能不激愤！无家可归的人们啊！何时才能回到可爱的故乡，与亲人团聚！②

这种感受对于那么小年纪就远离家乡、历经磨难的贺敬之来说，尤为深切。难民们的惨状每时每刻都紧紧揪住他那颗年轻的心。一路上，"难于上青天"的蜀道，没有使他感到畏惧与疲劳，祖国的命运、人民的苦难，增强了他勇往直前、战胜任何艰难险阻的勇气和决心。行进途中，他和同学们的背包里装着他们最宝贵的"财富"，那就是他们凑钱购买的书籍。他深知，要寻求救国救民的真理，除必须积极投身于抗日救亡活动，就是要多读书，多读那些深蕴革命道理、描写革命进程的书。深深吸引着他的描

---

① 李德让：《峥嵘岁月　戎马生涯》，《台儿庄文史资料》第二辑，1990，第195页。
② 李德让：《峥嵘岁月　戎马生涯》，《台儿庄文史资料》第二辑，1990，第195页。

写延安革命生活的那本《活跃的肤施》①就是他们到达安康时，他从一位同学那里借来看的。读着读着，如饥似渴地读着，他不禁心往神驰：啊，延安，多么诱人的地方啊！这本书在年轻贺敬之的心灵世界里，展现了一片充满光明的崭新天地。

1939年2月，庞大的师生队伍纷纷到达川北。从此，"国立湖北中学"更名为"国立第六中学"，下设四个分校。总校设在四川绵阳，三个分校分别设在川北其他几个地方。第一分校为师范学校，分师范部和简师部，校址设在梓潼县城。贺敬之随学校来到梓潼，在简师部学习，开始了他人生旅途中又一个十分重要的阶段。

梓潼这座小县城位于四川盆地的北部，依山傍水，涪江支脉梓潼河沿城西流淌，川陕公路穿街而过。梓潼境内七曲山上建有张亚子文昌庙，庙对面盘陀石上有一石床，相传唐明皇南逃至此曾卧息于上，梦见张亚子。元仁宗加封张亚子为"文昌帝君"。直到20世纪30年代末，县城迎接文昌巡幸潼城的场面依然盛大，虔诚的百姓光着上身，身上挂着点燃的油灯。梓潼县城内亦有一座文昌庙，六中第一分校就设在这座庙内。

贺敬之在梓潼求学期间，日寇在中国大地上的残暴肆虐和国民党政府的日渐腐败，使他越来越对黑暗现实不满。1939年农历五月初十、十三两天，日机在重庆上空狂轰滥炸，被炸死、炸伤的无辜居民3万多人，血洗街头，可国民党重庆市政府的一些公杂人员在处理死难同胞时却丧尽天良，乘机大发国难财。国内外舆论哗然，各国报纸纷纷发表评论，谴责日本帝国主义者的滔天罪行。贺敬之与学校里广大进步青年学生，个个摩拳擦掌，义愤填膺，决心以实际行动积极投身革命斗争，挽救处于水深火热之中的祖国和人民。民族仇，阶级恨，激发了贺敬之长期积蕴于心的强烈的民族意识和阶级意识。

满怀救国救民抱负的贺敬之，努力学习学校里开设的国文、代数、历史、地理等各门课程，考试成绩在班里总是名列前茅。为了宣传抗日、推动救亡运动蓬勃发展，他还废寝忘食地参加歌咏活动和街头演出，成为一

---

① 这是一本当时流行的报道延安的小册子。"肤施"即延安的另一种称呼。

名积极分子。当时学校里壁报很多,贺敬之便与另外 4 名同学一起办了一个壁报叫《五丁》。他们 5 位同学办的这个赋有象征意味名称的壁报,名字取自古代传说:"天为蜀王生五丁力士,能献山,秦王(秦惠王)献美女与蜀王,蜀王遣五丁迎女。见一大蛇入山穴中,五丁并引蛇,山崩,秦五女皆上山,化为石。"① 又传说:"秦惠王欲伐蜀而不知道,作五石牛,以金置尾下,言能屎金,蜀王负力。令五丁引之成道。"② 由陕南入四川的途中,有一峡谷名"五丁峡",有一关隘名"五丁关",即源自这些传说。可见贺敬之他们以"五丁"名壁报,面对当时国难当头的局势,其寓意是十分深刻的,充分表现出这批爱国青年学生的远大志向和追求光明与进步的满腔热情。贺敬之曾回忆说:"梓潼有'五丁开山'遗址,我们当时办的壁报刊名也叫'五丁',那时办刊有五个人。'五丁'这名字饶有诗意,在国统区尽管风雨如磐,可是有'五丁'在,当然是不难摧毁的。"③

革命斗争形势的迅猛发展,激发了爱国青年们的满腔热情,也让他们产生许多迷惘。贺敬之同当时一批进步青年学生一样,阅读更多革命书刊的愿望愈加强烈。他积极参加了同学组织的"挺进读书会",成为其中的骨干,会员约 10 人,负责人是同班年龄较大的学生刘允盛和李锡恩。同学们节衣缩食,凑钱买书刊。读书会逐渐购买了一批进步文学书籍和一些宣传革命、传播马克思主义的哲学、政治学等方面的书刊。这期间,贺敬之贪婪地阅读了艾思奇的《大众哲学》、斯诺的《西行漫记》等书,还经常翻阅共产党主办的《新华日报》和《解放》周刊等报刊,获得了大量的革命信息,明白了更多的革命道理,思想文化素质和政治觉悟得到显著提高。从这些书刊中,他不仅越来越明晰地了解了红军和革命,而且了解了中国共产党及毛泽东、朱德、周恩来等大批杰出的人民革命的领袖人物。他的内心深处,热切地向往着那一片圣地,那一片在黑暗年代里祖国的光明所在、人民的希望所在的延安。

1939 年下半年,国民党蒋介石假抗日真投降、积极反共的面目充分暴

---

① 《艺文类聚》卷七引汉代扬雄《蜀王本纪》。
② (北魏)郦道元:《水经注·沔水》。
③ 黄枝生:《华发归来寻旧迹——写在诗人贺敬之重访梓潼时》,《梓潼报》1993 年 10 月 23 日。

露了出来。大后方的学校里也一片昏天黑地，强化了法西斯教育。在梓潼第一分校，三青团大肆活动，公开收缴学生的进步书刊，查询并登记订阅《新华日报》的同学的姓名，监视学生的行动。贺敬之所在的那个班里，有个很坏的学生成了三青团员，常在教室里骂骂咧咧，叫嚷："咱们这儿有共产党的孝子贤孙啦，你们小心点！"他还检查和偷看同学的信件。学校的训育主任、教导主任都去国民政府教育部受训，回校后积极执行 CC 特务的反动训导。教育部还派人来校审讯参加抗日宣传活动的积极分子。一时间，学校里的读书会和壁报均被取缔。军统特务刘魁升甚至持刀行凶，杀伤民先队员崔培祥。面对反动派的嚣张气焰，贺敬之和他的伙伴们展开了机智而巧妙的斗争。他们刨开墙上的砖，把书刊藏在墙里面，或者塞在无水的古井的砖缝里，或者藏在郊外的墓穴里与荒草中，待敌人不注意时，又取出来阅读，吸取斗争的智慧和力量。

自到川北后，在国立第六中学的四个分校里，一直有一批进步师生，如教师中的李广田、陈翔鹤、方敬、廉立之、张超等，学生中的侯金镜、朱寨、李方立、程芸平、孙跃东、刘允盛、贺敬之等，在中共地下党组织的领导下，分别在各个分校里，同学校反动当局及三青团、CC 特务，展开了针锋相对的多种形式的斗争。他们高呼抗日口号，进行请愿与示威，反对压制抗日，反对贪污腐败，反对法西斯教育。特别是设在罗江的第四分校，学潮尤其高涨，早就搞得热气腾腾。

贺敬之是一个性格非常倔强的青年，他所树立起来的革命信念是无法动摇的。一天，训育主任宋东甫找贺敬之去谈话。宋东甫是山东省峄县许阳乡涧头集镇旺庄人，即贺敬之离开家乡时父亲送他去会见张延龄等同学的那个村子里的人。此人为梓潼分校国民党组织的主要头子，学校里的三青团就是他建立的。这是一个思想很顽固的国民党员。特别是到 1939 年秋后，国民党掀起了反共高潮，他就在学校里大力加强党务活动，监视进步青年，搜捕共产党人。贺敬之跟这个人从来没有接触过，可是他突然把贺敬之找去，主动套近乎。他说："贺敬之，咱们是老乡啊！你这个小孩，我还是挺看重你的啊！都是我们家乡的嘛，你还是我的小老乡嘛，你要跟着我们走，那就好啊！我听说你呢，糊涂，要跟着他们走了。国家现在的情况呢，你难道不知道吗？你要吃哪碗饭喽？现在有大锅饭有小锅饭，大锅饭是国民党，小锅饭是共产党，那小锅饭吃不了几天了！"①

其实，糊涂的并不是贺敬之。贺敬之的心里亮堂堂的。这个出身于贫苦农民家庭的正直善良的青年，这个在抗日战争烽火中走南闯北、迁徙流亡、历经磨难的青年，这个阅读了不少进步书刊、明白了许多革命道理的青年，这个积极投身于抗日救亡活动、反对独裁、争取民主、追求进步的青年，这个长期以来憎恶黑暗、向往光明的青年，他怎么能不明白自己应当走一条什么样的人生道路呢！他自小在家中、在故乡，就亲身感受到了地主对农民的盘剥与欺压，国民党的腐败；流亡岁月中，他进一步认清了日本侵略者的残暴，国民党顽固派的反动本质。早在北洛小学时，他就知道了红军，知道了二万五千里长征，知道了西安事变；到均县后，直至到梓潼，他更加了解了中国共产党，了解了毛泽东、朱德、周恩来等革命领袖，了解了革命圣地延安。对他来说，已经找到了应当跟谁走而不应当跟谁走、是共产党有前途还是国民党有前途的明确答案。祖国的出路在哪里？人民的出路在哪里？他自己的出路在哪里？他倾慕着、向往着、渴望着那一片光明的圣地——延安。

二 感应着缪斯的琴弦

贺敬之在均县、梓潼的流亡岁月中，同广大进步师生一道，通过参加歌咏、演戏、办壁报、组织读书会，进行请愿与示威等各种形式，积极投身于抗日救亡活动，同国民党顽固派的腐败与反共行径展开斗争。然而，贺敬之从事这些活动和斗争的主要武器，是他手中的那支笔，是他用那支笔逐渐学会的文学创作。他曾回忆说："我是生活在民族危亡、人民受难的时代，作为人民的一分子，作为一个热血青年，应该发出声音，和人民一起共鸣。"② 是的，人民是"缪斯"，时代是"琴弦"，缪斯拨响了琴弦，深

① 贺敬之1994年3月16日同笔者谈话记录。
② 吕美顺：《贺敬之同志谈歌词创作》，《词刊》1985年第7期。

深地感动着、震撼着贺敬之这个热血青年的心，引起了他强烈的共鸣。他不能不发出他自己的声音，那来自他灵魂深处的颤动的声音。于是，他开始了诗歌和散文的写作。从此，他与文学结下了不解之缘。

在均县分校简师部学习期间，抗日的热潮将贺敬之的诗情鼓动了起来。这些诗情最初是流注在他的作文中。国文老师有时从贺敬之的作文里挑选出写得较好的富有战斗性的诗篇，张贴在教室的墙壁上，让同学们观摩。据他的同班同学吕兆修回忆，当时贺敬之写作很勤奋，课余散步时，他还常把自己的新作朗诵给吕兆修或其他进步同学听。一次，吕兆修生病了，贺敬之写了一首小诗向吕表示慰问，诗的大意是："雨落着，芭蕉叶上流泪。……呵，兆修。"① 这样的诗句当然相当幼稚，但也不难看出，年轻的贺敬之很会捕捉诗的形象，并显露出他善于通过形象来表达自己感情的诗的才能。

这期间，学校里的文学气氛很浓。贺敬之阅读到许多"五四"新文学运动以来的进步作品，特别是从解放区、抗日根据地流传来的和苏联翻译过来的进步的、革命的文学作品，进一步激发了他对文学的浓厚兴趣。

最使贺敬之难以忘怀的，是他在这里第一次有机会亲耳听到了著名诗人、作家臧克家、田涛、陈北欧等人来学校的讲演。特别是诗人臧克家用他那激动人心的诗句，敲响了青年诗歌爱好者贺敬之的心扉。当时，在均县简师部操场边的墙壁上，以第五战区战时文化工作团的名义出过一期壁报，壁报通栏就是署名"臧克家"写的一首诗，开头几句的意思是：在异乡里喜听熟悉的乡音，在救亡歌中我遇到你们这群青年人……这些诗句很快在学校里流传开来。臧克家是山东省诸城县人，此时任第五战区文化工作委员会委员、战时文化工作团团长。到均县后，贺敬之曾读过臧克家的《烙印》等诗，知道他是山东人，是大诗人，很崇拜。一天，贺敬之从学校里贴出的海报上，得知臧克家等名人在操场上跟同学们见面并讲演，心里非常激动，为有机会能见到臧克家而深感光荣。他在操场上的人群中挤呀，拼命往前挤，终于兴奋地见到了他十分崇敬的著名诗人。他听到，臧克家

---

① 白峡：《贺敬之流亡中的诗生活》，《星星》1981 年第 11 期。

不仅作了讲演，而且朗诵了登在壁报头篇的那首诗。诗人那浓重的山东口音，让同样是山东人的贺敬之难以听懂，但那诗的激情、诗的旋律，强烈地扣动了贺敬之的心弦。

贺敬之回忆说："在那个时候，我的那个年龄，那个情绪，臧克家的诗，我还不能完全欣赏，完全领会。比较起来，艾青的诗，田间的诗，更使我感兴趣一些。我从当时的报纸上读过艾青的诗，最初读到的那首诗好像是批判周作人的。我那时更喜欢田间的诗，因为他的诗更贴近年轻人，更适合我的情绪。"① 在从均县到梓潼的路上，贺敬之读了不少田间的诗，这对他以后的人生道路和诗歌创作，都产生了深远的影响。

到达梓潼后，贺敬之阅读的文学作品就更多了。他们的"挺进读书会"购买了几十本文学书籍，贺敬之借来看了又看，其中如萧军的《八月的乡村》、萧红的《生死场》、高尔基的《母亲》、绥拉菲摩维支的《铁流》、肖洛霍夫的《被开垦的处女地》等小说，他都爱不释手。进步文学作品的熏陶，革命浪潮的激励，使贺敬之的写作热情越来越高涨。他常给他们 5 人合办的《五丁》壁报写稿，主要是写诗，也写过一篇纪念鲁迅的散文。他们还在《五丁》上举办过一期纪念高尔基逝世三周年的专刊。由于对文学的特殊爱好，贺敬之开始结识了比他年级高的梓潼分校师范部的学生李方立，又通过李方立认识了与李同班的同学顾牧丁。李方立是山东巨野县（今成武县）人，曾就读于山东滋阳乡村师范学校，1938 年春从山东流亡到均县。顾牧丁是江苏人，是该校唯一的一名非山东籍学生。他们三人都酷爱文学，经常在一起讨论诗歌创作。李方立回忆说："1939 年春，贺敬之的同班同学吕兆修（我的同乡）向我介绍了贺敬之，说他班上有个小同学，很聪明，人挺好。我见贺敬之热情，很纯洁，说话有点结巴，平平静静，稳稳当当。有一次我与贺敬之看了一些文学作品后，他写了一首诗，我也写了一首。他的字写得好，还画些小画如画碗等，放在诗稿后面的空缺处，这样就办出了墙报。我们俩人合办了四五期墙报。"②

当时国立六中第四分校设在罗江，那里的进步师生很多，革命气氛特

---

① 贺敬之 1994 年 3 月 16 日同笔者谈话记录。
② 笔者 1993 年 11 月 3 日采访李方立记录。

别浓厚。著名进步作家李广田、方敬、陈翔鹤等人均在四分校任教，并先后加入了共产党。1939 年 6 月起，李广田主编出版了一个名叫《锻冶厂》[①]的小型铅印文艺刊物，发表师生们撰写的宣传抗日、争取民主的文章和作品。贺敬之从《锻冶厂》上读到李广田写的激动人心的《发刊词》和谈创作的文章，后又读到李崇霄（即李方立）创作的诗《警报前后》和《奔波在长道上的马群》，心里非常高兴。他自己也给《锻冶厂》撰稿。他同四分校的同学保持着联系，非常向往能转学到四分校，以便能更多地感受那里的革命气氛，更快地提高自己的文学素养和写作能力。1939 年暑假的一天，正下着大雨，性格倔强的贺敬之，脚穿草鞋，打着把旧雨伞，一个人上路，步行一百多里的泥泞路程，途中在小店歇了一夜，才赶到罗江四分校。他找到李广田老师，要求转学到罗江分校就读。李广田告诉他，想转学的想法是好的，但四分校的人数太多，目前转学比较困难。贺敬之只好放弃转学的念头。第二天，他有幸在四分校的一间教室里，听了李广田老师上的一堂业余文学课，讲的是果戈理的小说《塔拉斯·布尔巴》，分析得生动有趣，给贺敬之留下深刻的印象。

从罗江返回梓潼后，贺敬之学习写作更加勤奋。他深感壁报这块阵地远远不能满足自己战斗的渴求，必须将自己心底的呼声，用文学作品的形式，震响更广阔的社会。于是，他开始不断地发表散文和诗歌，在文学创作的道路上，迈着年轻而有力的步伐，一步一步地坚实地向前走着，探索着。

贺敬之正式发表的处女作是创作于 1939 年 6 月 12 日的一篇题为《诗人的出游及归来》的散文，以"贝文子"为笔名刊登在同年 7 月 7 日成都的《华西日报》上。这篇作品以象征和魔幻的手法描写"诗人"幻想通过"天国之路"走上"象牙之路"，结果同妻子都惨死在现实的"黑家伙"的绞索下，控诉了现实的黑暗和残酷。1939 年 8 月 23 日、24 日重庆《中央日报·平明》上，连载了贺敬之以"萩波"为笔名的散文《失地上的烽烟》。实际上，这篇散文更近似于短篇小说，虽然并无太复杂的故事情节，却写得波澜起伏，曲折动人。张大妈的丈夫一年前因相信"东洋人是人，人有良心，

---

① 借用俄国十月革命期间一个革命文学团体的名称。

不见得见人就杀"，不听村民们的劝阻，执意要去被东洋兵占据了的城里看望姑母，结果死在东洋兵的刀下。儿子田青一心要为父亲报仇，穿上了军装，别上了手枪，加入了东村的游击支队。张大妈非常担心儿子会因此也被日本鬼子杀死。村子里改变了以往的平静，人们陷于极端的恐怖中。女儿桂儿告诉母亲，村里的马大不是好人，恐怕当了汉奸，村上可能要遭他的害。张大妈让女儿"不要胡扯"，相信"马大先生是我们村里的大好人，书香人家"。她认为这一切都是"天意"。然而，第二天上午，果然来了七个日本兵，骑着七匹狂嘶着的高头大马，打着一面血色的太阳旗，奔进村里。村里的青壮年小伙子都躲进麦地，妇女和小孩缩在家中。日本兵进村后，在马大的导引下，挨家挨户抢劫，孩子们被刺死，妇女们被奸污。鬼子刺伤了张大妈，并当着她的面将15岁的桂儿蹂躏致死。村民们躺在血泊中。麦田里的汉子们疯狂了，怒吼了，拿着标枪、锄头飞奔出来，刺进了鬼子的胸膛。以田青为首的游击队员们也从柏树丛里钻出来，围歼了日本兵，处决了汉奸马大。田青兴奋地举起手枪大声说："弟弟哥哥们，我们现在知道日本鬼子这样地对待我们，我们安安的做'良民'是不行的了，我们要杀尽鬼子才有好日子过！"他还号召大家"要干掉一切出卖我们的汉奸"。张大妈和村民们在一片"杀尽鬼子"的吼声中，都参加了游击队，誓死要和鬼子拼到底。这篇作品有声有色地描写了日本鬼子的骄横残忍，汉奸的卑鄙可憎，村民们的觉醒，游击队的发展壮大。作者很善于通过景物的描绘，情绪的捕捉，心理活动的展示，来表达人物的感情变化，塑造人物形象；也很善于突出重点，抓住典型，主要通过张大妈一家的悲惨命运，生动地表现出张大妈由只相信"天意"到加入游击队的觉悟过程。由此不难看出，虽然贺敬之在壁报上经常撰写诗歌，但他步入文坛时，也颇有写小说的才能，这与他从北洛小学开始，特别是到均县以后，大量阅读小说有关。开始他接触诗歌并不太多。同时可看出，即使他创作近似于小说的作品，也有他自己的鲜明特色，那就是具有散文和诗歌的强烈的抒情性。

贺敬之的另一篇散文，一篇动人的抒情诗似的散文，是他创作于1939年11月3日、发表在1940年1月13日重庆《大公报·战线》上的《夜》，笔名"艾漠"，被误印成"漠艾"。这篇只有一千来字的小散文，以"深秋

的夜，是深沉的"为抒情基调，以"我"与"你"谈心的方式，实际上是
年轻的作者内心的独白，抒发着一种流浪儿思念故乡和亲人、勇敢地面对
现实的深沉而哀婉的情绪。这个运河畔的流浪者，在高原的深沉的秋夜里，
仰望天上闪烁的星星，俯视漫漫野草丛里开着的小黄花，回忆起童年时代
依偎在妈妈怀抱里数着星星的美好的日子，遥想故乡的小黄花也是这么开
着，花间那条曲折的小路也是这么宁静，自己年老的父母在这秋风索索的
荒凉的夜晚也正站立在东北方那块辽阔草原上的村庄里牵挂着远方的孩子。
此时，他的耳畔响起了被敌人追逐到满洲的朝鲜阿里郎山岭的流浪者唱着
的那支凄凉的仇恨者的歌，引起自己内心深处无限的忧郁与悲哀。然而，
他劝道：流浪的人们啊，勇敢些，等候着明天吧，停止哭泣，永远要坚强
地活着，永远扬起你那灼热的仇恨织成的脸庞！作品中深蕴着一种诗的激
情，显示出一种诗的格调。贺敬之身上的诗人气质，从这篇散文里也生动
地表现出来。

　　离开均县到梓潼的途中，特别是到梓潼以后，贺敬之阅读诗歌作品越
来越多。缪斯女神将时代赋予他的艺术生命中的诗歌情结激活起来，他的
诗情的激流沿着历史的河床汩汩流淌。贺敬之正式发表的诗歌处女作，是
1939 年 8 月 16 日创作于梓潼、刊载于 1939 年成都出版的《朔风》第一卷
第三期上的《北方的子孙》，笔名"艾漠"。这首长达 110 多行的抒情诗，
以"我是/年轻的/北方的子孙呵！"开头，抒写了作者童年时代对那充满了
希望与失望的故乡忧郁生活的深切感受。诗中写道，他伴着那荒地、莽原、
乌泥、秋天的黄沙和冬天的大漠风、冻雪"活过十多年"；他像那荒地的每
一个孩子一样，守着一头老黄牛，生长在河边、湖畔，从老子的脸上看到
了那质朴的"他们的忧郁"。接着，作者聪慧而敏锐地捕捉到一个独特的寓
意深刻的象征着北方故乡的诗的意象——"忧郁的骆驼"。于是，他以孩子
特有的心灵感受展示出故乡一年四季中忧郁的心迹：春天，那地面有绿色
在生长的时候，孩子们的心却还温着往日的梦，穷苦，凶年，人们在命运
的鞭子下流浪，死亡；夏天，庄稼苗子长起来的时候，在那荒土上，他们
像望见了生命的喜悦，可又不能不担心黄水为患，生命会毁灭在水底，千
万人会被圈在死亡的圈子里；秋天，大豆、高粱、棒子、谷子上了场，他

们又拾起了跳跃的生命的歌子，但，讨账的要走了粮食，生命的源泉又干涸了；冬天，他们更从寒冷、饥饿和从塞北刮来的风中看见了"死亡的恐怖"。作者面对着北方那"忧郁的骆驼"，最后深情唱道：

> 祖宗，
> 将一支牧羊的鞭子
> 抛下来……
> 在那荒土上
> 我偷偷地活着十多年！
>
> 我是
> 年轻的
> 北方的子孙呵！
> 我会唱那
> 农歌
> 牧歌
> 吹那牛角，
> 在北方的荒土上，
> 我依恋的
> 年轻的灵魂！

　　这首诗短促急迫的节奏与旋律，颇受田间诗作的影响。诗中将长诗句分割成许多短行，使得诗情自由、活泼，腾挪跳荡，而谋篇布局首尾呼应，中间层层递进，整体结构相当严谨。作者创作这首诗时还不满 15 岁，正处于由少年向青年过渡的时期，诗中倾注的感情十分真挚动人，但在选词炼句方面还显得较为稚嫩。然而，贺敬之的诗才已跃然纸上。

　　1939 年暑假后，贺敬之的诗友李方立、顾牧丁均从梓潼一分校师范部毕业离校谋职。李方立去三台县国民政府教育部第五战区中小学教员服务团话剧队当演员。顾牧丁到成都，1940 年 2 月开始编辑《新民报》诗歌副刊《海星诗页》，后来又编辑出版《诗星》诗刊。这时顾牧丁发表过不少诗作，还出版了诗集。贺敬之同李方立经常保持通信联系，也与顾牧丁通信并给他寄去一些诗稿，其中比较重要的有《夜二章》和组诗《我们的行列》。

《夜二章》创作于1940年2月，以"艾漠"为笔名，刊发在1940年2月28日《新民报》副刊《海星诗页》第四期上。第一章中，作者面对升起在夜空的星星和响起在夜的边界呼喊着由灾难的路上摸索而来的人群的歌声，高唱"星星永不会失落"，歌声"也永远响动"，虽然唱出这歌声的歌者会被虐杀，但更年轻的歌者却会接踵而来，于是，在没有休止的夜里，"我们是一直用那赤热的期待，/期待天明呀！"第二章写在"寂静的月光"普照下，"太极星披着绣金的光"升起来了，作者同"寂静的广场"进行着心灵的交流与对话，他用自己的心灵对着广场大声呼唤："你张开你那被封锁了的嘴巴"，"为了/我们对祖国/那燃烧的赤诚，/你说出吧，/你唱出吧"，请看，在无边的黑暗的地层里，在无止的悠长的岁月里，被欺害的善良的黑压压的人群，正把耳朵、眼睛"扭向吹风的暴响的铁栅外"，期盼着解放年代的到来。这两章诗，采取以静写动、寓动于静的艺术手法，意蕴深沉地表现了岩浆在奔突、地火在运行的人民革命形势，抒发了作者对黑暗必将逝去、光明必会来到的坚定信念和渴望祖国与人民早日获得彻底解放的焦灼心情。

《我们的行列》这组诗是1940年3月在梓潼创作的，全诗由6首小诗组成，分而可单独成篇，合而为严谨的整体。第一首《陌生的人儿》，通过第二人称"你"，写一位奔过大风沙、从战斗的日子里生长起来的"陌生的人儿"正在微笑、唱歌，于是，作者从心底歌唱着让"我们"采朵花儿插在"你"的头上，像在草原的那些骚动的黑夜里，湛蓝的天空上那颗金色的指人前进的星星；让"我们"围着"你"歌唱，像在宽阔的土地上听见过的群众的呼声，这样，"你"还得再站起来，"在中国的火光里/前进！"第二首《L·S》，描写一个正趴在草丛里缝他的破棉袄的"忧郁的家伙"L·S唱着那支有着庄稼味儿的"忧郁的歌"，他流浪了三年，在流浪的路途上永无休止地唱着：

流浪底路上，

活过那些辛酸的日子，

我底母亲哟，母亲……

母亲！

棉絮破了，

针儿断了，

只有思恋长大了！

北方，那荒漠的大地，

我，……我底母亲！

　　诗中流浪者对故乡、对母亲那牵肠挂肚的思念之情动人肺腑。第三首《赠给年幼的他们》也是通过第二人称"你"，抒发了作者对为革命献身的向往之情，他想象着自己年幼的伙伴、一个牧羊娃加夫"为了生"而"响亮"地死在了"敌人的枪下"，葬在那辽阔的草原上，闻着"可爱的土壤味"，"看着你的羊群"，那么安然地长眠着，子孙们都向坟墓低下头来，缅怀这位为了后代们"生活得如此自由"而壮烈地死去的"老子"，而"你"因为儿子、孙子都吃得了他们在中国应吃得的一份，也穿得了应穿得的一份，正在"笑得很舒适"，诗的最后写道：

但是，如今呢，

加夫——我底年幼的伙伴！

你还得再拿起你底手枪，

向该去的地方，

奔去！

——因为，

我们的工作

还没有完呵！

诗中动人地表达了一个革命者的情怀和抱负。第四首《我底小同志艾末》，诗中写的这个"小同志艾末"，才17岁，他对于一切都像"狼"一样注视着，期待"有一天"像期待母亲，永远念着祖国，对于他所应爱的一切都"灼烧般的爱着"，但是明天他就走了，他唱起歌"向他爱去的地方去"。这个"小同志"显然就是作者自己，他正在期待着"有一天"欢乐地向着"他爱去的地方去"。第五首《我们的行列》，作者骄傲地高唱"我们的伙伴"很多很多，多得数不清：

> 请看这些黑色的脸，
> 发着光呢，
> 请看这些红色的心，
> 烧着火呢。

诗情和诗心滚烫灼人！第六首《歌》，仅4句，作为全诗的尾章：

> 是春天来的
> 春天也要去
> 出生在哪里的，
> 也要到哪里去。

这6首小诗仿佛一气呵成，从不同的侧面和角度，抒写了年轻的流浪者们细腻而炽热的思绪和丰富而激越的内心世界，却流贯着一种共同的情感基调：立志抗日，怀念故乡，眷恋母亲，追求光明，向往革命。这也是贺敬之在梓潼时期的散文和诗歌创作的共同基调与主题。

组诗《我们的行列》，以"艾漠"为笔名，于1940年春刊发在顾牧丁主编的《新民报》副刊《海星诗页》上，后来顾又刊发在他于1942年4月1日编辑出版的《诗星》诗刊第二集第四、五期合刊上。其中第三首《赠给年幼的他们》，还曾以《工作未完啊》为题（笔名"艾漠"），在1940年7月20日出版的《诗星》第一集第一期上发表，同期上顾牧丁编写的《我们底阵容》中载有一段对作者的简介："艾漠，作品多发表大公报战线，中央日报平明，新华日报……笔名有李西，贝文子，……因过流浪生活，原稿多存牧丁的手里，现又漂泊到北方去了……"①

贺敬之在流亡岁月中，感应着缪斯拨响的琴弦，不断地唱着与时代和人民强烈共鸣的年轻流浪者的歌。他唱着这些向往革命、追求光明的动人的歌的时候，在与李方立的鸿雁传书中，正相互交换想法，倾诉着如何追求光明前途的心声。当《诗星》诗刊再次刊发他这组诗时，他已经到了他"爱去的地方"、他"该去的地方"、"星星永不会失落"而"太极星"（即北斗星）闪耀着金光的地方——革命圣地延安！

三　人生的跃进

贺敬之在梓潼虽然只生活了一年多，但这是他人生旅途上极为重要的一站。他曾深怀感情地说："四川人民和山东人民都是我的母亲，梓潼是我的第二故乡，1938 年我还不到 15 岁，离开梓潼时才 16 岁，梓潼对我一生影响很深。"②他对"山东人民和四川人民共同哺育过的儿女"国立第六中学，更怀着眷恋、感激和自豪的深挚感情，他说："国立六中，是我少年流亡时期的母校，是我奔赴延安的出发地。"③

奔赴延安，这是贺敬之流亡岁月中逐渐明晰于心而终于做出的必然选择，也是步入青年时代的贺敬之最为重要的人生抉择，是他在人生道路上一次具有决定意义的跃进。抗日斗争形势的发展，国民党政府的腐败，思想政治觉悟的不断提高，对共产党领导的革命事业的日益深入的理解，对文学特别是诗歌的酷爱，这些是贺敬之做出这一人生选择的客观条件和主观原因。

---

① 据贺敬之对笔者回忆说，他当时没有在《新华日报》上发表作品，是顾牧丁有误；他在梓潼寄给顾牧丁的诗稿中有署"李西"笔名的，但发表的诗中没有署"李西"笔名的作品。
② 黄枝生：《华发归来寻旧迹——写在诗人贺敬之重访梓潼时》，《梓潼报》1993 年 10 月 23 日。
③ 贺敬之：《给德阳县教育志编者的信》，《四川地方志通讯》1985 年第 5 期。

　　历史像一条奔腾不息的河流，生活有如大浪淘沙，时代是一面筛子，不断地筛选着人生的意向。抗日烽火燃烧起强烈的民族意识，尖锐的民族矛盾冲击着千百万年轻人的心，他们聚合在抗日的旗帜下，为中华民族生死存亡的命运而激动，而战斗。然而，当国民党政府假抗日、真反共的反动面目越来越明显地暴露在全国人民面前时，阶级矛盾伴随着民族矛盾激化起来，时局更为动荡而复杂，人们的思想、立场和态度必然出现新的分化。青年人面对新的局势，不能不做出自己新的选择：是跟着共产党抗日反蒋，还是跟着国民党反共反人民，抑或是置身于民族矛盾和阶级矛盾之外为个人利益而奋斗？贺敬之同他的新伙伴李方立、程芸平、吕西凡等人，选择了奔赴延安、跟着共产党抗日反蒋的人生道路。贺敬之后来激动地回忆说：

　　　　"到延安去！"……这是曾震响在无数革命者的生命中的一个巨大的召唤声。怎么能够忘记，当我们还是少年或者青年的时候，在大半个中国的黑暗天空下，我们曾是怎样地在心中高呼着这句话！那时，我们还不敢说"延安"这个名字，我们说："到'那边'去……"是的，从此我们就开始了我们人生经历中最珍贵的一页，生命就变得如此壮丽了。①

　　贺敬之人生经历中这最珍贵的一页是怎样翻开的呢？早在湖北均县时，柳杞那篇描述自己奔赴延安生动经历的散文，第一次强烈震动了贺敬之向往延安的心灵的琴弦。在从均县流亡到梓潼的途中，贺敬之阅读的那本描写延安革命生活的《活跃的肤施》，在他那年轻的心灵世界里展现了一片光明的崭新天地。在梓潼，《新华日报》、《解放》周刊和斯诺的《西行漫记》等进步书刊，进一步激发了贺敬之对延安的向往之情。特别是，1940 年初春，贺敬之从同学那里借阅过胡风主编的《七月》杂志，其中刊载有鲁黎

---

① 贺敬之：《重回延安——母亲的怀抱》，《中国青年报》1956 年 6 月 27 日。

的诗作《延河散歌》① 和周而复的短篇小说《开荒篇》，这些作品中闪现出的延安革命生活的理想光芒和涌动着的作家那炽烈的革命情感，深深地吸引了年轻的贺敬之。《延河散歌》中那种倾诉衷曲的质朴的诗风，那将延河边"窑洞的灯火"同"永远引导我们前进""引导我们向黎明"的不落的"星星"和灿烂地开放着的"山花"融为一体的美好的艺术意境，不仅深刻影响了贺敬之的《夜二章》等诗歌创作，更将贺敬之的心引向了那令人神往的延安。

年轻的贺敬之在抗日反蒋斗争中的积极表现和文学创作中的革命倾向与才华，引起了梓潼一分校中共地下党组织的密切关注，当时的地下党组织负责人林英纯曾回忆说："我们当时已经注意到贺敬之了。他人很小，不言不语，很纯洁，很能写。我们在暗中培养他，也准备发展他，只是因为他人太小，不能入党。我们就考虑把他保护起来，一是不让他暴露，二是想法把他送到延安去。我们给当时地下党三台中心县委负责同志谈过他的情况。"② 虽然贺敬之当时并不知道这些情况，甚至也不知道谁是共产党员，但他的心同共产党、同延安是息息相通的。他与李方立的往来通信中，相互倾吐着自己的人生意向，探讨着如何"到'那边'去"的行动途径。

奔赴延安的机遇终于来到了。在湖北均县师范部读书时，李方立与程芸平、吕西凡同班，他们班上近20人曾成立"醒华剧团"宣传抗日，剧团的核心人物杨景湘（杨洛夫）是中共地下党员③。到梓潼后他们仍然同班。1939年暑期毕业后，杨景湘与吕西凡去成都谋职，杨在进步刊物《战时学生》旬刊编辑部工作，吕考上国民党空军政治部神鹰剧团当演员。李方立与程芸平到罗江战时民众教育班学习，程芸平在那里加入了中国共产党。之后，李方立与程芸平到三台县国民政府教育部第五战区中小学教员服务团话剧队当演员。一天，李方立从《新华日报》中缝上见到一条消息：延

---

① 《延河散歌》包括《星》《山》《河》《野花》四章，创作于1938年8月25日，载于1939年12月在武汉出版的《七月》杂志卷首。

② 王兴平等1983年9月2日访问林英纯记录。见王兴平、尹在勤《贺敬之的创作历程》，《创作》1984年第1期。

③ 据程芸平同笔者谈，此时杨景湘是共产党员；而据吕西凡提供给笔者的材料《我所知道的贺敬之》中讲，杨景湘在均县时还不是共产党员，他是在1938年秋迁川途中才入党的。

安鲁迅艺术学院文学、戏剧、音乐、美术四个系均招生。李见后十分欣喜，立即与程芸平商议去延安报考"鲁艺"，决定由程去成都找杨景湘联系转党的组织关系，李去梓潼筹集投奔延安的路费。程芸平到成都转好组织关系后，会见了吕西凡，吕也决定去延安，于是二人一起来到梓潼同李方立相会，三人住在梓潼县城南关外一家僻静的小旅店里。

李方立到梓潼后同贺敬之会面，谈到准备去延安的事，贺敬之表示要同他们一起去，态度非常坚决。李方立与程芸平、吕西凡商量，决定带年龄最小的贺敬之一起奔赴延安。临行的前一天晚上，李方立领贺敬之去旅馆会见了程芸平。贺敬之在那里又见到他们从成都带去的《七月》杂志，上面登有诗歌《延河散歌》和小说《开荒篇》，还有夏风的木刻，"鲁艺"的招生简章和募捐图书的启事，这使他非常激动，因为他很快就能实现自己美好的愿望——结伴奔赴向往已久的延安。程芸平回忆说："李方立提出贺敬之也想去延安，并带他来到我们住的小店，这是我第一次见到贺敬之，他人很小，穿一件小黑棉袄。我们让他在学校里等着。"①

贺敬之回到学校，将准备去延安的消息告诉了他很尊敬的老师、班主任廉立之。这位思想进步的老师是山东泗水县人，毕业于北京师范大学历史系，于1935～1937年在山东滋阳第四乡村师范学校任教，抗日战争期间随校入川，任教于国立六中梓潼一分校师范部。他教授历史课，经常讲讲时事，分析国内外形势，学生们非常爱听，对贺敬之投身革命起了很重要的影响作用。他得知贺敬之即将奔赴延安，十分高兴，大力支持，将自己几乎是月工资的一半约10元法币给了贺敬之，并嘱咐在路上务必多加小心。贺敬之内心深处非常感激廉老师。

这四位准备奔赴延安的青年中，只有程芸平是中共地下党员。他心灵手巧，擅长木刻。他去小刻字店刻了假图章，又自己动手刻蜡板油印了假护照，上面写着他们是国立第六中学学生，现去汉中投考西北联大。余下的几张空白假护照卷成筒儿塞进雨伞的竹把里带着途中备用。为了安全，他们都化用了假名，贺敬之化名"吴明"，还编造了接头暗语："上级"称

① 笔者1993年10月13日采访程芸平记录。

"父母","同志"称"兄弟姐妹","黑暗的国统区"称"这边","光明的陕甘宁边区"称"那边","旅途被捕"称"狼吃了",等等。

1940年4月底,正是小麦吐穗、油菜开花、杏花染红枝头的季节。这天清晨。梓潼县城雾气蒙蒙,路灯还亮着,四位青年迈开了他们人生道路上庄严而豪迈的一步,满怀美好的憧憬奔向光明的未来,踏上了奔赴延安的艰险而漫长的旅程。吕西凡回忆说:"月暗星明,我们三人后半夜按计划向北郊走去,临近石桥时,发现前面有个人影晃动,贺敬之已经在那里等我们了。相会时四人欢喜至极,总算闯过了一道关口,可以轻松地继续进发了。这是我和贺敬之第一次见面,在星光下。"①

贺敬之在四人中年纪最小,未满16岁,而他的性格却非常倔强。他们沿着嘉陵江畔,顺着川陕公路,翻山越岭,披荆斩棘,顶风冒雨,起早摸黑,爬悬崖,跨峭壁,避狼蛇,躲哨卡,绕开热闹城镇,专宿茅棚小店,历尽艰难险阻,贺敬之从不叫一声苦,喊一声累。一天,他脚上的草鞋破了,无法再穿,提出换一双,年长的李方立看了看,说:"哎哟,你这草鞋还可以穿一段嘛,咱们到前边再买吧。"贺敬之一听火了,抬脚往山沟一甩,破草鞋"嘣"一声飞下沟去,狠声说:"不要!"于是,他赤着脚走了几十里,脚掌上磨起了泡,流着血,始终不吭一声。李方立曾在一首诗里这样写道:

> 夜晚投宿在江畔,
> 靠近一道山沟嘴的小旅店。
> 这是孤零零的三间草房,
> 锅灶、店东、旅客混杂,
> 哪能够还有墙院。
> 我们躺在地铺上,简直就是上了悬空的荡船。
> 突然,房门咣当咣当,
> 我伸手没摸到身边的敬之,
> 他到底出了什么事故呢?

---

① 吕西凡1995年2月20日提供给笔者的材料《我所知道的贺敬之》。

没等我开口多打听，

他又躺在我身边，

始终没哎哟一声。

天亮了，看看他快锈掉的指甲，

脚上就像咧着被打流血的孩子嘴。

原来他是出外去解手，

在门口跌了个大跟斗。

大家出主意要休息一天，

看他那一股子劲，

至少还能一天再走八十里。①

　　也许李方立白天未注意到贺敬之赤脚行走打起了血泡，因此误以为是晚上外出时"跌了个大跟斗"，然而，贺敬之在行进途中那种顽强的精神，倔强的个性，真真切切地跃动在这篇诗的字里行间。

　　旅途是艰险的，有时甚至惊心动魄。四人行至陕南的褒城，住进一家小旅店，老板见是几位学生，故意刁难。他们忍无可忍，顶撞了几句，刁钻的老板怀恨在心，偷偷跑到关卡报告军警，说他们有嫌疑。军警当即赶来店里盘查，幸好四人从容镇定，巧妙应付，用假护照蒙混了过去。他们深感已进入危险地区，必须百倍提高警惕，决定四人分两拨行走，于是拿出备用的空白假护照，写上他们是山东流亡学生，现在要经宝鸡、西安等地回老家去。假护照也分两拨开，程芸平与吕西凡合开一张，走在前面；李方立与贺敬之合开一张，在后面行走。两拨人相距一天路程，约定沿途岔道处打上"→"号或写一个草书的"神"字，就靠这种联系暗号，分分合合，顺利地行走了十来天。可是，当李方立、贺敬之过了凤县，快到宝鸡的益门镇时，却见不到暗号了。他们只好在益门镇一家小铺里焦急地等待着，等了一天又一天，仍不见程、吕二人的身影，他们心急如焚，望眼

---

① 李方立提供给笔者的他的诗作《永远显亮在心镜上的长途——回忆十二章》，该诗尚未发表过。

欲穿，心中却坚信那两位同伴绝不会丢下他们，因为只有程芸平带有组织关系，因为他们是"四个"！果然把程、吕二人等来了，原来由于吕西凡在途中生病发高烧，又迷了路，走了许久才折回身来。四人会面，欣喜若狂，涌出了热泪，然而必须极力压抑着自己的感情，他们知道自己毕竟是化名的"还乡学生"。

这已经是 5 月份了，四人从宝鸡乘上火车到了西安，住进一家山东人开的小旅店。那天狂风猛刮，黄沙漫天，接着又下起大雨，因此国民党军警未来查店。第二天清早，程芸平先去探路，之后四人一道来到七贤庄 1 号第十八集团军驻西安办事处①，门口有十八集团军哨兵站岗，四人一闪身都钻了进去，说不出有多么兴奋和激动！贺敬之回忆说："当我们来到西安八路军办事处时，一进传达室门，顿时感到门里门外两个世界，大家高兴得没法形容。当时办事处的同志正忙，还不能马上接待我们，我们坐在一边等，看到接待室四周墙上挂着马、恩、列、斯、毛画像，我们都很激动，便情不自禁地引吭高歌，我们唱《黄河大合唱》，唱《延安开荒小调》，还唱了好些在当时流行的抗日救亡歌曲。"② 是啊，这四位追求光明、投身革命的年轻人，历尽千辛万苦，终于找到了自己的家，来到了自己的亲人身边，怎么能不引吭高歌呢？据程芸平回忆，他们在传达室等了一会儿，一位哨兵进去通报，出来一位 20 多岁的年轻女子，短发，穿一身灰色军装，扎着宽皮带，打着裹腿，非常精神，后来知道她叫王平。她问明情况后，说组织关系还没有到，让一位同志带他们去七贤庄 7 号办事处招待所住下。③

办事处招待所里住着一批又一批从延安到各抗日根据地或从各抗日根据地到延安去的同志，这是一个革命大家庭。在这里，四位新来的年轻人时时体会到一种安全感和亲切感。与此同时，贺敬之深深感到，由于尖锐的民族矛盾和阶级矛盾相交织的复杂社会政治形势，住在这个革命大家庭里也并不意味着住进了保险窝，招待所内外发生的种种事件，常常引起他灵魂的震动和心灵的撞击。国民党顽固派在招待所周围布满了特务，常从

---

① 人们通称"八路军办事处"——笔者。
② 吕美顺：《贺敬之同志谈歌词创作》，《词刊》1985 年第 7 期。
③ 笔者 1993 年 10 月 13 日采访程芸平记录。

门缝、窗口向他们瞪着眼睛，有时还把枪口对着他们演习瞄准，门口还常能听到国民党军警追捕人的脚步声。办事处前面的小广场四周有防空壕，每当日寇飞机夜袭，他们就爬进壕沟里，可特务冲着他们的上空燃放信号弹，企图引敌机轰炸办事处，形势十分险恶。由于程芸平的组织关系一直未能接上，办事处对他们开始有所怀疑，让他们从招待所移到办事处的汽车队去住。不久那里又住进两位青年人，一位是广西人，一位是江苏人，也是因为没有组织关系而不被信任。一天，办事处的同志来让这两位青年走，说不能接待他们，那位广西青年说："你们这么不信任我们，我们是到这儿来参加革命的。"说着就拿起一块砖头将自己砸得头破血流以明其志。办事处的同志替他治了伤，解释和安慰了一番，过几天还是让他们走了。此事给贺敬之的心灵以很大的刺激和震撼，他觉得不是滋味，很受不了，心想人家为了投奔革命，怎么能够这样对待呢？参加革命还这么难吗？由此他渐渐体悟到，一个革命者确实有个不断提高觉悟的问题，在那样复杂的形势下，革命组织能不保持高度的警惕和严格的纪律吗？直到"文革"期间，贺敬之从"外调"的人员口中得知，这两位青年后来到南方投奔了新四军，还是加入了革命队伍。

　　住在汽车队里实在闷得慌。招待所的干部由于对他们不太信任也就管得不太严了。一次，他们四人出去闲逛，程芸平与吕西凡两人同行，贺敬之与李方立一块来到一个书摊前。贺敬之见一本杂志上登着戈宝权翻译的马雅可夫斯基的诗《好》，非常高兴，当即买了一本揣进衣兜里。这时，程芸平与吕西凡走到一条街上又立即折了回来，说："糟糕了，碰上一个认识我们的特务了！"原来是他们不巧撞上了一位在梓潼时的高年级同学，此人穿一身国民党战干团的军装，无疑是管劳动营的。于是，四人赶快跑回汽车队，再也闭门不出。正好，贺敬之打开了那本杂志，一遍又一遍读着马雅可夫斯基的长诗《好》。诗中那激越的情绪，崇高的意境，跳动的音律和节拍，深深地吸引着他，强烈地感染着他，越读兴趣越浓，越读越激动。诗人笔下尽情抒写的新生的苏维埃人民共和国那美好的情景，仿佛将年轻的贺敬之引进了一个崭新的世界，进一步激发了他对延安、对一个新的中国的无限向往之情。在均县及梓潼的流亡岁月中，贺敬之曾借阅过一本苏联的诗选，从那里面读到过马雅可夫斯基的《向左进行曲》等诗歌，但翻译得都很差，并未引起他太大的注意，而戈宝权将楼梯式诗《好》翻译得非常漂亮，轰然扣动了他的心弦。这也是贺敬之第一次知道戈宝权的名字。

程芸平的组织关系终于转到了，他们四人又回到招待所里住。这期间，让贺敬之永远难以忘怀的是他们有机会同大音乐家冼星海相处了一段时间。贺敬之曾激动而深情地回忆说："我和星海同志有一面之识，在西安八路军办事处时，我们正等着去延安，恰恰这时星海从延安出来准备去苏联。他那时是知名的大音乐家，我是投奔延安的救亡青年，于是我们围着他，他给我们讲音乐，教唱歌，他教我们唱的一支歌叫《抬土歌》，还教有别的歌。日本飞机袭击时，我们在一起钻防空洞。没想到这竟是最后一次见到他，以后再也没有见着。"① 这些经历，显然进一步增强了贺敬之对诗的追求，对歌的热爱。

过了"七一"建党节不久，贺敬之他们四人随同一批干部准备动身去延安。办事处给他们都换上一身灰色军装。贺敬之激动不已，深感自己已经是一名真正的革命战士了。出发那天，约 200 人分乘 5 辆八路军军用卡车，化装成贺龙 120 师部队，护送国民政府参议员、共产党驻重庆代表董必武去延安公干，商议抗日救国大计。同行的还有徐特立、林伯渠等要人。个子小小的贺敬之穿一身大而不合体的军装，装扮成一名小勤务员。他与李方立同乘一辆车，徐特立坐在这辆车的车棚里。车行至耀县，天下起大雨，不能走了，住宿在一家酒店里。阴雨连绵，闲极无聊，尚未脱尽孩子气的贺敬之，与一位同车的比他还小 1 岁的名叫陈克强的河南小伙子就玩起藏帽子的游戏。结果，陈藏贺的帽子，贺很快就找到了，而贺藏陈的帽子，陈怎么也找不着，陈就急了，于是两人闹了起来，互相扭打。第二天放晴了，车队出发，行前集合，车队队长训话，突然他说："我们这是什么地方？你们到这儿来参加革命，革命要讲纪律！你们这样子打打闹闹，懂不懂得这是革命的队伍啊？说你啦，贺敬之——站出来！批评你呢，再不许这样子！"贺敬之刷一下脸通红，浑身热血奔涌，心里好难过呀！此事引起

---

① 吕美顺：《贺敬之同志谈歌词创作》，《词刊》1985 年第 7 期。

了他深深的思考：自己为什么要来参加革命呢？难道只是为了追求个性解放吗？只是寻求个人的出路吗？为了选择这条革命的人生道路，自己小小年纪就付出了多少艰辛的努力？既然没有革命就没有自己，就应懂得革命的道理，就应协调好自己同革命集体的关系，就应勤奋学习，不断提高政治觉悟。想着想着，他顿觉心中豁然开朗，非常愉快地乘车继续前进。

汽车载着人民革命的精英，载着赤胆忠心的革命战士们，载着车上的青年和战士一路烈火般的歌声，在黄土高原上奔驰着，八百里风尘仆仆的路程，通过一道又一道国民党的封锁线和哨卡，历经艰险，向着延安挺进。贺敬之曾经这样描述他们途经洛川城的惊险情景和必胜信念：

我记得那是一堵可怕的灰色城墙，城门洞里排列着刺刀，好像巨齿獠牙一般。我们被刺刀逼着下了汽车。汽车上，是我们从全国各地出来投奔延安的青年和少年们。从下午到深夜，我们被刺刀包围在北关的一小片荒地上。高原的寒夜冷彻骨髓。我们紧紧地靠拢在一起，用被草裹着身子。从河南来的十五岁的小陈紧挨着从四川来的十六岁的我。……"我们能过去吗？"小陈低低地问我。

"当然能！他们没有理由扣留。不要怕，小鬼……"这是同车的祖父辈的老共产党人、我们党的中央委员徐特立同志的声音。他安慰着我们，又用卑视的目光扫着敌人。"好吧，小鬼们，我们正好利用时间，继续给你们讲：关于马克思主义在中国……"——徐老的声音好像洛川的流水一样响彻在寒夜里。敌人制止不住，刺刀尖上的光亮好像鬼火一样在旁边闪动。……"什么困难都是挡不住的，革命一定胜利，马克思主义在中国一定胜利！"徐老的声音越来越响了。高原的夜空渐渐地在泛白。①

行进中的车队就是一所革命学校。贺敬之的政治水平和革命觉悟在这所特殊的学校里逐渐得到提高，他学到了生动活泼的马克思主义，在人生

---

① 贺敬之：《重回延安——母亲的怀抱》，《中国青年报》1956 年 6 月 27 日。

道路上思想境界不断升华。车队开上了交道塬,前面就是陕甘宁边区革命根据地和国民党统治区的分界线,两边有双方对峙的战壕和炮眼。跨过这道由地狱到人间的分界线就是交道镇,这是进入根据地的第一个红色村镇。边区自卫军见投奔革命根据地的青少年们驰车而来,兴高采烈,暂停操练,手持红缨枪和大刀,一齐向车队欢呼,歌唱;车队上的青少年们也无不激动异常,纷纷将自己的草帽、手巾、水杯等,作为仅有的礼物向战士们扔去。此情此景,使贺敬之胸中的激情燃烧了起来,他深感从"这边"跨到"那边"是自己生活道路上多么刻骨难忘的一步啊!

贺敬之回忆说:"我决定要到延安去,就跟诗,跟文学分不开。"① 的确是这样,贺敬之为了追求光明、献身革命而投奔延安的人生选择,是由于他对文学、对诗歌的热爱因而决心以文学、以诗歌为主要武器来从事人民革命事业。这期间,他对诗歌尤其喜爱,不仅深受苏联大诗人马雅可夫斯基的影响,在国内诗人中,艾青、臧克家等名家的作品,他都百读不厌,特别是田间的诗作,他更爱不释手。贺敬之曾满怀深情地说:"是田间的诗歌给我增加了力量,使那时的我——一个16岁的少年更加勇敢和急切地同伙伴们一起投奔革命圣地延安。"② 他强调田间是他从少年时代起所仰慕的诗人,深感田间的诗是"时代的鼓声""战斗者的呐喊""历史前进的步伐",使他受到鼓舞和激励,他说:

> 当我还是一个流亡的少年学生时,就熟知他的许多短诗,特别是传诵一时的:
> "假使我们不去打仗,
> 敌人用刺刀
> 杀死了我们,
> 还要用手指着我们的骨头说:
> '看
> 这是奴隶!'"

---

① 贺敬之1994年3月16日同笔者谈话记录。
② 贺敬之:《〈田间诗文集〉前言》,《文艺理论与批评》1988年第5期。

在抗日战争初期，我们一群少年人，是怎样悲愤地竞相背诵，它使我们一下子变得深沉起来，好像成熟了许多。

我和几位大同学千里徒步奔赴延安时，曾偷偷地把他的诗集《呈在大风砂里奔走的冈卫们》全部抄在自己的小本子上，放在自己的衣袋里，在艰难的路途上时时拿出来念着，背着，走着……①

田间的这本诗集，描写了延安和晋察冀前方的战斗生活，其中也有抒写丁玲和由她领导的西北战地服务团的诗篇，无不激起贺敬之对延安、对火热的革命斗争生活的强烈向往之情，成为他奔赴延安的一股强大的精神力量。

在由四川梓潼奔赴延安的途中，贺敬之创作了一组表现自己在西北的路上所见所感而激起的心灵的火花的诗歌，总题为《跃进》。作者在诗末注明："一九四〇·五，西北的路上。"② 这组由 4 首小诗组成的诗歌，是作者到达延安后寄给仍在梓潼就读的高年级同学赵益友（枫林），由他转寄给胡风发表的，先是刊登在 1941 年 6 月出版的《七月》杂志第六集第四期上（署名"艾漠"），继而收入胡风选编的由桂林南天出版社于 1941 年 7 月出版的"七月诗丛"第一集《我是初来的》诗集中。

组诗的第一首《走出了南方》，实为一支告别歌，是作者告别黑暗的令人窒息的国统区时发自心灵深处的一缕颤音。诗以"雨，落着……"开头，烘托出一种让人难以忍受的气氛，接着，作者以"阴湿的南方""衰颓的小城""腐蚀的日子"等深蕴寓意的简洁诗句，形象而深刻地揭示了国民党专制统治所造成的阴暗的社会面貌及其腐朽本质。特别是诗中以"狭窄的低沉而暗哑的门槛"来象征反动统治在革命青年心头所留下的伤痕和筑起的藩篱，十分独特而生动。然而，作者同他的三个伙伴毕竟终于"走出了"这"门槛"，他们在"春天"里要"去远方啊"，那路途的"野花"不正是"红色的招引"吗？于是他们从心底发出骄傲而自豪的呼喊："响亮地：四

---

① 贺敬之：《悼田间同志》，《光明日报》1985 年 9 月 12 日。
② 贺敬之在山东人民出版社 1979 年 12 月出版的《贺敬之诗选》收入这组诗时在诗末改注为"一九四〇年五月，去延安的路上"。

个！"① 第二首《在西北的路上》，作者将在"迷天的大风沙里"奋力前行、勇敢地"翻过"途中"那么陡"的高山的"四个"革命青年比喻为"不倦的大草原的野马"和"有耐性的沙漠上的骆驼"，更富象征意味。第三首《夜》，作者捕捉到两组色彩鲜明、对比强烈的意象，巧妙地表现了他们在"西北的苦涩的长夜"里探索前进的险恶处境与百折不挠的心态，一组是"燃烧在夜的丛莽"中的"火红的眼睛"的"狼"和紧握"像愤怒的大蛇"的猎枪"吐着爆炸的火舌"的"猎人"；一组是闪烁在天空的"繁星"和生长在树林中的"熟透的柠檬"。诗中显然通过"猎人"与"狼"来暗喻革命者与敌人之间的较量，也是颇富象征意味的。第四首《马车》，作者将自己的视线一扫而过地从那西北的路上像望不尽的河流似的马车队移向那些像吉卜赛人的"驾驭者"的身上，马车就是他们的"家屋"，黎明时他们从车下翻起身，用粗壮的手臂擎起鞭子，"紫光"照亮了那车轮嘶哑地滚过的高原崎岖山野的路，也"照亮了他们的歌"，而黄昏"熬焦了他们的期待"，那些"佝偻的驾驭者的脸"映着烧起的火堆在"粗重地呼吸着"，于是作者祝他们"安眠"，愿大风砂在"高原的摇篮"里"给他们唱催眠歌"。作者与"驾驭者"心心相印，息息相通。这四个投奔延安的革命青年，不正是挥动着长鞭驱动着车轮沿着时代历史必由之路滚滚向前的"驾驭者"吗？深蕴寓意的象征手法的大胆而独创性的运用，是这组诗一个相当突出的艺术特点，也是作者诗歌创作取得长足进步的重要标志。

贺敬之在投奔延安途中所创作的组诗《跃进》，同他在梓潼时期所创作的散文《失地上的烽烟》《夜》和诗歌《北方的子孙》、《夜二章》及《我们的行列》相比，无论就其思想性或艺术性来讲，的确都是一个"跃进"。显然，梓潼时期的那些散文与诗歌中，闪现的是一个虽有强烈向往革命之情然而尚未真正找到革命归宿的年轻"流浪者"的身影，这"流浪者"尽管立志抗日，追求光明，却总也摆不脱对故乡的怀念和对母亲的眷恋，因而作品里奔突的革命情思中总流淌着一种淡淡的忧郁与哀婉之情，这是挣扎在黑暗旧社会里的故乡和亲人的伤痛留在年轻作者心头的阴影。《跃进》

---

① 原为"响朗地：四个！"见上海泥土社 1951 年 9 月出版的诗集《并没有冬天》。此据山东人民出版社 1979 年 12 月版的《贺敬之诗选》。

这组诗则明显不同，我们看到的不再是"流浪者"，而是一个年轻"革命者"的身影在跃动。这个"革命者"已经义无反顾地告别了黑暗的旧社会，正在不畏艰险地勇敢而豪迈地奔向一个崭新的境界，奔向一个崭新的时代！在作者的心中，北方故乡那头背负着贫穷与苦难的"忧郁的骆驼"已离他远去，而自己真真切切地变成了一头奔赴在漫长革命征途上的"有耐性"的"骆驼"。的确，从梓潼到延安，这是贺敬之人生道路上的跃进，也是他创作道路上的跃进。红色的延安在召唤他，革命的文学在呼唤他，壮丽的人生在等待他。

第三章 延河边的吟唱

一 这里并没有冬天

1940 年 7 月，正是花繁叶茂的季节。当贺敬之踏上延安这块热土，走进他心中向往已久的革命圣地的第一座客店，坐在那温暖的热炕上，吃着第一碗拌着他从地狱来到人间时那欢喜的泪水的香甜的小米饭时，他就深切地意识到，从此掀开了他人生历程中生命意义的最珍贵的一页。他后来在诗中这样深情而凝重地写道："而我的/真正的生命，/就从/这里/开始—/在我亲爱的/延河边，/在这黄土高原的/窑洞里！"[①]

啊！延安，延河，窑洞，多么新鲜，多么迷人！在抗日战争烽火连天的岁月，这里是毛主席和中共中央所在地，是革命精英荟萃的中心，是广大革命根据地巩固的后方，是全国人民心中的灯塔和火炬，是千千万万革命者和进步青年日夜神往的地方。贺敬之是多么激动、多么兴奋啊！对于他来说，延安已不再仅是存在于心灵世界里的一片光辉灿烂的圣地，而是真真切切地呈现在他眼前的活生生的现实。在他的眼里和心中，那巍巍的宝塔山和高耸入云的宝塔。是挺立在中国人民面前的一座抗击日寇的胜利丰碑，是不屈的中华民族顶天立地的伟岸身影；那清澈明亮的奔流不息的延河水，是灌溉和滋润着长期处于侵略战争黑雾笼罩中的亿万人民心田的

---

① 贺敬之：《放声歌唱》，中国青年出版社，1957，第 53 页。

甘霖，是哺育一批又一批革命青年健康成长的乳汁；那清一色的灰军装，显现出一片纯净明洁的新天地；那黄灿灿的小米饭和清淡的土豆与南瓜汤，正是革命军民战胜疯狂敌人的伟大力量的源泉……啊，贺敬之是那样强烈地感到，延安的天空是那么蓝，阳光是那么艳丽！延安的山山水水，一草一木，都是那样的可爱，那样的亲切，那样的明媚动人！的确，小小的贺敬之，幸运的贺敬之，已经从雪冻冰封的冬夜走进了山花烂漫的春天，从黑暗污浊的旧中国走进了光明圣洁的新社会。是啊，贺敬之已经走进了一个崭新的世界，一个崭新的时代。

　　然而，革命人生道路上也不总是一帆风顺的。贺敬之他们四人一路风尘仆仆、历经艰险来到延安后，并未能如愿以偿地进鲁艺①学习。报考鲁艺，是他们日夜渴望的投奔延安参加革命的归宿啊！可是，组织部门却安排他们进徐特立任院长的自然科学院高中部学习。贺敬之迈入延安城内一个山坡上组织部的窑洞，只见炕上放着一个办公桌，他站立在炕下显得更加矮小。组织部的一位同志听贺敬之简要谈了自己的经历并表示到延安来投身革命就是要报考鲁艺学文学的意愿后，十分温和地对这个憨厚的少年说："不要去鲁艺了吧，你还这么小。鲁艺已经正规化了，不像前两年是短期培训班，现在要求高了。进鲁艺文学系的大都是有些名气的青年作者和新闻记者，你去那里学习会跟不上的。要不你就到工厂去当'小鬼'②吧？"贺敬之坚持说："不，我还是要考鲁艺！"组织部那位同志安慰了他，劝他要服从分配，说："你既然想学习，也很好，那么，你就去自然科学院上高中吧！"③就这样，他进了自然科学院高中部。可他并不安心，也不甘心，那股倔强劲又上来了。当他得知组织上已同意李方立、程芸平和吕西凡三人报考鲁艺，他就天天去找高中部党总支书记磨缠，书记终于被说动了心，

---

① 延安鲁艺于 1938 年 4 月 10 日正式创立，定名为"鲁迅艺术学院"，建院校址在延安古城北门外，毛泽东兼任院长，沙可夫任副院长。1939 年 8 月迁到延安东郊十多里处的桥儿沟，此后吴玉章为鲁艺院长，周扬为副院长，鲁艺的领导工作一直由周扬主持。1940 年 6 月更名为"鲁迅艺术文学院"，1943 年 4 月并入延安大学后又更名为"鲁迅文艺学院"，统一简称为"鲁艺"。

② "小鬼"即勤务员、工厂里的勤杂工。

③ 贺敬之 1994 年 3 月 18 日同笔者谈话记录。

同意他去鲁艺考考试试。于是，他们四人都去报考鲁艺。按当时的规定，报考人要先交自己的作品，贺敬之就交上了他在投奔延安途中所写的组诗《跃进》和几篇散文诗，然后进行口试。

主考人是鲁艺文学系主任何其芳。在贺敬之的心目中，这是一位早就令他敬慕的著名诗人，因而他的心情激动又有点紧张。何其芳却非常平易地问他什么是"现实主义"、什么是"自然主义"等问题，他觉得有些深奥，回答得不理想。接着又问他读过哪些最喜欢的外国长篇小说，他答读过苏联的《被开垦的处女地》等作品，于是就让他分析这部长篇小说中的主要人物形象。他谈了拉古尔洛夫这个人物革命意识很强并富有革命热情等性格特点，何其芳微微点了点头。当问到达维多夫这个人物时，他就谈不出个所以然了。何其芳见他有些为难，就说："小鬼，你还很小，欢迎你到延安来参加革命。你到了延安就是到了家，就有学习的机会。鲁艺的大门是敞开的，但也不一定非要进鲁艺，我们可以送你去青干校①学习。"贺敬之听着这番话，深深感受到了革命大家庭的温暖，却又有点扫兴，看来进鲁艺没有什么希望了。他回到自然科学院高中部，心中失意而又怅惘。他万万没有想到，李方立去鲁艺看榜回来后对他说："你考上了，我们四人都考进鲁艺了！"他似乎不相信自己的耳朵。当他确知他和李方立考上了文学系，吕西凡考上了戏剧系，程芸平考上了美术系，感到格外高兴，真是峰回路转，柳暗花明又一村呵！事后，同学告诉他，何其芳在口试完后的第二天对几位教师和学生说："昨天来了个小鬼，年纪很小，报考文学系，我跟他谈话，他的文学知识好像不很多，觉得他进来学习不一定合适，可我看了他交来的几篇习作后，还是决定收他了。看来这个小鬼还有一些诗的感觉。"②

1940年8月，尚未满16岁的贺敬之怀着异常激动的心情跨进了鲁艺的校门，成为文学系第三期③这个班级里最小的一名学员。桥儿沟口外那欢快

---

① 青干校全称为"延安泽东青年干部学校"，是在原安吴堡青训班的基础上于1940年5月在延安成立的，陈云任校长，冯文彬任副校长。校址在延安北门外文化沟。
② 贺敬之1994年3月18日同笔者谈话记录。
③ 鲁艺初建时只设戏剧、音乐、美术三系，1939年春第二期招生时才增设文学系，1940年秋招生时戏、音、美三系为第四期，文学系为第三期。

流淌的延河，口内那高耸的西式天主教堂的一对尖塔，迎接了这位远道而来的少年学子。的确，贺敬之是幸运儿，就在他进入鲁艺这年的上半年，鲁艺的校史翻开了闪光的一页。这年春，为了更好地实施教育与生产劳动和社会实践相结合、进一步提高教学质量，鲁艺将教学期限由原来的6个月增加为2年，课程设置也开始注重知识的全面性和专业基础的训练。这十分有益于学员政治、思想素质和文化、艺术水平的全面提高，全院师生一边勤奋教学，一边努力开荒种地，搞得热火朝天。这年6月初，刚偕眷来延安的文坛巨匠茅盾寓居于桥儿沟东山脚下的窑洞里，住了4个月，为鲁艺讲授《中国市民文学概论》，从汉代民歌、唐代"传奇"、宋人"评话"、元朝"曲"讲到明清时代的《水浒传》、《西游记》和《红楼梦》，以新的视角相当系统地介绍和论述了中国市民文学发展的历史，大大增进了学员们的文学知识和素养。这年6月9日，毛泽东主席来到桥儿沟参加鲁艺成立二周年纪念活动，亲笔为鲁艺题写了"鲁迅艺术文学院"的新校名和"紧张、严肃、刻苦、虚心"的校训，新校名牌悬挂在鲁艺的院门口，校训亦醒目地刻在作为大礼堂的原天主教堂西面篮球场的墙壁上，昭示出鲁艺一派崭新的校风。茅盾的笔下曾生动地描绘出这革命作家和艺术家的荟萃之地、这作为抗日文艺战士和新时代革命文艺工作者的摇篮的鲁艺那富有诗情画意的动人情景："天不亮，同学们背着草帽，扛着锄头，肃静地沿着沟底的小径，从我的窑洞前经过；而傍晚，当沟底已经黝黑的时候，他们三三两两络绎不绝地回来了，在苍茫的暮色中，他们那充满了青春活力的歌声和笑语声在两山之间回荡。"① 他写道，"在这所巍峨的建筑四周的大树荫下，你可以时时看见有些男女把一只简陋的木凳子侧卧过来，靠着树干，作成一种所谓'延安作风'的躺椅，手一卷书，逍遥自得地在那里阅读"，而鲁艺夏夜的情景更加迷人：

　　北方的夏季晚上总是凉快的。月圆之夜，天空无半点云彩，仰视天空，万里深蓝，明星点点。这时候，"鲁艺"大礼堂后边第一个院子

---

① 见艾克恩编《延安文艺回忆录》，中国社会科学出版社，1992，第15页。

里，正展开一幅诗意的画面。两列峨特式的石头建筑，巍然隔院而对峙，这是学生的宿舍；作为近厢的另一列房子，则是会客室和办公室，三面游廊，很整齐的石级。月明之下，树影婆娑，三人五人一小堆一小堆的青年，席地而坐。有靠着一株树的，也有在游廊的石级上的；有人在低语谈心，有人在月光下看书，有人淙淙地弹着曼陀琳，有人在低声合唱，其声如微风穿幽篁，悠然而又洒然。渐渐地合唱者多了，从宿舍里也传出了歌曲的旋律，于是突然，男中音、女高音，一齐迸发，曼陀琳以外又加进了小提琴和箫管，错落回旋。而终于，大家不谋而合地唱起"风在吼，马在啸，黄河在咆哮"来。……

这些穿灰布衣制服吃小米饭的青年男女，就是这样地情感淋漓，大气磅礴！①

的确，贺敬之是幸运的，从此他结束了长期动荡不安的流亡岁月，开始了一种较为稳定的充满阳光、欢乐、友爱与和谐，洋溢着朝气与活力，满怀崇高理想与革命豪情的崭新生活。从黑暗走进光明的世界，他像一只旱天的小鹅一头扎进春潮荡漾的湖水里，全身心地投入鲁艺热火朝天的新生活。这新生活本身就是一首优美动人的诗，深蕴着丰厚的诗的宝藏。他曾情真意切地回忆鲁艺这段生活："就在这个学校里，我和无数的青年同志一起，被党培养成为革命的艺术工作者。就是在这个学校周围的人民的抚育下，我从一个少年长成一个青年。"② 是的，作为一个天天被新生活的激情撞击着心扉的正在健康成长的革命战士，作为一个立志成为党的革命文艺工作者的文学少年，他怎么能够不拿起手中的笔来热情讴歌这新的生活、新的世界、新的时代呢？于是，贺敬之以他那纯真炽热的心灵和清亮欢快的歌喉，开始了延河边的吟唱。

组诗《生活》③ 就是少年诗人步入鲁艺才一个月，在那艳阳高照的日子

---

① 见殷参主编《延安鲁艺回忆录》，光明日报出版社，1992，第88、92页。
② 贺敬之：《重回延安——母亲的怀抱》，1956年6月27日《中国青年报》。
③ 组诗《生活》包括《生活》《明天》《梵阿铃和你》《我生活得好，同志》共4首，创作于1940年9月，笔名"艾漠"，初载于1941年2月25日延安《中国文艺》创刊号，该刊由周扬主编，仅出一期。

里所唱出的发自心底的动人歌声。诗中，他将鲁艺的"生活"比喻为"太阳和汗液"培植出的"小麦"那"甜蜜而饱满的穗子"，而"兄弟般"的"结紧在穗子上"的"我们"，是"熟透的麦粒"，这鲜明的诗的形象和独特意象巧妙地表现出鲁艺那灿烂阳光下愉快劳动和亲密团结的充实而甜蜜的"生活"。诗人坚信，有一天"太阳打我们共和国的草原"升起的时候，"我们驾着拖拉机/去耕种"，"早晨的露水刷湿了皮靴，/我们去集体农场……"显然，当时生活在鲁艺的莘莘学子的心目中所强烈向往的这社会主义苏联美好的"今天"，正是不久的将来新中国的美好"明天"。而鲁艺今天的生活又是这样富有诗意：晚上，在夜的大帐幕里梵阿铃的音调从夏天的树下荡出，从"人的岛屿"里高扬时，"我们"炽热的"年青的生命"也在"跳跃"；早晨，"阳光照亮了"苏联优秀诗人们的诗册，"我们"朗读着诗中那洪亮的"时代的音响"，从中学习"反抗和讴歌，/爱和播种"。此时，诗人情不自禁地从"我们"中站出了"我"，激动而大声地呼喊："我生活得好，亲爱的同志！"因为，"在我的桌子上，/洒落一大片阳光"，"窗外的山上，/送来野花的香气"。于是，诗人回顾他不灭的记忆中那"饥饿和死亡"，那"债务和刑罚"，那"战争的毒火"，那艰难的"流亡的道路"。然而，他终于乘上长列的火车"驰向新历史的门槛"，告别了那"古老的忧郁"、"酷寒的夜"和"毒害的奶汁"，闯过那道道"关卡"和"封锁线"，举起更坚实的脚步迈向自己的"光辉的驿站""温暖的归宿"。面对今天在鲁艺的幸福生活，诗人高歌"我快活/像一支飞舞在天空中的鹰！""我的歌声高升而发颤……"这组诗中所迸发出的少年贺敬之那真诚、质朴而诗意浓郁的心声，拨动了读者的心弦，引起诗坛注目，著名诗人闻一多曾将其中《生活》一首收入他选编的《现代诗钞》①。

由此，贺敬之的诗歌创作一发而不可收。紧接着，他于这年10月写出了《自己的催眠》②、《十月》③和《没有注脚——献给"鲁艺"》，11月写出

---

① 见《闻一多全集》第四卷，上海开明书店，1948，第474~475页。
② 《自己的催眠》初载于1941年4月胡风主编的《七月》第六集第三期（署名"艾漠"），并收入同年7月出版的胡风选编的"七月诗丛"第一集《我是初来的》。
③ 《十月》初载于1940年11月25日延安《大众文艺》第二卷第二期。

了《我们这一天》和《雪花》，12 月写出了《雪，覆盖着大地向上蒸腾的温热》。这些诗充分表明，贺敬之对延安鲁艺生活的感受更加丰富而深切，因而他那生气勃勃的青春的歌声更加激越而响亮。他深深感到，"生活就是歌，/应当唱得/更响更响"，因为过这些值得骄傲的日子"像干一杯葡萄酒"而且"像一个热恋"，在这里道一声"晚安"后就可以好好"安睡"了，"叫满窗的星光，/伴我们"，"告诉延河，/摇我们，/以她的歌"，而明天的天空一定很蓝，让"朝阳来呼唤着我们"吧（《自己的催眠》）。请看那位"劳动英雄"，他"像喝着手酿的高粱酒"，站在十月的窗前，望着那"跃进的莽原，/燃起了/紫色的黎明"，望着早晨村后"那泥路""那马车""那摇曳的谷穗""那发光的小河"，他呼吸着"浓湿的空气"，脸上"带着酒味的笑"，这"十月的大地""十月的太阳"，这"丰收的十月呵"，多么令他这位少年诗人心醉！（《十月》）。在《没有注脚——献给"鲁艺"》和《我们这一天》两首诗中，诗人更集中而强烈地抒写了他对鲁艺生活的新鲜感受和挚爱之情，洋溢着朝气蓬勃的生命活力和浓烈的青春气息。他动情地唱道："早晨的阳光，/铺上那院落，小路……/刺槐树茂密的叶子，/环绕着/教堂的顶尖。/早安呵，/我们的小溪，/我们的土壤。"他为"这里是我们的学校——'鲁艺'"，而深感骄傲和自豪！因为，在这里，在时代的路程上，教堂熄灭了光焰，耶和华走下了台阶，而"我"跨上这青石台阶，像读过了"马雅可夫斯基的诗章"；在这里，红星照耀着，"铁锤拥抱着镰刀"在跳跃，他们读着《联共党史》，读着《论持久战》，讨论着"关于加强无产阶级意识锻炼"，于是，他们懂得了中国有延安就像世界上有苏联引导着人类"走向新的世纪"，懂得了"艺术"就是"生活和革命"，"诗"就是"工作"，"诗"已从"绣花的笼子里"走出来，"诗人和他的诗"就是"工人和他的铁锤""农民和他的镰刀""战士和他的枪"；在这里，跳跃的青春"像春天般歌舞"，热情像"泛滥的倾流"，歌声"像夏夜的雷雨"，手风琴的乐音"彻叫在白天"，欢笑汇集在"蓝色的晚上"，而东山的窑洞里"那闪烁的光亮，/那跳跃的星群"，那是鲁艺的老师们——"尊敬的艺术家""亲爱的同志"，正在以"燃烧的心灵"工作着，"生活的引擎"正以"百万匹马力"在奔驰！于是，诗人笔端响起了他激昂的心声："我们高举/'鲁迅'的火把，/

走向/明天，/用诗和旗帜，/去歌唱/祖国青春的大地！"是啊，在少年诗人贺敬之的心灵世界里，延安鲁艺即使在冬天也到处春光明媚，阳光灿烂：

> 好啊，同志们！
> 请不要叫我凑近炭火吧
> 让我说，
> "我不冷！"
> 在我们这里，
> 并没有冬天。

　　事实上，陕北的冬天是相当寒冷的。只是因为，在诗人贺敬之的胸膛里，正青春勃发，春潮浩荡，革命激情的烈火正在熊熊燃烧，那比窑洞里的"炭火"要更为炽热呵！他望着窗外那从烟雾一样的天空中轻轻飘下的雪花正煽动着小小的翅膀、带着低声的"温柔的歌唱"在飞舞，他也以"快活的心"在和着雪花"一起歌唱"，因为在这里，在冬天，"我没有忧愁"，"我工作着"，他高声歌唱："春天已经开始了。"（《雪花》）《雪，覆盖着大地向上蒸腾的温热》这首诗，让我们更深刻地懂得为什么生活在雪花飘飞的延安鲁艺窑洞里的小小的贺敬之却感到比春天还温暖，为什么在他的心中延安鲁艺这里"并没有冬天"。请看，他正和"同志们"围坐在窑洞里的油灯旁边，他们的影子连接着在墙壁上闪动，炭火烧得正旺。此刻，他望着窗外飘落的雪覆盖着大地，却强烈地感觉到了那大地向上蒸腾的温热，于是思绪像海潮般撞击着他那颗不能平静的心，他要向大地呼喊！是呵，他就是在一个风雪呼号着的漆黑的夜里降临人世的，在贫寒母亲的温暖怀抱里渐渐长大；他又是在一个风雪呼号着的漆黑的夜里，在炮声和哭喊声中，迈上了长长的漆黑的流亡的道路，终于，他看清了"太阳从哪里出来""花朵是哪里开"，来到了鲁艺"这旗帜底下"，来到了"我的同志们中间"！他高歌："亲爱的同志们，/为母亲，/为祖国，/我来到这个世界上，/来到行列里。"他的胸中，他的笔端，在热烈地燃烧呵！诗人的心灵世界里怎么会有冬天呢？后来，他将这些歌唱延安鲁艺新生活的诗篇收入他的第一本诗集，书名就叫《并没有冬天》①。

贺敬之生活在延安鲁艺这座革命的熔炉里，生活在党和人民的领袖毛泽东的身边，生活在情深谊厚、朝气蓬勃的革命集体的温暖怀抱中，天天接受着马克思列宁主义的生动教育和党的优秀革命传统的熏陶，直接承受着毛泽东思想阳光雨露的哺育，同时大量吮吸着中外优秀文学艺术特别是革命文艺作品的营养，他的心灵不断地得到净化和升华，他的思想觉悟和精神境界不断得到提高，政治进步很快。就在苏德战争爆发的第二天，世界共产主义事业面临严重挑战和考验的紧要关头，也是中国革命处于最困难的时候，即1941年6月23日，贺敬之考入鲁艺不到一年，就由张铁夫、程堃两位同志介绍，光荣地加入了中国共产党，同年9月转为正式党员。从此，他"在党的怀抱中长大成人"，他的"鲜红的生命写在这鲜红旗帜的皱褶里"②，党永远地在他心里！这对贺敬之来说，是一个更重要、更有意义的生命历程的开始。他挺身站立在共产主义队伍的行列中，崇高的革命理想激励着他。他深深感到自己的生活和生命的意义闪耀着更加灿烂的光彩。鲁艺啊，延安啊，党啊，领袖啊，无时无刻不令他激动和振奋！他曾这样深情地回忆起他在延安杨家岭第一次见到领袖光辉形象的动人情景：

> 这里就是毛泽东同志的住所——在1941年的那一个难忘的晚上，就在这排窑洞的前边，走过几个青年人，其中有一个刚满十八岁的新党员。他们悄悄地走着，忽然，同时在窑洞前站住了。只有半分钟的停留。但却是那么庄严的半分钟！他们的目光集中在窗纸上，窗纸上清晰地映出毛泽东同志的身影。他的宽阔的前额在凝思着，他的手握着笔……③

---

① 《并没有冬天》以上集总题《跃进》收入《跃进》《自己的催眠》《十月》《雪花》《生活》《没有注脚——献给"鲁艺"》《我们这一天》《雪，覆盖着大地向上蒸腾的温热》共8题14首；下集总题为《乡音》（上海泥土社，1951），列入胡风主编的"七月诗丛"。1979年山东人民出版社社出版的《贺敬之诗选》第一辑《并没有冬天》中收入诗集《并没有冬天》中的7题13首，未收《雪，覆盖着大地向上蒸腾的温热》1首，《没有注脚》改题为《不要注脚》。
② 贺敬之：《放声歌唱》，中国青年出版社，1957，第46页。
③ 贺敬之：《重回延安——母亲的怀抱》，《中国青年报》1956年6月27日。

这仅有半分钟的一瞬是多么短暂呵，然而这"庄严的半分钟"深深摄入贺敬之的脑海和心灵并永远留在他记忆中的伟人形象，是多么激动人心，多么引人深思呵！在那样艰苦的环境中，在那样辛勤的夜晚，党的领袖是怎样在为祖国的前途、人民的命运呕心沥血地操劳呵！这不正是共产党的本质和精神的形象体现吗？那么，作为"一个刚满十八岁的新党员"，不正是应当努力学习党的领袖这种为人民的利益、为壮丽的事业鞠躬尽瘁，死而后已的崇高精神吗？

其实，贺敬之入党时的实际年龄尚不足 17 岁。而当他即将跨入 18 虚岁时，他有幸以一个"公民"的身份参加了延安的选举活动，并创作了一首可以称之为他这个时期的"时代进行曲"的著名诗歌《我走在早晨的大路上》①。他后来回忆："记得 1941 年陕甘宁边区举行参议会选举，军事学院、自然科学院和鲁艺等几个单位是属于一个选区，徐特立、郭化若、周扬等同志被提名为候选人。那时鲁艺的师生为了给周扬同志竞选，打着标语牌，唱着竞选歌，浩浩荡荡地举行街头宣传。此时此景，大家充满了民主根据地的那种当家作主的自豪感。我曾情不自禁地写了一首诗，叫《我走在早晨的大路上》。……生活在延安这块民主自由的土地上，自然心情舒畅，干劲十足，好像总有一股使不完的劲。"② 是呵，一个 18 岁的公民，一位年轻的诗人，正走在这早晨的道路上去参加选举，他面对着这"早晨的太阳"，这"无限广大的土地"，这"收获的季节""鲜红的季节"，怎么能不唱一曲高昂激越的"赞颂的歌""属于这道路的歌"呢？他深信自己面对这"大地"如同"向日葵对于太阳一样真诚不二"，自己的头脑是那么清醒，"像那被太阳光穿透的露珠"。看到这大地上"旗帜正在飘扬"并且"快乐和歌唱"，他深深感到，自己身上这无穷力量的源泉正来自这革命的集体，来自他的"伙伴"和"公民同志们"，来自他自己所选择的这条革命的"道路"，来自作为主人翁顶天立地站着的这"大地"。于是，他情不自禁地高声歌唱：

① 《我走在早晨的大路上》初载于 1941 年 11 月 25 日延安《新诗歌》第 5 期。
② 贺敬之：《答〈延安文艺研究〉杂志主编问》，《延安诗人》，陕西人民教育出版社，1992，第 360 页。

　　我面对着我自己，

　　我面对着我的歌，

　　我面对着这道路，这土地，

　　我面对着这个国度，这个政权；

　　我——一个十八岁的公民，

　　我自己说话，高声地：

　　这土地是我的！

　　这山也是我的！

　　我——一个十八岁的歌者，

　　我唱我自己的歌，高声地：

　　是我的——这早晨，这太阳！

　　是我的——这欢快的一天的开始！

　　……

诗中这一咏三叹、回环往复的动人旋律的跳荡，这强烈的主人翁感、幸福感和自豪感所激起的情感波涛的涌动，使得延安这块革命的热土，这个新的天地、新的世界、新的时代，如此令人心驰神往。这与比他年长的诗人天蓝同一个时期创作的一首题为《我，延安市桥儿沟区的公民》① 相比，其意蕴和风格颇为不同。在天蓝的眼中，也是在早晨，也是在延安桥儿沟，可这条"道路"是许多人"将血淌出，/涂成红色的大道"，新生的祖国"是那么灿然地/透射着惊人的血光"，"那血光变作殷红色的黎明"，他面对的仍旧是"中国人民战斗的道路"，是"中国布尔什维克党的行进的号声"。在这里，见不到贺敬之笔下那样的奔腾跳跃的热情，却有着更多的厚重感和深沉感。

　　显然，同在四川梓潼和奔赴延安途中所写的那些诗歌中或忧郁或苍茫

---

① 见黎辛主编《延安文艺作品精编·理论·诗歌卷》，浙江文艺出版社，1992，第 139～146 页。

的情调迥然不同，贺敬之进入鲁艺后一年多的时间里所创作的这些歌颂鲁艺新生活的诗歌，有着一种鲜明的清新明快的格调，散发出较为浓烈的革命浪漫主义的气息。这个时期在他的笔下，太阳高照，阳光灿烂，朝阳明丽，春天和早晨的鲜活气息与大地和泥土的浓郁芳香扑鼻而来，到处是欢笑与歌声，是快活的歌唱和青春的跳跃，是对祖国、母亲和同志的真挚亲切的呼唤，是对学习、工作和劳动的热情洋溢的赞美。即使诗中有时也回顾他所经历的旧社会的黑暗，那也更加耀眼地反衬出新时代的光明。贺敬之诗歌创作中这种情调的变化和新格调的形成，正是他特殊的生活经历和独特的心灵世界的自然而必然的艺术闪现。他投身于延安鲁艺，如同穿过一条漫长的黑暗隧洞而猛然走进一片春光明媚的天地，感受格外强烈和敏锐。他又是那样青春年少，才情勃发，新鲜的生活使他无时无刻不处于异常兴奋和激动之中，使他按捺不住自己澎湃的激情。他无意于捕捉和摄取丰富多彩的生活具象，而着力于抒写和表现他对这新生活的强烈感受，以他全部的生命和热情去赞美这光明的新生活。因此，在他的这些诗中，多跳跃和闪烁的情绪与意象，少连贯而完整的形象与画面，语言活泼洒脱却略欠锤炼，语句和音节短促急迫又淡于韵律，欧化的句式与修辞笔法也偶尔闪现其间。这无疑与他所采用的"五四"时代传入中国的西方自由体新诗的形式，与他多年来特别是到鲁艺后所广泛阅读的中外诗人诗作的影响密切相关。他喜欢田间、艾青、臧克家和鲁黎等中国新诗人的诗，也喜欢马雅可夫斯基、普希金、涅克拉索夫、惠特曼、歌德和雪莱等外国诗人的诗并深受其影响①。他的诗中，如"告诉延河，/摇我们，/以她的歌""我没有忧愁，/在这里""更坚实地/我又举起了我的脚步"等倒装的句式，如"紫色的黎明""酒味的笑""小麦色的愉快""文化的钢铁"等修辞手法，显然带着欧化的痕迹。不难看出，贺敬之这些诗歌创作受田间和马雅可夫斯基诗风的影响最深，他的诗中那鼓点式的节奏与旋律，那长句拆短和以

---

① 《我走在早晨的大路上》一诗就受惠特曼诗风的影响。另据贺敬之回忆，他曾在鲁艺窑洞的冬夜里写过一首约一千行的长诗，名为《大地已经安睡了》，从盘古开天地、秦始皇一直写到当时茫茫西北大地和延安窑洞里夜晚生活的强烈感受，于是想到睡在身旁的同学们，想到自己的命运，想到祖国的前途，夹叙夹议，就是受到马雅可夫斯基特别是惠特曼的影响，采用的就是惠特曼式的长句。此诗稿后来遗失了。笔者1994年3月18日采访笔记。

"我"为抒情主体的表现方式，无不见出田间与马雅可夫斯基的诗魂与神韵。何其芳曾经称赞贺敬之是"我们十七岁的马雅可夫斯基"①。然而，贺敬之诗作中所受到的中外诗人的影响，又并非简单的模仿，而是经过了他的吸收与消化，融进了他的诗歌的血肉，形成了他独特的诗的韵味与格调，这确实难能可贵的。是呵，小小年纪的贺敬之，在到鲁艺才一年多的时间里，就以他奔放的艺术才华和敏锐的诗的感觉创作出如此数量可观的集中歌唱延安鲁艺新生活、洋溢着青春气息的诗篇，这在当时的鲁艺是相当独特的，突出的，难得的。

延安鲁艺的新生活，的确是一首优美动人的诗。但这并不是说，那里就不存在任何一点旧社会的灰尘，旧时代的阴影。事实上，来自全国各地特别是大城市和海外的知识分子身上那些小资产阶级的情趣、习气和意识，还是较为普遍地存在着并以各种方式表演着。对此，贺敬之的头脑是清醒的，只是他的思想、气质和诗情决定了他不愿以诗歌来抒写那些正在改变和净化的消极现象，但他也并未放弃运用别的艺术形式来加以表现，这就是我们仅能读到的似乎是他唯一的一篇短篇小说《情绪》②。小说描写一个名叫牟藻的来自上海的青年知识分子，一时感到生活太寂寞、太平静而黯然，像游在静水里的孤单而平凡的鱼，觉得事事不如意，又疑心自己有肺病，情绪极不好。他向往着生活应当"是狂风，是巨浪，是闪电，是雷雨，是动乱，是火光"，决心马上"要到暴风雨里安息"，却又幻想着组织上一定会把他"分配到比较安静一些的抗日根据地里"，于是正式而严肃地要求领导调他到前方去。而当组织上真的决定立即派他到晋东南前线去时，他又害怕了，几乎支持不住要倒了下去，声明说："我是个学艺术的，我……不愿……我那是一时的情绪！"小说最后特别点明："牟藻同志一直在昏迷

---

① 据贺敬之回忆，当时他在鲁艺窑洞一个寒冷的夜里写过一首诗，抒写诗中的主人公想起列宁在1917、1918年对那个小孩讲"将来我们什么都会有的"，给小孩以生活的信心，他也就感到身上非常温暖了。他把这首诗给了何其芳。于是何其芳在自己的《夜歌》一诗中称赞贺敬之"我们十七岁的马雅可夫斯基"。何其芳当时在鲁艺的一次朗诵会上朗诵过《夜歌》这首诗，以后出版时删去了这一句。笔者1994年3月18日采访笔记。

② 《情绪》连载于1941年11月25日、27日延安《解放日报》"文艺"版第44、45期。据贺敬之回忆，他当时还写过一部名为《两根秫秸》的中篇小说，表现一个枯瘦的杨白劳式的农民形象和命运，写的时候他哭了。此稿未能保存。笔者1994年3月18日采访笔记。

中。"作者对一个情绪波动、内心空虚、言行不一、叶公好龙式的小资产阶级知识分子的浮躁轻薄行为给予了有力的鞭挞。小说中注意细节的点染并不重情节的铺陈，而着力于对人物内心矛盾心理的细致刻画，写得饶有兴味。然而，从基本的艺术素质来说，贺敬之是个诗人，小说创作并非他的强项。

是的，贺敬之站立在延河边吟唱出一支又一支热情而真诚地赞美鲁艺新生活的动人的歌，而此时他的这些仍然带有天真童稚气息的歌，只不过是在面对着"小鲁艺"而吟唱。

二　心中的乡村夜

追求光明与崇高理想的年轻共产党员贺敬之，不可能停止于对自己来到延安鲁艺后获得解放与新生的幸福感的热情吟唱，他必然会面对中华民族灾难深重的历史，面对更为广大的中国和世界的严酷现实。

1941年是个多灾多难的年头。在这一年里，蒋介石制造了千古奇冤的"皖南事变"，奉命北上抗日的新四军官兵九千余人大多壮烈牺牲；德国纳粹军队向苏联发动进攻，苏德战争爆发；日本侵略者发动太平洋战争，我国香港沦陷。从这一年起，世界法西斯势力进入最猖狂的时期，也是中国抗日战争进入相持阶段的最艰苦、最困难的时期。日寇加紧进犯抗日根据地，实行残忍的"三光"政策，而国民党顽固派又接连掀起反共高潮，不断地向陕甘宁边区展开军事进攻和经济封锁，给革命根据地军民造成极为严重的困难。鲁艺师生艰苦备尝，常常小米饭也难吃饱，晚上每位学生只能配给二两冒黑烟的煤油点灯学习。寒冬腊月衣单被薄，冷气袭人。然而，人们的精神生活非常充实。师生之间、同学之间充满关怀与友爱，洋溢着朝气与活力，大家同甘共苦，亲密和谐，勤奋地学习、工作和劳动，都有着对美好未来的强烈向往，对革命理想的执着追求。贺敬之对此感受尤其深切。他年纪小，得到了领导、老师和同学更多的关心与爱护。老同志把自己的半碗小米饭分给他吃，并叮嘱他开荒时"手别打泡"；老师深夜悄悄走进窑洞，伸出冰冷的手指探探他是否入眠，还将自己的破大衣脱下给他盖上，教给他"这样捆起来"就"非常暖和"① ……啊，贫苦农民家庭出身的贺敬之，自小只从生育他的母亲的怀抱里获得一些人间的温暖，如今他千里迢迢来到陕北延安，又获得了一位哺育他成长的母亲的怀抱里的温暖，这位"母亲"就是共产党，就是延安，就是鲁艺，就是革命集体。他有多少心里话要向"母亲"诉说啊！

贺敬之还赶上了难得的学习的好机会。1941 年，鲁艺建立正规学制，重视"专门化"，各系修业期限由 2 年延长至 3 年，强调"学校的学生党员，任务主要是学习，学习成绩好，就是党性的表现"②。显然，在当时抗日战争如此严峻的形势下，强调"关门提高"确实有其一时的方针性的失误。而对于贺敬之来说，这又确实有值得庆幸的一面。他生长在贫困的农村，13 岁就被抛上了漫长的流亡道路，兵荒马乱中，他从来未得到过较好的读书机会。如今他可以专心致志地进行相当系统的学习了，可以自带一个小板凳，膝盖当"书桌"，与同学们一起认真地听周扬讲"艺术概论"和"中国新文学运动史"，听齐燕铭讲"中国文学发展史"，听何其芳讲"古典文学和诗歌"，特别是津津有味地听周立波讲"中外文学名著选读"。贺敬之如饥似渴地学习着，心里充满说不尽的喜悦与温暖。他有多少心里话要向"母亲"诉说啊！

经过一段来到延安鲁艺的兴奋激动之后，贺敬之的心境渐渐平静下来，他想得更深更广更远了，他觉得要向"母亲"诉说的心里话太多太多了。他知道，就在他离开家乡不久，父亲和祖母因贫病交加先后去世了，就在他到延安后，4 岁的弟弟"小三"也因生病无钱医治而夭折，妹妹未满 18 岁就被人家用一百斤高粱骗婚娶走，他那可怜的母亲正在这一连串沉重的打击和折磨中苦苦地煎熬。于是，他想到了他那灾难深重的故乡，想到了仍然生活在水深火热之中的故乡的父老乡亲们，也想到了中国和世界上那更多的尚未获得解放的人民，正在忍受着反动统治者的残酷剥削和压迫，

---

① 贺敬之：《放声歌唱》，中国青年出版社，1957，第 55～61 页。
② 李维汉在鲁艺第二次工作检查总结大会上讲话精神。见艾克恩编《延安文艺运动纪盛》，文化艺术出版社，1987，第 237、247 页。

遭受着侵略者铁蹄的蹂躏，正在死亡线上拼命地挣扎与抗争。想到这些，他对黑暗的旧社会、旧世界充满了憎恨与激愤。他打开鲁迅的小说《阿Q正传》、《祝福》和《故乡》，打开涅克拉索夫的长诗《在俄罗斯谁能快乐而自由》①等许多作品，一遍又一遍细细地阅读着，思索着，旧中国农村和俄罗斯农村的黑暗与罪恶，一次又一次使他联想起他童年时代在故乡农村所亲历和目睹的苦难现实，那一幅幅凄惨的画面，那一幕幕人间的悲剧，纷纷闪现在他记忆的屏幕上，撞击在他的心头，满腔怒火在他的胸中腾腾燃烧！

贺敬之拿起笔开始向"母亲"诉说了。1941年5～12月，他创作了《五婶子的末路》《鸡》《夏嫂子》《儿子是在落雪天走的》《婆婆和童养媳妇》《小蓝姑娘》《牛》《老虎的接生婆》《弟弟的死》《在教堂里》《圣诞节》《葬》《祭灶》《醉汉》《小全的爹在夜里》《红灯笼》《瓜地》《黑鼻子八叔》等18首诗，1942年1月又创作了《铁拐李》。这些诗有的刊载在鲁艺的刊物上②，有的张贴在鲁艺的墙报上，有的在朗诵会上朗诵过。诗人当时曾将这些诗辑成一本《烦愁集》向何其芳讨教，何其芳看后称赞"这个小鬼现在创作上比较成熟，写的东西还是有意义，揭示的内容、思想有一定深度"，并把这本诗集推荐给周扬看过③。后来，诗人又将这些诗中的大部分结集出版了他的第二本诗集《乡村的夜》④。他在这本诗集的《附记》中说这些诗"是根据我少年时代的生活记忆写出来的"，这抗日战争前鲁南农村他家乡的黑暗生活留给他的"记忆"是多么强烈，多么刻骨铭心，多么令他心潮起伏难平呵！

旧社会农村妇女的悲惨命运，首先激烈地拨动着诗人的心弦，他的笔下一个又一个妇女的冤魂无不令人心灵战栗！五婶子的丈夫被张大爷鞭打

①　《在俄罗斯谁能快乐而自由》现在一般译为《谁在俄罗斯能过好日子》。

②　《小蓝姑娘》初载于1941年11月1日鲁艺《草叶》杂志创刊号，《红灯笼》初载于1942年3月1日鲁艺《草叶》第3期。

③　贺敬之1994年3月18日同笔者谈话记录。

④　《乡村的夜》，作家出版社，1957，收入19首中的17首，《弟弟的死》《醉汉》2首未收。1951年出版的诗集《并没有冬天》曾以下集《乡音》为总题收入包括《弟弟的死》和《醉汉》在内的13首，未收《鸡》《夏嫂子》《牛》《小全的爹在夜里》《瓜地》《黑鼻子八叔》等6首。1979年山东人民出版社出版的《贺敬之诗选》第二辑《乡村的夜》收入14首，未收《在教堂里》《圣诞节》《铁拐李》3首。

后关进监牢，大儿子流浪到远方，女儿病死在炕头，她走投无路，只好在黑夜到来时将仅存的一个孩子抱在怀里跳下河去，"河水吞没了五婶子和她的孩子柱儿"，"大河里又添了两个水鬼"（《五婶子的末路》）。夏嫂子也遭遇了奇耻大辱，她的丈夫被诬为"强盗"吊在东家的大厅上活活被打死，留下两个嗷嗷待哺的孩子靠她养活，日子一天不如一天，她不得不顶着晒死人的六月天烧红的太阳，在高粱地里劈高粱叶子，不幸被六大爷家看青的大个子按倒在高粱地里侮辱了，她变成了在风雨里奔跑的"一个披头散发的女鬼"（《夏嫂子》）。就连老年妇女也难逃厄运，孤苦的老婆子丈夫死了，儿子荒乱年成时逃走，儿媳妇吊死，她守着一个小孙子在茅屋里艰难度日，可是老总们却来把她的柴火烧尽，面吃光，仅有的一只老母鸡给杀了，她也被打，老婆子哭得昏迷过去，黑夜里躺在孙子身边停止了呼吸（《鸡》）。而小蓝姑娘这样的妙龄少女同样被封建制度吞噬，她同一个穷苦家的孩子真心相爱，因为父亲是李大爷的租户，不得不把她许给了李大爷的侄儿，逼得她只有逃婚，却被李大爷派人捉了回去，硬把她娶走，小蓝姑娘上吊死了，老巫婆竟然说她是"妖怪"（《小蓝姑娘》）。还有，像《醉汉》中醉汉的老婆和《瓜地》中刘老头的妻子，也都在荒年吊死或饿死，夺去了她们年轻的生命。面对这黑暗的人吃人的社会，诗人怎么能不挥动他那支饱含辛酸泪水的笔，向着风雪呼号的天空愤怒呐喊，向着阴沉寒冷的大地切齿诅咒！

当然，旧社会这悲惨的命运并不仅仅落在妇女的身上，诗人的笔描绘出了广大农民的苦难遭遇，感人肺腑，动人心魄。"我"挥起一把沉重的镢头刨下一个小小的坟坑，要亲手埋葬被瘟疫夺去了生命的弟弟的尸体，娘披散着头发一次又一次不让埋下，撕心裂肺地呼喊："我要再看看他一眼呵！"（《弟弟的死》）另一位青年在埋葬了自己的亲哥哥后，一直伏在新坟上哭到夜幕笼罩原野才爬起来走出林地：

　　他被冷风拥着，找不见道路。
　　十一月，乡村的夜，无限悲凉的夜。

他直到很晚很晚仍不愿回到家中，因为他知道："债主们在家里等着他回去，/好分他那唯一的财产，半亩宅地。"（《葬》）而那个可怜的放牛娃呵，他正死死拖着他心爱的小黄牛的尾巴不放，全家人的日子都指靠着这头他苦心放牧的小黄牛呵！可是王大爷家来逼债的赵大黑子用铁棍将他和爹娘打倒，硬是把小黄牛拉走了，于是爹哭着，娘哭着，田地哭着，"在这里，/在雪花落到的地方，/哪里没有哭声呢?"（《牛》）最令人惊心动魄的是《红灯笼》所描写的凄惨悲剧：20 年前在那个可怕的荒年里跟叔叔一起流浪到松花江上的年轻人，如今叔叔死了，他在一个严寒的夜晚踩着深深的积雪急切地奔回家乡，渴望着快快见到自己日夜思念的爹娘，不巧走进了姑母家，得知家乡又碰上大荒年，"纳粮交租逼死了多少人"，树皮草根也无处挖，自己的弟兄们饿倒在大风雪里，爹娘也快要完结。于是，姑母给了他一个红灯笼打在手里，可就是这个红灯笼招来一个在大风雪中扑向他的强盗，将他一刀砍死在自己的家门前，这个"强盗"正是他的快要饿死的父亲。诗人呵，怎么能不痛心疾首地咒骂这个鲜血淋淋的罪恶社会！

感人至深之处还在于，诗人笔下的这些被摧残、被宰割的劳苦农民，心地都非常善良，都那么勤劳质朴，他们挣扎在死亡线上依然常常满怀着生存的希望和对生活的美好向往。《瓜地》中刘老头苦苦地经营着他那片租种的瓜地，对常来瓜地的给东家放牛的娃们像对自己的亲儿子一样从心眼里喜欢和疼爱，是因为他永远记着老婆饿死时仍然"揣着一个还想再活的希望"，更因为他 30 年来始终相信他那死里逃生的独生儿子小敏子"还活在阳间"，直到他临死前，他也"并不怕日子有多么艰难"，还对放牛娃们轻声呼喊：

> 我的老伴儿昨晚里托梦给我，
>
> 她叫我跟她去过冬天，
>
> 我不，我还要在阳间过些日子，
>
> 孩子们，看这土地喷香，
>
> 看这磨盘一样大的太阳……
>
> 我的儿子有一天会回来的，

> 他会和你们一起，穷人的兄弟，
>
> 要过那再不受罪的日子……
>
> 那时候，我就笑着死去……

多么热爱生活，多么向往光明呵！而那个"醉汉"呢？他在大雪纷飞的深夜冻死在妻子的坟前时，也是这么样对妻魂呼喊："唉，答应我吧，/你坟里的人，/把我拉起来，/我还要活，/我还要点儿热气……"（《醉汉》）这声声呼唤多么令人心碎呵！更使人心碎是《小全的爹在夜里》所描绘的那催人泪下的情景："腊八"的头一天黄昏，小全的爹为了换取能买二斗米的"四吊五百钱"把小全领进了田大爷家那漆黑的大门，他迈着沉重的脚步摸黑往回家走的路上，听见躺在泥坑里的才出生就被抛出母亲怀抱的婴孩的哭声，老头子的心颤抖了，他想到自己 5 岁的儿子小全的命运，站立在腊月的冷风里，解开自己破烂的衣襟把小孩抱在怀里许久，又只好将小孩放下并留下一吊钱，刚走一步小孩又哭了，他转回来重新抱起孩子，痛苦地说："我不能带你回家，/我家里没有吃的……"小孩哭着哭着，渐渐地在老头子手里冻僵了。他用嘴唇找到小孩冷却了的嘴唇，眼泪滚落在小孩冻僵了的脸上，仿佛疯了一样抱着死去的小孩，大声地哭了出来。此时，小全在田大爷家哭着要爹娘，病着的娘在寂寞的小屋里也哭着要小全。此时：

> 冷风吹过枯树的枝头，
>
> 夜，像一只破了的木船，
>
> 搁浅在村庄。

善良的老头子呵，你那颗善良的心是多么痛苦！寒冷的乡村的夜呵，又是怎样在折磨着这些善良的人们！诗人的心在战栗！

尤为可贵的是，诗人相当生动地表现了苦难善良的农民那不屈的精神，那英勇的自发反抗和斗争。如果说小蓝姑娘上吊自尽，老婆子在心里咒骂老总们"那些碰炮子的，/那些千刀剐的"，都不过是无声的抗议，那么，当夏嫂子不忍目睹狠毒的东家吊打丈夫而跪在东家的脚前求饶时，丈夫在被鞭打中叫喊："起来，不要再跪下，孩子的娘！……"这充分表现出苦难中的农民那一身正气和骨气。贫苦的农民特别是青壮年农民总是要同自己的命运抗争的，刘老头的儿子小敏子将娘埋葬后就跟着"一大群人"去财主家"抢粮"，被官家绑了去，30年后放牛娃们埋葬完刘老头也"结成了永久的兄弟"，在夜间那冻结的土地上冒着大风雪"踏着一条新的道路"，这无疑是一条反抗的道路。《儿子是在落雪天走的》那个始终孝敬母亲的儿子，也率领着"一大群饿慌了的人"，"结成了队伍"，走上了这样的反抗道路，当他的母亲真的再也见不到被人称为"强盗"的儿子回来时，她激愤地说："他是个好孩子，他不会做强盗呵。/……唔，我明白了，/可怜的孩子是死在强盗的手里了。"到底谁是真正的"强盗"呢？"明白了"的母亲一语中的，刺中要害，她向黑暗的旧社会进行了血泪的控诉，表示了强烈的抗议！在歌颂农民英勇不屈的反抗和斗争精神方面，《黑鼻子八叔》写得最为出色。那位站立在高粱棵里、手里抓着挂下一缕红缨的盒子抢、响亮的笑声震动着满坡满野的黑鼻子八叔是一个什么样的人呢？他没名没姓，也没爹没娘，只有东山坡上那七块大石头是他的兄长。10年前他给赵大爷放羊，因为丢了一只羊被赵大爷的铁棍砸坏了胳膊，鲜血染红了他扯破的衣襟，他从地上爬起来用嘴唇舐着自己的鲜血，一甩胳膊离开了庄上。第二年他从外乡饿着跑了回来，昏倒在孙七爷的地界，搓下高粱青米往嘴里塞，被孙七爷家"看青的"逮住要拉他到孙七爷面前去受罚，他一拳打倒并掐死"看青的"在高粱棵下。第四年是个大荒年，饿殍遍野，他带领着数不清的大群伙伴来了，枪声把黑夜震醒，火把将村庄照红，他们打开了财主们的寨墙，抢了仓粮分发给穷人，狠狠地击败了财主们的"联庄会"，打死了赵大爷的儿子、"联庄会"大队长赵明法，将血抹在七块大石头上。从此，黑鼻子八叔威震四方。不幸在一个黑得怕人的夜里，官兵突然包围了他们，经过一天一夜的恶战，一颗子弹打中他的胸脯，被官兵捉了去将他的脑袋割下吊在火车头上，鲜血洒遍五百里火车道，无头的尸体躺在东山坡下。层层的高粱棵包围着他的坟堆，静静地守护着他。后来，一声沉雷从地下翻起，黑鼻子八叔在火里、在烟里又站了起来，多少熟悉的人都跑来迎接他。这是一个多么悲壮动人的反抗故事，这是一位多么可歌可泣的草莽英雄！他的自发反抗的悲剧命运是历史的必然，而他那英勇不屈的斗争精神却闪耀着历史的光彩。诗人所描绘的这一幅幅充满浪漫神奇色彩的画卷，所塑造的这一位传奇式的农民英雄的高大形象，在中国现代诗歌史上留下了宝贵的一页。

在谈到 1941 年 5 月至 1942 年 1 月所创作的这些诗歌时，贺敬之说："我少年时代曾用笨拙的诗句记录过我对旧中国农村的悲惨生活的回忆……那是我在革命圣地延安的温暖怀抱中，带着向母亲倾诉冤屈的心情，把它作为一去不复返的往事来写的。"① 当然，"一去不复返"不过是诗人的美好愿望，其实，在他饱含着血泪创作这些诗歌的时候，中国农村这悲惨生活的情景不仅强烈地存在于他的记忆里，更仍然活生生地存在于他的家乡和尚未获得解放的广大农村的现实生活中。这正是幸福地生活在延安鲁艺这"母亲"的温暖怀抱中的诗人，要以那么急切的心情创作这些诗歌的思想基础和情感动因。诗人急于要向母亲"倾诉"的"冤屈"，就在于他家乡的父老乡亲们以及旧中国更广大的农村兄弟姐妹们曾经是而且如今仍然是这样悲惨地生活着，更在于这些忠厚善良、勤劳朴实又富有不屈精神的农民兄弟，由于未能获得无产阶级政党的正确领导，他们自发地反抗和斗争却只能惨死在敌人的鞭子和屠刀之下。因此，这些真实地"记录"下诗人的"回忆"、真诚地"倾诉"出诗人内心的"冤屈"的诗篇，具有着独特的对旧中国农村生活的历史和现实的认识价值和引人深思、催人奋进的精神力量。

与《并没有冬天》中那些以清新明快、热情奔放的笔调歌唱延安鲁艺新生活的诗歌形成鲜明的对照，《乡村的夜》中这些描绘旧中国农村苦难生活的诗篇，表现出一种悲凉凄惨、阴沉抑郁的格调。诗人笔下，或大雪铺天盖地，或冷风呼号扑叫，或烈日当空炙烤，或秋雨寒气袭人，折磨与煎熬令人窒息，难以忍受，一派妻离子散、家破人亡、天悲地咽、树枯草瘦、黑暗昏沉的凄凉景象。这是诗人生活在光明环境中追忆和关照黑暗生活时所出现的一种艺术色调的强烈反差，也是两种截然不同的现实生活在诗人的心灵世界里的真实投影。严谨的现实主义精神，形成了这些诗歌的基本

---

① 《贺敬之诗选·自序》，山东人民出版社，1979，第 3 页。

特色。为了能更充分而生动地反映这种凄凉的生活景象，揭示其深刻的社会主题，诗人所采用的诗歌形式和艺术表现方式也发生了明显的变化。这些诗篇，一般长句居多①，节奏舒缓，注重细节的刻画、情节的铺陈、场景的渲染和人物形象的描绘，诗人往往不直接抒写自己对生活的感受，而将其内心炽热的感情和鲜明的爱憎不动声色地蕴含在情节和人物的客观描写之中，寓抒情于叙事，并常常在叙事中插入倒叙或补叙，融入人物的回忆、想象、梦境或幻觉，乃至生者同死者对话，进行情感交流，其中有些诗篇还有着较为完整的故事，人物性格也相当鲜明，于严谨的现实主义之中闪射出一些浪漫主义的色彩。更为可贵的是，诗人开始从中华民族优秀传统诗歌和民间文学特别是民歌中吸取艺术营养，增强了诗歌的民族特色和艺术表现力，诗中的立意、意境、气氛和情调往往因此而格外引人入胜。那位顶风冒雪急切归家的青年手中提着的红灯笼，闪烁着茫茫黑夜中一点生存的希望，又招致了这位青年悲惨的归宿，扣人心弦。小全的爹在寒冷的夜里卖掉了自己的儿子又抱起归途中的弃婴，其内心的矛盾和痛苦令人心碎。瓜地上的刘老头因思子情深而挚爱着来瓜地吃瓜的穷哥们和放牛娃们，又因亲近他们而更加思念自己的儿子，这种深挚、复杂而细腻的感情，无不渗透在那银色的月光，那新瓜、土壤和高粱酒的气味，那摇动的蒲扇，那流淌的小河，那蝈蝈的吟唱等有声有色的描绘之中。特别是诗人对黑鼻子八叔活动和出没的东山坡上那富有传奇色彩的七块大石头和坡下那一眼望不透的高粱地的浓墨重彩的渲染，层层推进地烘托出那位神奇的农民英雄形象。这些诗的艺术构思都非常新颖独特，描写也出神入化，而且散发着浓郁的鲁南农村的乡土气息。还有，《黑鼻子八叔》开篇5段均以"黑鼻子八叔站立在高粱棵里——"为起句且在诗的开头、中间和结尾处三次引进"黑鼻子，挎盒子，/高粱棵里抹脖子"这首儿歌；《牛》中也插入两首童谣，《夏嫂子》先后4次以"晒死人的六月天，/天上是烧红的太阳"两句为段串入诗中，推动了诗情的发展；《葬》全诗分5段，每段均为5句又都以"他直到很晚很晚才回来"起首，结构相当严整，实为半自由体式；

---

① 贺敬之1941年秋创作的抒情诗《我走在早晨的大路上》也采用较长的句式，但节奏并不舒缓，表现出欢快的笔调而并非《乡村的夜》中这种凄凉抑郁的格调。

《弟弟的死》基本上每段 4 句且大体押韵，已经接近于现代半格律体诗了。应该说，这些同诗中所表达的内容相协调、相适应的艺术表现方式和诗歌形式的尝试与探索，取得了相当的成功，获得了不少新的突破，在贺敬之以往的诗歌创作中都是未曾见过的。

贺敬之写作这些诗篇时才 17 岁左右，还处于诗歌创作的起步阶段，在进行艺术探索的过程中，难免会表现出一些较为幼稚和不够成熟之处，比如，根据民间传说创作的《婆婆和童养媳妇》、《祭灶》和《铁拐李》等诗中，其意蕴的开掘、主题的提炼和艺术的概括显然还缺乏力度；《在教堂里》和《圣诞节》在表现宗教的伪善和群众的愚昧方面尚较为肤浅；而《老虎的接生婆》一诗，本是诗人童年时代听母亲讲述的一个非常优美动人的寓言故事，他在诗末加上了一个"狼外婆"式的尾巴，这当然同当时那个民族矛盾和阶级矛盾激烈斗争的时代密切相关，但也确实在一定程度上损害了这首诗的审美效果和艺术的完整性；至于那些写得相当成功的诗篇中，也依然存在着淡于韵律、语言较为散漫拖沓的缺陷，有时炼词、炼句和炼意仍嫌不足。然而，令人惊叹的是，由于诗人对旧社会农民尤其是妇女的悲惨命运有着深切的了解和深厚的同情，也由于他对艺术创新的不懈追求，他这么年轻，在这么短的时间内就能够集中创作出这么多生动感人的表现旧中国农村苦难生活的诗篇，其中如《红灯笼》《小全的爹在夜里》《瓜地》，特别是《黑鼻子八叔》，堪称中国现代诗坛上不可多得的佳作。

徜徉在延河边的贺敬之，满怀热情地歌唱着他正在真切感受的鲁艺光明灿烂的新生活，又满怀悲愤地描绘出他记忆中的家乡黑暗凄惨的旧生活，都写得这么真实而真诚。在他的心灵世界里，这片光明和那片黑暗形成如此强烈、鲜明的对照，使他深深感到眼前的鲁艺光明温暖得似乎没有冬天，而心中的乡村却黑暗阴冷得似乎只有见不到星星与月亮的冬天的夜晚。于是，在他的笔下，就出现了这样截然不同的两片天地，两种社会，两个时代。他生动地描画着这两种社会，又深沉地思索着这两种社会。随着时代的发展，他必将更积极地投身于这光明驱逐黑暗的历史前进的洪流之中，更热诚地拿起他手中的笔，去讴歌这光明战胜黑暗的波澜壮阔的人民革命斗争，去描绘那更加光明美好的新社会，去迎接一个阳光普照、春光明媚的崭新时代。

三 从《毛泽东之歌》唱到《南泥湾》

1942 年延安文艺整风运动的开展和文艺座谈会的召开，特别是毛泽东《在延安文艺座谈会上的讲话》（下称《讲话》）的发表，将中国现代革命文学在继承和发扬"五四"新文学革命传统的基础上推进到了一个崭新的阶段。年轻学生贺敬之像鲁艺广大学生一样，没有能够亲自参加这次具有深远历史意义的文艺座谈会，却亲身经历了延安伟大的文艺整风运动，直接承受了毛泽东文艺思想的哺育。他的心灵经受了一次圣洁的洗礼，精神境界得到了进一步的升华，世界观、人生观和文艺观发生了影响他终身的新的质的飞跃，他的文学创作也因此而登上一座又一座高峰。

革命的道路是曲折而复杂的，革命者不能不在这座革命的熔炉里经受锻炼和考验。面对日寇和国内反动派对陕甘宁边区的严峻围攻和封锁，肩负着领导全国人民夺取民族解放战争胜利并建立新中国历史重任的中国共产党人，必须竭尽全力提高党的马克思列宁主义水平，增强自身的凝聚力和战斗力，荡涤旧社会浸染进共产党内和革命阵营内的污泥浊水，特别是清除小资产阶级知识分子身上仍然较为普遍存在的脱离群众、脱离实际的作风和个人主义、自由主义、极端民主主义与绝对平均主义等种种非无产阶级的思想意识。为此，1942 年春，毛泽东主席和中共中央发动了以反对主观主义、宗派主义和党八股为目标的整顿学风、党风和文风的伟大整风运动。从这年 4 月开始，在近一年的时间里，鲁艺师生同整个延安各机关单位一样，集中进行深入的整风学习，用马克思主义的思想武器，开展无产阶级思想对各种非无产阶级思想主要是小资产阶级思想意识的激烈斗争。至 1943 年 4 月，由于当时延安所面临的复杂政治形势，整风进入审干阶段，到 7 月中旬又掀起所谓"抢救运动"，伤害了不少党员干部和知识分子，但很快被毛主席和党中央制止，及时纠正了扩大化的错误。

作为年轻新党员的贺敬之，在这场震撼人们心灵的尖锐而复杂的整风运动中，同样受到了深刻的马克思主义的政治思想教育，又有着他自己独特的精神腾跃的历程。他的贫苦出身和特殊经历，使他对共产党，对人民革命事业，对革命圣地延安和正在哺育他健康成长的母校鲁艺，都有着一种特殊的深沉的挚爱之情。然而，贺敬之又毕竟是从旧中国走进延安的抗日青年，他要求民主，向往光明，但涉世不深，思想还比较单纯幼稚，也不可能不受到某些小资产阶级思想意识的影响，比如，情绪容易波动，不甘于平静，追求轰轰烈烈的战斗生活。这当然是年轻人常有的特点，但作为革命者，作为共产党员，显然还是不够成熟的。他到延安生活一段时间后，新鲜感过去了，渐渐觉得有些烦闷，一心想到前方去投身抗日战争。1941 年 8 月，八路军一二○师政治部战斗剧社欧阳山尊等一批同志，由晋西北抗日根据地前线回延安，来到鲁艺，联络一批青年去抗日前线，贺敬之由鲁艺同学侯唯动同战斗剧社的同志联系一起去。一天，朱德总司令通知接见他们，他高高兴兴地跟着大家来到杨家岭八路军总部，第一次站在朱总司令面前，心情激动不已。朱总司令紧紧握住他的手，慈祥而热情地说："你们都愿意到前方去啊，这很好啊，我表示欢迎啊，不过呢，后方也需要人，你们还要再坚持！"他只好又回到鲁艺。在整风学习期间，周立波老师曾批评他有一种"小流浪汉"的思想，应当检查提高①。1942 年 8 月，整风进入个人全面反省阶段，人人都要写反省笔记，贺敬之认真清理了自己的思想意识，政治觉悟和思想水平跃入一个新的境界。1943 年下半年审干运动日渐深入，他也因曾参加过"鹰社"②的活动而受到审查，周扬为此还专门找他谈过话。开始他也想不通，后来事实表明他并没有什么问题，但他因此而受到深刻的教育。他真切地认识到许多革命的道理：革命是非常复杂的，当然要提高革命的警惕性，在革命集体中生活和战斗，就要正确认识和处理好个人和革命集体的辩证关系；没有马列主义科学理论的指导，没有这个大的革命时代、革命集体，没有整个国家的解放、民族的解

---

① 贺敬之 1994 年 3 月 18 日同笔者谈话记录。
② "鹰社"，成立于 1941 年 5 月，为中央军委直属队政治部文艺研究室下属的文艺团体，编过一期墙报名《蒺藜》，其成员有二三十人，属部队范围内的有公木、朱子奇、方冰、晋驼、黄树则等，属部队范围外的有麦播、侯唯动、贺敬之、李方立、天蓝等。贺敬之是由侯唯动联系加入的。他曾由该社支持在鲁艺办过一期墙报叫《繁星》。

放、阶级的解放，自己个人的解放又怎么可能实现呢？个人当然要充分发挥自己的革命积极性和聪明才智，但个人又必须严格服从革命集体的意志；在无产阶级革命队伍的集体中，小资产阶级的自由主义、风头主义、个人主义等是没有容身之地的；等等。

对贺敬之的心灵和思想震撼最强烈、教育最深刻的是1942年5月延安文艺座谈会的召开。当时出席座谈会的何其芳、周立波等老师每次开会回来，都将毛泽东讲话的精神及时向鲁艺文学系学生传达。贺敬之总是兴奋地尽心倾听着，认真思索着毛泽东所讲的那许多新鲜的深刻的道理。是啊，为什么人的问题，是一个根本的问题、原则的问题，而要彻底解决文艺为人民大众、首先是为工农兵服务这个根本方向问题，就必须真正转变自己的思想感情，将立足点移到工农兵这方面来，移到无产阶级这方面来，就必须深入群众中去，必须长期地无条件地全心全意地到工农兵中去，到火热的斗争中去，到唯一的最广大最丰富的文艺创作的源泉中去。总之，要做一名无产阶级的革命文艺家，就必须改变自己灵魂深处那个小资产阶级知识分子的王国，真正同群众相结合，同人民当权的新时代相结合，真正确立马克思主义的世界观、人生观和文艺观。贺敬之最为有幸的是，就在文艺座谈会结束不久的5月30日那天，他在鲁艺篮球场上亲耳聆听了毛泽东主席对全院师生所作的重要报告。毛泽东生动深刻地论述了文艺与生活、作家与群众、普及与提高等一系列文艺创作的根本性问题，并以《黔之驴》这个故事为例，辛辣而幽默地讽刺了未经改造的知识分子脱离实际、脱离群众而又装腔作势、借以吓人的浅薄和可笑，特别是他称鲁艺为"小鲁艺"而广大抗日根据地是"大鲁艺"，鼓励大家一定要走出"小鲁艺"，而投身到工农兵群众火热斗争生活这个"大鲁艺"中去学习和实践，才能创作出真正受人民大众欢迎的文艺作品。毛泽东主席在鲁艺的讲演，使大家茅塞顿开，心里亮堂堂的。

应该说，在延安文艺座谈会召开前，延安文艺工作者也常到部队、农村和工厂去体验生活和进行创作，鲁艺学生也都要实习半年。贺敬之于1941年就先后到安塞的山沟里一个皮革厂和附近的难民纺织厂工作了半年多。更何况，他本来就出身于贫苦农民家庭，对农村有着相当深切的了解。

这种同劳动人民之间的先天性的血缘联系，使他对毛泽东文艺思想更易于接受和更敏于实践。然而，朴素的感情毕竟不等于理性的认识，要真正吃透博大精深的毛泽东文艺思想并化为自觉的行动，贺敬之同样需要经历一个艰苦的学习和实践的过程。周扬于1942年在鲁艺整风学习总结中对鲁艺一度实施的主观主义、教条主义的"关门提高"的教育方针的错误及其所造成的影响进行了全面深刻的反省和检讨，他说："写身边琐事，过去生活回忆的作品出现了，所谓写自己熟悉的生活。结果是让自己流连在狭隘的个人生活的圈子里，松弛了向新的生活，向工农兵的生活的突进，而真实的情感结果也只是小资产阶级知识分子的情感罢了。"① 当然，贺敬之到延安后的文学创作，同周扬所批评的倾向有所不同，他的那些歌唱鲁艺新生活和展现旧中国农村苦难生活的动人诗篇，同毛泽东所指示的文艺方向从总体上看是一致的；然而，也确实应当看到，贺敬之所热情歌唱的还只是他个人对"小鲁艺"新生活的某些强烈感受，所真实展现的也不过是他对童年生活的"回忆"，在一定程度上同样是"流连在狭隘的个人生活的圈子里"，尚未真正投身到当时广大工农兵群众反对日寇侵略和国内反动派围攻的火热斗争中去，讴歌和表现工农兵创造伟大新时代的丰富多彩的生活和蓬勃奋发的精神风貌，而他所采用的艺术表现方式也较少来自民间的为工农兵所喜闻乐见的新鲜活泼的艺术形式，这就使得他的作品同"为工农兵而创作，为工农兵所利用"的要求还有着相当的距离。贺敬之曾反思说："文艺要为工农兵和广大人民群众服务，当然首先就得了解、观察、研究和表现工农兵和广大人民群众的生活情态、丰姿异彩。不和他们结合，不同他们一块斗争，不与他们保持联系，怎么能达到为人民群众服务的目的呢？这一点，我们在《讲话》之前，是不大明确和不大自觉的。"②

在《讲话》之后，贺敬之同延安广大文艺工作者一样，明确了文艺为工农兵和广大人民群众服务这一无产阶级文艺的根本方向，并且不断地探索着如何同工农兵火热的斗争生活相结合，如何通过自己的文艺创作为其

---

① 周扬：《艺术教育的改造问题》，《解放日报》1942年9月9日。
② 贺敬之：《继承 发扬 革新 创造——答〈延安文艺研究〉主编问》，《光明日报》1984年12月28日。

服务的途径。在贺敬之当时看来，最直接、最迅速为现实斗争服务，最易于为广大工农兵群众接受的文艺形式，莫过于从民间文学特别是民歌中吸取丰富营养的新鲜活泼的歌词创作了。因为，一篇写得优美动人的歌词，如果配上一支优美动人的曲子，便会很快在群众中传唱开来，飞进千百万听众的心里，产生强烈的感染、激励和鼓舞人们的艺术效果。他曾回顾说："延安整风以后，我很少写诗。这几年来，比较写得多的却是歌词。为配合临时的任务，要作得迅速，群众化，特别是要受形式上严格的限制，所以我总认为是最难写的……"①贺敬之常常知难而进。虽然他的歌词基本上都是为"配合临时的任务"而创作的，但由于他努力追求歌词的思想性与艺术性尽可能完美的统一，他的不少歌词写得相当优美，既符合歌词形式的内在要求，又富有诗的神韵，加上曲作者配写的出色的曲子，因此一经问世就广为传唱，生命力极强，其艺术魅力穿越了广阔的时空而至今仍令人深为感动。

贺敬之曾说："我写歌词的直接原因，是受抗日救亡歌曲的鼓舞和影响，我上中学时就学会了许多救亡歌曲，每当唱着它时，内心就受到鼓舞，增加了力量。可以这样说，我就是唱着抗日救亡歌曲参加革命、走到延安的。"②其实，贺敬之在童年时代就非常喜爱家乡鲁南农村的民歌和民间戏曲。当他走上流亡道路，从湖北均县到四川梓潼，从西安到延安，高亢激越的抗日救亡歌曲确实始终伴随着他。特别是到达延安后，他首先就强烈地感受到延安是一座歌唱的城，嘹亮的歌声总震响在他的耳边和心际。热火朝天的群众性歌咏活动，鲁艺音乐系洋溢着浓烈的音乐气氛，尤其是《义勇军进行曲》《黄河大合唱》《延安开荒小调》《生产大合唱》《凤凰涅槃大合唱》《七月里在边区》联唱等一批又一批优秀歌曲的演唱，《祖国进行曲》《快乐的风》《穿过波浪，穿过海洋》《我们是红色战士》等苏联歌曲的流行，不断地感动、熏陶和震撼着他。年轻的贺敬之，从心灵深处非常仰慕聂耳、冼星海等大音乐家，也非常崇拜田汉、塞克、孙师毅、光未然、公木等创作歌词的前辈。他从民歌研究会和鲁艺图书馆及来自各地的鲁艺同

---

① 贺敬之：《笑·后记》，五十年代出版社，1951。
② 吕美顺：《贺敬之同志谈歌词创作》，《词刊》1985 年第 7 期。

学中学习到山西民歌、河北民歌乃至南方民歌，大大增强了对民歌的浓厚兴趣。文艺整风后，他更加自觉地深入边区农村大量采集民歌，从学习"郿鄠调""道情""信天游"等异彩纷呈的陕北民歌中吸取歌词创作的丰富营养。他曾向延安县一个童养媳出身的民歌手学唱和记录了她运用"信天游"形式编写的许多生动民歌，还听她结合自己的身世一边唱一边哭，感人至深。后来，何其芳、贾芝编辑出版的《陕北民歌选》中就收入了他搜集的一些民歌。贺敬之同民歌也同歌词创作结下了不解之缘。

1941 年 1 月皖南事变后，贺敬之创作了一首痛斥国民党反动派的不太长的自由体政治抒情诗，发表在鲁艺的墙报上，被曲作者麦新看中并谱了一支曲子，虽然没有传唱开来，却由此引起了他创作歌词的浓厚兴趣和强烈欲望。据贺敬之回忆，他创作的第一首正式歌词叫《毛泽东之歌》（马可作曲），之后又写了一首《太阳在心头》，这两首歌词都热情歌唱解放区的新生活，比较早地以"太阳"来比喻和赞颂人民领袖毛泽东。这期间，他还创作了表现革命斗争生活的《行军》（麦新作曲）、《党中央委员会》（瞿维作曲）、《再斗争下去》（麦新作曲）、《追悼歌》（焕之作曲）等歌词，由焕之谱曲的《中共二十周年纪念歌》和《红旗的歌》在延安纪念党的二十周年大会上演唱过。苏德战争爆发时，他及时写了一首《红色的军队前去》的歌词（麦新作曲），当时在延安经常演唱。不久，他开始学习陕北民歌，歌词创作中民歌风味越来越浓厚。他创作的《朱德歌》（焕之作曲）和用拉丁化新文字写的《贺龙》（瞿维作曲）以及《我的家》、《小喜鹊》、《给土地和牛拉拉话》、《规劝歌》等歌词，其写法明显受到民歌的影响。1943 年，在延安掀起的轰轰烈烈的新秧歌运动中，他更创作了许多深受人民群众喜爱的歌颂人民领袖、劳动英雄和大生产运动的新秧歌歌词。鲁艺秧歌队经常演出的集体腰鼓舞《胜利鼓舞》中歌颂苏联红军大反攻的一首歌《红军大反攻》（刘炽作曲），是贺敬之的成功词作之一。他创作的歌词《种菜圣人黄立德歌》（张鲁作曲）和《边区好地方》（焕之作曲），特别是《红五月》联唱的一组歌词，包括分别由麦新、马可、庄映、安波和刘炽谱曲的《红五月》、《志丹陵》、《吴满有挑战》（又名《吴家枣园太阳出》）、《赵占魁运动歌》、《八路军开荒歌》和《生产大竞赛》，在延安多次演唱，并广为流传。1943 年冬至 1944 年春，他在绥德地区为秧歌剧《减租会》、《下南路》和《血泪仇》分别创作了三首著名歌词《翻身道情》、《秋收》和《变工队歌》，其深挚细腻的感情和浓郁的民歌风味动人心扉，流行半个多世纪，至今传唱不已。

　　贺敬之延安时期歌词创作的特点非常鲜明和突出。这些歌词紧贴当时延安广大人民群众火热的现实斗争生活，无论是歌颂党和人民领袖、歌唱劳动英雄及工农兵建设和保卫边区的业绩与精神，或抒发劳动人民翻身作主人的幸福感情，无不写得情真意切，生动感人。对此，贺敬之深有体会，他说："我觉得歌词（包括诗在内）它首先应该是时代的声音、人民的声音，当然也是作者自己的心声；但作者的心声要和时代的声音、人民的声音融汇在一起，作者的脉搏要和时代的脉搏合拍，离开了时代和人民的声音，光唱你内心那点心声，你的歌就不可能得到广大的知音和人民的共鸣，而成为孤芳自赏的东西。"① 正由于贺敬之投身到人民群众火热斗争生活中去有这样真切的感受，因此他的歌词往往写得感情真挚，内容深刻，表现了时代的主要潮流。而这种深刻、动人的内容美又与其相适应的形式美和谐地有机地统一了起来。在歌词创作中，贺敬之善于吸取群众新鲜活泼的语言和喜闻乐见的民歌形式中种种富有生命力的艺术表现手法，进行艺术的锤炼和再创造，使其具有诗的美感与魅力，形成了自己歌词的独特的语言风格和结构艺术。《七枝花》特别是《南泥湾》，是贺敬之延安时期最富代表性、最有影响力的歌词作品。

　　《七枝花》创作于 1941 年而定稿于延安文艺座谈会之后。这首歌词采用民间广为流行的"对歌"形式，加以艺术的改造与提炼，对七种花分别赋予独特的政治含义，热情歌颂解放区人民拥护和热爱共产党、毛主席的深挚感情，歌颂广大人民同自己的军队同心同德战胜反动派的坚强意志与决心，如用"葵花儿开花朝太阳"比喻"老百姓拥护共产党"，用"棉花儿开花穿在身"比喻"毛主席话儿记在心"，用"腊梅花开花不怕雪"比喻"八路军抗战最坚决"，用"桃花儿开花蜜蜂儿来"比喻"八路军百姓是一家

---

① 吕美顺：《贺敬之同志谈歌词创作》，《词刊》1985 年第 7 期。

人"，等等①，听来格外亲切。全词分 7 节，除末节为 6 行外，各节均为 7 行，每节都以问句开头，以答句作结，通过叠句、对应、隔行反复等语言结构方式，使歌词既匀称，又错落有致，既有民歌的格律美，又有自由体诗的灵动美，是民歌与诗结合得较为完美的一首歌词。该词由杜矢甲谱曲，唱遍广大解放区。1943 年春节期间，这首歌作为鲁艺秧歌队第一批节目之一在延安演唱，轰动一时。在杨家岭平场上表演《兄妹开荒》《七枝花》等节目时，毛泽东主席等中央领导一边认真观看，一边点头微笑称好，场面热烈而动人。

歌词《南泥湾》，更是从民歌和传统诗歌中吸取丰富的艺术营养，独创出的一首优美动人的能唱的诗。1943 年春节后，鲁艺秧歌队准备同延安文艺界组成的劳军团一起赴南泥湾劳军，行前分派贺敬之编写一出《挑花篮·南泥湾劳军》歌舞剧，《南泥湾》就是这剧中的一支歌，由马可谱曲。贺敬之创作《南泥湾》时尚未到过南泥湾。但王震旅长率领的三五九旅建设南泥湾的生动事迹已经传遍延安，《解放日报》也多有报道。1942 年秋，朱德赋诗赞颂南泥湾"熏风拂面来，有似江南好"，吴玉章亦和诗赞美南泥湾"青山与绿水，美丽似江南"。1943 年初，总政电影团摄成电影《陕北江南》并赶制出电影新片《生产与战斗结合起来》，表现三五九旅开辟南泥湾的辉煌成绩和奋斗精神。特别是贺敬之本人，也亲身参加了延安开荒种地、砍树烧炭等生产劳动，有着深切的感受。因此，他提笔创作了《南泥湾》，激情奔涌，水到渠成。歌词以"花篮的花儿香，听我来唱一唱"开头，歌唱"到处是庄稼，遍地是牛羊"的南泥湾的"好风光"，接着将"处处是荒山，没呀人烟"的旧南泥湾同"陕北的好江南""鲜花开满山"的新南泥湾进行鲜明的对照，进而歌颂"又战斗来又生产"的三五九旅这人间奇迹创造者的丰功伟绩，最后以"咱们走上前，鲜花送模范"结束。词中采用顶针、蝉联、反复、重叠、回环、对比、首尾照应等传统诗歌和民歌中丰富多彩的艺术手法，取其精华，熔于一炉，使得这首短小精悍、亲切明快、新鲜活泼的歌词，不仅语言朴实、歌味醇浓，而且诗意盎然，成为一首诗化的歌、

---

① 《七枝花》初载于 1943 年 3 月 23 日《解放日报》，1951 年收入诗集《笑》中系根据 1948 年的改定稿，1954 年又收入诗集《朝阳花开》中，个别词句有小的修改。

歌化的诗、诗与歌完美统一的佳作，一首将革命激情与革命抒情融为一体的饱含激情的抒情歌。而马可为之谱写的曲子与这首歌词的独特风格水乳交融，曲调既甜美柔和，又跌宕跳跃，既富有浓厚的民歌风味，又具有独创性的抒情神韵。曲作者与词作者情感相融，心灵相通。马可曾说："我是以颂赞的心情为贺敬之同志的'南泥湾'谱了曲，颂赞这些英雄的事迹和英雄的性格，颂赞英雄们创造的这些秀丽清新的山川田野。"① 这首词与曲珠联璧合的《南泥湾》，演唱起来词调感情波澜递进，循环往复，回肠荡气，非常适合于富有女性美的抒情性歌舞表演。1943 年 3 月中旬，贺敬之随同劳军团和秧歌队前往南泥湾参加首次演出时，亲眼见到八位女演员肩挑花篮轻盈地走进广场，那柔美抒情的舞姿和情态，那清新悦耳的旋律和歌声，震撼、激动着每个人的心灵，当演员们演唱到"又战斗来又生产，三五九旅是模范；咱们走上前，鲜花送模范"时，全场的三五九旅官兵顿时沸腾起来。从此，这首唱出了南泥湾精神和延安精神、唱出了一个伟大时代的声音和风貌的《南泥湾》的动人歌声，穿越时空，传向久远。周恩来总理生前非常喜爱《南泥湾》，对它有着一种特殊的感情，他常常问他遇到的演员："你会唱《南泥湾》吗？"而且边问边踏着节拍哼唱起来，说他一听《南泥湾》就想起了延安，就好像被带回到延安。他曾说，像《南泥湾》这类革命传统歌曲，"虽然产生在解放区，但在全国都受到欢迎，因为它来自人民，来自革命斗争生活，是朴素的，生动的，也是永远有生命力的"②。

　　延安文艺座谈会前后，贺敬之创作发表过一首用象征手法写的表现知识分子必须深入生活才会有收获的诗《啄木鸟》③ 和一篇抒写难民生活的散文《玉米花》④。然而，《讲话》之后，他写得比较多的确实是歌词。1943 年，老诗人萧三在题为《可喜的转变》的文章中称赞"青年诗人贺敬之在写歌词上也很努力"⑤。直到 1945 年 9 月离开延安前夕，他还创作了富有民歌味

---

① 马可：《南泥湾的春天》，《中国青年报》1962 年 2 月 11 日。
② 参见艾克恩《一曲〈南泥湾〉无限鱼水情》，《延安诗人》，陕西人民教育出版社，1992，第 368、370 页。
③ 《啄木鸟》初载于 1942 年 5 月 27 日《解放日报》。
④ 《玉米花》初载于 1942 年 9 月 15 日《草叶》第 6 期。
⑤ 萧三：《可喜的转变》，《解放日报》1943 年 4 月 11 日。

的《迎接八路军》《青竹竿，穿红旗》《朱总司令下命令》《拦牛歌》等歌词。的确，紧贴时代，面对现实，放眼未来，创作出一首又一首既洋溢着革命激情，又具有民族化和大众化风格的歌词作品，勾勒出贺敬之在延河边吟唱的又一道秀丽的风景线。

四 新秧歌运动中活跃的年轻人

贺敬之不仅以他那数量可观的新鲜活泼的新秧歌歌词的创作，更以他勤奋不息、成绩卓著的新秧歌剧剧本的创作，格外引人瞩目。他是延安新秧歌运动中一位活跃的年轻人。

1943年元旦至春节期间在延安开始掀起的新秧歌运动，是延安文艺整风的必然结果，是实践毛泽东在《讲话》中所指引的无产阶级文艺方向和所论述的马克思主义文艺思想的具有划时代意义的群众性的文艺活动。鲁艺秧歌队的出现与活跃，在延安新秧歌运动中起了开路先锋和排头兵的作用。1942年冬，鲁艺师生由于深受毛泽东《讲话》和5月30日在鲁艺讲演精神的教育和鼓舞，为了改变《讲话》前延安和鲁艺热衷于演出描写大城市生活和外国生活大戏的局面，也为了纠正鲁艺一度实施的脱离实际、脱离群众、"关门提高"的倾向，根据周扬提出的鲁艺应当围绕宣传废除不平等条约编排一些让老百姓既能看懂而又爱看的节目，大家闻风而动，群策群力，将从民间学习到的如花鼓、小车、旱船、挑花篮、大秧歌等表演形式吸收过来，用以表现废除不平等条约和边区人民翻身后的新生活等内容，排演出一批小节目，其中王大化和李波合演的《拥军花鼓》特别引人注目。1943年元旦，他们带着这些新型秧歌舞，敲锣打鼓，扭出了鲁艺的校门，在桥儿沟的打麦场上表演起来，老乡们看后拍手称好，秧歌队走到哪里跟到哪里，给了他们极大的鼓舞，于是他们又扭出了桥儿沟，到延安各机关、部队和学校演出，得到一致好评。然而，新秧歌表演中仍然存在一些不足之处，特别是内容和形式尚未能较好地统一起来。周恩来副主席看完演出后，肯定鲁艺秧歌队向民间艺术学习的方向是完全正确的，但内容变了形式也要变一变，有些旧形式还需要改造。彭真也赞扬鲁艺的演出"符合毛主席的文艺方针"，同时指出要注意在实践中创造和提高，注意把一些不健康的和对劳动人民形象有损的东西去掉。事实确实是这样，秧歌队积极宣传抗日和党的政策，但节目里还保留着一些旧秧歌中的丑角，如大秧歌的领头扮成手拿两根大棒槌、脸上红一块白一块、耳朵上戴着两个红辣椒的丑婆子；推小车的婆子梳着又长又粗的翘髻上插一朵大红花；王大化在《拥军花鼓》中扮相也很丑陋，抹了白鼻子、白嘴唇、白眼圈，头上还朝天翘起许多小辫子。总之，劳动人民的形象仍然被丑化了①。

元旦演出结束后，鲁艺及时进行了认真的总结。周扬充分肯定演出的成功和方向的正确，又指出存在的不少缺点。他强调，鲁艺演出的秧歌是新秧歌，要表现新时代的新人物，旧秧歌中那些丑化劳动人民的落后部分必须抛弃，对传统的东西必须批判地接受，取其精华，弃其糟粕，新秧歌一定要把劳动人民扮成健壮英俊的形象。全院师生结合这次实践进一步深入学习毛泽东的《讲话》和在鲁艺演讲的精神实质，深感知识分子要真正转变立场、态度和思想感情是颇为不易的。经过认真总结与反思，思想获得了新的解放与升华。为了迎接 1943 年春节，使鲁艺的秧歌闹得更健康更红火，他们更加积极地以边区拥军优属、拥政爱民、开展大生产运动等生活内容为主题组织编排了一批新节目。春节期间，鲁艺秧歌队以更为浩大的阵容和崭新的风貌出现在广大观众的面前。大秧歌的领头换成了手拿斧头镰刀的工人和农民，秧歌队里的成员都化装成新社会的工、农、兵、学、商、妇女和儿童各色人物，浩浩荡荡，鼓乐齐鸣，轰动了整个延安，每到一处，人山人海，许多老乡尾随其后，百看不厌。特别是演唱《兄妹开荒》的王大化和李波，那精彩的表演，那嘹亮的歌喉，震撼着无数观众的心灵。老百姓称赞这些表现边区新人新事、歌唱领袖和劳动英雄、批评二流子懒汉的节目为"新秧歌"和"斗争秧歌"，他们到处传唱："诸位同志听我话，种花要种绿籽花，种谷要种狼尾巴，看秧歌要看鲁艺家。"鲁艺秧歌队到杨家岭给中央领导演出后，毛主席称赞"这还像个为工农兵服务的样子"，朱

---

① 李波：《黄土高坡闹秧歌》，《延安艺术家》，陕西人民教育出版社，1992，第 104~105 页。

总司令也赞扬说："不错，今年的节目和往年大不同了！革命的文艺创作，就是要密切结合政治运动和生产斗争啊！"① 从此，由于鲁艺的带动，延安各专业文艺团体、部队的文工团以及一些机关、学校也都先后搞起了秧歌队，越闹越红火，而节目则渐渐偏重于有一定人物和情节、有说有唱、载歌载舞的新秧歌剧小戏了。

贺敬之从鲁艺秧歌队节目的变化和提高过程中受到深刻的教育与启示，决心进一步投身到人民群众火热的现实斗争生活中去，为工农兵而创作，为新秧歌剧的繁荣与发展奉献自己的心血和才智。鲁艺第一批秧歌队他并未参加，但他创作的歌词《七枝花》却作为第一批有影响的秧歌节目在延安演唱。也正因为如此，他很快被吸收进鲁艺秧歌队，作为编剧组的重要成员。这时他已从文学系转入戏音系，他创作秧歌剧的深厚潜力与才华引起老师和同学们的关注与重视，成为活跃于秧歌剧运动中的一名积极分子。贺敬之是一个内向的憨厚的不多言多语的青年，除了不声不响地在秧歌队里扭秧歌舞和为秧歌队打标语牌、翻节目单或挑水送饭外，他的活跃主要就在于积极投身于秧歌剧剧本或秧歌剧中歌词的撰写工作，这方面他在当时延安新秧歌运动中是颇有名气的。

同贺敬之创作歌词比较重视思想性也重视艺术性、重视密切反映现实生活也重视从民间文艺中吸取营养一样，他的新秧歌剧剧本的创作也具有这样的特点。1943 年春节前后，贺敬之与丁毅合作创作了新秧歌剧《二流子变英雄》，与王大化、张水华、张鲁等集体创作了新秧歌剧《夫妻逃难》《张丕谟锄奸》，还参与创作了新秧歌剧《赶骡马大会》，等等。《夫妻逃难》生动地描写了国民党统治区河南人民群众在水灾中所遭受的苦难，这在当时的新秧歌剧创作中还是比较新颖独特的。《张丕谟锄奸》歌颂了防奸英雄张丕谟的感人精神，而用郿鄠戏形式创作的《二流子变英雄》则着重反映了二流子的转变，这些都是当时延安新秧歌剧创作紧贴边区人民现实生活的相当流行的题材和主题。贺敬之参与创作的这些新秧歌剧，在思想性与艺术性相统一和创造性地吸取民间语言与艺术形式方面，都较为突出，因此深受

① 参见艾克恩编《延安文艺运动纪盛》，文化艺术出版社，1987，第 419 页。

群众和干部的喜爱与欢迎，在延安和边区久演不衰，对广大观众起到了很好的教育和激励作用。

1943 年冬，为了使延安红红火火的新秧歌活动普及陕甘宁边区广大农村，以推动各地正在开展的减租减息、发展生产、防奸反特、保卫边区的群众运动，中共中央西北局宣传部动员和组织延安的一些文艺团体到各分区去劳军，下乡深入群众生活，进行巡回演出。12 月 2 日，贺敬之作为以张庚为团长、田方为副团长的由 42 人组成的"鲁艺文工团"成员，随大家一道启程赴绥德分区。马可曾生动地记述过当时的感人情景："那天正下着大雪，我们在高高低低的山沟里走了一天，又冷又累。这时候，忽然看见一支群众的队伍，敲锣打鼓，到岔路口来欢迎我们。他们每人手里都拿着一把扫帚，这使我们觉得很奇怪。我们一问，才知道他们是看见天下了雪，怕坡上路滑不好走，为我们扫路来了。从村子到这个岔路口有多远呢？——有足足十里！他们就是这样扫开十里雪路来迎接'亲人'！许多同志感动得掉下了眼泪。"① 群众领着他们进了村，烧热了炕，沏好了姜茶，纷纷拿出自己舍不得吃的食品招待他们。他们每到一村，都受到老乡和干部的热情接待。群众秧歌队为鲁艺文工团唱出发自内心的欢迎词："鹅毛大雪乱纷纷，鲁艺家秧歌到咱村。山高路滑难行走，十里路上迎亲人。"②

绥德地区的山山水水，老乡们的真情实意，广大农村干部和群众建设边区、保卫边区的火热斗争生活，抗日根据地人民翻身解放后过着民主生活的欢乐情绪，以及深藏在人民群众中那丰富多彩、动人心弦的民间艺术，无不在贺敬之面前展开一个全新的世界，令他无比兴奋激动，感到格外新鲜亲切。虽然他在鲁南农村出生成长，度过了自己的童年，但家乡农村同边区农村相比，毕竟是完全不同的两片天地，两个时代。他在毛泽东文艺思想的哺育和指引下，同鲁艺师生们一起，走出了"小鲁艺"，走入桥儿沟农村，走向延安街头，如今又走进边区农村更广阔的天地，在深入群众、联系实际的革命文艺道路上，一步一个脚印地扎扎实实地前进着。他同鲁艺文工团的领导和团员们一道，走遍绥德、米脂、佳县、吴堡、子洲等陕北五县的村村镇镇，一

① 马可：《从秧歌剧到〈白毛女〉》，《中国青年报》1962 年 5 月 12 日。
② 艾克恩编《延安文艺运动纪盛》，文化艺术出版社，1987，第 471 页。

面参加群众运动，一面进行调查访问，一面搜集民间艺术，白天为群众演出《兄妹开荒》《拥军花鼓》和他在延安参与创作的《张丕谟锄奸》《夫妻逃难》《二流子变英雄》等新秧歌和新秧歌剧，晚上同大家一起挤在小屋子里创作反映当地现实生活的新秧歌剧。这期间，他为《减租会》《下南路》等新编秧歌剧撰写了歌词《翻身道情》和《秋收》，还积极参与了改编马健翎的秦腔剧《血泪仇》为大型新秧歌剧的工作。这些从延安带去的和在绥德地区新编的秧歌和秧歌剧，唱遍了五县的乡镇与村落，每到一地，人山人海，锣鼓喧天，热闹非凡，深受老百姓欢迎和赞赏，轰动了边区大地。

大型新秧歌剧《惯匪周子山》① 就是在这里诞生的一部反映强烈的优秀作品。该剧由贺敬之、张水华、王大化、马可集体创作。张水华任导演，王大化出演主角马红志，马可等配曲，贺敬之主要负责整理剧本。当时鲁艺文工团到了绥西子洲县边境一带，那里是与国统区横山县犬牙交错的边区，国民党武装土匪常来抗日根据地骚扰，其中有一小股土匪的头子名叫朱云山②，比别的土匪更为残酷，老百姓痛恨至极。此人在土地革命时期参加过赤卫队，后来叛变了，这时恰好被子洲县纠察队逮住，县委认为此事很有教育意义。文工团决定根据这个素材编演一部新秧歌剧。他们搜集了有关材料，并去监狱提审过朱云山，在从子洲县双湖峪、绥德到吴堡的巡回演出过程中不断进行编排，但一直觉得剧本干巴巴，排不出生动活泼的场面，主要原因就在于编剧、导演、演员都不熟悉陕北土地革命的情况。直到1944年春节，文工团到达米脂县桃镇，终于找到一位曾参加过土地革命有经验的革命者申红友帮助修改编排，才表演得有声有色，土地革命时期的气氛格外浓郁，"使《周子山》获得了生命，变成生动的了"③。全剧共5场，前3场描写1935年春天陕北土地革命蓬勃发展时期，红军支队小队长谢玉林到马家沟村，依靠共产党员马红志的领导，组织赤卫队和革命群众积极准备配合红军攻打地主民团土围子黑龙寨，可是由于土地革命时期曾参加赤卫

---

① 《惯匪周子山》于1944年在延安初版，1958年以《周子山》为剧名由音乐出版社列入"现代音乐创作丛书"在北京出版单行本。

② 朱云山亦有称"朱永山""祝子山"的。

③ 王大化：《申红友同志给我们上了第一课——秧歌剧〈周子山〉排演过程中的一点经验》，《解放日报》1944年6月9日。

队闹革命、后来叛变做政治土匪的周子山的出卖，民团反扑过来要血洗马家沟村，在周围村庄赤卫队的紧密配合下，红军支队一举攻破了黑龙寨这个反革命据点；后2场描写1940~1943年，暗藏的国民党奸细周子山同其弟二老周等土匪里应外合，不断地骚扰边区，杀人抢物，终于被边区自卫军和革命群众抓获。剧本以叛徒周子山事件为中心，对陕北土地革命的一个侧面展开了场面宏阔的描写，相当深刻地揭露和鞭挞了投机革命、追名逐利的个人英雄主义者周子山叛变投敌终于招致毁灭的丑恶灵魂与面目，热情歌颂了共产党员马红志全心全意为穷人翻身闹革命的可贵品质和张海旺视死如归、为民捐躯的革命英雄主义精神，歌颂了他们所代表的党和人民力量的成长壮大及其保卫边区的可歌可泣的斗争。剧中出现的各种人物和人物关系较为复杂，所表现的社会生活面相当广阔，作者描绘得波澜起伏，生动曲折，人物性格也都鲜明突出，栩栩如生。这部多幕新秧歌剧在创作上采取了陕北秧歌、土地革命时期的新民歌和以道情为主的西北民间戏曲的一些因素，也大胆地将郿鄠戏、秦腔等地方戏剧的表演形式与话剧的表现方法巧妙地融为一体，又多运用了陕北的方言。显然，这是从原来那种独幕广场新秧歌剧走向舞台演出的大型新歌剧的一个具有重要阶段性和开拓性意义的新成果，是在小段子新秧歌剧的基础上加以发展并经过创造性升华脱颖而出的一种新形式，是用这种新形式表现新的革命内容的新尝试。这种新尝试的成功，初步回答了在延安新秧歌运动高潮中人们已经在谈论的秧歌剧如何提高、可不可以走上舞台、题材内容能不能再扩大、音乐又该怎样丰富发展等问题。艾思奇当时评论说，"《惯匪周子山》是个好剧本，编得好，演唱得也好"，"正面表现革命与革命战争的壮烈场面，在以前还没有人试过"，"它是以革命历史戏的资格得到群众的欢迎"，"这种轰轰烈烈的剧情，使观众感觉到人民群众的伟大力量，不由得生出无限的革命信心"[1]。这部剧在绥德地区广为演出，受到干部和群众热烈欢迎。在边界演出时，许多家属哭了，不少政治土匪提枪投奔边区自卫军。子洲县县长曾激动地说："文艺工作真了不起，你们一个戏，等于我们工作好儿

---

[1]　艾思奇（笔名崇基）：《惯匪周子山》，《解放日报》1944年5月15日。

年。"① 1944 年 4 月 9 日鲁艺文工团回到延安后，该剧在延安多次演出，同样受到广大群众、干部和文艺工作者的热情赞扬，并荣获西北局文委和边区文协颁发的一等奖。

在绥德地区 4 个多月的生活和创作实践，大大加深了贺敬之对毛泽东文艺思想的认识，进一步坚定了他与群众相结合的决心，提高了他积极学习民间文艺的自觉性。1944 年夏秋之交，他到延安县政府驻地王家屯深入生活。在那里，他向童养媳李桂芳学习和记录了她编唱的许多感人的民歌，特别是，他结识了民间盲艺人韩起祥。当他得知延安县委收容的一群算命先生中有一位会说自编新书的韩起祥，十分欣喜，热情地与这位民间艺人交上了知心朋友。他带韩起祥来到鲁艺，将他介绍给戏剧系的张庚和音乐系的吕骥、马可、安波等同志，并请韩在鲁艺说唱新书。后来韩起祥参加陕甘宁边区文协说书组，从一个普通民间艺人成长为一名很有才华和成就的著名人民艺术家。这位陕甘宁边区的"说书英雄"不断地编唱包括《白毛女》《刘巧儿团圆》等在内的许多新书，1946 年 8 月还到延安为毛泽东主席、朱德总司令说唱新书，受到赞扬和鼓励。新中国成立后，贺敬之与韩起祥还多有交往，结下了深厚的革命情谊，成为现当代文坛的一段佳话。

由于贺敬之在延安新秧歌运动中的积极表现和突出成就，1944 年 10 月 11 日至 11 月 16 日召开的陕甘宁边区文教工作者会议授予他"乙级文教英雄"称号。这是年轻的贺敬之在自己革命人生道路上留下的一个闪光的脚印。

1945 年春节期间，延安和边区再一次掀起了新秧歌运动的高潮。当时，抗日战争进入夺取最后胜利的前夕，边区已经出现"自己动手、丰衣足食"的大好局面，同时面临着将军民大生产运动继续推向前进的严峻任务，形势迫切要求进一步提高边区人民的思想文化素质。为此，毛泽东主席于 1944 年 10 月 30 日在陕甘宁边区文教工作者会议上所作的讲演中强调指出："我们必须告诉群众，自己起来同自己的文盲、迷信和不卫生的习惯作斗争。"② 延安文艺工作者为了积极宣传党中央的精神、推进边区大好形势的发展，

---

① 于蓝：《记一次巡回演出实践》，《延安文艺回忆录》，光明日报出版社，1992，第 175 页。
② 毛泽东：《文化工作中的统一战线》，《毛泽东选集》第三卷，人民出版社，1953，第 1009 页。

春节期间又编演了一批新秧歌剧节目，贺敬之创作的《栽树》①、《瞎子算命》②，以及他与丁毅合作的《拖辫子》等新秧歌剧，便是其中相当有影响的作品，在延安和边区演出了较长时间，颇受观众欢迎。根据陕北民歌《摘南瓜》曲调编写的《栽树》，描写植树模范李洪泰老汉当场捉住砍树的老婆子并同她进行说理斗争而终于促其转变的小故事。《解放日报》发表该剧本时所加编者按语指出："植树护林，是建设边区的一项很重要的工作。这一个小型秧歌剧短小而生动，运用了农村劳动人民风趣和轻快活泼的形式，并且情节简单，曲调容易，排演也不困难。"《瞎子算命》写一个瞎子一心想"算命多骗几个钱"，而被村里姑嫂二人揭穿了骗术终于改邪归正说新书；《拖辫子》写一个黑夜归家的私塾先生疑心途中有"鬼"扯他的辫子，而回到家中得知辫子上插了一根树枝才恍然大悟。两剧都表现了破除迷信的主题。这几个新编小秧歌剧，紧贴现实生活，情节简单但有曲折，人物少而个性鲜明，多采用群众口语，有说有唱，十分幽默。冯牧认为，《栽树》《拖辫子》等剧，为秧歌开辟了一条新的道路，使之更加群众化、歌舞化、单纯化，但在形式上雕琢而使内容有所忽略，过多地采用民间形式中的语言和动作上的诙谐而使剧中趣味多少掩盖了思想性和政治内容③。应该说，这些小型新秧歌剧，吸取了民间艺术的宝贵营养，写得短小精悍，生动活泼，紧密配合了当时的政治宣传，对群众起到了积极的教育感化作用，在延安新秧歌运动史上留下了难得的一笔，但也确为急就篇，存在着较为粗糙肤浅的缺陷。

贺敬之曾说："我在延安生活了六年，是我一生中最宝贵的从少年到青年的一段时间。我是在 1945 年抗日战争胜利后的一片欢乐声中离开的。"④是的，贺敬之在延河边生活的最宝贵的六个年头中，吟唱出了他年轻生命中最宝贵的心声，特别是诗歌集《乡村的夜》和大型新秧歌剧《惯匪周子山》的创作实践，为他攀登一座新的文学高峰奠定了坚实的基础。

---

① 《栽树》初载于 1945 年 2 月 11 日《解放日报》。
② 《瞎子算命》于 1945 年 4 月由延安新华书店出版。
③ 冯牧：《对秧歌形式的一个看法》，《解放日报》1945 年 3 月 4 日。
④ 贺敬之：《答〈延安文艺研究〉杂志主编问》，《延安文艺研究》1985 年第 1 期。

第四章 《白毛女》与贺敬之

一 集体智慧的结晶

《白毛女》剧本的诞生，标志着贺敬之在延安时期的文学创作攀登上了一座新的高峰。然而，这部被公认为中国现代歌剧史上具有划时代意义的里程碑式的经典作品，既有着集体创作的性质，又有着剧作家个体创作的性质；既是集体智慧的结晶，又是剧作家心血浇灌的花朵。因此，如何以翔实的史料为根据，认真考察《白毛女》的成因及其创作过程，从而实事求是地认识和把握两者之间的辩证关系，就成为《白毛女》研究的重要前提。

对于《白毛女》是集体智慧的结晶这一客观事实，贺敬之曾作过相当全面的表述：

> 《白毛女》的整个创作，是个集体创作。这不仅是就一般意义——舞台的艺术本就是剧作、导演、演员、装置、音乐等各方面构成的——上来说的，《白毛女》是比这更有新的意义更广泛的群众性的集体创作。仅就剧本来说，它所作为依据的原来的民间传奇故事，已经是多少人的"大"集体创作了。而形成剧本时，它又经过多少人的研究，批评和补充。间接或直接地帮助与参加了剧作者的工作。《白毛女》是一个大的歌剧，是一个新的艰苦的创作，剧本是其中重要的一部分，它联系着各部门的创作，若不是集体力量的相互合作，《白毛女》的产生是不可能的。

最重要的一点，《白毛女》除接受了专家、艺术工作者、干部的帮助之外，它同时是在广大群众的批评与帮助之下形成的。……这说明新的艺术为群众服务，反映群众，通过群众，群众是主角，是鉴赏家，是批评家，有时是直接的创造者。①

这里，贺敬之所说的"更有新的意义更广泛的群众性的集体创作"，包含着多层意思，需要以史实来加以阐述和论证。

首先，《白毛女》剧本所依据的民间传奇故事已经是更大的集体进行口头创作的结果。从 1940 年在河北西北部山区开始流传"白毛仙姑"的故事，据说是"有真人真事为依据的"②。真人真事到底怎样，无从查考，只能从一些零星资料中窥其一斑。周而复对这个故事"所根据的事实"曾作过如下补充：

> 《白毛女》这故事是发生在河北省阜平县黄家沟，当时黄世仁的父亲黄大德还活着，父子对喜儿都有心思，双方争风吃醋，生了仇恨。父子两个都争着使唤喜儿，使喜儿接近自己。一次为了争着使唤喜儿，父亲用烟杆打儿子，儿子正在用菜刀切梨，顺手用刀一挡，不偏不倚，一刀砍在父亲的颈子上，断了气。母子私下商量，要嫁祸于喜儿，说喜儿谋害黄大德。③

显然，故事中的这一情节，是着意于揭露地主草菅人命的罪行，鞭挞其丑恶与歹毒。而任萍却记下了他于 1942 年在冀中军区后勤文工队工作时从冀西山区听到的他称之为"白毛女"的"原始故事"：

> 说的是一个地主，前两房妻妾都不生养儿子，他又娶了第三房。

---

① 贺敬之：《〈白毛女〉的创作与演出》，歌剧本《白毛女》，晋察冀新华书店，1947，第 8 ~ 9 页。
② 瞿维：《实践〈讲话〉的成果 人民智慧的结晶》，《文艺理论与批评》1995 年第 4 期。
③ 周而复：《谈〈白毛女〉的剧本及演出》，《新的起点》，群众出版社，1949。

一年后，这第三房生的还是女孩。地主大怒，就将母女赶出了家门。从此，这女子带着女儿，住山洞、吃野果，长时间不食人间烟火，满头长发都变白了。开始躲在深山不敢出来，后来为了活命和养活女儿，逢年过节就到庙里偷贡献。有一次被上香的人撞见，奉为"白毛仙姑"，香火盛极一时。八路军来后，才把她从山洞里解救出来。①

歌剧《白毛女》导演之一的王滨（原名王彬）也曾谈到类似的"原始故事"，稍有不同的是，那个地主是借口老婆不能生儿育女而奸污了年轻的丫头，许诺若生了男孩就纳丫头为妾，可是降生的恰恰是个女孩，便将她赶出门去，她只好钻进山里靠吃山枣活着，并把孩子养大，因为不吃盐长了一身白毛，后来八路军从那里经过时把她救出，她的头发也渐渐变黑，结了婚，还当上了某地的福利部长②。不难看出，任萍和王滨所介绍的故事，主要抨击的是地主自私卑鄙的行径和重男轻女的腐朽封建观念，进而歌颂了八路军对受害妇女的解救。

以上所引三例，虽然未必就是"白毛仙姑"原始故事的原貌，但确能看出故事流传过程中群众口头创作的一些初始情况。这个故事经过难计其数的人的口，不断地修正、充实、润色和加工，日趋完善，越来越新颖动人，深受群众和干部的喜爱。晋察冀边区的文艺工作者曾将它写成小说、话本、报告文学等作品，或口头传播，或载于报刊。当它流传到陕甘宁边区的延安时，已经成为一个描述地主害死佃农，抢其爱女，百般凌辱，始乱终弃，逼进深山，变为白毛，神庙取供，被群众误认为"白毛仙姑"显灵，直到八路军来后将她救出山洞，她才重获新生的相当完整的故事，使其既富有现实的积极意义，又富有战斗的浪漫主义色彩。贺敬之在《〈白毛女〉的创作与演出》一文的开头，生动地记述了这个曲折感人的民间"新传奇"，并特别指出这个优秀的新型的民间故事产生的基本条件是"由于受了几千年痛苦的中国农民，在共产党领导下得到了解放，生活起了基本变

---

① 任萍 1995 年 6 月提供给笔者的书面材料《"白毛女"的传说》。
② 参见《简介"白毛女"的创作情况》，《电影文学》1959 年第 1 期。

化，心里照进了光明，启发了他们的想象与智慧的缘故"①。

那么，"白毛仙姑"的故事又是怎样传到延安，进而经过许多专家、艺术工作者、干部和广大群众共同奋斗的艰难曲折的过程，而终于以它为基础创作出新歌剧《白毛女》剧本的呢？

1944 年 5 月，周巍峙领导的西北战地服务团从晋察冀边区返回延安，将"白毛仙姑"的故事传播到鲁艺。同年秋，仍然在晋察冀边区工作的林漫（亦写为"林曼"，即李满天）也将他创作的题为《白毛女人》的小说稿托交通员带给鲁艺领导人周扬②。这个动人的故事立即引起鲁艺师生和延安干部群众的广泛关注，更受到周扬的高度重视，认为这是一个蕴藏着丰富深刻的时代生活内容的戏剧题材。为了迎接中国共产党第七次代表大会在延安召开，周扬极力主张在新秧歌剧创作的基础上提高一步，根据这个题材编写成一部大型的民族新歌剧，作为向"七大"的献礼。他将这一艰巨而紧迫的创作任务交给戏音系领导张庚组织力量完成，并亲自在鲁艺主持了一个动员会。张庚让贺敬之阅读了林漫手写的情节简单的《白毛女人》的故事，又召集邵子南、贺敬之、王彬（后来改名王滨）、王大化、马可、张鲁等编导人员开会，组成创作组，对剧本的主题和初步的情节进行了讨论。会上商定由不久前从晋察冀来延安的"西战团"成员邵子南执笔，因为他熟悉晋察冀边区的生活和"白毛仙姑"的故事。邵子南写出前几场初稿交张庚和创作组成员看后，大家都不满意，觉得戏剧情节扣得不紧，人物性格不鲜明，又没有真正的戏剧动作，实际上不是歌剧而是一篇朗颂诗剧，无法排练，希望邵子南改写，但他不乐意，于是就让贺敬之帮助修改。贺敬之只是将头一场稍作改动。这一场就写狗腿子发现喜儿如何漂亮，报告给黄世仁，黄世仁一去就看上了，想把她弄到手。改完后交张鲁等谱曲，由王大化执导，陈强饰黄世仁，林白饰喜儿，在鲁艺的一间窑洞里以秦腔形式试排，请周扬审看。周扬看后持完全否定的态度，他强调洋教条不能要，老教条也不能要，要继承优秀传统，也要根据新的生活内容加以创造，"白毛女"这个剧不要再搞成旧的戏曲的形式，而应当写出一部民族的新歌

---

① 参见歌剧本《白毛女》，晋察冀新华书店，1947，第 1～4 页。
② 李满天：《我是怎样写出小说〈白毛女人〉的》，上海《歌剧艺术研究》1995 年第 3 期。

剧。周扬的意见不只是否定试排的这一场，而实际上否定了邵子南写的剧本。大家就此展开了热烈的讨论，认为"此稿不适合舞台演出，故事情节的安排及人物关系都有许多可以商讨的地方，需要重新结构，另起炉灶"，而"这些要求与邵子南同志的设想未能符合，因此，他收回了自己的稿本，退出了创作组"①。

1945 年初，张庚召集有关编导人员开会，进一步讨论了剧本结构的大体框架，并决定由贺敬之执笔重写。贺敬之写完第一幕需要试排时，就确定成立剧组，其中有编剧贺敬之、丁毅，作曲马可、张鲁、瞿维，导演王滨、王大化、张水华（后来调走了）、舒强（后来参加的），演员陈强、林白、王昆、张守维、李波、韩冰、王家乙、赵起扬、张成中、邸力等，阵容强大，实力雄厚。剧组建立了党支部，田方任书记，丁毅任组织委员，贺敬之任宣传委员。在张庚的领导下，剧组采取"流水作业"的方式进行工作，即贺敬之写完一场后作曲者就谱曲，由张庚、王滨审定，交丁毅刻写蜡纸印出，再由导演和演员试排，每幕完后总排，请鲁艺师生、干部群众和桥儿沟老乡观看并评论，边写作边排演边修改。这确实是一种独特的集体创作的新方式。

从邵子南写出几场初稿被否定到贺敬之执笔重写的整个创作过程中，大家始终同心协力，集思广益，攻克一个又一个难关，不断地提高着剧本的思想和艺术品位。

如何认识和开掘"白毛仙姑"故事所包含的时代历史内容与美学价值，从中提炼出《白毛女》剧本所应当具有的深刻的主题思想，这是剧作者们面临的一个决定着作品灵魂与命脉的首要问题。看法的分歧和集体的探讨也首先从这里开始。有人认为这是一个没什么意义的"神怪"故事，也有人提出可以作为一个"破除迷信"的题材来创作。经过反复认真讨论，大家否定了这些看法。周扬和贺敬之等都强调，这个剧本应当表现两个不同社会的对照，表现人民的翻身，揭示出旧社会把人逼成鬼、新社会把鬼变

---

① 张拓、瞿维、张鲁：《歌剧〈白毛女〉是怎样诞生的——关于〈白毛女〉的通信》，上海《歌剧艺术研究》1995 年第 3 期。

成人的鲜明时代主题①，这就大大超越了"白毛仙姑"故事原来所具有的种种意蕴，使《白毛女》剧本升华到一个全新的境界。

如何更生动更感人地表现主题，是该剧创作必须解决的又一个重要课题。这不仅关系着整个剧本的独创性的艺术构思和需要探索出一种与新的内容相适应的新的艺术形式，同时牵连着戏剧冲突、剧情结构、人物性格及细节安排等方方面面的艺术表现的方式、方法与技巧。这些方面，剧组成员都细心琢磨，群策群力，并不断地听取领导和群众的意见。比如，从第二幕开始喜儿进黄家以后的戏，就主要是依据导演王滨提供的生活积累和出主意进行创作的。这幕戏的开头，原来有一场写喜儿被黄家拉走后，大春约大锁一伙去餐馆喝牛肉汤，被店主用话激怒，要去黄家报仇，有如《水浒传》中石秀杀裴如海。周扬否定了这场戏，说："我们不要搞成《水浒传》嘛，剑拔弩张的干什么！"②戏中还写到喜儿受黄母虐待非常想家，思念父亲和大春，做了一场梦，于是梦境中出现一段舞蹈动作，试图表现出一点浪漫主义的色彩，彩排时被群众否定了。第三幕中曾写喜儿被黄世仁侮辱怀孕后，一度误认为黄世仁要同自己成亲，便内心高兴，披上红棉袄在台上载歌载舞，不少人特别是有些知识分子很喜欢这场戏，认为技巧高，工农群众对此却意见很大，周扬看后也指出："你们为贪恋这场戏的戏剧性，却把它所建立起来的形象扼杀了。"③这些地方以后都进行了改写。再比如，第六幕写新社会的戏，主要是依据"西战团"成员提供的流传"白毛仙姑"故事的晋察冀根据地的生活进行创作的，其中贾克、洛丁并帮助修改过剧本中的几段词④，剧组还曾请当年河北省某县的农会主席来指导他们排戏。第六幕末一场是写喜儿和大春婚后的幸福生活，最后加一个喜儿送大春参军的简短的"尾声"。周扬指出，"这样写法把这个斗争性很强

---

① 据黎辛主编的《延安文艺作品精编·戏剧曲艺卷》（浙江文艺出版社，1992）所收歌剧《白毛女》的题注中讲："毛泽东同志知道这个故事后，曾建议以'旧社会把人逼成鬼，新社会把鬼变成人'为主题思想，创作剧本。1944年，鲁艺工作团，根据这个主题，经过集体讨论，由贺敬之、丁毅执笔，写出了《白毛女》，……"（见该书第53页）。笔者采访张庚、贺敬之、丁毅等当事人时，分别询问此事，他们都表示不知道，认为此说不可信。

② 贺敬之1994年3月18日同笔者谈话记录。

③ 参见《简介〈白毛女〉的创作情况》，《电影文学》1959年第1期。

④ 1946年贺敬之在张家口修改《白毛女》剧本时又将这几段词改回去了。

的故事庸俗化了"①，后来也作了修改。

《白毛女》全剧写完后在鲁艺向全院师生员工作了一次总彩排，引起了不少强烈的批评意见，还在院里贴出了墙报，轰动一时。邵子南为此在墙报上发表声明，表示"歌剧《白毛女》的创作与他无关"②。贺敬之找张庚询问这么多人包括一些名人都反对《白毛女》怎么办，还能不能给"七大"演出。张庚向周扬作了汇报，周扬到戏音系对剧组讲："可以改嘛，要有艺术家的勇气，要给'七大'演出！"③很快周扬又在鲁艺图书馆召集征求意见的座谈会，何其芳、张庚、吕骥等都出席了会议。何其芳认为主要是大春这个人物前面的戏太少，前后要统一。不少人提出剧本的"尾声"煞不住，对黄世仁不能这样放过，应该增加一场"斗争会"。张庚、吕骥、贺敬之等也都同意去掉"尾声"，增写一场"斗争会"。由于赶写《白毛女》剧本太紧张太累，精神压力又过大，贺敬之生病住院了，同时考虑到他缺乏敌后根据地群众斗争地主的生活体验，还有这里需要借鉴西洋歌剧采用较为复杂的音乐形式他也不太熟悉，就决定由丁毅执笔写最后"斗争会"这一场④。

剧本修改后又在鲁艺作了一次预演，总的反映是好的，但仍有一些令人不满意之处，对"斗争会"这场戏意见尤为强烈。张庚回忆说："演完的第二天，创作者们到处去收集意见。有一个厨房的大师傅一面在切菜，一面使劲地剁着砧板说：戏是好，可是那么混蛋的黄世仁不枪毙，太不公平！"不久在党校礼堂给中央领导和"七大"代表作了正式演出，第二天中央办公厅派人来传达中央书记处的意见，其中谈到"黄世仁如此作恶多端，还不枪毙他，是不恰当的，广大群众一定不答应的"⑤。当时在党校学习的一些从前方回来的边区领导干部看完演出后也认为，黄世仁已经不是抗日民族统一战线的对象，而是个血债累累的罪犯，是人民的仇敌，是应当枪

---

① 张庚：《回忆〈讲话〉前后"鲁艺"的戏剧活动》，《戏剧报》1962 年第 5 期。
② 张拓、瞿维、张鲁：《歌剧〈白毛女〉是怎样诞生的——关于〈白毛女〉的通信》，上海《歌剧艺术研究》1995 年第 3 期。
③ 贺敬之 1994 年 3 月 23 日同笔者谈话记录。
④ 贺敬之 1946 年 3 月 31 日撰写的《〈白毛女〉的创作与演出》一文中所讲的"最后一幕是由丁毅同志写的"，"一幕"为笔误，实为"一场"。
⑤ 张庚：《回忆〈讲话〉前后"鲁艺"的戏剧活动》，《戏剧报》1962 年第 5 期。

毙的，但必须经过人民法庭公审，合乎法律手续①。剧作者就是依据这些意见和建议改写出枪毙黄世仁的结尾的。在集体讨论剧本的过程中，也有的演员提出剧本中还应表现出对地主婆黄母的惩罚，可以让黄母到奶奶庙去烧香时巧遇喜儿，由喜儿狠狠揍她一顿，或者在斗争会上把黄母抬出来一起斗，而饰演黄母的李波认为从全剧来看这是多余的，建议安排黄母在幕后死去，办法是在斗争会上让黄世仁为他母亲戴孝，这也符合河北一带的风俗，此意见后来也被采纳了②。

以上史实充分表明，《白毛女》剧本的创作过程，正是集体的智慧不断地融汇和凝聚的过程，终于在中国现代歌剧舞台上孕育出一颗璀璨的明珠，一朵芳香四溢的奇葩。对此，贺敬之给予了充分的肯定，他曾强调："假如说，《白毛女》有它的成功方面，那么这种'成功'，即是在这样一个不断的、群众性的、集体创作的基础上产生的。"③ 他和马可还曾在《白毛女·前言》④ 中以诚挚的怀念与感激的心情写道：

> 邵子南同志，他是这一剧本创作工作的先行者，他曾写出了最初的草稿，虽然，以后这个剧本由别人重写，但他的草稿给予后来的人以极大的启发和帮助。
>
> 周扬同志，始终关心并领导这一创作，他给予我们的帮助、指示和鼓舞对这一工作起着巨大的作用。
>
> 张庚、王滨同志，具体指导和帮助这一创作的完成，他们是不能使人忘怀的。
>
> 王大化、舒强、张水华同志，这一剧本的导演，在他们和作者的合作过程中，不断帮助修正和加强剧本与音乐的创作。
>
> ……

---

① 舒强：《难忘的延安艺术生活》，艾克恩编《延安文艺回忆录》，中国社会科学出版社，1992，第 198~199 页。另据丁毅 1993 年 10 月 15 日同笔者谈话记录。
② 李波：《爱与恨的对比是〈白毛女〉的灵魂——我演地主婆"黄母"的经历》，《新文化史料》1995 年第 2 期。
③ 贺敬之：《〈白毛女〉的创作与演出》，歌剧本《白毛女》，晋察冀新华书店，1947，第 9 页。
④ 参见歌剧本《白毛女》，人民文学出版社，1952，第 3 页。

这就相当具体地展示出《白毛女》剧本是集体智慧的结晶这一客观事实的主要内容。

其实，集体创作并非《白毛女》剧本所独有的创作方式，而是当时延安戏剧创作的一种时尚，充分体现了在特定历史背景下焕发于延安的一种时代精神。作为抗日民主革命根据地的大后方、党中央所在地的延安，面对着强大的民族敌人和阶级敌人的猖狂进攻与包围，肩负着挽救民族危亡、创建新中国的伟大历史使命。延安的广大干部和人民群众都深知，只有紧密地团结在党中央的周围，依靠民族的、阶级的、集体的革命力量，才能战胜强大的敌人，完成历史的使命。这是一个人民当家做主的新时代，一个充满革新、进取、奋斗和创造精神的新时代，也必然是一个张扬革命集体主义精神的新时代。在那样一个风雷激荡的革命时代，要想能高质量又快速地创作出更多的优秀剧目，以推动日新月异的革命形势的发展，靠任何个人的力量都是很难做到的。因此，延安革命文艺工作者，从不考虑个人的任何得失，而是紧紧地依靠集体，将自己的聪明才智和心血全部地毫无保留地奉献给集体所从事的革命文艺事业。这既是当时客观革命形势的迫切需要，也是他们的内在要求和自觉行动。于是，无数的个人智慧就融汇成集体的智慧了。从1937年延安第一部歌剧《农村曲》到1939年的又一部歌剧《军民进行曲》都是以这样的集体创作的方式创作出来的。特别是1942年延安文艺整风和毛泽东的《讲话》发表以后，集体创作更蔚然成风，从小型新秧歌剧《兄妹开荒》到大型新秧歌剧《惯匪周子山》，大都是这种集体创作的成果。1944年3月21日周扬在《表现新的群众的时代》一文中高度评价了这种集体创作："这是一次完全的秧歌集体创作，尤其值得重视的是工农兵参加了创作，展现了勇气，创造了才能。艺术工作者、学生知识分子则尽到其骨干、指导的责任。新秧歌是解放了的、开始集体化的新农民艺术，是消灭了或至少削弱了封建剥削的新农村的产物。"[①]

当然，像《白毛女》的创作，上自党中央下至农村老乡都密切关心，

---

① 转引自艾克恩编《延安文艺运动纪盛》，文化艺术出版社，1987，第498～499页。

鲁艺的院系领导都始终参与指导，由鲁艺一批高素质的编剧、导演、演员组成剧组并且建立了党的支部这样一种组织形式和集体创作方式，确实又是相当独特的。这种独特的创作方式，无疑是由《白毛女》作为给党的历史上有着特殊意义的"七大"的献礼剧目所具有的重大政治意义和使命，是由该剧所表现的空前宏阔的时代生活内容和所揭示的深刻历史主题，是由试验和探索同这一内容与主题相适应、相统一的革命的民族的大型新歌剧的艺术表现形式决定和要求的。

尤为重要的是，文艺创作作为一种独特的精神生产活动，必然有其自身的内在规律。文学史上一切由集体智慧凝结成的佳作名著，包括延安时代风行的"集体创作"，其所以符合文艺创作的客观规律，关键就在于这种集体智慧最终都是要经过作家个体的创造性的精神劳动，才孕育出鲜活的艺术生命。集体智慧只能作为作家创作的基础和营养，化为作家创作的血肉，成为作家以更快的速度创作出更高质量的作品的非常重要和必要的前提与条件，却无法代替作家个体的创作。集体智慧也并不是什么抽象物，它总是由许多个体的智慧融汇而成，而这种个体的智慧都是可以认识和分析的，因为它毕竟形诸以书面语言为媒体的文学作品。《白毛女》剧本的创作实践，也充分证明了这一点。

二 贺敬之的独特贡献

如果对前述《白毛女》剧本的创作过程作更深入一层的思考与研讨，就会发现，贺敬之在将这种"集体智慧"化为闪光的"结晶"体的过程中，起着一种特殊的作用，有着他自己独特的贡献。

张庚在谈到《白毛女》的创作过程时曾说："剧本是集体创作，先由邵子南写了一个诗剧脚本无法排，后主要由贺敬之执笔写，写到快完稿的时候，贺敬之病了，又由丁毅写最后一场。"[1] 这是符合实际的。据此，合乎

① 张庚：《我在延安的戏剧活动》，《延安文学》1988 年第 4 期。

事物本来面貌的概括应当是：《白毛女》剧本是贺敬之熔铸集体智慧主笔创作的。显然，贺敬之的"执笔写"并不是一种书记员式的"记录"，而是进行创造性精神劳动的"编剧"①。"记录"与"编剧"是不相同的，因为"编剧"就是创作。朱寨在回忆延安新秧歌运动中创作小型新秧歌剧本《反对买卖婚姻》时说："剧本末尾括注'朱寨记录'，可能直接选用了经我一字一句笔录下来的底本。剧作署名是'桥儿沟乡集体创作'，确切地说，应该是桥儿沟乡宋老大等集体创作"。他还精彩地记述了"在编剧过程中真正起了编剧作用的"农民宋老大进行创造性精神劳动时的生动情景：

> 他确实有一种艺术的灵气，剧中人物的性格特点，戏剧的情节，主要是他想象设计的。那些形象生动的语言剧情，都是出自他的口，或者经过他反复修改琢磨出来的。他一旦浸沉在艺术想象中，常常置别人于不顾，旁若无人，男巫下神一样，模拟着剧中人物念白哼唱，如醉如痴。一个高大的汉子，用假嗓唱着细声坤腔，格外妩媚动人。②

朱寨是文艺创作的行家里手，他对宋老大作为"编剧"的功绩和艺术创造时的神态，认识极为深刻，观察非常细致，也描述得格外真切。一出小型的新秧歌剧的创作尚且如此，而作为一部开创性的大型民族新歌剧《白毛女》剧本的创作，其"编剧"的创造性精神劳动的艰巨性和复杂性更可想而知。贺敬之在快完稿时终于病倒，就足以说明这一点。巴尔扎克曾说："构思一部作品是很容易的，但是把它写出来却很难。"③《白毛女》剧本是出自许多人的"口"而又主要出自贺敬之的"手"，这无疑给他的创作既创造了极为有利的条件，也带来了更大的难度。建立在"集体创作"基础上的"个体创作"，就包含着这样一种辩证关系。而这种辩证关系中又显示出这样一个道理：攻克的难度越大，获得的成就越高。

---

① 笔者查阅，1946～1949年出版的《白毛女》剧本署名大都称贺敬之等为"编剧"、"编者"或"撰"，1950年起均改为"执笔"。
② 朱寨：《桥儿沟的星辰》，《中国现代文化名人纪实》，海南出版社，1997，第8～10页。
③ 巴尔扎克：《〈古物陈列室〉、〈钢巴拉〉初版序言》，《古典文艺理论译丛》第十册，人民文学出版社，1965，第122页。

倘若以更宽阔的视野观察这一文艺创作现象，那么应该说，作家充分吸取民间和他人的智慧创作出名著乃至巨著，这是我国文学史上的一个优良传统。元代王实甫的杂剧《西厢记》的故事，就来源于唐代元稹的传奇小说《莺莺传》，而其主题、人物形象及情节更与金代董解元的讲唱文学《西厢记诸宫调》大致相同。明代罗贯中的《三国演义》、施耐庵的《水浒传》和吴承恩的《西游记》这三部长篇小说，也都是在长期民间口头传说的故事和文人创作的有关话本、杂剧等多种文艺作品的基础上再创作而成的。唐明皇李隆基和贵妃杨玉环的爱情故事同样在民间久为流传，唐代白居易据此创作了叙事诗《长恨歌》；元代白朴也据此创作了杂剧《梧桐雨》，而清代洪昇又在此基础上创作了戏曲传奇《长生殿》。其实，外国文坛这样的事例也颇多，比如俄国果戈理创作的长篇小说《死魂灵》的题材就是普希金提供给他的。虽然由于作家所具有的思想艺术水准和所站的时代高度不同，因而所取得的创作成就各有千秋，但是他们的吸取经过自己消化后都必须有超越、突破和提高，道理却是相通的。这种消化、超越、突破和提高的过程就是作家再创造的过程，这过程最后所达到的高度决定了他的作品的思想艺术价值和美学品位。既继承又超越，既吸收又发展，这符合事物前进的辩证法则，也符合文艺创作的内在规律。由此观之，贺敬之熔铸集体智慧主笔创作《白毛女》剧本的独特贡献就不难辨析了。

善于吸取集体的智慧，化为艺术的生命，提高了剧本的美学品位，这是贺敬之的首要贡献。《白毛女》在创作过程中，不断地得到来自各方面的关心与支持，这集中表现在大家毫无保留地对剧本提出各种意见，或者是尖锐的批评，或者是多角度的建议。对于贺敬之来说，这些意见和建议都是非常宝贵的，既成为他进行创作的强大的精神驱动力，也是他取之不尽的智慧的源泉。一般说来，作家从前人和他人的口头或书面文学作品中从容地充分地吸取题材、主题、人物描写等各方面的营养还是较为容易的，而在进行创作的过程中直接听取同时代人的各种意见特别是尖锐的强烈的批评意见，却并不容易做到。这无疑同作家的思想素养和精神品质密切相关。集体创作的过程越曲折、复杂和艰难，对执笔创作者的修养与品行的要求越高，越需要他有容纳百川的海量与气度，也需要他有超群的智慧与才华。应该说，贺敬之主笔创作和反复修改《白毛女》剧本的过程中，在听取各种意见、吸纳集体智慧方面是虚怀若谷、从善如流的。他为人谦虚谨慎，热情诚恳，勤奋朴实。这当然与他出身于贫苦农民家庭，历经磨难投身于革命队伍，因而对党和人民的革命事业怀着深挚的感情有关，而更为重要的是，延安文艺整风和对毛泽东《讲话》的学习，净化了他的心灵，升华了他的境界，使他视革命利益高于一切。当执笔创作《白毛女》剧本的重任落在年仅20岁的贺敬之的肩上时，他深深感到，依靠领导和群众的力量，充分吸取集体的智慧，这对于弥补自己在生活、思想和艺术创作方面的不足，是多么的重要！这种清醒与自觉，使他具有一种宽阔的胸怀和开放的心态，因此，只要是有益于提高剧本的思想艺术质量和品位的意见，他都如获至宝，乐于接受与吸取。贺敬之回忆说："坐在观众中看戏，散戏后夹在观众群中听他们谈话，最无拘束，最真实宝贵的意见常常在这里听到。另外，有时我们也直接访问观众，包括干部、群众。"[1] 他曾整理出十多万字从各方面收集到的意见供自己写作和修改剧本参考，足见他的诚挚与认真。他对于延安、边区的领导干部和群众，鲁艺的广大师生员工以至桥儿沟老乡的意见都广为吸纳，对各方面专家和包括剧组成员在内的艺术工作者的建议与批评也极为重视。饰演黄世仁的陈强就深感贺敬之"有一个很好的条件是很好合作"[2]。丁毅也深情地说："我与贺敬之在《白毛女》合作过程中很愉快，从没发生争执，都很单纯，一心为工作。"[3] 张拓、瞿维、张鲁回忆说："执笔者贺敬之同志非常尊重集体的意见，在首席导演王滨同志热忱帮助下，他周密地考虑各种意见，同时也提出自己的看法，集中了大家的智慧写成剧本。"[4] 可见，贺敬之善于吸取集体的智慧，首先在于他"非常尊重集体的意见"，进而在于他"周密地考虑各种意见"。这种注入"自己的看法"的同时，"周密地考虑"各种意见、"集中"大家的智慧的过程，就是融会贯通、消化吸收和再创造的过程，就是将集体的智慧通过自己的独立思考和创造性思维化为

---

① 贺敬之：《〈白毛女〉的创作与演出》，歌剧本《白毛女》，晋察冀新华书店，1947，第 6 页。

② 陈强：《我是演歌剧起家的》，《延安文艺回忆录》，中国社会科学出版社，1992，第 252 页。

③ 丁毅 1993 年 10 月 15 日同笔者谈话记录。

④ 张拓、瞿维、张鲁：《歌剧〈白毛女〉是怎样诞生的——关于〈白毛女〉的通信》，上海《歌剧艺术研究》1995 年第 3 期。

艺术的生命以提高作品的思想艺术质量和美学品位的过程，而这个过程只能由"编剧"个体的脑力劳动来完成，不可能由"集体"来完成。《白毛女》剧本就是主要由贺敬之执笔这样创作出来的。

充分调动自己的生活积累、感情积累和艺术才华，形成了剧本的独特风格，这也是贺敬之的一个重要贡献。《白毛女》剧本反映了中国农村新旧两个时代的广阔社会生活及其改天换地的历史性变化，厚重的生活感和历史感奠定了作品独特风格的坚实基础，也显示出作家生活和感情的深厚积淀。贺敬之曾谈到，在创作《白毛女》剧本时，他"尽量回忆个人过去农村生活的材料"①。作为农家子弟的他，在山东贫瘠的乡村度过了自己苦难的童年，从 13 岁起，就冒着抗日战争的炮火硝烟，离开鲁南家乡那片黑土地，经过湖北均县、四川梓潼来到陕北那片黄土高原，在流亡岁月中踏遍大半个中国的山山水水，终于从黑暗的旧时代走进光明的新时代。小小年纪的贺敬之，亲历目睹了旧中国农村那灾难深重的现实，也深切体验到人民当家做主的解放区那艳阳高照、春光明媚的崭新生活。他于 1940 年到达延安后，便很快以澎湃的激情和冷静的沉思先后创作出歌唱鲁艺新生活的诗集《并没有冬天》和回忆旧中国家乡农民苦难生活的诗集《乡村的夜》。这两本诗集中的诗篇合而观之，生动映现出少年诗人心灵中新旧两种社会鲜明对照的生活图景，已经蕴含着"旧社会把人逼成鬼，新社会把鬼变成人"的时代主题。事实上，《乡村的夜》中所描绘的被地主逼迫得走投无路不得不抱着儿子投河自尽成为"水鬼"的五婶子和遭侮辱后变为在风雨里奔跑的"披头散发的女鬼"的夏嫂子等一系列妇女形象，被"东家"活活打死的夏嫂子的丈夫和于饥寒交迫中冻饿而死的醉汉、刘老头等大批贫苦农民的命运，在死亡线上拼命挣扎的小敏子、黑鼻子八叔等青壮年农民的自发的反抗与斗争，以及诗中频繁出现的农村那风雪交加的凄凉景象，处处晃动着"喜儿""杨白劳"等人物的身影并闪现出《白毛女》中的生活画面。1942 年以后，在毛泽东文艺思想的指引下，贺敬之全身心地投入边区人民群众的火热斗争生活中，在更深入地熟悉和体验农民的生活与感情，

---

① 贺敬之：《〈白毛女〉的创作与演出》，歌剧本《白毛女》，晋察冀新华书店，1947，第 5 页。

认真学习群众的语言和民歌、民间戏曲等民间艺术的基础上，他积极进行革命歌词和新秧歌剧的创作，特别是参与创作《惯匪周子山》和参与改编《血泪仇》① 这两部大型新秧歌剧的实践，使他尝试在宏阔的生活场景中结构剧情、刻画人物、运用语言等方面积累了相当丰富的创作经验，增长了艺术才干。贺敬之曾回忆，在由他执笔重新结构《白毛女》剧本时，第一幕是他提出并构思而成的，因为他特别喜欢年节时下雪和雪天那种抒情气氛，他说："可以讲，第一幕里全部的细节和感情都是我的，真正触动我的感情，真正体现我的灵魂和特点的就是整个第一幕，因为这种生活和感情我比较熟悉。这一幕我写得很专心，写到杨白劳自杀了，我精神恍惚，第二天有同学讲'贺敬之六亲不认了'啊！"他还回忆说："到延安后我写过一部名为《两根秫秸》的中篇小说，写的时候我哭了。小说描写一个老农民瘦得像两根秫秸一样，就是后来我写的那个杨白劳式的人物的悲惨遭遇。"② 显然，《白毛女》剧本中深刻隽永的主题思想、曲折跌宕的戏剧情节、鲜活生动的人物形象、朴实优美的文学语言和流贯于全剧的诗意浓郁的氛围与震人心扉的激情，有机统一而形成的那种深沉悲壮、浩阔雄奇、浑厚质朴的富有鲜明民族特色的独特风格，同贺敬之的人生经历、生活感情积累，以及他在延安从事多方面文学创作所锤炼出来的艺术智慧与才华密不可分、血肉相连。应该说，《白毛女》剧本创作的重任主要由年轻敏锐、富有才思的贺敬之执笔完成，这是延安戏剧创作发展的必然选择；而《白毛女》剧本的创作实践，又确实为贺敬之提供了抒发自己积累深厚的思想感情的喷发和充分展现他的艺术才华的良机。据张庚回忆，1942 年文艺整风后，周扬把贺敬之从文学系调到戏剧系投入新秧歌剧运动，并且说："文学系除贺敬之外，别的学生搞戏剧还不行。"③ 张拓、瞿维、张鲁也曾说："由于贺敬之同志积累了秧歌运动的经验，有过执笔大型秧歌剧《周子山》的尝试，他写的唱词和说白符合人物性格，富有激情、诗意，体现了独特的民族风格

---

① 《血泪仇》原为马健翎创作的大型秦腔剧，1943 年冬由贺敬之等改编为大型新秧歌剧演出。
② 贺敬之 1994 年 3 月 18 日同笔者谈话记录。
③ 张庚 1993 年 10 月 10 日同笔者谈话记录。

和创作个性；同时也非常适合于音乐的发挥。"① 丁毅回忆说："为了保持剧本的统一风格，才由贺敬之执笔写。他生病后，我修改最后一幕时也努力保持贺敬之的风格。"② 的确，作品的思想艺术风格和创作个性是作品的生命线，它决定着作品是否具有独立存在的意义和价值，而没有贺敬之富于个性的独创性精神劳动，就不可能有《白毛女》剧本的独特风格。贺敬之的重要贡献，由此看得特别清楚。

　　不断修改，精益求精，使剧本日臻完美，这是贺敬之的又一个重要贡献。从前述《白毛女》剧本的创作过程可以看出，这个创作过程本身就是一个不断地尝试和修改的过程。其实张庚最初提供给贺敬之阅读的文本，不过是林漫手写的以倒叙的方式描述区、村干部为破除"白毛仙姑"显灵的迷信去奶奶庙捉"鬼"追至山洞，解救出来的女子诉说自己深受地主迫害的凄惨经历的一个非常动人但情节简单的"白毛女人"的故事；而邵子南所写的无法排演因而被否定的诗剧脚本，保留下来的实际上就只有"红喜"、"杨白劳"③、"黄世仁"、"穆仁心"这几个主要人物的名字。贺敬之在剧组反复讨论剧本结构的基础上执笔重写《白毛女》，采取了原故事的一些基本特点和主要情节，同时，为了使主题表现得更明确更充分，适合于舞台表演的效果和特点，对原故事进行了相当大的改编、补充和修正。剧情结构由原故事的倒叙改为适合中国老百姓欣赏习惯的从头说起、有头有尾的顺叙方式。剧中人物的名字也作了改动："穆仁心"（"没人心"的谐音）太漫画化，改为"穆仁智"；"红喜"改为本名"喜儿"，被抢到黄家后再由黄母按丫头"红福""红禄"给她排名"红喜"，这一笔改动就相当集中地表现了地主对佃农人身奴役和占有关系的超经济的阶级压迫的历史深度。至于剧中的黄母、赵大叔、王大婶、张二婶、王大春、关大锁、李栓等人物的名字都是贺敬之执笔创作过程中根据剧情发展的需要设计而起

---

① 张拓、瞿维、张鲁：《歌剧〈白毛女〉是怎样诞生的——关于〈白毛女〉的通信》，上海《歌剧艺术研究》1995 年第 3 期。

② 丁毅 1993 年 10 月 15 日同笔者谈话记录。

③ 据瞿维、张鲁回忆："王滨同志非常有想象力，杨白劳的名字（地主坐享其成，佃农白劳动）、吃饺子的情节都是他提出的。"见张拓、瞿维、张鲁《歌剧〈白毛女〉是怎样诞生的——关于〈白毛女〉的通信》，上海《歌剧艺术研究》1995 年第 3 期。

的。据张庚回忆，"第一幕先在院内作了一次总排，看完了大家都说很好，很感动人"，全剧总排完毕，经过修改后，又在鲁艺向全院作了一次预演，大家看后认为，"后面两幕戏不如前面三幕戏好，特别是第一幕戏最好"①。的确，第一幕描写风雪交加的除夕之夜杨白劳与喜儿及王大婶、赵大叔等在贫困生活中的父女亲情和阶级深情以及杨白劳被黄世仁逼迫卖女后喝卤水自杀倒在家门口雪地上的戏，写得最动情、最感人也最成功，以后几乎很少再作改动。而后面从第二幕至第六幕描写喜儿在黄家的苦难遭遇和在山洞的非人生活特别是解放后新社会的戏，各方面提出的批评和建议就比较多，贺敬之为此对剧本进行了反复的修改，其中较大的修改主要有两次。第一次是 1945 年冬在张家口，对剧本主要作了这样的修改：第一幕第三场加了一段赵大叔说红军故事，表现了旧社会埋藏在农民心中的希望；第二幕第二场改为大春、大锁反抗狗腿子逼租，痛打穆仁智被迫出走，大春投奔红军，增强了农民在旧社会里的反抗性；第三幕开始加强了喜儿要活下去、要反抗的意志和性格；第六幕第一场重写，去掉了原来太重的话剧味道，第二场加了后台合唱"太阳出来了"的唱词，唱出"旧社会把人逼成鬼，新社会把鬼变成人"的本剧的鲜明主题②。应该说，这次修改使剧本中原来所存在的前三幕紧而后三幕松、旧社会描写多且较深刻而新社会描写少且较浮浅、几个主要角色写得好而群众角色写得较差、形式上也不够完整，以及有一些不太合理的情节等方面的问题有了明显的改进，剧本的思想性更为深刻，艺术上也进一步完善。第二次较大的修改是于 1950 年上半年在北京进行的，作者将原剧本 6 幕 20 场改为 5 幕 16 场，删去了原来表现喜儿在山洞里生活的第四幕，最后的两幕除保留一些可以保留的内容外，大部分重写过。这次修改去掉了剧本中的琐碎的话剧成分，避免了冗长拖拉的散文部分，剧情和戏剧语言都更精练、更紧凑、更集中，增强了剧中诗意浓郁的抒情气氛和歌剧气氛，服从戏剧的要求加强了文学性，多以唱代替说，唱词也更多地采用了独唱、合唱、领唱、轮唱、重唱等形式，使戏剧与音乐更好地结合了起来，因此，在歌剧形式上就较为统一和完美。

---

① 张庚：《回忆〈讲话〉前后"鲁艺"的戏剧活动》，《戏剧报》1962 年第 5 期。
② 在延安写的原剧本中唱词里只有"逼成鬼的喜儿，今天变成人"。

此次修改本列入"中国人民文艺丛书"于 1952 年由人民文学出版社出版，并荣获 1951 年度斯大林文学奖二等奖。这个版本实际上成为后来供文学欣赏和舞台演出的《白毛女》剧本的定本和保留本①。事实表明，贺敬之对《白毛女》剧本反复修改的过程，就是他充分熔铸集体智慧和调动自己的生活积累、感情积累与艺术才华以使剧本日臻完善的过程，也是他不断地锲而不舍地试验、探索和追求与剧本丰富深刻的内容、主题相适应的一种富有中国气派和民族风格的大型新歌剧的完美形式的过程。

贺敬之回顾自己在延安文艺整风后积极投身于新秧歌运动对他执笔创作《白毛女》剧本的重要启示作用时说："从秧歌运动发展到新歌剧，这是实践毛泽东同志《讲话》的一个重要成果。它体现了文艺民族化和大众化的精神，从一个侧面证明了毛泽东同志指引的文艺方向和文艺道路的正确性。"② 的确如此，毛泽东《在延安文艺座谈会上的讲话》催发了新秧歌运动这一革命文艺运动蓬勃发展的生机与活力，而革命的民族的大型新歌剧《白毛女》的诞生，正是新秧歌运动发展的必然结果。这是延安革命文艺工作者在《讲话》精神指引下进行革命戏剧创作新探索的一次具有划时代意义的质的飞跃和创举，当然也是主要执笔者贺敬之认真学习、深刻理解和努力实践毛泽东文艺思想，沿着毛泽东指引的文艺方向和文艺道路开拓前进的生动体现。马克思主义文艺理论与中国无产阶级革命文艺运动实践相结合的毛泽东文艺思想，使贺敬之的世界观、人生观和文艺观升华到辩证唯物主义与历史唯物主义的崭新境界，使他能够站在新的历史和时代的高度，以全新的眼界科学地观察、认识和把握作家与人民、文艺与生活，以及文学创作中内容与形式、普及与提高、继承与发展、借鉴与创新和典型化法则等一系列的辩证关系与创作规律。因此，贺敬之在执笔创作和不断修改《白毛女》剧本的过程中，才那么善于吸取集体的智慧，充分调动自

---

① 1962 年《白毛女》重新排演时，贺敬之对剧本又作过一次大的修改，结构上有调整，增加了大段新唱词。戏剧界专家对这次修改删去奶奶庙一场戏等改动持有异议。这次修改本手稿交剧组后弄丢了，未曾出版。增写的唱词《恨似高山仇似海》和《我是人》发表在 1962 年 7 月 18 日的《文汇报》上。此外，1947 年在东北由张庚负责组织丁毅等对《白毛女》剧本进行过一次修改并出版。

② 贺敬之：《答〈延安文艺研究〉杂志主编问》，《延安文艺研究》1985 年第 1 期。

己的生活积累、感情积累和艺术才华，以精益求精和求真求新求美的精神，努力提高剧本的美学品位，形成剧本的独特风格，使中国现代歌剧在民族化和大众化方面取得了惊世骇俗的成就，达到了一个前所未有的新的高度。事实充分证明，毛泽东文艺思想是使延安革命文艺工作者和广大干部群众的集体智慧与贺敬之的个人智慧融为一体的思想支柱，也是形成《白毛女》剧本的思想艺术特色与美学价值的精神源泉。

三 《白毛女》的思想艺术特色与美学价值

《白毛女》文学剧本所达到的新的高度，集中体现在它所独具的思想艺术特色和美学价值上。题材的新颖性、主题的深刻性、人物的典型性、形式的独创性，构成了这个剧本的主要特色。这些特色凝结出一种独特的艺术精神，那就是革命现实主义和革命浪漫主义相结合的精神，而正是这种艺术精神，孕育出了《白毛女》剧本中那独特的悲壮美和诗意美。

题材的新颖性是《白毛女》剧本首先留在人们审美意识中最强烈的印象。无疑，这与它所依据的"白毛仙姑"故事原有的民间传奇性密切相关，"像'白毛女'的'白毛'这一个'戏眼'就是冠绝古今的，是任何天才的想象力都难以企及的"[1]。然而，该剧的新颖性主要还是由于剧作家对原民间故事的传奇性进行了新的艺术开掘与升华，使其所反映的社会生活更广阔、更丰富，又更集中、更强烈、更充满激情，因而显得更真实。贺敬之在谈到新歌剧的"传奇"特征时曾说："照我看来，传奇色彩、传奇性情节，从根本上说，它不过是生活真实的典型化、尖锐化、理想化的一种色彩浓厚的特定的表现形式而已。"[2] 正是这样，《白毛女》剧本就是从普通的日常生活中概括出深刻的历史内容，从平凡的劳动者的悲惨遭遇中反映出尖锐的社会矛盾。它的题材大大超越了延安新秧歌运动中涌现出的一批歌

---

[1] 黄奇石：《中国歌剧的经典——纪念〈白毛女〉诞生五十周年》，上海《歌剧艺术研究》1995 年第 3 期。
[2] 贺敬之：《谈歌剧的革命浪漫主义》，《剧本》1958 年第 7 期。

颂解放区农村新生活的小型新秧歌剧，也大大超越了像《血泪仇》《惯匪周子山》这样的描写国统区和解放区农民的不同境遇和斗争的大型新秧歌剧。它所表现的社会生活，实际上不仅仅是半封建半殖民地旧中国的农村生活向解放区新生活的演变，而是将中国整个封建社会和由于中国共产党领导人民革命而建立起人民民主专政的新社会这样广阔的社会生活，将中国的历史与现实，高度集中、浓缩于1935年冬至1938年春两年多时间里发生在杨格庄这个村庄，地主黄世仁和佃户杨白劳这样两个家庭，特别是喜儿这样一个年轻农家女子的生活命运富有传奇性的根本变化上。而且，由于剧本在反映这种根本性变化的过程中，始终洋溢着剧作家澎湃的革命激情，深蕴着他对彻底消灭人压迫人、人剥削人社会制度的革命理想的执著追求，这就使《白毛女》剧本不只是妙趣横生，做到了"酌奇而不失其真，玩华而不坠其实"①，更为重要的是，它所表现出来的社会生活显得更尖锐，色彩更浓厚，因而给人耳目一新之感。

基于这种非常广阔而又高度集中的社会生活提炼出的"旧社会把人逼成鬼，新社会把鬼变成人"的文学主题，具有振聋发聩的深刻性。这个主题的深刻性，主要就在于它是一个文学主题，也是一个社会主题和历史主题。如前所述，剧本中所描写的"旧社会"，并不止于国民党统治区，也不止于半封建半殖民地社会，实际上包括了中国整个封建社会；"新社会"也不止于抗日民主革命根据地的解放区，而实际上是由解放区所代表的一种新的社会制度，一个新的时代，一个新中国。主题中的"逼"和"变"、"鬼"和"人"的意蕴就更为深刻。剧本所表现的"逼"，就是一种超强度的阶级压迫和剥削，而且触及中国封建社会的根基即地主阶级土地所有制。黄世仁对杨白劳采取了地租剥削和高利贷剥削的双重剥削方式。这种地租剥削是延续了两千多年的中国封建社会地主阶级对农民阶级的一种基本剥削方式；而这种"驴打滚"式的高利贷剥削，则是一种由地租剥削派生出来的带有资本繁殖的剥削性质。至于黄家对喜儿的抢夺、霸占和奴役，更是一种超经济的阶级压迫和剥削，是由封建社会前身的奴隶制社会遗传下来的一种压迫、剥

———————

① 刘勰：《文心雕龙·辨骚》。

削方式。正是这重重的超强度的阶级压迫和剥削的社会制度，终于夺去了杨白劳的生命，并把本为"人"的喜儿"逼"成了"鬼"。那么，由中国共产党领导的彻底的不妥协的反帝反封建的新民主主义革命，与历史上任何一次由一种剥削制度代替另一种剥削制度的革命根本不同，它是要消灭一切剥削制度，建立一个完全由人民当家做主的新民主主义社会制度，进而实现社会主义和共产主义这个人类最美好的理想。因此，将已成为"鬼"的喜儿"变"成了"人"，这当然就不是一般意义上的"人"，而是真正获得解放并主宰自己命运的新社会的主人，新时代的主人，新中国的主人。应该说，如此深刻地揭示出社会生活本质和历史发展规律的文学主题，在《白毛女》剧本以前的戏剧创作中还是未曾见过的。

典型人物形象的成功塑造，是《白毛女》剧本所取得的突出成就，也是它的一个重要特色。依据恩格斯的美学观点，现实主义文学的典型形象塑造，有三点极为重要：一是"把各个人物用更加对立的方式彼此区别得更加鲜明些"①；二是"每个人都是典型，但同时又是一定的单个人"②；三是"真实地再现典型环境中的典型人物"③。《白毛女》剧本中的人物形象塑造，在这些方面都闪射出特异的光彩。黄世仁、黄母、穆仁智等为一方的地主阶级人物及其走狗，杨白劳、喜儿、王大春、关大锁、赵大叔、王大婶、张二婶等为一方的农民阶级人物，两方之间展开了尖锐激烈的矛盾冲突，演出了一幕又一幕悲怆动人的人间活剧。正是在这震人心魄的矛盾冲突的过程中，各方人物都鲜明地表现出本阶级的共同本色，也鲜明地表现出每个人不同的个性特色。作为地主阶级欺压和掠夺农民的残忍、贪婪与歹毒的本性，在黄世仁和黄母身上都一样令人触目惊心和憎恶愤怒，但黄世仁的荒淫浪荡、穷奢极欲、恣意妄为的张狂面孔与黄母那阴险毒辣、老谋深算、面佛心奸的伪善面目又明显不同，而穆仁智对主子百依百顺、对穷人张牙舞爪的那一副仗势欺人的走狗嘴脸也活灵活现。相反，作为受压迫受剥削的贫苦农民群体，他们都有着勤劳、质朴、善良并对生活怀抱

① 《恩格斯致斐·拉萨尔》，《马克思恩格斯选集》第四卷，人民出版社，1972，第344页。
② 《恩格斯致敏·考茨基》，《马克思恩格斯选集》第四卷，人民出版社，1972，第453页。
③ 《恩格斯致玛·哈克奈斯》，《马克思恩格斯选集》第四卷，人民出版社，1972，第462页。

美好愿望的共同品格和心态，但他们每个人的精神面貌和性格气质又各不相同，一个个栩栩如生。赵大叔深沉老练，向往红军解放穷人；大春、大锁血气方刚，敢于同地主及其走狗进行抗争；王大婶、张二婶热情诚挚，富有正义感和同情心。而杨白劳特别是喜儿这两个人物形象塑造得最为成功。杨白劳是被地主惨绝人寰的压迫和敲骨吸髓的剥削致使精神崩溃的老一辈善良农民的典型形象。他因自己被迫使得挚爱如命的女儿坠入黑暗深渊而愧疚不已；他看出了"县长，财主，狼虫虎豹"的残酷面目，也呼喊出"我要和他们拼！"的心声，但认不清自己"哪里走？哪里逃？哪里有我的路一条？"而无力反抗；他走投无路而又挣不脱"穷家难舍，热土难离"的精神羁绊；他内心纯净而又复杂，性格内向而又懦弱，终于走上了服毒自尽的消极反抗道路。作为年青一代的喜儿却走着与她父亲不同的积极反抗的道路，而她的反抗性格正是被罪恶的旧制度一步一步逼出来的。她本来是一个天真烂漫、温柔纯朴的农家年轻女子，而地主家的黑手伸进她的家中，逼死她劳苦善良的父亲，又把她抢进黄家进行百般折磨和凌辱，最后还企图将她推进更黑暗的罪恶深渊，幸亏好心人张二婶的帮助，她才得以逃出狼窝虎口，躲进深山里的山洞，过着非人的生活。这刻骨铭心的深仇大恨，使她的反抗意识和性格越来越强烈，越来越坚定，她从内心深处呼喊出："想要逼死我，瞎了你眼窝！／舀不干的水，扑不灭的火！／我不死，我要活！／我要报仇，我要活！"当八路军解放了杨格庄并解救了她，她在斗争会上同群众一起对黄世仁的罪恶进行惊天动地的血泪控诉，最终完成了她的反抗性格。尤为重要的是，剧本中的地主和农民都不是孤立的个人，他们的后面都有自己的阶级和政权的支撑，他们的矛盾冲突与较量实际上是两个阶级和政权、两种社会和时代的较量，这就使他们共同的阶级本性和不同的性格个性都深深植根在历史、时代和社会生活的土壤里，形成于他们所身处的典型环境中，因而每个人既是突出的典型，也是鲜明的"这个"。如果说杨白劳和黄世仁早已成为中国人民心目中贫农与地主的化身和代表，那么，剧本的主人公"白毛女"喜儿更是中国现代文学人物画廊中一个血肉丰满、光彩照人的典型人物形象。

　　《白毛女》剧本的特色主要体现于它独特的内容，也体现于它独创性的形式。作为"新歌剧"的《白毛女》，其创作继承和发展了新秧歌剧从民歌和地方戏曲中吸取充足的艺术营养的优长之处外，还从我国历代传统戏曲和西洋歌剧及话剧中吸取了有益的营养，努力使剧本在升华民间艺术的基础上做到古为今用，洋为中用，推陈出新，从而在文艺大众化方面取得了突破性的进展，具有鲜明的民族特色和中国气派。剧本中艺术结构的安排和文学语言的运用，集中体现了这种艺术形式上的创新。《白毛女》开头一幕就非常出色而有力，从除夕夜喜儿渴望躲债的父亲回家过个平安年始，到大年初一杨白劳被黄世仁逼死而喜儿又被黄家抢走终，其中插入王大婶与杨白劳两家的深情交往和赵大叔说红军故事的描述，可以说启幕就超凡脱俗，别开生面，主要人物都登台亮相，矛盾双方激烈交锋，戏剧冲突尖锐紧张，扣人心弦。喜儿被抢到黄家后将会遭遇什么样的命运？一个关连全剧的悬念立即系上人们的心头。由此，两条戏剧线索一步步展现开来，一条是黄母折磨、黄世仁侮辱进而合谋卖掉或害死喜儿，终于将她逼进山洞，由"人"变成"鬼"；另一条是大春、大锁抗租痛打穆仁智后大春投奔红军，喜儿的反抗性格和报仇决心日益坚强，大春作为八路军的一员同部队一起解放了杨格庄并将喜儿救出山洞，直到开斗争会宣布枪毙黄世仁，喜儿由"鬼"又变成"人"。剧中两条线索交叉发展，主次分明，波澜起伏，一浪高过一浪，将剧情推入高潮并引向结局，结构和谐统一而完整。这种有头有尾，有高潮有结局，环环相扣，层层叠进的结构方式，是从我国地方戏曲和传统戏剧中发展而来的，使其更适合于剧中广阔社会生活的描绘、深刻主题的揭示和高度典型人物形象的塑造。《白毛女》剧本的语言特色也十分鲜明。剧中的舞台提示文字，或点染环境，或烘托气氛，或描画人物的动作、神情与心理活动，而说白也处处显示出人物独特的身世、心态、气质和性格，两种语言大都写得通俗明快，精炼鲜活，生动传神。至于剧中的唱词则更有特色，李健吾曾说："《白毛女》的唱词不是填出来的，是根据作者的思想、感情写出来的，是自由诗体，更接近生活，更能自由表达人物思想感情的变化。它既不是民歌，也不是像戏曲一样的填词，它与新诗结合得更密切些，节奏主要是依靠感情的强烈变化。"他强调这种作家先把词写出来、作曲家再按词谱曲的做法，就要求歌剧作家必须深入形象的内心世界，然后迸发出强烈的激情来，因此，"《白毛女》之后，新歌剧在歌词创作上难以超过它"①。的确，像"北风吹""十里风雪""扎红头绳""太阳出来了"等一首又一首歌词旋律，清新朴实，流畅自然，如泣如诉，如鼓如呼，半个多世纪来，震动了多少人心灵的琴弦，引出过多少人悲愤激动的泪水与沉思！《白毛女》的歌词，不仅发自每个人物的内心深处，显示出各自的身份、灵魂与性格，具有鲜明的独特性和充分的表现力，而且简洁凝练、感情强烈、灵动活泼、声韵和谐，既富于民歌风味，又有传统戏曲唱词的清丽典雅，动作性、音乐性和节奏感都很强，非常适合于谱曲与演唱，配以优美的曲调，如珠联璧合，似行云流水；其中的轮唱、重唱、齐唱及后台合唱的歌词也吸收了西洋歌剧演唱方式的有益成分，显示出澎湃激越，浩远深邃，大气磅礴。而且，剧中的舞台提示、说白与唱词之间衔接紧凑，过渡自然，相互诱发，舒卷自如，淋漓酣畅，曲白相生，实为中国式的宣叙调与咏叹调的相辅相成。可以说，经过反复修改和不断锤炼的《白毛女》剧本，其艺术结构相当引人入胜，其文学语言几近炉火纯青，出色地表现了它独特的内容。

古人云："戏剧之道，出之贵实，而用之贵虚。"② 如果将"实"理解为生活本来存在的样子，而"虚"则为生活应该有或未曾有的样子。那么，《白毛女》剧本所反映的生活，既是出自中国农村客观存在的现实生活，又是广大农民所迫切希望出现的美好社会生活，是现实和理想的高度统一，即革命现实主义与革命浪漫主义的有机结合。田汉在谈及《白毛女》的"戏的性格"时说："《白毛女》传奇性很强，是现实主义与浪漫主义相结合的范例之一，但革命浪漫主义风味是主要的。"③ 茅盾也曾强调，在既是革命现实主义而又闪耀着革命浪漫主义光芒的作品中，"我国的新歌剧的光荣的先驱者《白毛女》就是其中的翘楚"，然而，他又认为："《白毛女》的革命浪漫主义精神的实质，不在于它的传奇式的故事和传奇式的背景，而在于它的强烈的革命乐观主义，在于它的'旧社会使人变鬼，新社会使鬼

① 参见《座谈歌剧〈白毛女〉的新演出》，《戏剧报》1962年第8期。
② （明末）王骥德：《曲律·杂论上》。
③ 参见《座谈歌剧〈白毛女〉的新演出》，《戏剧报》1962年第8期。

变人'的主题。"① 应该说，《白毛女》剧本的革命浪漫主义风格，既在于它的强烈的革命乐观主义和深刻的文学主题，也在于它的传奇性，归根到底，在于它的革命的政治内容和尽可能完美的艺术形式的有机统一。剧中的革命的政治内容，既是它所反映和揭示社会生活本质和历史发展规律的文学题材、主题与人物形象，也包括剧作家通过剧情的展示和形象的描绘所表现出来的愤怒控诉黑暗旧社会、热情歌颂光明新社会的强烈激情，及其对美好幸福生活的执着追求与热烈向往。而剧中那随着强烈激情的奔涌而波澜起伏的艺术结构和情感激荡的文学语言及其引人入胜的传奇色彩的和谐统一，构成了它所独具的较为完美的艺术形式。《白毛女》剧本中这种内容与形式高度统一所体现的艺术精神，充分而生动地反映了 20 世纪三四十年代中国人民在中国共产党领导下，向旧黑暗势力进行最后冲刺和拼搏并战而胜之的那种斗志昂扬、意气风发、英勇乐观、信仰坚定的时代精神和革命精神。正是这种在黑暗中勇猛追求光明而终于由光明代替黑暗、正义战胜邪恶的革命的时代精神和人民精神的艺术显现，才使《白毛女》剧本在浓厚的革命现实主义的基调上洋溢着强烈的革命浪漫主义精神。

的确，《白毛女》剧本是时代的产儿，是由特定的时代造就的，它的艺术精神是时代精神的折射与升华。对这部具有开创性的革命的民族的新歌剧的独特价值，必须提到历史的高度来审视，也必须提到美学的高度来认识。恩格斯曾称自己是"从美学观点和历史观点，以非常高的、即最高的标准来衡量"斐·拉萨尔的剧本《济金根》的②。黑格尔也曾引过歌德的一句名言："古人的最高原则是意蕴，而成功的艺术处理的最高成就就是美。"③ "美"，历来被认为是文艺作品的思想艺术特征和成就的集中体现。《白毛女》剧本的美学价值，就在于剧作家运用革命现实主义和革命浪漫主义相结合的创作方法，以独创性的艺术构思和艺术表现，使剧本呈现出一种独特的悲壮美和诗意美。剧中以细腻的笔法、生动的情节、朴实传神的语言，

---

① 茅盾：《反映社会主义跃进的时代，推动社会主义时代的跃进!》，《人民文学》1960 年第 8 期。

② 《恩格斯致斐·拉萨尔》，《马克思恩格斯选集》第四卷，人民出版社，1972，第 347 页。

③ 转引自朱光潜《西方美学史》下卷，人民文学出版社，1964，第 72 页。

动人肺腑地描写了老实、忠厚、善良的杨白劳被活活逼死的凄惨情景，描写了年轻、淳朴、温顺的喜儿被一步步逼成"鬼"的苦难历程，可谓写出了人间悲剧的极致。然而，这种大悲大难并未让人感到悲观、消沉与绝望，却始终流贯着一股巨大的冲击力和震撼力，奔腾着抗拒邪恶的浩然正气，窜动着穿透黑暗的生命火焰。就在杨白劳被黄世仁惨无人道地逼迫在女儿的卖身契上按过手印后而内心愧疚难忍、痛不欲生、走投无路的时候，赵大叔给喜儿和大春讲述着那红军解放穷人的感人故事，已经在年青一代的心灵深处播下希望的火种。由此，随着剧情的发展，当大春、大锁痛打穆仁智后大春投奔了红军，喜儿当着黄母的面怒斥黄家祖祖辈辈偷人养汉的丑行和罪恶，特别是喜儿在河边山道上遇到黄世仁、穆仁智，追他们至奶奶庙中，拿起供献香果向黄掷去，高呼"我要掐你们！我要咬你们"的时候，人们看到那复仇的火焰在腾腾燃烧！直到王大春所在的八路军部队解放了杨格庄，救出了喜儿，喜儿同乡亲们一起满腔激愤、怒火冲天地对黄世仁进行血泪控诉，将剧情推向了高潮，火山喷发般地倾泻出人民大众积压于胸间的对地主阶级和黑暗旧社会的愤怒与仇恨。正是这种不屈不挠的浩然正气和熊熊燃烧的复仇火焰，冲击着人们的心灵，使得剧中的整体格调和气氛深沉厚重，浩阔雄浑，高亢激越，昂扬奋发，悲而不伤，洋溢着一种强烈的悲壮美。而这种悲壮美又同剧中浓郁的诗意美融为一体，就格外感人，充分发挥了歌剧的审美效应。贺敬之认为，诗、音乐、戏剧是歌剧的三大要素，而"它的重要组成因素之一的文学部分（剧本）则是诗的"，即它表现生活、事件、细节、人物性格、思想、感情的方法，"必须更进一步的经过再选择、集中、提高、升华、使之成为诗的东西"[①]。他还认为，"歌剧剧本本质上是诗的，是一种戏剧的诗"，剧中的真实"是对现实生活的本质、现实生活的发展规律的一种更尖锐的显现和诗意的夸张"，而作家必须满怀激情，爱就爱得强烈，恨就恨得入骨，爱者欲其生，恨者欲其死，如此等等，无所不用其极，"这样，诗意产生了，想象产生了，传奇色彩、传奇性情节产生了"[②]。《白毛女》剧本的诗意美，正是这样形成和

---

① 贺敬之：《〈白毛女〉的创作与演出》，歌剧本《白毛女》，晋察冀新华书店，1947，第10页。
② 贺敬之：《谈歌剧的革命浪漫主义》，《剧本》1958年第7期。

产生的。这种美既体现于剧中反映生活、描写细节、安排剧情和塑造人物形象时那"诗意的夸张",也体现于作家倾注在剧中的那澎湃的激情和丰富的想象,还体现于剧中那浓厚的传奇色彩和具有诗情画意的文学语言。特别是剧本开头一幕雪花飘飞、北风呼啸,渲染出浑厚的悲剧气氛,而最后一幕太阳普照、春光明媚,烘托出翻身得解放的欢快情绪,前后对比,首尾映照,寓意深沉,象征意味强烈,而且戏味醇浓,诗意盎然,富有一种独特的诗的韵味和神采、诗的格调和意境。歌剧能写出意境,这是难能可贵的。

《白毛女》剧本的鲜明特色和审美意蕴,使它既具有很强的舞台性,非常适合于演出,又具有浓郁的文学性,很耐人诵读欣赏,因此,它当之无愧可以誉为"其词格俱妙,大雅与当行参间,可演可传,上之上也"①。

当然,《白毛女》剧本并非完美无缺的。无论其内容与形式的更加和谐统一上,还是其细节、剧情及语言地更加集中、凝练和精美上,都有进一步加工、锤炼的余地。贺敬之就曾说:"如果以后时间充裕的话,后面两幕戏应该重新写过,而不是现在这样修修补补。"②

四 《白毛女》的影响及其在现代歌剧史上的地位

中国现代文学史上,能够像《白毛女》这样,以其强大的思想艺术力量和动人的美学魅力,如此深刻、广泛、持久地影响着亿万观众和读者的心灵,冲击着他们的感情,激励和推动着他们为埋葬旧社会、建立新中国而不屈不挠、英勇奋斗的歌剧作品,确实是前所未见的。田汉曾称赞说:"这个戏是为革命立过功劳的。在解放战争的年代里,它发挥过巨大的政治教育作用;在艺术上,为我国新歌剧艺术开辟了一片新的天地。"③

---

① 王骥德:《曲律·论剧戏》。
② 参见《座谈歌剧〈白毛女〉的新演出》,《戏剧报》1962 年第 8 期。
③ 参见《座谈歌剧〈白毛女〉的新演出》,《戏剧报》1962 年第 8 期。

《白毛女》的创作与演出，首先轰动了整个延安。1945 年 4 月①在延安党校礼堂为党的第七次全国代表大会举行首场演出，出席观看的有毛泽东、周恩来、朱德、刘少奇等中央主要首长及全体中央委员和"七大"代表。那晚饰演喜儿的王昆回忆说，第一幕结束剧场休息时，导演到后台对大家说："第一幕很成功，所有的人都拿着手绢擦眼泪。"全剧演完后，周恩来、邓颖超、刘澜涛、罗瑞卿等领导和许多代表拥到化妆间来看望演员，其中有人说："你们的戏让我们从头哭到尾，连叶剑英这行伍出身的同志也哭了，真是：英雄有泪不轻弹，只缘未到伤心处哇！"②该剧首创艺术家们曾回忆，"当年在延安毛主席来看歌剧《白毛女》，有人从侧幕缝中看见毛主席感动得落泪，后来毛主席曾说：这个戏很动人"③。还有资料这样描述当时演出的情景："当戏演到高潮，喜儿被救出山洞，后台唱出'旧社会把人逼成鬼，新社会把鬼变成人'的歌声时，毛主席和其他中央领导同志一同起立鼓掌。"④黎辛回忆《白毛女》为"七大"首演的第二天："中央书记处派人往鲁艺送去三条意见，说'第一，这个戏是非常适合时宜的；第二，黄世仁应当枪毙；第三，艺术上是成功的。'当时，中央书记处由毛泽东、刘少奇、任弼时三人组成，毛泽东同志又是中央政治局与中央书记处的主席。毛主席看完戏后这么认真而迅速地表示意见，据我所知是前所未有的。"⑤据贺敬之记述，《白毛女》在延安前后共演出 30 多场，机关部队及群众大都看过，有人连看数次，还有人远远从安塞、甘泉赶来观看，那时，演员在街上走，常常被人们指着说："这是白毛女！""这是杨白劳！"有时候孩子们包围上来指着说："狗腿子穆仁智来了！""黄世仁，大坏蛋！"有位劳动英雄看过戏，回忆起旧社会自己被逼卖女的事时说："忘不了，忘不了，今天有了共产党，穷人是真翻身了！"⑥

① 亦有说 5 月或 6 月，此依贺敬之说。
② 王昆：《犹闻总理击节声》，《新文化史料》1992 年第 2 期。
③ 参见易水《歌剧〈白毛女〉50 岁》，《中国歌剧通讯》1995 年第 9 期。
④ 参见艾克恩编《延安文艺运动纪盛》，文化艺术出版社，1987，第 603 ~ 604 页。
⑤ 黎辛：《喜儿又扎上了红头绳》，《文艺报》1995 年 7 月 14 日。
⑥ 贺敬之：《〈白毛女〉的创作与演出》，歌剧本《白毛女》，晋察冀新华书店，1947，第 5 ~ 6 页。

此后,《白毛女》在全国广大新老解放区乃至国民党统治区纷纷上演,其影响之深远,感人之强烈,实属罕见。陈强饰演黄世仁的"遭遇"就颇能显示出其情其景,他回忆说:"1946 年解放战争中张家口保卫战时,我们联大文工团到怀来演出《白毛女》。当地盛产水果,当我们演到最后一幕时(斗争黄世仁),随着台上群众演员'打倒恶霸地主黄世仁'的口号声,台下突然飞来无数果子,一个果子正好打在我的眼睛上,第二天我的眼成了个'乌眼青'。最可怕的一次是在冀中河间为部队演出那次,部队战士刚刚开过诉苦大会就来看戏,也是在演到最后一幕时,战士们在台下泣不成声,突然有一个翻身后新参军的战士'咔嚓'一声把子弹推上枪膛,瞄准了舞台上的黄世仁,幸亏在紧要关头被班长发现了,把枪夺了过去。班长问他:'你要干什么?'他理直气壮地说:'我要打死他。'"① 类似这样战士要开枪打"黄世仁"的情况,在其他地方也屡有发生,以致规定战士看《白毛女》时不许带子弹。一位解放军高级将领曾回忆说:"46 年看歌剧《白毛女》时,我还是个团政委,那时战士看完这出戏,杀敌劲头之高,甚至比我们战前政治动员还有效。"② 东北七纵宣传队 1947 年夏在辽东给战士演出《白毛女》,"恰似在烈火上加泼一瓢油,使火焰烧得更为炽烈,到处响起一片'要为喜儿报仇'的口号,飞起千万张请战杀敌的决心书"③。这种强烈的艺术感染力所发挥的政治效力也表现在对俘虏官兵的感化教育作用上,刘尊棋回忆他于 1946 年 3 月下旬在张家口看《白毛女》演出的动人情景:"那一次是招待八十几个被俘的蒋军官兵,他们坐在前几排,当演到杨白劳死去,喜儿摔盆,恶汉抢她的时候,这几排贵宾竟哭不成声,后来索性嚎啕大哭起来,连舞台的对话和歌声都听不清楚了。"④ 丁玲曾谈到《白毛女》"更是当时广大农村不可缺少的精神食粮",她写道:"每次演出都是满村空巷,扶老携幼,屋顶上是人,墙头上是人,树杈上是人,草垛上是人。凄凉

① 陈强:《我是演歌剧起家的》,艾克恩编《延安文艺回忆录》,中国社会科学出版社,1992,第 255 ~ 256 页。
② 参见李刚:《歌剧〈白毛女〉的历史贡献》,上海《歌剧艺术研究》1995 年第 3 期。
③ 戴碧湘:《战鼓擂破辽东雪 凯歌唱彻南海浪》,《源远流长》,中共党史出版社,1994,第 166 页。
④ 参见李刚《歌剧〈白毛女〉的历史贡献》,上海《歌剧艺术研究》1995 年第 3 期。

的情节，悲壮的音乐激动着全场的观众，有的泪流满面，有的掩面呜咽，一团一团的怒火压在胸间。"① 李满天生动地描述过群众这种怒火冲天的情绪："农村的土戏台不高，一位气得发抖的白发老太太，从土戏台爬上去，'啪！'一个耳光，打在硬逼杨白劳在卖女契上按手印的黄世仁脸上。别人急忙过来拉劝，说'这是演戏'。老太太依旧怒不可遏：'什么演戏不演戏，我就是要打这可恶的狗地主！'一了解，原来她丈夫正是被地主逼债逼死的。"② 黎辛也曾说："《白毛女》演出场次之多无法统计，在胶东地区一千个剧团中有半数的剧团演《白毛女》，在老解放区的县文工团和剧团，一般都演过《白毛女》。那时候在缴公粮、征兵、土改等动员大会上，常上演《白毛女》，群众被感动，被激动，都积极热情去完成任务，演出效果的强烈从没见过。"③ 在国民党统治区，《白毛女》同样强烈地震撼着人们的心灵，比如1949年11月下旬，西康荥经"流动剧团"在尚未解放的川康边陲演出《白毛女》，"喜儿的悲惨遭遇使观众揪心，叹息声抽泣声此起彼伏；当看到受尽苦难的喜儿（白毛女）终于得到解放，观众转而喜笑颜开；人们念叨着'旧社会把人逼成鬼，新社会把鬼变成人'，眼光里含着激动、理解和思考。"④ 香港同胞也深深爱着《白毛女》，1948年5~6月间在九龙普庆大戏院演出该剧时，"排队买票的人群把戏院围了几个圈"⑤。

进入20世纪50年代，《白毛女》的影响逐渐扩展到国外。50年代初，由周巍峙任团长的中国青年艺术团带着歌剧《白毛女》等节目，巡回演出于苏联、波兰、捷克、罗马尼亚、保加利亚、阿尔巴尼亚、民主德国和奥地利等诸多国家，长达一年多，深深感动了广大外国观众。饰演杨白劳的张守维举例说："如在奥地利剧场门前有一个曾经找过我们'麻烦'的交通警察，当他看了《白毛女》之后，却从此向我们举手敬礼了。又如曾被法西斯杀害了三个儿子的奥地利老大娘，她跟着我们的《白毛女》演到哪里

① 丁玲：《总序》，《延安文艺丛书·诗歌卷》，湖南人民出版社，1984，第7页。
② 李满天：《今朝更好看——歌剧〈白毛女〉观后随记》，《人民文学》1977年第4期。
③ 黎辛：《以毛泽东思想为指导，繁荣有中国特色的社会主义文艺！》，《延安文艺作品精编·理论·诗歌卷》，浙江文艺出版社，1992，第5页。
④ 叶霜：《在国统区演〈白毛女〉》，《文史杂志》1992年第3期。
⑤ 参见李刚《歌剧〈白毛女〉的历史贡献》，上海《歌剧艺术研究》1995年第3期。

看到哪里。临别时她曾含着热泪对我们说：我本来是没有活头了，但从你们的《白毛女》中看到了希望。我感谢你们，感谢中国出了个毛泽东啊！"①在国内外长期饰演黄母的李波的亲身经历和感受格外深切。她回忆说，在延安从鲁艺到党校礼堂去演出《白毛女》的路上，经常遇到一些孩子拿土块打她，还齐声高喊"大坏蛋，地主婆……"有时她反问："为什么打我？"孩子们就说："你打喜儿我们就打你！"有一次她演完黄母后又赶紧扮演群众参加斗争黄世仁，不料被观众发现，就大喊："地主婆混到群众中去了，快把她拉出来一齐斗！"吓得她立刻往后台跑，以后再也不敢上台斗黄世仁了。她由此联想到1951年出访东欧上演《白毛女》的情景，那时演出结束后总要向演员献花，可"黄母"和"黄世仁"是得不到这种礼遇的，一次在维也纳演出后是儿童献花，当孩子手捧鲜花往台上跑时，观众席中有位老太太喊："不要给坏蛋鲜花！不要给他们！"这些动人事实使她深刻认识到："无论是中国人还是外国人，无论是过去还是今天，只要走进演《白毛女》的剧场，人们都会为喜儿的悲惨命运而落泪，都会对黄世仁、黄母产生憎恨的情绪，这就是《白毛女》的灵魂所在！"②的确，《白毛女》沟通了中国人民和外国人民的感情，架起了他们之间心灵交往的桥梁，因此外国观众也特别喜爱它，布拉格和莫斯科都有剧院将它改编为话剧演出过，效果颇好。1955年，日本松山芭蕾舞团根据中国电影《白毛女》改编成芭蕾舞在日本公演，并于1958年首次来华演出，受到热烈欢迎和称赞。主演《白毛女》芭蕾舞剧中喜儿角色的松山树子说："白毛女与日本农民有本质上的联系。我确信《白毛女》中所写的对旧社会的憎恨不单是中国人民的憎恨，同时也是日本人民的憎恨，全世界人民的憎恨。"③1958年3月的一天晚上，中央歌剧院的艺术家们在天桥剧场看完芭蕾舞《白毛女》之后，为松山芭蕾舞团演出了歌剧《白毛女》第一幕，王昆回忆说："那天演完之后，日本朋友几乎个个都用手遮着哭肿了的眼睛跑上舞台和我们拥抱，树

---

① 张守维：《可以说我是哭着排演杨白劳的》，《新文化史料》1995年第2期。
② 李波：《爱与恨的对比是〈白毛女〉的灵魂——我演地主婆"黄母"的经历》，《新文化史料》1995年第2期。
③ 参见田汉《日本的松山芭蕾舞团和他们的〈白毛女〉》，《戏剧报》1958年第6期。

子的热泪流到了我的腮上，我们彼此都知道我们是心连心的异国姐妹，是周总理把我们联结在一起的同台人。"① 可见，《白毛女》不仅使异国观众的心紧紧联结在一起，也使异国艺术家们心贴着心。

《白毛女》何以能发挥出如此巨大的冲击力和震撼力，产生如此广阔深远的影响，这当然是因为它作为一部独创性的新歌剧本身所具有的动人心魄的思想艺术魅力所致，同时与它反映社会生活的高度真实性和易于为多种文艺形式进行表现的兼容性密切相关。《白毛女》所描绘的事件和人物确实源于生活又高于生活，而且主要是处于社会最底层的广大劳苦群众长期经历的切身生活。它具有很高的典型性和概括性，也具有极大的普遍性和强烈的现实性。可以说，像杨白劳和喜儿这样的悲惨遭遇，像黄世仁、黄母这样的吸血鬼的残忍与歹毒，无论在中国还是在外国，也无论是历史上还是现实中，都是随时随地可见的。四川宜宾县凤仪乡的罗昌秀，就是20世纪40年代出现在现实生活中的一个活生生的"白毛女"。旧社会恶霸地主将她逼进山洞，变为一个白毛披肩的"鬼"；新中国成立后人民政府终于将她从苦熬17年之久的非人的山洞生活中搭救出来，1958年5月陈毅副总理在四川亲切接见过她，后来她不但建立了幸福的家庭，还当选为四川省人民代表，担任了宜宾县政协委员②。还有，河北平山滚龙沟也出现过"白毛女"左双。事实上，在黑暗的旧中国，喜儿式的"白毛女"悲剧何止发生在罗昌秀和左双的身上，而是千千万万被压迫被剥削者的共同命运，牵动着普天下苦难深重的人民大众的神经与心灵，这是它震撼人心、影响深广的最深层的原因。《白毛女》中那丰富真切的细节、曲折感人的剧情、血肉丰满的人物形象、鲜活动情的语言和旋律，构成了它所独具的文学性、戏剧性和音乐性高度统一的思想艺术特质，使它极易于用其他舞台或银幕的艺术形式来加以表现。《白毛女》剧本诞生后曾以难计其数的各地方剧种进行演出，五六十年代又被改编成电影、京剧和芭蕾舞剧公映和上演，都获得了良好的艺术效果。这是歌剧《白毛女》影响巨大的一种生动表现，反过来这些艺术形式又都以各自的特长与优势大大扩展和加强了它在海内外的影响。

---

① 王昆：《犹闻总理击节声》，《新文化史料》1992年第2期。
② 罗鸣：《近访"白毛女"》，《女子世界》1995年第11期。

歌剧《白毛女》产生巨大而深远的影响，并非仅是因为文学剧本的成功，还因为它是作为高度综合性的艺术，其出色的音乐创作与演奏，高超的导演艺术和演员的表演水平，还有独特的舞美设计，共同创造出来的一种强烈的艺术效果。实际上，《白毛女》的音乐、导演、表演和舞美等的创造，同它的文学剧本的创作一道，经历了由民间艺术升华为艺术家艺术、群众智慧与艺术家智慧相融汇并不断修改和日臻完善的艰苦过程，但这些不属于本传评论的范围。但是，必须强调的是，作为一部史诗级的歌剧，如前所述它是"集体智慧的结晶"。比如作曲家马可、张鲁等，表演艺术家王昆（饰喜儿）、陈强（饰黄世仁）等，导演王滨、王大化等，特别是剧本最后一场斗地主戏的执笔者丁毅等的艺术创造都非常出色，大大增强了该剧动人心弦的艺术表现力和思想震撼力。

然而，剧本毕竟是一剧之本。美国电影理论家悉德·菲尔得说："一部优秀的剧本可以拍成一部优秀的影片，一部优秀的剧本也可能拍成一部糟糕的影片，但是一部糟糕的剧本是永远不可能拍成一部优秀的影片。"[1] 其实歌剧剧本同歌剧舞台演出的关系，此理也是相通的。《白毛女》的文学剧本是这部新歌剧综合艺术体的核心和本体。演出可以中止，而作为经典之作的《白毛女》剧本却永存人间并载入史册。

郭沫若认为《白毛女》"就剧本论剧本已经就是一件富于教育意义的力作了"。他强调说：

> 这是在戏剧方面的新的民族形式的尝试，尝试得确是相当成功。这儿把"五四"以来的那种知识分子的孤芳自赏的作风完全洗刷干净了。虽然和旧有的民间形式更有血肉的关系，但也没有故步自封，而是从新的种子——人民情绪——中自由地迸发出来的新的成长。[2]

由此看来，《白毛女》剧本相当成功地探索出了一种"新的民族形式"，

---

[1] 转引自王兴东《磨炼真诚的艺术——电影〈离开雷锋的日子〉编剧谈》，《文艺报》1997年3月29日。

[2] 郭沫若：《序〈白毛女〉》，歌剧本《白毛女》，上海黄河出版社，1947。

而又是从"新的种子"即"人民情绪"中成长起来的。正是这两方面有机统一所表现出来的具有划时代意义的创新，奠定了它在中国现代歌剧发展史上特殊而突出的地位。自 20 世纪 20 年代，在"五四"新文学运动影响下，黎锦晖创作的《麻雀与小孩》《小小画家》等一些反映科学与民主精神的儿童歌舞剧，到 30 年代中期至 40 年代初期出现的《扬子江暴风雨》《农村曲》《军民进行曲》《异国春秋》《拴不住》《秋子》《大地之歌》等一批歌颂中国人民争取民族解放斗争精神的歌剧，无疑表现了当时新的时代生活内容，而在形式上，则由初步吸收到主要着眼于借鉴西洋歌剧的艺术经验和表现手段，因而大都未能真正解决同人民群众相结合的问题。1942 年延安文艺座谈会后，在毛泽东文艺思想的指引下，延安轰轰烈烈的新秧歌运动中涌现出来的从《兄妹开荒》《夫妻识字》《减租会》等大批小型新秧歌剧到《惯匪周子山》、《模范城壕村》以及改编的《血泪仇》等大型新秧歌剧，反映了延安和边区人民群众全新的生活与斗争，而又主要是利用和改造民间艺术与地方戏曲的表现形式，这就使其同人民大众完全结合起来了。《白毛女》的诞生，正是在抗日战争即将胜利而阶级矛盾必然尖锐起来的新的革命转折时期。剧本所表现的农民阶级反对地主阶级压迫和剥削的广阔社会生活，所揭示的深刻时代主题，所描绘的众多具有高度典型性的人物形象，所展现的丰富而复杂的戏剧情节与冲突，要求它必须创造出与其内容相适应的新的艺术形式。这就使它既不能主要借助于西洋歌剧的表现手段，也不能局限于吸取民间艺术和地方戏曲的表现方式，而必须在新秧歌剧创作经验的基础上，继承和发展民间艺术的优秀传统，同时吸取中国古代戏剧和西洋歌剧中有益的艺术营养，使其熔于一炉，创造出一种具有中国作风、中国气派和强烈民族色彩的大型的革命新歌剧。《白毛女》成功的意义和历史地位的确立，正在于它的这种革命的政治内容和尽可能完美的艺术形式的有机统一上。这就使它成为我国"五四"以来感人最深、影响最大的一部新歌剧。周恩来称赞"这个戏是劳动人民自己的文艺"，茅盾认为"《白毛女》是歌颂了农民大翻身的中国第一部歌剧"[1]。张庚指出

---

[1] 茅盾：《赞颂〈白毛女〉》，香港《华商报》副刊 1948 年 5 月 29 日。

《白毛女》"开拓了歌剧的一条宽广道路";田汉强调"《白毛女》在新歌剧
中是一出经典性的戏","应该使这个戏成为长期的保留剧目,成为新歌剧
的传家宝";李健吾肯定它"是工农兵方向在新歌剧方面的旗帜","是新歌
剧开辟道路的里程碑"①。

对《白毛女》历史地位的认识,是随着时代的发展而不断深化的。应
该说,从《白毛女》诞生的那天起,它一直成为戏剧界和学术思想界长期
争论不休的话题,而这种争论的关键在于对史实的把握,特别是视角与观
念的定位。《白毛女》在延安首演后,就曾有人认为剧作家"在时代性上掌
握得不够充分","它受大众的欢迎与称道"的原因"主要是演员及某些部
分的音乐演奏与演出——服装、置景的吸引力的成就,在剧本方面是比较
次要的"②。对于这种批评,当时就有文章指出这"是公式主义","不是正
当的批评作风","不是人民大众的观点","有失人民大众的立场",对剧作
"轻率抹杀的态度,是不妥当的"③。十年"文革"时期,《白毛女》遭到了
"四人帮"的疯狂围攻和恶毒攻击,指责作者把杨白劳和喜儿等一系列舞台
人物"都塑造成了卑微软弱、贫苦无告的角色",作品中"只有血泪史、屈
辱史,而无反抗史、斗争史","没有超过资产阶级反封建的思想高度",等
等④。粉碎"四人帮"后,林志浩曾撰文对这些谬论进行了充分的批驳⑤。
进入 20 世纪 90 年代,竟然又有人提出,"从现代经济法的角度来看,黄世
仁和杨白劳的关系本来是债权人和债务人之间的关系,而债权人以适当的
方式向债务人索取债务应当受到法律的保护","这种关系内部的冲突如果
任其激化,会给人们带来极端的后果","'解决问题'的处世态度不是要人
们头脑发热,产生破坏性的冲动"⑥。不少文章对这种公然否定中国新民主

---

① 参见《座谈歌剧〈白毛女〉的新演出》,《戏剧报》1962 年第 8 期。

② 季纯:《〈白毛女〉与时代性》,《解放日报》1945 年 7 月 21 日。

③ 解清(即黎辛):《谈谈批评的方法——读〈"白毛女"的时代性〉》,《解放日报》1945 年
8 月 1 日。

④ 参见《在两条路线尖锐斗争中诞生的艺术明珠》(《光明日报》1967 年 5 月 19 日)、《谈芭
蕾舞剧〈白毛女〉的改编》(《人民日报》1967 年 6 月 11 日)。

⑤ 林志浩:《批判"四人帮"发动的围攻歌剧〈白毛女〉的谬论》,《文学评论》1978 年第
2 期。

⑥ 远江:《故事新解》,《读书》1993 年第 7 期。

主义革命必要性的观点进行了有力的批驳，指出这是"美化残酷野蛮的高利贷剥削，为这种古老的生息资本唱赞歌"，其目的是"要使中国走资本主义道路，甚至拉回半殖民地半封建的老路"①。还有文章一针见血地指出："黄世仁们的幽灵一直在中国的大地上徘徊。而帝国主义的和平演变战略与国内的某些因素的结合，则在催生着一批又一批新的剥削分子。各种反动分子及其后裔们反攻倒算的事情屡屡发生。靠出卖民族利益获利的买办资产阶级分子也并非罕见。用非法手段和剥削劳动者大发其财的款儿、腕儿已经遍布大江南北。新生的土豪、恶霸横行农村早就不是个别的现象。"②更有人甚至鼓吹"白毛女"应当心甘情愿"嫁"给"黄世仁"，对此，熊元义严正指出："当代'白毛女'嫁给黄世仁深刻地反映了粗鄙实用主义哲学的生存观和发展观。为了生存和发展，可以和丑恶势力'妥协'、'磨合'。""中国悲剧是邪恶势力可以碾碎我们的骨头，但绝不能压弯我们的脊梁。身躯倒下了，灵魂仍然要战斗。'白毛女'嫁给了黄世仁，实质上就是取消了反抗，取消了斗争，取消了底层的人捍卫自己尊严、理想的努力和抗争。"③

一部经典作品总要在穿越漫长岁月的时代风云中，不断地经受着时间和历史的检验。只要人间还存在着人压迫人、人剥削人的现象，《白毛女》的思想锋芒和艺术震撼力就不会减弱；即使到了人间不再存在压迫和剥削的那天，《白毛女》也会像《窦娥冤》《西厢记》一样，依然具有认识历史和艺术审美的宝贵价值。一颗真正的明珠，灰尘永远掩不住它璀璨的光芒。日本松山芭蕾舞团团长清水正夫曾说："《白毛女》是任何时代都令人难忘的故事。我相信，无论中国的现代化今后取得多么大的成就，即使中国的科学技术和经济文化成为世界第一了，《白毛女》也仍是一部必须经常反复回忆的民间故事。"④

《白毛女》是中国现代歌剧史上一座巍峨的光辉灿烂的里程碑。所有为《白毛女》的诞生奉献过心血和智慧的人们的功绩，都镌刻在这块碑上。而作为文学剧本主要执笔者的贺敬之的功绩，也必然镌刻在这块碑上。

---

① 钟国仁：《黄世仁的辩护——〈奇谈备忘录〉之五》，《中流》1993 年第 10 期。
② 刘润为：《〈白毛女〉的反压迫主题》，《中流》1995 年第 10 期。
③ 熊元义：《白毛女与黄世仁的关系在 20 世纪的变化》，张永健主编《挥毫顶天写真诗——贺敬之文学创作国际学术研讨会论文集》，作家出版社，2006，第 418～419 页。
④ 清水正夫：《松山芭蕾舞〈白毛女〉——日中友好之桥》，《新文化史料》1995 年第 2 期。

第五章　黎明前的心声

一　行军散歌

1945 年 8 月 15 日夜，日本无条件投降的消息使整个延安沸腾起来。山上山下，一片人流的波涛，火把的巨龙，涌向延河边，汇集到延安城。人们纵情欢呼，放声歌唱，这排山倒海的声浪惊天动地，响遍了全中国，震撼了全世界！

八年抗日战争胜利结束，中国革命局势开始了一个新的大转折。国民党蒋介石反动集团竭力篡夺人民抗战胜利的果实，处心积虑挑起内战。中国依然面临着两种命运、两个前途的决斗。"打倒蒋介石，建立新中国"的时代重任，历史地落在了中国共产党人的肩上。人民解放战争的狂飙烈火，即将在灾难深重的中华大地上熊熊燃烧。这是民族矛盾基本解决以后而阶级矛盾又处于白热化的时期，是国内封建法西斯独裁统治者由疯狂走向灭亡的垂死挣扎的时期，是中华儿女冲破黎明前的黑暗、展开英勇拼搏的时期，是我国新民主主义革命进入决战阶段并取得最后胜利的时期。古老中国的历史正在掀开崭新的一页。

为了同蒋介石坚持独裁和内战的反动政策进行"针锋相对，寸土必争"的斗争，党中央决定从延安分批派出各类干部奔赴新解放区开展工作。为此，鲁迅艺术文学院组织了两个文艺工作团加入延安干部大队，先后分赴华北和东北。华北文艺工作团由艾青任团长、舒强任副团长、江丰任政委，全团由 56 人组成，分为文学、美术、戏剧、音乐和行政 6 个组。

　　9 月 20 日，贺敬之作为华北文艺工作团文学组成员，同鲁艺赴华北的干部们一起，穿着新发的服装，系紧新发的皮带，在礼堂门口照了一张合影后，在鲁艺的教职员工和桥儿沟的乡亲们夹道欢送的一片锣鼓声和口号声中，激情满怀、意气风发地走出鲁艺大门，告别鲁艺，告别延河，告别宝塔山，向华北进发了。约千人的延安赴华北的干部队伍当晚都到四十里铺集合，次日起经甘谷驿，沿清涧河，过陕北"雁门关"，宿郭家塔，进清涧县，于 27 日到达绥德县城。10 月 3 日离开绥德，翻过三座大山，经辛集到郭家沟，于 5 日在碛口渡过黄河，进入黄河东岸战争区域。6 日起经三交、临县、兴县、苛岚到五寨县城。22 日夜，由武装部队掩护，紧张地穿过敌人两个碉堡之间的同蒲铁路，一天一夜快步行进一百多里到达广武县，进入晋中平原。25 日继续穿越大山沟，踩着大石滩，沿着滹沱河行走数日经繁峙到达解放不久的浑源县。11 月 6 日渡过桑干河，7 日下午到天镇，8 日从天镇乘火车于傍晚胜利到达目的地——新解放的张家口市。这次行军共 50 天，行程 2000 多里，跨越陕西、山西、河北、察哈尔 4 个省，穿过老根据地、敌占区、游击区和新解放区，一路翻山越岭，渡河涉水，历经艰险，是一次体验沿途生活、接触人民群众、经受锻炼磨砺的长途行军。

　　对于贺敬之来说，类似的"行军"并非第一次。1938 年 4 月，台儿庄大战的隆隆炮声刚刚停息，年仅 13 岁的贺敬之告别了家乡和亲人，与 3 位同学一起，跋山涉水，扒车步行，流浪到湖北均县；1938 年冬至 1939 年 2 月，他随国立湖北中学师生一道，跋涉 2000 多里，从湖北均县到了四川梓潼；1940 年 4~5 月，他又同 3 位新伙伴从梓潼徒步到宝鸡后乘火车抵西安，投入八路军驻西安办事处的革命怀抱，之后到延安。显然，贺敬之从离开家乡到奔赴西安八路军办事处的几次长途跋涉，同这次从延安到张家口的长途行军，其心境和感受是大不相同的。这种不同当然与贺敬之的人生经历密切相关，而主要则是由于国家民族历史命运的变化所引起的。在那抗日战争烽火连天的岁月，作为一名身陷黑暗国统区的热血爱国少年，贺敬之为了求学，为了宣传抗日，为了追求光明和投奔革命，不辞劳苦，不畏艰险，一次再次踏上漫漫征途，其内心深处充满着对革命前途和人生理想的渴望与向往，也对祖国、人民和自己的命运不无忧虑和茫然之感。然而，到延安后，贺敬之接受了鲁艺的正规教育，特别是经历了延安文艺整风的革命洗礼，在马克思主义和毛泽东思想的哺育下，在党和革命集体的温暖怀抱里，在轰轰烈烈的革命文艺运动中，他不仅已经成长为一名确立了共产主义人生观的共产党员，而且已经成为一名在革命文艺战线上卓有成就和影响的文学新秀。如今，贺敬之是以一个历经革命熔炉长期冶炼的革命作家、战士诗人的胸襟和情怀踏上这次长途行军的革命征程的。抗日战争全面胜利的喜悦兴奋，开创革命新局面、解放全国人民、建立新中国并进而实现社会主义理想的壮志豪情，激励和鼓舞着他。明确的奋斗目标，必胜的革命信念，使他心明眼亮，在他的心灵世界里洒满了阳光，鼓荡着春风。他为行军队伍打前站，号房子，安排食宿，帮厨，背着女同志蹚水过河。"革命"对于他早已不再只是一种渴望与向往，而是一种真真切切的感受和实践。他们一路急行军，一路进行革命宣传，写街头诗，同宿营地的文工团和老百姓举行联欢演出。行军队伍是一股铁流，正在奔向新的胜利。他以一个年轻战士和诗人的聪慧，敏锐地感受着行军途中的一切，每一个印象给予他的感觉都是那样新鲜，那般亲切，那么深刻！陕北人民依依惜别的情景，沿途群众生活的困苦、顽强的抗争和他们同革命队伍、人民子弟兵的鱼水深情，祖国山河的秀丽壮美，黄河滚滚的惊涛骇浪和船工们同风浪搏斗的豪迈气势，甚至每一座城堡、每一个村舍、每一条山道、每一簇野花，无不鲜明地摄入贺敬之的眼底，撞击着他的心扉，深深烙印在他的记忆里。啊，贺敬之已经投身于比延安、比陕甘宁边区还要广阔得多的"大鲁艺"啊！这次长途行军，锤炼了他的意志，开拓了他的视野，陶冶了他的性灵，成为他取之不尽的创作源泉。

贺敬之在这次行军途中创作了不少诗歌，抒写了他沿途亲历的情景和深切的感受。他从这些诗歌中选出 12 首合成一组，题名为《行军散歌》①，

---

① 《行军散歌》第一至四首刊于 1946 年 1 月 21 日张家口出版的《晋察冀日报》。1951 年五十年代出版社出版贺敬之诗集《笑》第二辑中首次收入《行军散歌》12 首，1954 年作家出版社出版贺敬之诗集《朝阳花开》和 1979 年山东人民出版社出版《贺敬之诗选》第三辑《朝阳花开》中均只收入《行军散歌》11 首，删去第十首《黄河畔》，1997 年人民文学出版社出版《贺敬之诗选》第五辑中又收入《行军散歌》12 首。

其中，第一首《开差走了》写于 9 月 20 日从延安出发到四十里铺的途中，第二首《果子香》写于 9 月 21 日到甘谷驿，第三至五首《崖坪上开花》《当天上响雷》《到清涧》分别写于 9 月 23 ~ 25 日到禹居、郭家塔、清涧三地，第六首《满堂川》和第九首《看见妈妈》均为 10 月 3 日分别写于满堂川和郝家坪，第七首《羊儿卧》系 10 月 4 日写于贺家坪，第八首《枣儿红》、第十首《黄河畔》、第十一首《过黄河》3 首均为 10 月 5 日这一天分别写于吴堡、黄河畔和山西碛口，第十二首《临南民兵》是 10 月 9 日写于山西临县双塔村。这组诗歌，记录了诗人行军途中的心路历程，描绘了陕北人民的美好光景，赞美了沿途群众纯朴、善良、诚挚的感情和他们勇敢、无畏、豪迈的精神气概，凸显出"军民鱼水情"的时代心声。

延安是贺敬之的政治生命和艺术生命的摇篮，陕北同他结下了不解之缘。当他同大队人马一起告别生活、学习和奋斗了 6 个年头的延安而奔赴新的战场时，陕北的山山水水，一草一木，陕北人民的至诚至爱，无不让他感到那样亲切美好，那样依依难舍、深情眷恋。他看到"崖坪上开花蝙蝙飞，/崖坪底下长流水""羊儿壮来羊儿肥，/陕北的人民光景美"（《崖坪上开花》），他还看到"枣儿红啊，梨儿圆，/谷米桃秫长满山""天上有云彩地下有花，/满堂川的娃娃爱他的家"（《满堂川》），他"听见驮口的铜铃儿响啊"，"闻见了扑鼻的果子香啊"（《果子香》），这真是一幅优美的老区人民安居乐业图，一派"陕北的好江南"的秀丽风光。诗人深知，陕北人民这幸福的生活来之不易，那是在共产党的领导下，八路军同老百姓心连心地抗击日寇和伪军的烧杀掳掠、推翻封建统治的结果。他写道，行军队伍经过"三十里细雨二十里风"来到了清涧县城，这清涧县"前十年红旗城头上飘，/后十年老百姓光景好"，如今大队人马进兵站，"兵站安在'进士第'，/'培远堂'前把脚洗"，"进士门第低又低，/我把旧社会一脚踢！"（《到清涧》）正是在长期腥风血雨的革命斗争中，八路军同老百姓结下了骨肉亲、鱼水情，这种美好真挚的感情在诗人笔下得到了生动的描绘。当队伍离开延安，走过"荞麦开花十里红"的路程歇一阵时，崖上的老妈妈、窑里的女娃娃、长胡子老汉、拦羊娃娃都赶来给部队送行，"老妈妈手捧大红枣，/拉住我们吃个饱"，老乡们"把我们围个不透风"，手拉手儿有说不完的心里话：

"水有源呀树有根，/见了咱八路军亲又亲"，"快把敌人都打垮，/回来给你们戴红花！"（《开差走了》）再看看去吴堡的路上那些俊美的女娃吧，正在笑嘻嘻扛着长杆打红枣，见八路军开步从那里走，她们将"大把的红枣塞进手"，并同战士们进行着深情、风趣而诙谐的对话：

> 吃我的红枣不要钱，
> 嘴里吃了心里甜。
>
> 吃你的红枣我记帐，
> 流水帐写在枪尖上。
>
> 消灭了敌人勾了帐，
> 回来再闻你枣花香！（《枣儿红》）

民拥军，军爱民，为的是消灭共同的"敌人"，只有消灭了"敌人"，才有人民幸福的生活，这是军民之间感情的纽带，是组诗的主旨和意蕴之所在。诗人将人民的军队爱人民、为人民的情景描绘得格外动人。人们忘不了日寇进村搞"三光"、伪军进村鸡飞狗跳的苦难岁月，那么，请看诗人笔下，"八路军开步桥上过"，那"白格生生的羊儿青石板上卧"，多么宁静祥和的景象，就因为"羊儿吃得草青青，/八路军为的老百姓"啊！（《羊儿卧》）尤为动人的是，当行军队伍在雷响雨淋的路上遇见一位背着百来斤棉花的老人跌倒在地难以爬起时，他们赶紧上前搀起老人，替他把棉花背回家，老汉激动不已，拉住战士们的手不肯放，引进自己的家，"先点一把火，/后烧一锅茶，/热炕上坐定把话拉"（《当天上响雷》）。字里行间，军民鱼水情跃然纸上，感人肺腑。

可贵之处更在于，贺敬之笔下的革命战士和人民群众有着共同的革命理想、奋斗目标和斗争精神，他们都是藐视一切困难、战胜任何艰难险阻、同敌人进行勇敢战斗的英雄好汉。诗中以象征和比喻的手法，描写在黄河畔的高高山尖上"站定一只鹰"，它"眼望东方盼天明"，当"乌云揭开东方红"，它"大叫几声双展翅，/今天飞向河东去"，于是，"万里长城挂明灯，千里路上插红旗！"（《黄河畔》）显然，这只"鹰"正是即将渡过黄河的诗人心中的英勇战士的雄姿与精神的写照。看看战士和艄公那心心相印、乘风破浪横渡黄河的惊险情景吧：风卷黄河浪，大队人马上了船，艄公"吆喝一声船儿离了岸"，"哗啦啦排开顺水流"；船到河当中时，"人心如拉弓，/七尺的大浪直往船边涌"，然而勇敢的艄公沉着老练，操纵自如，"老艄稳稳站，/小艄用力扳，/声声吼叫震响万丛山"；终于"扳过了大浪头"，大船靠了岸，"船头上跳下我们英雄汉"，战士们迈开大步奔向新的征途、新的胜利！（《过黄河》），行军队伍踏上了河东山西省地界，诗人立即被临南八百名民兵的英雄壮举所强烈震撼，那"八百条好汉"为了上前方参战正在集中受训，看他们"刺枪好比猛虎斗，/冲锋好像鱼儿游""埋地雷好像龙戏珠，/投弹好像狮子滚绣球"；正是这些人民的"真英雄"，前半月配合"三五八旅英雄将"冲锋陷阵，攻克了离石县城，"一排炮打破了半拉城，/咱们的人马往里涌"，"民兵和战士肩并肩，小伙子个个都勇敢"。（《临南民兵》）诗人就是这样以饱满的激情、朴实的歌喉，为英雄的战士和人民群众高声唱着动人的赞歌。

应该说，组诗中最感人、最富有特色的一首诗是《看见妈妈》。诗人笔下的这位"妈妈"，是他眼中的"妈妈"，更是他心中的"妈妈"。如真似梦，虚实相生，现实与记忆交织描绘，意蕴因之深化，思想也随之升华。当他在行军途中走进一家普通农舍的小院，只见满地的鸡娃叫咕咕，一位"老婆婆"正跪在当院簸高粱，糠皮落在她头发里，汗珠撒到她簸箕里，她脸上的笑容使他的心咚咚直跳，觉得这"婆婆"的眉眼好熟悉，像在哪里见过面，"看前身好像是妈妈样，/看后影好像是亲娘"。于是，他想起远在三千里之外、隔山又隔水的家乡，想起13岁那年他离开自家门，16岁参加了八路军。他还记得那天太阳落西山、灶火冒青烟，也是这样满地鸡娃叫咕咕，妈妈在院里簸高粱，糠皮落到她头发里，汗珠落到她簸箕里；还记得离家那天的晚上，油灯直点到捻子干，妈妈手拿棉花纺不成线，泪水打得棉线断……啊，怎么今天又回了家，又看见自己的"亲妈妈"。可"妈妈"却说："年轻的八路军你认错了人，/擦干眼泪你看清！"哦！认错了人吗？是的，他看清了"她原是本地的老百姓";又没有认错人,他早已看清:"人模样虽有千千万,/模样不同心一般!//八路军啊,老百姓,/本就是母子骨肉亲。"他深知,正是为了爹妈翻身不受穷,"庄子里才出了我们扛枪的人,/土地上生长了我们八路军"。如今他们正在黑天白日打敌人,千山万水向前进!他更加自豪地感觉到:"一天换一个地方扎,/一天就回一次家!……一天一回看妈妈!"于是,诗人动情地唱出了自己的心声:

> 看见妈妈笑吟吟,
> 两手就能举千斤。
>
> 看见妈妈笑呵呵,
> 铁打的堡垒也冲破。
>
> 为了妈妈生和死,
> 水里来了火里去!
>
> 为了妈妈死和生,
> 烂了骨头也甘心!

这首诗不同于一般歌颂军民鱼水情的诗作的独特之处在于,诗人以深沉真挚的感情,细腻传神的笔触,描绘了一位勤劳、朴实、善良的农村老妈妈的动人形象。正是这位极为普通的农村妇女那细微的动作、表情和神态,引起了诗人灵魂的强烈颤动和对自己同样极为普通的勤劳、朴实、善良的母亲的深情回忆,进而引发出作为八路军一员的自己正是为了这些普通的"妈妈"的翻身解放而赴汤蹈火在所不辞的壮志豪情,读来令人倍感自然、真实和亲切。同诗人一道行军的战友与伙伴李冰稍后创作的《大娘》① 这首诗,同样描写了这次行军途中所遇到的一位像"亲娘"一样爱护"子弟兵"的"大娘"

---

① 《大娘》创作发表于 1946 年春,收入李冰的诗集《红灯笼》(上海杂志公司,1950)。

的感人形象。听"大娘"的诉说得知，她曾当过 5 年妇救会主任，在反扫荡中曾提上豆腐捉上鸡、背上新鞋翻山越岭找八路军，她自己的儿子也是一名"子弟兵"，牺牲在卓资山上，因此，每当八路军从她家门口经过，她总是站在大门上张望，总是为那"一样的灰军装，/一样的枪，/都像是我那儿子，/又都不一样，/再也找不见他那模样"而无比难过，于是战士们安慰她说："大娘，你别伤心，/我们一千个子弟兵，/能不能顶你一个亲儿子？""大娘"听后深感欣慰，眼里闪出火样的光亮。不难看出，《大娘》和《看见妈妈》都是描写八路军眼中的农村劳动妇女的动人形象，然而，前者歌颂的是一位刚强的革命母亲，后者描绘的是一个勤劳的普通妈妈，前者侧重于表现"大娘"的可敬的革命经历和内心世界，后者着力于抒写诗人"我"的细微的情感体验。因此，前诗中激情如跳跃的浪花，昂扬激越；后诗中感情似涓涓流水，细腻亲切。将"我"融入诗情，以小写大，在贺敬之以往的诗作中就时有表现，并逐渐形成其后诗歌创作的一个重要特征。

《行军散歌》是贺敬之离开延安后创作的第一组诗歌。紧张而漫长的行军途中对一种全新生活的真切感受强烈地震动着诗人心灵的琴弦，弹奏出一支又一支真诚赞美人民和革命的动人心曲。这组诗大部分是采用陕北"信天游"的形式，而又作了适当的改造，使其更好地表现新的形象和意境，诗中格调清新质朴，语言明快生动，散发着浓郁的泥土气息，富有淳厚的民歌风味和鲜明的时代色彩，在贺敬之的诗歌创作中别开生面。

贺敬之就是这样一路抒写着发自内心深处的行军散歌，同大队人马一起跨着豪迈的步伐走进了张家口市。那是 1945 年 11 月 8 日的黄昏，路灯的电光好像变得格外明亮，映照着那些工厂、街道和楼房，似乎整座城市正露着笑脸热情欢迎这支远道而来的革命队伍。面对着这座回到人民怀抱不久的华北解放区唯一的大城市，贺敬之的心情多么兴奋、激动和自豪！是啊，张家口是他们这次长途行军的终点，也是他们踏上新的革命征途的起点。

华北文艺工作团抵达张家口市后，归属于两个月前从河北阜平迁到该市东山坡的华北联合大学文艺学院①，改名为"华北联合大学文艺工作团"。

---

① 晋察冀部队于 1945 年 8 月 23 日解放了张家口市，华北联合大学于 9 月初迁入该市，联大文工团就设在东山坡联大文艺学院院内。

作为华北联大文工团的一名革命文艺战士，贺敬之分明感到自己肩上担子的沉重分量。从桥儿沟到东山坡，虽然隔着千山万水，而在他的眼中却仿佛近在咫尺。长长 6 个年头的延安岁月，珍藏在贺敬之的心灵深处，形成了永远令他思索回味和骄傲自豪的延安情结，成为他的精神家园里一道亮丽的风景线，更成为激励他不断地投身于新的革命生活的强大的精神力量。为了配合保卫和扩大解放区的斗争形势发展的迫切需要，贺敬之忘我工作，勤奋笔耕，在侯金镜、汪洋、星光等文艺工作者的热情帮助下，他对《白毛女》剧本进行了认真的修改，大大提高了该剧的思想艺术品位。从 1946 年 1 月起，歌剧《白毛女》由联大文工团和晋察冀军区抗敌剧社先后联合演出 30 余场，轰动了张家口。此后在整个解放战争期间，《白毛女》演遍了广大城乡，起了巨大的教育鼓舞作用。也就在张家口，贺敬之结识了后来分别在《白毛女》电影和歌剧中扮演喜儿的明星田华与郭兰英①。

　　1945 年冬，贺敬之不断地以诗、歌词、散文和评论等文学形式，及时而强烈地表现了他对同志和烈士的深挚感情，对新形势下解放区生活的热情关注，对迅猛发展的人民革命事业的执着与赤诚。当他还在行军途中和到达张家口不久时，延安《解放日报》先后刊出的他的街头诗《选举》和以此诗为歌词、由张鲁作曲的《选举歌》②，它以简短朴实的语言歌唱了解放区人民把自己心目中的"好人"写上选票的当家做主的自豪心情。11 月下旬，当他得知人民音乐家冼星海在苏联病逝的噩耗，有如响雷撞击在心头，他提笔写下一篇题为《忆星海同志》的散文③，情真意切地回顾了星海的歌对他走上革命人生道路所起过的强烈的激励感染作用，特别是深情地回忆了 1940 年初夏在西安八路军办事处同星海相处的那一段难忘的经历，星海那大音乐家的气质，那平易、热情而诙谐的音容笑貌，历历如在眼前。

---

① 田华系抗敌剧社乐队成员，在张家口为歌剧《白毛女》演出伴奏。后在电影《白毛女》中主演喜儿。郭兰英原为张家口市庆丰剧院旧戏班子晋剧演员，深受班头戏霸的压迫，张家口市解放后，她参加革命文艺队伍，后来成为歌剧《白毛女》中扮演喜儿的著名演员之一。

② 《选举》初载于 1945 年 10 月 19 日《解放日报》，《选举歌》初载于 1945 年 11 月 14 日《解放日报》。

③ 《忆星海同志》初载于 1945 年 11 月 26 日张家口《晋察冀日报》。

后来，贺敬之还创作了一首《纪念星海同志》的歌词（周巍峙作曲）①，歌中那"星星沉落在海上，歌手长眠在远方"的动人词句和深沉的感情，鼓舞着人民和军队为夺取解放战争全面胜利而英勇战斗。也就在11月下旬，他以"贺锦"为笔名发表了一篇《看了〈血泪仇〉与〈枪毙杨小脚〉的演出以后》②的戏剧评论，对张家口市庆丰剧院演出的新歌剧《血泪仇》和该院演员在抗敌剧社帮助下自编自导的新时事报道剧《枪毙杨小脚》，从思想内容到编剧技巧及表演艺术等方面的得与失进行了相当深入细致、切中肯綮的分析和评论，特别是热情地肯定了演出成功的政治意义及其所给予张家口市改造旧艺人为新艺人方面的积极影响。作为一名戏剧创作的行家里手，如此剀切详明地评论戏剧演出，对于贺敬之来说还是首次。

　　1946年新年的钟声，激发了贺敬之歌词创作的高度热情，一首又一首感人的歌词如涌泉般喷射出来。为了欢庆张家口解放后的第一个春节，他为联大秧歌队写了一首洋溢着获得解放的欢快情绪和建设新张家口的主人翁豪情的花鼓调新词《建设我们的张家口》③唱遍大街小巷。影响更大的是他此间创作的由李焕之谱曲的《民主建国进行曲》④，纵情高歌可爱的祖国在迎风飘扬的胜利旗帜下要"打破那封建的枷锁"，"消灭那千年的剥削压迫"，"开创光辉灿烂的新生活"。3月，他满怀激情地创作了《自由的歌》⑤，歌词中回荡着振奋人心的时代强音，唱出了千百年来人民永存心中并不断用鲜血和生命去争取而如今正在实现的"希望"："祖国要自由，／人民要解放，／打碎旧社会的枷锁呵，／让灿烂的太阳／照遍祖国的四面八方！"4月8日，王若飞、秦邦宪（博古）、邓发、叶挺等党和军队著名领导人及其亲属乘美国飞机从重庆飞延安途中在山西兴县黑茶山遇难，消息传到张家口，举城悲痛哀悼。

---

① 《纪念星海同志》载于1949年10月27日《浙江日报》时题为《纪念星海》，1950年10月29日《文汇报》以《星星沉落在海上》为题刊载。

② 《看了〈血泪仇〉与〈枪毙杨小脚〉的演出以后》载于1945年11月29日《晋察冀日报》。

③ 《建设我们的张家口》，陈强作曲，载于1946年3月3日《晋察冀日报》。

④ 《民主建国进行曲》初载于1946年3月16日张家口《北方文化》第一卷第二期。1948年作者对词略作修改，歌题改为《胜利进行曲》。

⑤ 《自由的歌》1948年有所修改。先后收入贺敬之诗集《笑》（五十年代出版社，1951）和《朝阳花开》（作家出版社，1954）。

为此，贺敬之创作了一首《四八烈士追悼歌》①，马可作曲，于4月中旬在全市追悼大会上由十多名女演员齐声合唱，其情悲壮深沉，动人肺腑。5月，贺敬之又在怀来黄庄创作了《白家园子选农会》，在张家口创作了《歌唱解放区》②，还自己谱曲写了《解放区进行曲》，这3首歌词热情歌颂了解放区人民翻身作主人、发展生产、丰衣足食、建设和保卫家乡的欢乐心情与坚强决心。贺敬之在这期间的歌词创作，贯串了一个共同主题，震响着一个鲜明的时代主旋律，那就是追求人民的解放、和平、民主、自由与幸福，建立新中国，开创新生活。歌词形式生动活泼，语言富有民歌风味，更有诗的神韵。

值得注意的是，在张家口期间，贺敬之改定了他于1944年在延安写出初稿的叙事诗《罗峪口夜渡》③。这是他计划创作而终未完成的表现刘志丹1936年率领陕北红军东征抗日英勇战斗到壮烈牺牲整个过程的长诗《刘志丹之死》中的一段。诗的开头即生动展现出那不见月儿不见星、一片乌云遮在空、风丝丝不动、火星星不明、罗峪口上黑沉沉、只听见黄河里呼啦呼啦流水声的寂静而紧张的天险环境和气氛，转而集中描写刘志丹率大队人马荷枪实弹却不声不响地上船，闯过惊涛激浪，冲破白军的阻挡，黑压压的人马像滚滚波浪涌向对方河岸边，就这样"过黄河，马加鞭，/军号响，炮声喧；/——从今后，踏破河东千里地，/红旗飞过万重山"，真是惊天动地，气壮山河！诗人着力以战士的眼光与心态，生动传神而又朴实感人地描绘和赞颂了刘志丹那沉着机敏、大智大勇的军事帅才的形象和精神。你看他挺胸站立在船头上，扎扎胡，瘦瘦脸，抿住嘴角不言传，头上的红星闪闪亮，脚下浪头滚滚翻，"他的眼睛火样明"，"他的心宽似平川"。这就是诗人笔下所抒写的心怀战略全局、意志如钢铁般坚强、顶天立地的陕北工农红军领头人，人民的抗日救国英雄刘志丹！诗中注重环境的烘托，气氛的渲染，融抒情于叙事和描写之中，采用比喻、重复、叠用、蝉联、

---

① 《四八烈士追悼歌》初载于1946年6月1日张家口《北方文化》临时增刊，题为《吊四·八烈士挽歌》。

② 《歌唱解放区》初载于1946年张家口《北方文化》第一卷第四期。

③ 原题《黑峪口夜渡》，收入山东人民出版社1979年出版的《贺敬之诗选》中改题为《罗峪口夜渡》。

顶真等艺术手法，环环相扣，循环反复，节奏紧凑，首尾照应，结构相当完整。贺敬之曾强调他把这首诗"作为我自己学习写诗的一个阶段来看"①。就贺敬之的诗歌创作来说，该诗的"阶段"性意义主要在于，其内容是他首次正面表现革命领袖人物的战斗精神和英雄气概，其形式不仅从民歌而且主要从古代优秀诗词散曲中吸取有益的营养，化而用之，比如，诗中"我们是千千万、万万千、/打不破、碰不烂，/扳不倒、冲不散——/人民的英雄刘志丹"这样的句式，显然借鉴了元代关汉卿的著名散曲《不服老》中"我是个蒸不烂、煮不熟、捶不扁、炒不爆、响当当一粒铜豌豆"的表现方法。继承和发扬中华民族传统文学的精华，并与生动活泼的民歌形式有机结合，逐渐形成了贺敬之其后诗歌创作的又一个重要特征。

二　唱出人民的心声

隆隆的炮声再次在中华大地的四面八方响起。华北联大文工团真正变成了"战火中的文工团"。然而，贺敬之的歌声并没有被炮声所打断，战争铸就了他那战士的性格和灵魂。作为战士的贺敬之，也就必然唱出中国人民如凤凰涅槃般从战火中获得新生的时代心声。

1946年下半年，蓄谋已久要在中国挑起全面内战的蒋介石集团，自恃由美国主子帮助装备好的大批国民党军队已经运到内战前线，可以结束上半年"关内小打、关外大打"的局面，转而向全国解放区发动疯狂进攻。全国规模的内战爆发了。中国人民解放军在各解放区人民群众的大力支援下，不断地给进犯的敌人以有力的打击。

身为华北联大文工团戏剧队副队长兼创作组组长的贺敬之，将自己全部的忠诚、热情、心血和智慧奉献给了这场亿万人民群众同自己的队伍一道奋起反对内战、保卫解放区的伟大斗争。他的思想感情、精神境界历经延安岁月的冶炼，如今又在这场血与火的斗争中经受着严峻的考验。这年6

① 贺敬之诗歌集《笑·后记》，五十年代出版社，1951。

月，为了深入新的斗争生活，及时创作宣传反内战的文艺作品，由冀中军分区介绍，贺敬之同舒非、李冰、孙犁等文艺战友一起，在张庚的率领下，或步行，或乘马车，奔赴冀中行署。当时有些地方的日本鬼子尚未完全缴械，国民党军队又在向解放区挑衅，国共冲突频频发生。当他们从徐水与望都铁道之间刚刚穿越敌人的封锁线，时值傍晚，突然，从一个小集市处窜出一股敌军，前头还有当地的一批群众也奔跑过来，情况十分危急，这时，他们几人赶快藏进路旁的麦地里，敌人越来越近。年轻的贺敬之第一次遭遇这样的险境，心里难免紧张，但他并不害怕，他有充分的精神准备接受战斗的考验。幸好敌人又向另一个方向奔去。他们到冀中后，广泛接触群众，同文艺界座谈，还曾泛舟白洋淀，听到许多动人的抗日斗争故事。不久，他们由冀中返回张家口，张庚奔赴东北解放区。

在冀中，贺敬之根据这一段生活经历和感受，创作了一篇题为《母亲在命令我们》①的散文。这篇散文在表现人民解放战争起始阶段的社会生活方面是颇有特色的。作者起笔就点出八年抗战中冀中平原上千百万个母亲为了祖国而把自己将近 60 万个儿子献给了神圣的抗日战争这一惊天动地的英雄壮举，转而集中笔墨细致描写了他们的房东陈大娘，将自己的独生儿子玉山送上抗日战场的复杂的心路历程。"五一扫荡"那年，她是多么不愿而又不能不支持她的玉儿参军，她的心是如何剧烈而痛楚地在颤动啊！像她一样，全村 20 多个母亲都恋恋不舍地送自己的儿子离开村子踏上征途。她们低下头揩着眼泪又兴奋地抬起头来，心里有悲伤也有欢喜，她们天天巴望着抗战胜利儿子回到自己身边。总算熬到头了，日本鬼子已经缴械，可仍不见儿子归来。这是怎么回事呢？原来，日本投降后不久，在铁道线上，从南边上来了一帮子"中央军"，他们就是日寇入侵时从村北边败下来的像老鼠那样一溜烟逃走了的那伙"老总"。如今他们又住进鬼子过去的炮楼里，照样出来杀人放火抢东西，比日本人更凶，还曾拔出刺刀威逼陈大娘承认儿子是八路军。真是日本鬼子走了，"中国鬼子"又来了，新的灾难再次降临到冀中人民的头上。于是，母亲们的心在八九个月中由欢喜到沉默，现在是愤怒，怒火

---

① 《母亲在命令我们》初载于 1946 年 6 月 25 日张家口《晋察冀日报》。

燃烧起来，齐声怒吼了，"哼，不能，万不能！不能叫孩子们回来！他们还得给我打仗！"当作者同战友们因敌情变化要转移离村时，陈大娘恳请帮她写封信带给玉儿，叮嘱"不叫他回来"，"他娘还有心再等他八年"。最后作者深情呼唤人民子弟兵让手里的枪飞出子弹，痛打那些罪恶的侵犯者，在神圣的自卫战中勇敢再勇敢吧！这就是"母亲在命令我们，人民在命令我们"。如此一篇短小的散文，作者非常敏锐地表现出时代跳动的脉搏，而且由点到面，点面结合，既叙事又抒情，既传神地描绘人物形象，又生动地刻画心理活动，写得格外曲折深沉，细腻感人，富有诗味。写散文写出浓浓的诗意，这是贺敬之诗人气质的自然流露。

从冀中回到张家口后，贺敬之又创作了纪念党的 25 周年的歌词《红旗迎风飘》和 10 场秧歌剧《弟兄俩》的初稿。歌词中唱道："革命到如今，人民大翻身，你看那反动派吓掉了魂！车轮滚滚他挡不住，革命大军向前进！"真像擂动战鼓发出进军的号令，大气磅礴，振奋人心！《弟兄俩》描写的故事就发生在 1946 年 4 月的冀中农村。抗战胜利后，八路军战士张树明复员回徐水县大王村家乡，行至老虎桥，遇上中央军顽军设的卡子，拦住他的恰好是八九年前被日军抓去做苦工、后来当了伪军、现又被胁迫当了中央军士兵的哥哥张树堂，相互间心存疑惑又未能相认。顽军排长黑夜要活埋张树明，被树明用铁镢击倒。张树明逃回到家乡，为了消灭顽军而担任了民兵中队长。顽军又在大王村西边不远处设了岗楼据点，疯狂屠杀群众，并同汉奸刘黑心与王三连为一体，狼狈为奸，比日本鬼子还坏。排长派王三和张树堂去大王村向水井投毒谋害村民，树堂的妻子险些被毒死。当树堂辨认出 10 年前帮刘黑心来家逼租时打死自己父亲的正是这个王三时，他一枪将王三击毙在村外。排长又令树堂领路黑夜偷袭大王村，企图抓获树明。树堂翻墙入室，同母亲、妻子和弟媳相认。弟媳从地洞出去叫来树明和民兵，与树堂里应外合，一举歼灭了众匪军，活捉匪排长。舞台上唱起高昂的主题歌：

> 国民党土匪太猖狂，
>
> 和平的人民遭了殃，

八年抗战的老百性，

烈火里头炼成钢，

血债要你的血来还，

刀对刀来枪对枪，

哪里来了咱哪里打，

武装自卫保家乡！

该剧通过冀中一户普通农民家庭特别是弟兄二人不同命运的变迁，集中表现了抗战胜利后国共两军之间尖锐复杂的你死我活的斗争。剧情明晰而曲折，戏剧冲突紧凑跌宕、扣人心弦，说白和唱词都朴实亲切，生动展示出人物不同的经历、性格与内心世界。树明的机智与勇敢，树堂的无奈与痛苦，母亲的慈祥与爱憎，弟媳的羞涩与善良，嫂子的失望与希望，排长和王三的凶残与歹毒，个个都活灵活现，栩栩如生。此剧本虽为急就章，艺术上尚需锤炼，但同贺敬之延安时期的秧歌剧创作相比，其特色是异常鲜明的。特别是作者将激烈的阶级斗争融入细腻的骨肉亲情进行描写，使剧中既弥漫着浓厚的战斗气氛，又深蕴着丰富的人情味，读来格外感人。遗憾的是，由于战局的急剧发展，这部歌剧未能排演。

1946 年仲夏，国民党军队向解放区进犯的炮火越来越猛烈。为了深入农村发动农民群众支援人民解放战争，7 月下旬，贺敬之同联大文工团的战友们一起到新保安参加土地改革，贯彻党中央"五四指示"① 的精神，解决农民渴望已久的土地问题。不久，联大校部又通知文工团到东线怀来地区为解放军和老乡进行慰问演出。新歌剧《白毛女》在这里演出了十多场，引起广大军民极为强烈的反响，为怀来战役的胜利建立了特殊的功勋。8 月中旬，晋察冀军区命令调文工团西进，去大同前线劳军。他们连夜乘火车返回张家口，稍事休整就奔赴西线大同。在大同外围的一个多月里，他们到各村动员群众交公粮、做军鞋，给部队做战地鼓动工作，为军民演出，

---

① 指 1946 年 5 月 4 日中共中央《关于土地问题的指示》。日本投降后，农民迫切要求土地，中央决定改变党在抗日战争时期的土地政策，即由减租减息改为没收地主土地分配给农民。"五四指示"就是表现这种改变。

救护伤员，清洗阵亡战士遗体。后因战略需要，部队转移，文工团随之撤离大同外围。孟盂在华北联大文工团《大事记》中写道：

> 从大同撤下来，一天晚上在聚乐堡（村名）演出《白毛女》后，贺敬之、迪之、叶扬、吴坚四人睡在老乡家的炕上。刚躺下就有人敲门，贺敬之下炕开门，见是从前方撤下来的伤员，他们马上让伤员睡在炕上，四人睡在地上了。

是啊，在解放战争中，人民军队文武两支队伍的战士就是这样血肉相连，心心相印！

这期间，张家口不断地遭到国民党飞机的轰炸扫射，国民党的军队从张北偷袭过来，向张家口步步逼近。华北局决定联大转移到晋东北广灵县农村去。文工团从大同外围撤离后，也没有回到张家口，而是从下花园、涿鹿县，沿壶流河经古家庄、蔚县，于9月底到达广灵，住进了西加斗村。一路上，贺敬之的胸中是多么憋闷啊！到西加斗村后，他就着大葱喝葡萄烧酒，喝闷酒，喝得酩酊大醉，醉了一夜。他是为退出张家口而难受，而气愤呀！他对当时的国民党军队恨之入骨，恨得咬牙切齿！这种炽烈感情对心灵的强烈撞击，使得年轻的贺敬之的诗人气质难以抑制地充分显露出来。然而，他又毕竟是经历了相当长期革命斗争锻炼与考验的共产党员，对党的理想和革命前途的执着追求与坚定信念，无时无刻不在引起他严肃认真的思考。贺敬之在广灵县工作的地方叫南村，在一个半山区，那里有一座天主教堂。教堂对贺敬之来说并不陌生，他8岁入学启蒙就是在本村茅草房天主堂小学，16岁到延安深造的鲁艺又是在一座西洋古典式天主教堂。而如今南村这座天主教堂却给他留下一种独特的印象，强烈地震撼了他的灵魂。一天，他走进这座天主教堂，见里面有一名荷兰神甫，50多岁，显然已经来此很久了，说着一口当地土话，使的却又是西餐刀叉，切食一块质量很差的小米黄糕。他还很得意地领贺敬之去看他收养的一个残疾女孩，她正在用脚趾夹着筷子吃黄糕，这是神甫慢慢教她的。见此状贺敬之心中十分难过，问神甫："你离开自己的祖国长期住在这里，吃这样的饭食，过这样的生活，不觉得苦吗？"神甫很平静地回答："嗯，不苦。我们是为了主啊，为了主的事业、主的教义啊。"啊！贺敬之的心灵为之一震！他豪情满怀地对神甫说："我们共产党呢就是这样子，比你们还要坚决！为了我们的事业和信仰，我们可以牺牲自己，可以抛头颅，洒热血，漂洋过海，在所不辞！"贺敬之此后常常扪心自问："我们共产党人啊，当你闹个人主义的时候，你有没有想一想自己的信仰？有没有牺牲自我的决心！"①

联大文工团住在西加斗期间，分散到各村，投身于土地改革斗争。贺敬之担任南村区土改工作队队长。诗人蔡其矫也在南村区里的一个村负责土改工作。他们积极贯彻"五四指示"精神，注重对历史和现状的调查研究，强调斗争的科学性与准确性，认真掌握党的土改政策，工作得相当出色。在南村和西加斗村，贺敬之先后创作了歌词《翻身歌》和《张大嫂写信》，生动地反映了这个时期翻身农民的心态和作者对当时现实生活的真切感受。《翻身歌》唱出那"分了粮食分了地，不愁吃穿心欢喜"的农民内心深处强烈的自豪感。你看他们"手端着黄糕门前站"，民兵也挎枪在街上转，因而"气得老财没法办"。昔日的"穷汉"正高叫一声"老财你不要瞪眼""今天该咱们挺身站"。他们看穿了"特务灰鬼"散布的"变天"谣言，坚信"明朗朗的日头变不了天"，高唱："脚底下踏着自己的地，头上顶着自己的天，跟着咱们的共产党，人民胜利万万年！"歌词写得朴实而诙谐，豪情满怀。《张大嫂写信》又别具一格，角度十分新颖。这位张大嫂披一身落山红霞，背着柴回家路过自家菜园子地时顺手摘了一朵朝阳花，由此引起了她对自己参军打仗的丈夫的深切思念，于是坐在炕上点上灯，用自己几年来所学的文化亲笔给丈夫写了一封情真意切的信，询问他"又戴过几朵光荣花"，告诉他"土地改革咱分了地""光荣匾就在咱家门上挂"，提醒他别忘了临走的晚上她说的"我的心为你上了锁，钥匙在你手中拿"那句话，希望他"彻底消灭反动派""保卫咱们的新国家"。信中千叮咛万嘱咐，动之以情，晓之以理，以妻子对丈夫倾诉心声的方式，娓娓道来，显得格外真诚质朴，细腻温柔，亲切感人。这是贺敬之感受新的时代生活、探索新的表现形式

---

① 贺敬之1994年3月29日同笔者谈话记录。

的一个重要收获。

10 月 11 日，傅作义的军队侵占了张家口。不久，广灵县城也连日遭到敌机狂轰乱炸。华北局又决定联大全校转移到冀中老根据地去。10 月中旬，联大文工团结束了广灵的土改工作，队伍出发经涞源、三山、倒马关，沿唐河南行过唐县，黑夜冲过望都县境内平汉路敌人封锁线进入冀中平原，于 11 月 20 日到达行军目的地——冀中束鹿县。为了保密，华北联大代号"平原宣教团"，校部设在大李家庄。文艺学院编为宣教团三中队，安排在小李家庄，分住贾、李、郝、沈 4 个自然村。文学系住在贾家庄，文工团住在郝家庄。

贺敬之到束鹿县后，继续投身于农村土地改革斗争。从新保安、南村到郝家庄，广大贫苦农民对汉奸、恶霸、大地主进行清算复仇斗争和参与平分土地的高涨情绪，一次又一次给予他强烈的影响和深刻的教育。在束鹿县，文艺学院和文工团积极开展同农村干部、群众交朋友的活动。他们为农民演出丰富多彩的文艺节目，开办乡艺训练班，培养乡村文艺骨干，同时深入农村生活，广泛学习民间艺术。为此，贺敬之来到束鹿县旧城区的王庄，在这里度过 1947 年的春节，体验生活半年多。他一直跟老百姓睡在一个炕上，同支部书记、民兵队长和农民积极分子建立了深厚的感情，并认真搜集民歌、民间戏曲和群众语言，吸取各种优秀民间文艺的营养。事实上，贺敬之同农村生活与艺术早就结下了不解之缘。特别是延安文艺座谈会后，他自觉地投身于边区人民火热的斗争生活和蓬蓬勃勃的新秧歌运动，对陕北"信天游"民歌和定县大秧歌等民间艺术更是情有独钟，打下了深厚的民间文艺基础，哺育了他出色的艺术才华。在小李家庄文艺学院的联欢会上，他参加演出，当报幕员，担任导演，还常同张鲁一起演唱富有特色的陕北民歌《张连卖布》。徐光耀曾生动记述了贺敬之于 1947 年春在文艺学院院子里举行的文艺晚会上演唱"信天游"的感人情景：

　　有一次，贺敬之突然被欢迎唱支歌，他抄着手在台阶上慢慢站了起来。那时他还没有恋爱结婚，在脑腆神情中带点顽皮，因此，大家也喜欢挑逗他。这次他知道逃不脱，便十分温和的笑笑，唱了四句陕北"信天游"。怎么说呢，他唱得实在是好，我以后再也没听过那么地道、那么土味十足的"西北风"了。他把先细后粗、凤头豹尾式的拖腔，唱得雄浑淳厚、犷远悠长，韵味真到家了。只从这点看，便知当时人们向民间文艺的学习下过多大工夫。

徐光耀还记述了他当时在文艺学院听贺敬之一连两天给全院各系学生和教职工讲"民歌"大课的生动情景：

> 他讲民歌的艺术表现手段，条分缕析，辟了不少条目，条条都举出很多很恰切的例子，绝大部分都采自"信天游"，自称这是他"兴趣的主要所在"。他讲课颇具幽默感，又长于表演，……讲起来轻松自如，妙趣横生，全场人不是鸦雀无声，便是哄堂大笑，共同沉浸在又活跃、又深邃的学术氛围之中。而听课的不只是学生，也有各系教职员，有些教师的笔记本，甚至一直不曾离开膝头。过了几天，艾青在给我们讲诗歌时曾顺便提到，贺敬之的两天民歌讲座，确实是很不错的，证明了他在深入生活上下过多大工夫……①

可见，对于民歌，贺敬之不仅善于演唱，而且善于理论分析，这当然是他在长期深入体验群众生活、认真学习民间艺术上狠下功夫的必然结果，也是他在文学创作上不断获得丰硕成果、永葆旺盛生命力的活水源头。

在王庄的生活经历，再一次激发了贺敬之新的创作热情。他在不断地积极投身于农村土地改革斗争生活的进程中越来越深切地感受到，只有认真贯彻党的土改政策，在农村广泛、深入地发动农民群众开展对地主阶级的斗争，推翻其反动的封建统治，从根本上解决农民的土地问题，才能真正提高农民的阶级觉悟，充分调动他们参与粉碎国民党军队猖狂进攻的政治热情和积极性，以推进人民解放战争胜利发展，尽快建立一个人民当家做主的新中国。作为一名有着强烈时代使命感和责任感的革命文艺战士，贺敬之不能不拿

---

① 徐光耀：《华发多情，神游故校》，《散文选刊》1991 年第 7 期。

起手中的笔，满怀激情地及时反映他真切体验到的尖锐复杂的农村土地改革的现实斗争生活，以他所熟悉的农民喜闻乐见的艺术形式，创作出一篇又一篇激励和教育农村干部、群众而又深受他们喜爱的文学作品。

《张金虎参军》和《秦洛正转变》，是贺敬之于 1947 年春节前后主要根据王庄那段生活体验而创作的两部产生过广泛影响的新秧歌剧。

独幕剧《张金虎参军》着力塑造了土地改革后翻身青年农民张金虎和他的妻子李俊英这两个动人形象，充分表现了他们那强烈的主人翁感和生气勃勃的精神面貌。张金虎一家三辈打长工，饥荒夺走了他父母的性命。他这个苦命孤儿在土改中分到了地和房，有吃有穿还娶了媳妇，真正是"挖断穷根"翻身作了主人。可恨如今蒋军进攻解放区，要毁掉他这幸福的生活，他就在村民大会上积极报名参军打老蒋，可又担心妻子不支持他。李俊英从娘家回来，她早打定主意要动员金虎去参军，又担心丈夫恋家不愿去。于是小两口拐弯抹角，打比方说笑话互相试探对方的心事。当两人都知道参军是共同的心愿后，金虎又故意说自己不是真愿意参军，气得俊英只好引导他忆苦思甜，骂他"落后""糊涂虫"，表示要"从此咱俩各西东"，而另一位翻身青年农民刘银拴又不断从旁用话激他们。直到金虎告诉她自己已经报名参军，只不过想试摸她是不是"实打实的坚决"，她方转怒为喜，却又坚持要金虎立下字据发誓"打不败老蒋不还乡"，这才高高兴兴送丈夫去参军。这部短剧的剧情本来很单纯，可由于作者采用误会、猜疑、试探、比喻、激将等多种表现手法，因而写得波澜起伏、曲折有致、扣人心弦，而且颇富幽默感。该剧曾由民间艺人王小旦用柳子腔调配曲，在冀中新老解放区演出，受到普遍欢迎。

4 场新秧歌剧《秦洛正转变》[①] 描绘的是当时正在激烈进行的土改斗争生活。1947 年的一天，冀中半老区某村召集土改动员大会，中农秦洛正因听信谣言而害怕"共产"和"斗争"，待在家中焦虑不安，妻子催促他出去打听。贫农团主席王洛良遵照上级指示，依靠贫农，团结中农，正积极将贫农团扩大成农会，动员中农入会。地主秦复兴乘机到洛正家以宗族观念

---

① 《秦洛正转变》由张鲁作曲，中央戏剧学院创作室将其作为"新歌剧"收入"土改秧歌短剧集"即"戏剧创作丛书"第一辑《秦洛正》（生活·读书·新知三联书店，1950）。

同洛正妻套近乎。这时洛正回家，复兴躲入里屋。恰好洛良也来到洛正家，启发曾受地主压迫剥削的洛正的阶级觉悟，宣传土改政策，劝他"心里的那扣儿要解开，中农贫农是一条心，反对那汉奸恶霸大老财"。洛良走后，复兴百般拉拢洛正，造谣说贫农团布置要将洛正和地主一起斗争，"就因为你家有财产，他们个个都眼红"，"等中央军一来他们就完了蛋啦"。洛正又听信地主的谣言和诡计，把粮食、衣裳、红契文书等物件都刨坑藏起来，将心爱的骡子也廉价卖给了牲口贩子，自己带着家里的钱背着一口袋麦子逃出家门。民兵持枪寻找复兴，在村道口碰上洛正。洛正扔下钱和麦袋跑回家，复兴也跑进洛正家里来，二人分别藏进两个立柜里。洛良带民兵追至洛正家中，误将洛正当复兴逮住。洛良耐心地教育感化他，民兵将捡回的钱和一袋麦当即还给了他，还决心帮他把骡子要回来。至此秦洛正才大彻大悟，当场揭穿了秦复兴的阴谋，并把这个地主从立柜里拖出来交给民兵扣押到斗争会上去，自己也要求到会上首先发言。在冀中农村逐步展开的土地改革斗争中，这部新秧歌剧持续而广泛的演出，取得了积极的效果。当时一些生动反映农村土改后各阶层农民思想和心态的新剧普遍受到欢迎。比如，李悦之的快板剧《赶庙》，表现一位中农担心斗完地主富农就该轮到斗自己，因而大吃大喝，无心务农，到头来还是自己倒霉；逯斐的新秧歌剧《有了土地多生产》，描写一名好吃懒做的二流子农民"翻身"而不"翻心"，误以为共产党向穷人，就可以指望靠斗争分浮财过日子，于是吃喝玩乐，摸牌赌博，差点弄得家破人亡才开始转变。这些剧本演出后都深受群众喜爱。然而，《秦洛正转变》的独特之处在于，该剧紧紧扣住正在激烈进行的土改斗争中中农的心理活动及其行为来加以表现，而中农恰恰是尖锐对立的贫农和地主都极力争取的对象，处于斗争的旋涡之中。因此，描绘中农的心态和行为势必牵动着贫农和地主不同的心态和行为，这就抓住了现实斗争生活的焦点，而又必然向焦点四周的生活辐射。贺敬之能够准确地捕捉并及时而巧妙地表现这种急剧变动着的农村生活形态，表明他十分敏锐地透过事物的表面现象而洞察到生活深层的本质联系。他既善于以单纯明晰的戏剧结构揭示人物性格的内在逻辑，又善于以丰富曲折的戏剧情节反映生活本身的复杂面貌，更善于以生动朴实、洋溢着浓郁农村生活气息与情调的唱词和说白来表现人物细微的心理活动。这是贺敬之从延安文艺整风后就积极追求的戏剧所应具有的文学性。随着他对不断发展的人民革命斗争生活越来越深切的体验和对民间文艺的丰富营养日益广泛的吸取，他在冀中的新秧歌剧创作同延安时期相比，其思想性和艺术性显然都向前跨进了一步。

这个时期，贺敬之的诗歌创作同样生动地表现了当时冀中农村火热的时代生活，在诗歌艺术和诗体形式上也进行了一些有益的探索。该年二三月间，他创作了《送参军》、《笑》和《搂草鸡毛》[①] 等篇幅较长的诗。《送参军》和《搂草鸡毛》同歌词《张大嫂写信》及新秧歌剧《张金虎参军》一样，都是描写土改后农村青年积极参军的动人情景。所不同的是，《送参军》采用陕北民歌"信天游"的形式，以一位年轻媳妇送丈夫参军的口吻和视角，深情而细腻地表现了农村翻身青年以主人翁的姿态参军上前线、保家建国的志气与热忱。她不愿丈夫当麦地里的"草鸡毛"那样的胆小鬼，自己也耻于作拉尾巴的"蒲萝蔓"[②]。她为丈夫第一个报名带头参军而倍感高兴和光荣，更为村干部和乡亲们热情欢送戴花骑马的丈夫同一批参军青年一起扬鞭远去而深感欣慰和自豪！她殷切期望丈夫"心思使在那枪头上，/力气用在那刀尖上"，"为了土地、庄田、爹娘还有我"而"勇敢打仗"。诗中还以"鸡冠花开花满院子红""七月的高粱先打苞""风刮杨树叶哗哗响"等乡村景物为比喻，抒写了妻子随景而生的感情和心态，读来格外真切感人。《搂草鸡毛》更具特色，全诗场面壮阔，气氛热烈，情调诙谐幽默，绘声绘色地展示了大批翻身青年农民踊跃参军的英雄群相。你看，张庄正在打锣鼓，放鞭炮，火光钻天，大旗迎风飘扬，"八个英雄马上坐，/十字披红面带笑"，挺胸连叫："参军打老蒋，/咱们把名报！"这时，猛然有人报告说王庄参军糟了糕，到这会儿一个名字也没报。他们极为气恼，扬鞭策马奔往王庄去"搂草鸡毛"[③]。忽听王庄也正在敲锣打鼓放鞭炮，喇叭筒高声叫，

---

① 《搂草鸡毛》初载于1948年12月15日《华北文艺》创刊号。"草鸡毛"，北方讯语，喻胆怯的人。

② 蒲萝蔓，一种蔓生的野草。

③ 在参军运动中，村村挑战。如甲村未能完成计划，乙村参军青年即集队赴甲村游行示威，谓之"搂草鸡毛"。

大旗迎风飘，"十六个英雄马上坐，/双十字披红面带笑"。于是，两村人马
合一家，他们正赔礼还礼哈哈笑，手拉手一起去参军。猛然又有人报告说
李庄到这会儿还没有一人报名。"两村的英雄"又扬鞭策马驰赴李庄"搂草
鸡毛"，却见李庄更是锣鼓声中"二十四个英雄马上坐，/全身披红面带
笑"。看来一个村更比一个村英武豪迈！最后只见东南西北一片尘土飞扬，
各路人马铺天盖地滚滚而来，奔驰在大道上，汇集到"翻身团"①里去，锣
鼓喧天，人欢马叫，千万英雄下定决心："快上战场打胜仗，/南京城里去
搂那真正的草鸡毛！"该诗着力于群体形象的描绘，气势磅礴，壮怀激越，
采用比喻、误会、反语、排比、叠用、回环、拈连等丰富多彩的艺术手法，
写得一波刚平，一波又起，层层叠进，语言明快风趣，节奏缓急有度，音
调铿锵，一韵到底，诗风浪漫豪放而又流畅自然。

《笑》也鲜明地反映出贺敬之这个时期诗歌创作的思想艺术特色。诗人
在这首诗中满怀激情地歌唱了土改后翻身农民过翻身年时那欢乐的气氛，
那喜悦的心绪，那豪迈的情怀。而这些又是通过集中抒写翻身老农民张老
好发自内心深处的"笑"表现出来的。当"好一个快活的农民翻身年"踏
着北风、披着雪花、满面红光、欢天喜地向张老好奔来时，他兴高采烈地
在耀眼的红灯、震耳的鞭炮和歌声锣鼓声中迎了上去，高声喊道："穷哥儿
们呀，/好呵，好！过年好！"于是，他开始哈哈笑起来，"笑得那石头裂
开了嘴"，"笑得那大树折断了腰"，因为"到了咱笑的节气了，/到了咱笑
的年月了"。这个一辈子受苦受罪的张老好对着他的家，对着他那正忙着过
年的儿媳和老伴会心地笑了。他激动地带着小孙子去丈量分得的15亩土地，
庆幸自己这个"受苦的汉子挺起了腰"，还对着正迎面向他讨好的地主刘三
爷憎恨而鄙视地啐了一口。他深感花到如今"该开的开了，/该落的落了"，
人到如今"该哭的哭了，/该笑的笑了"。他呼唤快把街上的红灯都点着、
千盏万盏一齐照。快叫"吹歌"会的好把式们吹他个红花满地落，快把那
大鼓大铙抬出来用劲地敲，快将那喇叭筒拿出来走上广播台大嗓地叫："天
翻了个了，/地打了滚了，/千百万穷汉子站起来了！"最后，张老好心花怒放

① 土改后农民参军组成新兵团，改编正规军前暂名"翻身团"。

地呼唤"我们"都抬起头来大笑，笑啊笑，哈哈笑，千人笑，万人笑：

> 笑他个疾风暴雨呵，
> 笑他个地动天摇！
> 笑他个千里冰雪开了冻，
> 笑他个万里大海起了潮！

这是一首令人心潮激荡的农民已经当家做主的翻身歌，痛快淋漓地唱出了土地改革后翻身农民扬眉吐气的幸福感和自豪感。该诗长达268行，同样一韵到底，一气呵成，诗句诗行长短多少不限，皆随诗情与气势而定，放得开也收得拢，显得错落有致。《笑》与《搂草鸡毛》有着共同的艺术追求，诗中充分吸收民歌的格调又极力突破民歌的限制，吸取古典诗词散曲的神韵又不拘于旧律，散发着浓郁的现实生活气息又洋溢着奔放而炽热的革命浪漫主义的激情。这正是贺敬之从延安时代就开始努力追求的诗歌艺术品位和自由体新诗的形式。这种追求使得他这个时期的诗歌创作，更加表现出"诗"与"歌"难解难分的特点，即他的诗常是"能唱的诗"，而他的歌词又常是"诗化的歌"。比如，《送参军》原名《参军歌》，还曾被编入《自卫战争大合唱》（后改名《解放战争大合唱》）；《张大嫂写信》本是一首歌词，而收入诗歌集《笑》[1] 中被编入诗辑，至于诗集《朝阳花开》[2] 就不再分"诗"与"歌"了。应该说，贺敬之这种对文学艺术不懈探索的精神确实是难能可贵的。

　　当然，贺敬之更为可贵之处还在于，他的创作始终敏锐地把握着时代的脉搏，贴近不断变化发展的现实生活，同革命事业血肉相连，与群众同呼吸共命运，真诚而热情地唱出人民的心声。

---

[1]　贺敬之诗歌集《笑》，列入"现代诗丛"第一集之三（五十年代出版社，1951），全集分4辑，第一辑收延安时期创作的歌词8首，第二辑收诗《行军散歌》12首和《黑峪口夜渡》，第三辑收1946年创作的歌词6首，第四辑收诗《送参军》、《张大嫂写信》、《搂草鸡毛》和《笑》。

[2]　贺敬之诗集《朝阳花开》（作家出版社，1954），抽掉了《笑》中的部分篇目，收入的诗歌小有修改，集子中不分歌词和诗。

三 从战火中走向黎明

迅猛发展的人民解放战争不断地从胜利走向胜利。贺敬之在新的革命斗争历史进程中又留下自己闪光的足迹。

1947 年春末夏初，晋察冀野战军在取得正定太原战役胜利之后，决定发起青县沧州战役。当时部队在正定、灵寿、行唐地区稍事休整。为了积极配合人民解放军准备全面大反攻，华北联大派出部分师生和文艺工作者深入战争前线，在部队进行采访、学习、体验和锻炼。贺敬之也拿着成仿吾校长的介绍信，来到正在正定县附近休整的晋察冀野战军所在地。当他到达滹沱河北部解放军营地时，亲耳听到我军为试探和侦察敌军火力而打响的阵阵炮声与机枪声。这是贺敬之首次投入野战军部队正式战斗生活的第一个强烈印象。不久，他来到驻扎在新乐县的杨得志司令员领导的第二纵队，被分派到六旅十六团，由团政治处主任马劲夫负责同他经常联系。团里安排贺敬之到一营三连深入生活。

一天傍晚，团部通知贺敬之去新乐县参加二纵队总部召开的团级以上干部会议。马劲夫主任给他选了一匹好马，但马性太烈，他第一次学骑马，不敢上。马主任说："你是个文人，文人也该过戎马生活啊，不能说光有文化就行呀！"牵来第二匹马，他仍然犹豫不决。马主任急了，说："这个行了，你就上来吧，时间来不及了！"贺敬之那股好强劲又来了，跃身上马，跟随前行，只见马主任骑在马背上偏着身子，像坐在沙发上那个劲头儿，还一边跟他说着话。贺敬之心想自己也不能丢份儿，就根据马主任讲的大概要领，用腿使劲夹住马背，感觉还不错，可由于太紧张，夹得有点过分，到新乐下马，两条腿几乎分不开，皮也擦破了，血迹斑斑。他一声不吭，跟着马主任走进会场。会上杨得志司令员作形势报告，然后研究制订了佯攻沧州的作战计划。这次会议后，各参战部队营以上主要指挥员先期到沧州附近实施战前侦察，查明了敌情和地形，修订了作战方案。6 月 2 日，二纵队根据野战军司令部命令向沧州地区隐蔽进发，昼宿夜行，横跨冀中腹地，渡过运河，于 11 日在津浦铁路两侧集结。就这样，贺敬之同干部战士一道行军，休整，进行军事训练，开展诉苦运动，同他们一起写作《飞雷歌》，对他们的语言、个性、人生经历、喜怒哀乐、性格气质有了越来越深切的了解和感受。指战员们大都看过《白毛女》，对贺敬之也非常尊敬和亲近。他们结下深厚的革命友情，成了亲密的伙伴和战友。

6 月 12 日夜，二纵队兵分九路进击沧州外围之敌，13 日上午完成了对沧州城的军事包围。十六团星夜长途奔袭占领城西菜市口后，立即准备夺取军桥。沧州位于天津与德州之间，为天津南门户。该城在冀中平原东部运河捷地碱河之间，西有运河，南有碱河，形成剪形屏障。城墙四周遍布池塘沼泽，深深的护城河环绕城垣，地势险要。为了保住沧州重地，鱼肉百姓、杀人如麻的"铁杆汉奸"李靖华、刘佩臣、李兴文率敌警 7200 余人固守此城。关于夺取军桥的重要性和艰巨性，当时负责指挥夺桥和攻城的十六团三营营长刘政作了这样的记述：

> 沧州城与菜市口以运河相隔，军桥便是架设在京杭大运河上的一座 40 多公尺长、5 公尺多宽的大木桥。桥下水深 2 至 3 米，是从西面入城的必经咽喉要地，唯一的通道。……军桥两端各筑两座桥头堡垒，桥东端还有一个三丈多高的炮楼，三个地堡均与土墙相连；另有高房工事多处，机、步枪掩体重重，桥上横拦铁蒺藜栅栏三道。加之，桥东北边的当铺、高房工事，南面的面粉公司岗楼和城墙的西南面火力点，对军桥构成了多层次的交叉火网。防守之严可谓"固若金汤"了。[①]

面对顽敌，十六团勇夺军桥的战斗打响了。13 日中午，三营猛然向敌发起攻击，首先以炮火摧毁了敌桥头高碉，接着各种火力如条条火龙射向敌军的枪眼。八连战士率先冲上桥面，但被敌侧射火力封锁，伤亡很大，勇士们负伤不下火线。五连战士紧紧跟上，勇猛投入冲击，敌人的铁丝栅栏被我爆破英雄用地雷炸毁，突击队员们顶上子弹，端起刺刀，奋勇冲至桥东

[①] 刘政：《我的回忆》，天津人民出版社，1992，第 102 页。

端又被拒马所阻，西北角的顽敌乘机用机枪扫射，枪弹如雨，战士们群威群胆，浴血奋战，刘政营长多次负伤仍撸着袖子继续指挥战斗。在此紧急关头，同埋伏在冲锋出发地的战士们挤在一起的贺敬之，见又一批突击队员在冲锋号声中向桥上冲出了几步，他不顾刘营长的劝阻，跃身向前，紧随战士们冲上桥去。刘政记述道："进至桥东时，敌人火力猛烈，战斗异常艰苦，伤亡无数。文工团员、随军记者贺敬之等，也自动投入抢救伤员。"①一连战士扫除了最后一道障碍，夺取了数处院落，击退了敌人的反冲，扩大了突破口，巩固了桥东阵地。十六团主力通过军桥，至下午4时，同十八团一起全部占领了西关和西南关，守敌只有龟缩到城内去。我军指战员周密侦察，紧密部署，于14日晚7时对沧州城发起总攻。三连为尖刀连，担任攻城突击队，英勇杀敌，建立了登城首功。经过浴血巷战，至15日凌晨，二纵队共歼敌6300余人，俘获敌保安司令李靖华，战斗胜利结束。三连的指战员们集合在一座教堂里照了一张纪念相。与此同时，13～15日期间，我军第三纵队也攻克了青县县城。青沧战役告捷。6月15日，一轮红日冉冉东升，朝霞满天，灿烂的阳光普照大地，青沧两地人民获得了解放。此刻，贺敬之见马劲夫主任竟从容地坐在刚获解放的沧州城民众教育馆里的一架风琴旁，安静而悠闲地弹奏着《渔光曲》，那动人的旋律从他的指间和心间流泻而出。

余音在耳的激烈战斗的枪炮声和继而响起的悠扬动人的风琴旋律所组成的特殊乐章，强烈地震撼着贺敬之的灵魂。正是这特殊的乐章孕育了这位战士诗人的独特的气质和品格，而也只有执着地投身于革命斗争的文艺战士才能深切感受到这特殊的乐章。日后洋溢在贺敬之著名长篇政治抒情诗中那豪放的风格，那雄浑的气势，那宏阔与细腻相统一、激情与抒情相融汇的思想艺术特色，主要就源于这时代的乐章，源于这战火中拼搏的指战员们的英姿与心灵，源于穿越枪林弹雨的诗人自己的感情世界。是啊，贺敬之不仅经历了革命战火的锻炼和生与死的严峻考验，更为人民解放战争建立了值得骄傲与自豪的功绩。战斗结束后总结时，战士们提议给他评了二等功。当时在联大文艺学院文学系学习的徐光耀在谈到贺敬之"参加

---

① 刘政：《我的回忆》，天津人民出版社，1992，第104页。

了'青沧战役'，并与突击部队一起登上了城头"一事时说："作战部队觉得，一位写过《白毛女》的作家，能与战士一起冒死爬城，精神可嘉，便写信来校替他请功。年底，全校搞'立功运动'总结，他果然为此立了一功。"① 1947 年 6 月 29 日出版的《联大生活》第 5 期 7 月专号上刊载了贺敬之立功的消息和部队发来的为他请功的信②：

祝贺敬之同志立功

根据我边区人民子弟兵某旅□旅长□政委等来信，提议学校给文艺学院教员贺敬之同志立功一次。经校务会议讨论，同意这个提议。按我校开展立功运动以来，贺敬之同志为第一个立功者。故本刊特此表扬，并将原信刊登于下：

成校长：

贺敬之同志来我旅有两个月时间，工作直接深入连队班排与战士生活在一起，战斗在一起，从思想上与部队完全触合一致打成一片，不但收集许多部队生活战斗情形，且对我们工作上提出许多宝贵意见。在攻沧战斗中，与荣获"登城第一功"的□团第□连战斗在一起，鼓励士气，甚至亲自替伤员帮杂，对□连士气有着很大的鼓舞作用。战士们对他产生了天真的无产阶级的热爱。听说他要回去，许多战士拉着他的手来挽留。贺同志系"白毛女"名作者，此种艰苦英勇的作风，"热爱人民子弟兵"的精神，我们是很赞扬的。因此，我们提议，给贺敬之同志立功一次，并祝他能写出很伟大的作品，反映士兵生活战斗的真实情况。

专此致

军礼！并祝身体健康。

　　　　　　　　　　　　　　　　□□□□□□

---

① 徐光耀：《华发多情，神游故校》，《散文选刊》1991 年 7 期。
② 此消息和信的文字系中国人民大学高教研究室校史组的李江同志从该校所藏《联大生活》1947 年第 5 期上抄录下来的。李江附信说明该刊系油印版，印刷比较模糊，文中个别字是猜着写的，□处系原件上被涂去的部分。

作为华北联大在战场首次立功的文艺工作者，贺敬之载誉回到小李家庄文艺学院。在联大全校大会上，教务长林子明宣布了对他立功的表扬。贺敬之激动不已和深深铭刻在心的是指战员们那如大地与泥土一样质朴的可亲可爱的形象和为了人民的解放、祖国的新生而英勇奋战、舍生忘死的大无畏精神。他曾在文艺学院作这次下部队体验生活的报告，格外动情而感人地介绍了战士们在攻克沧州的战斗过程中顽强拼搏的英雄壮举和自己的深切感受。不久部队驻地转移到石家庄周围，离小李家庄不远，战士们还专程去看望贺敬之，他就请这些英雄在学校作报告，讲述他们的战斗经过与英雄事迹，使师生员工深受教育和感动。40 多年后，贺敬之跟当年的营长刘政和连指导员等老战友仍有联系①，当他得知三连的战士们历经解放战争和抗美援朝战争几乎全部牺牲了，引起他万千的感慨和无尽的怀念。贺敬之同战友们的革命感情与天地同存啊！

从 1947 年 7 月开始，人民解放战争出现了伟大的历史性转折。解放军部队将战斗主力从保卫解放区引向攻占国民党统治区，由内线作战转入外线作战，由战略防御转入战略进攻。他们为了尽快实现"打倒蒋介石，解放全中国"的革命目标，发扬勇敢战斗、不怕牺牲、不怕疲劳和连续作战的作风，以排山倒海之势，向国民党军队发起全国规模的大反攻，真正是"我军所到之处，敌人望风披靡，人民欢声雷动"②。

这年入冬，华北联大迁移到离石家庄不远的正定县城。11 月 12 日，人民解放军解放了石家庄。此后敌机仍然不时飞来石家庄轰炸。踏着敌机炸毁的残墟，贺敬之作为崔嵬任队长的工作队成员进入石家庄市，参加接管工作，深入街道，住进贫民窟，同洋车夫睡在一个炕上。他们配合地方干部开展"挖蒋根"的工作，广泛进行社会调查，发动群众，组织斗争趁火打劫抢走公物的残敌与地痞流氓，教育犯错误的青少年，因情况复杂也曾侵犯过工商业者，但很快得到纠正。他们在石家庄工作到 1948 年 1 月。贺

---

① 刘政撰写的《我的回忆》于 1992 年由天津人民出版社出版。贺敬之在书前题词"沧州军桥上浴血刘营长至今闻相呼犹见战旗扬"；1993 年，三连指导员给贺敬之写信，后又到北京相会，抚今追昔，同念战友。

② 《中国人民解放军宣言（一九四七年十月）》，《毛泽东选集》第四卷，人民出版社，1960，第 1235 页。

敬之深深感到自己在新的城市斗争实践中积累了一定的政治经验，逐步提高了政策水平。根据这一段生活体验，他创作了独幕话剧《一百万》，在新解放的石家庄市和泊头镇等地先后演出多场，颇受观众欢迎。这是他在话剧创作方面一次有意义的尝试。紧接着，贺敬之担任队长带领工作队到石家庄西南郊的塔坛村参加土地改革，依据中共中央新颁布的《中国土地法大纲》①，彻底拔除封建剥削的老根，帮助农民平均分配地主土地，实行"耕者有其田"的土地制度，极大地调动了广大农民群众发展农业生产、支援人民解放战争的积极性。贺敬之再次以其高度的政治热情，创作出一批歌唱翻身农民欢乐生活和主人翁积极性的富有民歌风味的歌词作品。其中，《嘹亮的钟声》赞美了"东方现出黎明的红光""胜利的红旗迎接我们前进"的大好革命形势；《给受难的同胞报仇》② 鼓舞战士们拿起枪"打进蒋管区，给受难的同胞去报仇"；《功臣榜上把头名挂》歌颂了受人爱戴和景仰的"机智又勇敢"的"光荣的战斗英雄"；《张洛明看水》通过张洛明夫妇面对分得的土地上丰收在望的喜悦心情的抒写，表现了土地改革后互助合作的农民翻身不忘"支援前线做模范"的精神境界；《两口子赶庙》采用男女对唱的方式，新鲜活泼的群众语言，描绘了"解放区经济大发展，各行各业买卖好"的红红火火的庙会景象及"夫妻生产做模范""支援前方打胜仗"的坚定决心；特别是曾经广为传唱的小型合唱《绣慰劳袋》，写得尤为生动感人，歌词中对心灵手巧的李大嫂穿针引线给众英雄也给自己刚上前线的丈夫绣慰劳袋的动情描写，唱出了"解放军前方打敌人，后方人民来支援，前方后方一条心"的时代强音。这期间，他还创作了歌词《华北解放区进行曲》，并同王命夫合作歌词《向胜利前进》③。在炮火连天的战争岁月，贺敬之不忘一名革命文艺战士的时代责任，于战斗和工作的间隙中进行创作，因此，这些紧密配合现实斗争生活的歌词作品，难以做到精雕细刻，但其字里行

---

① 《中国土地法大纲》为中共中央工委于 1947 年 9 月在河北平山县西柏坡村举行的全国土地会议上通过的新的土地法，大纲肯定了 1946 年"五四指示"所提出的"没收地主土地分配给农民"的原则，并改正了"五四指示"中对某些地主照顾过多的不彻底性。该大纲于同年 10 月 10 日由中共中央公布实行。

② 《给受难的同胞报仇》，周巍峙作曲，初载于《华北文艺》1949 年第 3 期。

③ 《向胜利前进》，分别由劳舟和刘铁山作曲，初载于《解放歌声》1949 年第 4 期。

间洋溢着时代的激情,闪射出心灵的火花。

经历长期斗争实践,贺敬之越来越深刻地认识到,作为革命战士,个人的命运总是同党和人民的命运紧紧联系在一起,为了革命的需要,必须经受革命熔炉的长期冶炼。1948 年春夏之交,贺敬之结束了塔坛村的土改工作,同联大文工团回到正定,立即投入党内"三查三整"① 整风运动,并担任文工团"三查"学习组第五小组组长。这场运动也被称作"搬石头",当时还是搞得相当严厉的。对于贺敬之来讲,主要就是检查批评自己的"小资产阶级思想""个人主义"等。他回忆说:"从延安整风以后,我又算脱一次皮呀!但许多事情要经过历史的过滤才能够看得比较清楚,比较透明。我觉得这些整风对我都有好处,可以了解革命事业的艰难,社会的复杂,党内的正面和反面经验以及自己幼稚的地方。通过'三查三整'又重新肯定了我,肯定了延安整风以后应该肯定的那些东西,这有利于自己的成长。"他还反省自己在当时革命战争的环境中批评别人也"有过分严厉的地方,有警惕性过高的地方"②。而当时联大文学系创作组成员鲁煤却回忆说:"'三查三整'查得很严。贺敬之出身苦,不需要查阶级,但他对自己的思想要求非常严格,哪怕有一点对人的嫉妒心也作检查。他对别人的要求也很严格,眼光很敏锐,却从不以势压人、无限上纲,提意见尖锐却实事求是。"③

贺敬之是党的儿子,吮吸着党的乳汁健康成长。党组织对年轻有为的贺敬之一直非常关心、爱护、重视和培养,让他在革命斗争实践中不断地增长能力与才干。"三查三整"结束后,华北联大派他出席华北局在平山召开的青年工作会议。华北局常委兼组织部长刘澜涛同他谈话,说:"我们很快会进北平的,需要恢复青年团的组织。过去叫'共产主义青年团',现在是新民主主义时期,叫'新民主主义青年团'。"④ 贺敬之从平山开完会回到

---

① 1947 年 9 月党的全国土地会议上讨论并规定在党内开展批评和自我批评,彻底揭发各地组织内的离开党的路线的错误思想和严重现象,以解决党内存在的成分不纯和作风不纯的问题,整编党的队伍。根据党中央的这一决定,1948 年四五月间,华北联大开展了"三查三整"运动,"三查"即"查阶级、查思想、查作风","三整"即"整顿组织、整顿思想、整顿作风"。

② 贺敬之 1994 年 3 月 29 日同笔者谈话记录。

③ 笔者 1993 年 10 月 23 日采访鲁煤记录。

④ 贺敬之 1994 年 3 月 29 日同笔者谈话记录。

学校后，校党委决定由他负责筹备组织联大新民主主义青年团，并担任华北联大团委副书记兼文艺学院团总支书记。他曾去阳泉作过一次关于建立青年团以及开展文艺工作的讲演。联大第一批发展加入青年团组织的积极分子中有闻一多的儿子闻立鹏和著名歌唱演员郭兰英。他还安排郭兰英在联大作报告，讲述她在旧社会的苦难遭遇和走上革命道路的经历与感受，给青年们以深刻的启示和教育。

随着华北人民解放战争节节胜利，晋察冀解放区和晋冀鲁豫解放区连成一片。1948年夏秋间，这两个解放区合并，成立华北联合行政委员会，继而改称华北人民政府。为了适应革命形势发展的需要，华北联合大学与晋冀鲁豫的北方大学合并为华北大学，直属华北局领导。吴玉章任校长，成仿吾和范文澜任副校长，钱俊瑞任教务长。原联大文艺学院成为华北大学文艺学院即第三部，联大文工团改为华北大学文艺工作团，后来改为华大文工团第一团。辽沈、淮海、平津三大战役①的连天炮火，敲响了独裁反动的蒋家王朝的丧钟。国民党军队困兽犹斗，垂死挣扎，狗急跳墙，伺机偷袭石家庄。10月底，华北大学开始转移，部分人员奔赴太原前线，另一部分人员开往邢台。贺敬之因脚扭伤未去前线而随队向邢台迁移，刚到邢台又获通知赶快回去，形势变化，准备进北平。12月中旬，联大人员都回到正定，进行休整。不久，贺敬之同文工团战友们一起徒步行军，经保定来到涿县，转乘火车到良乡，住良乡城里，积极参与接管北平的准备工作。

贺敬之终于有机会深入产业工人生活。1949年1月，为了向工人学习，给工人们演出，辅导工厂的文艺活动，华北大学文工团来到长辛店"二·七"机车车辆厂。那里的工人阶级有着光荣的革命传统，如今在战争环境中仍然坚持生产，支援前线，给文工团员们以深刻的教育和巨大的鼓舞。

---

① 辽沈战役进行于1948年9月12日至11月2日，解放了东北全境，歼敌47万余人；淮海战役进行于1948年11月6日至1949年1月10日，基本上解放了长江以北的华东、中原地区，歼敌55.5万人；平津战役进行于1948年12月22日至1949年1月31日，解放了张家口、天津、北平等大中城市，歼敌和改编国军52万余人。

他们住在工人家里，同工人谈心，了解老工人的苦难家史和斗争精神。据丁帆整理的联大（华大）文工团《大事记》记载："贺敬之同志听了铁路工人在诉苦大会上诉苦后，很受感动，连夜写了一首《平汉路小唱》歌词，张鲁同志谱上曲并由他和孟盂同志演唱，有很多工人听后流下眼泪说：'真唱出了我们的心里话'。"《平汉路小唱》① 是贺敬之这个时期创作的一首影响最大、流传最广的歌词，也是他表现工人阶级的生活、斗争和感情历程的一篇难得的佳作。歌词以抒写一位老工人诉说平汉路工人的苦难历史和欢呼翻身解放的喜悦心情的方式，表现了新旧两个时代翻天覆地的变化。歌中唱道，平汉路从北平到汉口三千里"步步都是咱们工人修"，五十多年"工人们的血汗不住的流"，可是"人养路来路不养人，工人的苦罪没有头"。"二·七"罢工流血牺牲是"共产党领导咱争自由"，日本鬼子在时"血泪点点记心头"，国民党来了"刮干了咱们血和肉"，真个是"平汉路呀是个贫寒的路，工人贫寒可就无出路"，"琉璃河成了流泪的河，眼泪比那个河水多"，"长辛店成了伤心的店，伤心的事儿可就说不完"。啊，炮声响，天地惊，解放军攻打北平城，解放了门头沟、涿州、良乡、长辛店，"咱们解放军满脸带笑进家门"，从今后，"太阳出来晴了天"，工人们"保护工厂加油干"，"支援前线打老蒋"，北平、天津、南京、上海全国都解放，"自由幸福万万年"。这篇唱出了工人心声的简练纯朴的歌词所蕴含的丰富深刻的内容，真可以说是一首长篇叙事诗或抒情诗。用工人自己的语言与表达方式写工人自己的生活和感情，形成该歌词的鲜明特色。词中巧妙地运用"平汉路"与"贫寒路"、"琉璃河"与"流泪河"、"长辛店"与"伤心店"等词语的谐音，既升华了形象，又深化了感情，这样的语言真正来自群众，更进行了出色的艺术提炼。

得到广大人民群众热烈支援的人民解放战争势如破竹。1月14日我军解放天津，活捉敌军指挥官陈长捷。处于解放军严密包围之中的北平国民党军队完全陷入绝境。傅作义明于大义，同意接受我军改编，1月31日北平和平解放，万众欢呼。2月2日夜，华大文工团接到通知赶快进北平。大

---

① 《平汉路小唱》初载于《解放歌声》1949年第4期，1952年7月收入《人民唱片歌选》第1辑中歌词内容有所压缩，1953年收入中华全国音协编选的《说唱音乐选集》中恢复原歌词。

家兴高采烈地打起背包，整理好行装，别上"军管会"的胸章、臂章，乘上厂里开来的一辆大汽车经过卢沟桥进广安门，于午夜两点到达北池子草垛胡同12号。贺敬之同战友们一起，兴奋地睡在一所大房间的乱草上，却感到格外舒适和温暖。一个新生中国的美好前景闪现在他们脑际，伴他们进入甜蜜的梦乡。

朝霞满天，人心激奋。2月3日上午，北平举行中国人民解放军威武雄壮的入城式。可是贺敬之未能享受到这幸福的时刻，他与于雁军等战友一起被派往石景山钢铁厂参加军管会接管工作。石钢成立工会，贺敬之担任工会文教部副部长。他积极参与组织石景山钢铁厂和发电厂的工人到北平城里参加"二七"纪念大会。2月7日上午，近三千人的工人队伍乘火车离开石景山站。这本是一列拉煤车，开过黄村不远处，突然有几节车厢散了，掉下去20多人，有的被压死，有的被压伤，惨不忍睹，立即组织抢救。然而，惨案并不能阻止工人们进城参加纪念活动的坚定决心。火车继续开动了，他们举着旗帜，高呼"共产党万岁！"等口号，政治情绪非常高涨。这动人的情景给予贺敬之的心灵以强烈的震撼，他深深感受到中国工人阶级追求光明与真理的崇高精神和强大力量。

新生活的曙光使年轻而历经长期革命斗争锻炼的文艺战士贺敬之无时无刻不处在兴奋激动之中。光辉灿烂的前程展现在祖国和人民面前，也展现在贺敬之面前。春光明媚的4月，他和于雁军等战友接到通知回城去南池子文管会报到。贺敬之被安排回到当时设在宣武门国会街北大四院的华北大学三部即文艺学院做青年团的工作，扩大团组织，发展新团员。他以自己的切身感受撰写了一篇《青年团对文艺工作者的一个提议》，刊载在4月5日的《人民日报》上。也就在4月，他出席了中国新民主主义青年团第一次全国代表大会并被选为候补中央委员。5月他出席了全国青年代表大会第一次会议。7月他又出席了中华全国文学艺术工作者代表大会，被选为中国戏剧工作者协会理事和中国文学工作者协会理事。在此之前，他在北京饭店参加了由周恩来总理召集的解放区和国统区少数作家会面座谈会。与此同时，他作为中国新民主主义青年团、中华全国民主青年联合总会和全国学联委派的中国民主青年代表团团员，准备赴匈牙利首都布达佩斯出席世界青年与学生联欢节及世界民主青年第二次代表大会。

出国前，毛泽东主席等中央领导亲切地接见了他们。那天，风和日丽，阳光灿烂，他们来到香山一座绿树环绕的房子前。毛主席从房子里走出来接见他们，同大家一一握手表示欢迎。新闻纪录摄影师摄下了这珍贵的历史镜头。突然，摄影师说不行，刚才机器出了故障，未能录下，需要重新拍，请主席再"演"一次。于是，毛主席非常随和地再一次同大家一一握手，表示欢迎。周恩来副主席、朱德总司令也在房子里接见了大家。朱总司令讲已经下命令了，解放军大军就要打过长江去。此情此景，在贺敬之的心里掀起了狂涛巨澜。当时，长江以南尚未解放，解放军还要进军大西南，解放全中国。党中央在运筹军机大事的同时，正积极筹备召开全国政治协商会议，接见纷纷来北平的爱国民主人士，真可谓开天辟地，重任在肩，日理万机，一刻千金。然而，贺敬之亲眼见到，毛主席接见时是那样热情、慈祥和平易，朱总司令在谈到解放军即将横渡长江这样翻天覆地的大事时显得是那样的沉静。人民的新中国啊，就要在这样的时代伟人的巨手中诞生，贺敬之的心中格外振奋。

这真是一个令人欢欣鼓舞的年代。贺敬之第一次跨出了祖国的大门，投身到世界进步青年热情的怀抱。7月22日，以肖华为团长的中国民主青年代表团乘坐"五一"号专列火车从北平出发，穿过茫茫的西伯利亚大平原，途经莫斯科，于8月9日到达位于美丽的多瑙河畔的匈牙利首都布达佩斯。8月14～28日，来自五大洲83个国家的1万多名男女青年代表聚集在这里，举行了第二届世界青年联欢节。各国艺术团和体育健将进行了精彩的表演与竞赛，还举办了展览会、营火会、跳舞会和狂欢节，参观游览了匈牙利的建筑和布达佩斯的市容。接着，9月2～8日，69个国家的770多名青年召开了世界民主青年联盟第二次代表大会。这两项活动的举行，充分显示了世界民主青年的雄伟力量，建立了各国进步青年之间的深厚友情，增进了世界青年反对帝国主义战争、争取世界和平民主的坚定信念。特别是中国人民解放战争的伟大胜利，给予了各国青年以巨大的激励和鼓舞。作为中国代表团的一名青年作家，贺敬之全身心地积极投入这些促进世界革命事业进程的活动，也以他特有的诗人的气质与才情记述了活动中许多感人的情景和他自己深切独到的感受。《东南亚青年代表们的联欢会》① 生动地描述了 8 月 22 日晚上，中国代表团在自己住地院子里举行的招待东南亚各国青年代表们的联欢会上那沸腾的场面和热烈的气氛，那为中国人民解放战争的伟大胜利和东南亚各国革命斗争蓬勃发展而表现出来的兴奋与骄傲的心情。《我们看见了自由希腊的英雄们》热情赞颂了自由希腊青年代表团的希腊民主军的英雄们的光辉业绩和正在进行的希腊解放战争，那是同中国人民解放战争息息相关的共同事业。仰望着希腊年轻战士们穿着一色的粗质绿呢军衣、军帽上缀着红色三角军徽，作者深情写道："从他们的服装上，使我们回想起在延安时代的我们三五九旅的战士们穿的那种也是粗质的绿呢军衣；握着他们的结实有力的手，我们知道他们这是拿枪的手，这更使我们感到特别的亲切。"这是只有从战士诗人的心灵深处才能产生的独特的联想和真情。《记匈牙利青年诗人库兹卡·彼得》细腻地记述了作者与诗人阮章竞一起，同匈牙利解放后成长起来的工人出身的优秀青年诗人库兹卡·彼得交往和相处的动人过程，特别是中匈两国诗人为了人民的文艺事业而不懈追求的心灵和感情的沟通与交流。《撒巴卡，布达佩斯》十分感人地抒写了作者在布达佩斯参观有"儿童共和国"美称的"少年城"和崭新漂亮的工人宿舍与别墅，以及布达佩斯市民热心照顾中国青年代表的动人故事，热情歌颂了匈牙利劳动者和儿童解放后幸福美好的生活，强烈的主人翁感及其对中国人民的深情厚谊。这 4 篇散文是贺敬之第一次创作的国际题材的文学作品，洋溢着强烈的国际主义和爱国主义的精神与情怀，笔调清新朴实，语言简洁明快，写得情真意切，生动细腻，潇洒传神。在布达佩斯的活动结束以后，贺敬之同部分中国代表团成员一起于归国途中在莫斯科进行了令人难忘的参观、访问和座谈，感触良深，获益匪浅。10 月 1 日，他们在莫斯科极为兴奋地度过了欢庆中华人民共和国成立的狂欢之夜。

---

① 《东南亚青年代表们的联欢会》以及《我们看见了自由希腊的英雄们》、《记匈牙利青年诗人库兹卡·彼得》和《撒巴卡，布达佩斯》4 篇散文均收入"中国青年丛书"《我们上了国际主义最生动的一课》（青年出版社，1950）。其中，《撒巴卡，布达佩斯》初载于 1949 年 10 月 22 日《中国青年》第 23 期，《我看见了自由希腊的英雄们》初载于 1949 年 12 月 16 日《中国青年》第 28 期。

在离开延安后的岁月里，特别是在整个人民解放战争期间，贺敬之的生活视野在不断地扩大，对革命斗争的体验与感受也在不断地加深。从陕甘宁边区到晋绥和华北更广大的新老解放区，从农村到城市，从国内到国外，他不仅反复参与了农村土地改革斗争，而且经受了人民革命战争炮火的锻炼与考验，不仅更深入地了解了农民、战士和工人，而且广泛结识了世界上反帝爱国、追求进步与光明的青年朋友。因此，这个时期，贺敬之的文学创作无论在题材上还是体裁上都大大拓展了，既激情满怀地歌颂了工农兵的火热斗争生活，也热烈赞美了世界民主青年英勇的战斗精神，既创作歌词和诗歌，也撰写散文和评论，既写新秧歌剧，也写话剧。虽然由于激烈的战争环境和不断迁徙的行军生活，他难以沉下心来创作出如《白毛女》那样的时代杰作，也未能产生出如这个时期涌现的李季的《王贵与李香香》、张志民的《死不着》等这样的文学精品，然而，贺敬之这个时期对新的题材和主题的不断开掘，对民歌和古典优秀文学作品丰富营养的认真吸取，对多种文学形式特别是诗歌形式的不懈试验与探索，使他的作品紧扣时代的脉搏，紧贴人民的生活，因而为人民群众喜闻乐见，感染和教育了广大的读者、观众和听众。尤其是经过贺敬之精心修改的新歌剧《白毛女》，在激励和推动农村土地改革斗争与人民解放战争胜利发展方面发挥了巨大的作用，是其他文学作品不能与之相比的。

这是贺敬之革命人生历程和文学创作道路上非常重要的一个阶段。他迈着刚健有力的步伐从战火中走向新中国的黎明，更热情洋溢地唱出了黎明前时代和人民的心声。一个新的时代正在呼唤贺敬之攀登又一座新的文学高峰。

第六章　人民戏剧事业的开拓者

一　坚定的信念，诚挚的感情

贺敬之同中国民主青年代表团部分成员从莫斯科返回北京的时候，毛泽东主席已经升起天安门前第一面五星红旗，并以他那时代巨人的洪亮声音向全世界庄严宣告：中华人民共和国成立了！

在那个金秋季节，祖国城乡处处彩旗飘扬，人们欢歌笑语，振奋激动，欢庆中国历史从此开辟了一个新的时代，新的纪元。人民大众当家做主的新中国开始展现在世界人民面前。

应该说，贺敬之自 1940 年投奔革命圣地延安后，历经革命熔炉的长期冶炼，取得了思想、创作双丰收，在革命航程中是一帆风顺的。那么，新中国成立后，他又走着一条怎样的人生道路和创作道路呢？

1949 年 10 月，中央戏剧学院成立，下设一个创作室。华北大学文工团并入中央戏剧学院。欧阳予倩任院长，曹禺、张庚任副院长，李伯钊任党委书记兼副院长，光未然（即张光年）任教务长兼创作室主任，赵寻、贺敬之、贾克任创作室副主任。这时，主要院领导和创作室成员居住在张自忠路铁狮子胡同 3 号。那里真是群英荟萃，后大院住欧阳予倩一家，中间小洋楼住曹禺、沙可夫、张庚、光未然等家，两边平房住贺敬之、鲁煤、赵寻、贾克、李建庆等单身青年。李建庆回忆说："当时风气非常好，相处特别和谐，谁也不锁门、不锁柜，书都互相看，用具衣物也不分彼此。文化部副部长茅盾还亲自关心我们的取暖问题。我们讨论剧本，曹禺也站在门口听，有时还进来一起交谈。"①

　　贺敬之与鲁煤隔壁而居，两人都喜欢诗和戏剧，往来更为密切，交谈甚深。鲁煤深感贺敬之纯洁、朴实、坦诚，相当成熟，但又很天真。贺敬之曾向鲁煤谈起在延安时何其芳称他是"我们十七岁的马雅可夫斯基"；谈起他到延安不久曾将自己的诗稿《自己的催眠》和《跃进》寄给四川梓潼的同学，没有想到被那位同学转给胡风，先后刊发在《七月》杂志上并被收入胡风选编的"七月诗丛"诗集中，而《七月》杂志对他当时投奔延安产生过积极影响；等等。当时创作室刚成立，同社会交往不多，较为闭塞。正好这年底胡风从上海出差来北京，住文化部宿舍。贺敬之建议请胡风来创作室讲讲课。经请示光未然同意，由鲁煤与刘沧浪去请胡风来讲了一天课，颇受大家欢迎。周扬得知后，同光未然商定请何其芳来创作室讲课，给胡风讲的课"消毒"。此后，贺敬之同胡风保持着联系。1950 年春，他向鲁煤索取胡风在上海的地址，给胡风写信并寄去自己延安时期的诗作。胡风给贺敬之回了信，信中称赞贺敬之表现童年时代家乡农民苦难生活的那些诗写得相当质朴、纯真，以前没有人这样写过，使他想起了普希金和涅克拉索夫，等等。一天晚上，在贺敬之房间里的灯下，他非常高兴地让鲁煤看胡风写给他的信，并对鲁煤说："我希望周扬与胡风合作，周扬是中国的日丹洛夫，胡风是中国的别林斯基，两人团结合作领导中国文艺界就好了。"鲁煤表示完全同意贺敬之的看法②。后来，胡风帮助贺敬之先后出版了诗集《笑》、《并没有冬天》和《朝阳花开》③。1953 年夏，胡风从上海搬家来北京，住景山后面，贺敬之常去看望他。

　　在革命文学道路上不断开拓前进的贺敬之，面对新中国人民文学事业如何繁荣发展，不能不以其高度的责任感和可贵的事业心，进行着严肃认真的思考，而且敢于坦陈己见。1950 年 9 月，他以《谈提高作品的思想性——给

---

① 笔者 1993 年 11 月 1 日采访李建庆记录。
② 笔者 1993 年 10 月 23 日、12 月 4 日采访鲁煤记录。
③ 《笑》（"现实主义诗丛"第一集之三），五十年代出版社，1951；《并没有冬天》（"七月诗丛"），上海泥土社，1951；《朝阳花开》，作家出版社，1954。

××同志的信》为题发表了自己写的一封信①，围绕着"如何提高作品的思想性"这一重要课题，展开了相当深入细致的分析和探讨。他从艺术创作实践的全过程进行考察，认为所谓"提高思想性"，就是要求作者的"艺术创造的意念（属于主观方面的）和他的创造的对象——客观的生活内容的高度结合"，就是要求作者的生活、思想、感情、技巧等的结合，而"感情"便是"思想和生活统一结合的血肉产物"，是"整个艺术创作过程的生命"，"感情的溶化"正是思想和生活相结合"在作者的创作过程中具体的体现"。他尖锐指出："离开艺术的表现，离开人物典型的创造，离开生活的真实的深刻的描写，而去为了所谓'思想性'去概念化的甚至'虚伪'地描写生活，主观主义或公式主义地去找一些或者创造一些'人物'的模型代表某一种'思想'然后在作品中安排出一些生硬的矛盾、冲突、转变、反省……这一切的想法和做法，我以为都是完全不对的，不仅根本违反了艺术创作的原则，同时也根本违反在艺术中表现思想性的原则。"他强调"一定要和各式各样从概念出发的公式主义的倾向作严肃的斗争"，并大声疾呼："让我们拿出更大的力量来，反对在艺术创作中和艺术批评中的公式主义；反对用简单的概念化的方法对待艺术；反对把'提高思想性'这一生动活泼的指导思想公式主义化和庸俗化！"在新中国成立之初，贺敬之就能够注目于新中国文学所面临的如何提高自身品位的根本性、原则性的新课题，特别是能够如此旗帜鲜明地反对文艺创作和文艺批评中的公式化、概念化，确实是独具胆识的。这不仅充分表现了具有丰富文学创作实践经验的贺敬之的较高的马克思主义文艺思想水平和独到见识，更充分表现了这位革命文艺战士对新中国文学事业的繁荣和健康发展的赤胆忠心。

贺敬之怎么也没有想到，中华人民共和国成立后，正当他恪尽职守、立志献身人民文学事业、大展宏图的时候，不顺心的事却连连发生，挫折和打击接踵而至。他面临着在新的历史条件下对自己人生信念与意志的新的考验和锤炼。

1950年，在张庚的支持下，李建庆、王命夫参与搜集资料和讨论，由

---

① 贺敬之：《谈提高作品的思想性——给××同志的信》，《人民戏剧》1950年第二卷第1期。

贺敬之执笔创作出 4 幕 16 场大型新歌剧《节正国》。该剧着力描写和塑造了煤矿工人罢工纠察队长、工人抗日游击队大队长节正国的成长过程与英雄形象，描绘了共产党领导者、共产党员、工人、农民等众多人物群相。剧中对日寇作战与同敌特、内奸斗争相纠葛，情节曲折，气氛紧张，感情激荡，在歌剧艺术形式上也进行了一些新的试验。这在新中国成立之初的戏剧创作中是一个新的开拓和尝试，在贺敬之的创作道路上也迈开了新的一步。可是，剧本开始彩排即被否定了。有关领导认为，该剧主题不清楚，未能正确反映抗日战争，特别是节正国这个人物写得不典型，歪曲了工人阶级、共产党员的形象，他竟然听内奸夏连风的话，这哪里是什么"英雄"而是"袍哥""混蛋"，等等。周扬听到这些反映后找贺敬之去谈话，他说："这个剧中主要人物不典型吧，怎么搞了这个东西啊？是不是不要搞了吧！"① 当然，剧中确实较多突出了节正国对把兄弟的"哥们义气"，尤其是当夏连风出卖军机并先后暗杀战士周洪和长发后，他仍然不辨是非真伪，极力袒护夏连风，甚至对心明眼亮的党的领导者刘敬不满，只是当他试探出夏连风策反的罪恶用心后，才亲手将夏击毙，自己也在同日军的激战中壮烈牺牲。节正国的转变的确过于突然，这不能不在一定程度上影响到他的"典型"性。然而，剧中的这些不足之处是可以修改、提高和完善的，却遭到了完全的否定，而且否定的意见又是那样的尖锐强烈，这对贺敬之在心理和精神上无疑是一个相当沉重的打击。

这期间，病魔也正在向贺敬之一步步逼来。1950 年秋抗美援朝战争爆发后，当时担任中共中央宣传部文艺处处长的丁玲负责组织以巴金为团长的作家访朝代表团，贺敬之为团员之一。已经开始学习和听报告了，一天，丁玲问贺敬之："你检查过身体没有？进城后你的身体究竟怎么样？"贺敬之说："我不用检查，就是觉得稍微累点，还有些咳嗽，别的没什么。"丁玲说："你还是不要去了，朝鲜战场是很紧张的啊！你可以到农村去嘛。"贺敬之心里很不高兴，但也只好服从。于是，1951 年初他到河北省大名县农村去深入生活。到那里不久，他总是觉得又困又累又乏，暗自埋怨自己

---

① 贺敬之 1994 年 3 月 31 日同笔者谈话记录。

进城才一年多怎么就变得这样娇气了，看来是缺乏锻炼啊。似乎豪情又来了，一天早晨，他从县城半截城墙上试着往下面麦地边一跳，想练练腿脚，没想到这一跳下去就起不来了，当场哇哇吐出两口鲜血。为了不让陪同他的县长看到，他用脚拨土将血埋住，头重脚轻地撑持着回到住处就晕过去，躺在床上昏迷不醒。他被送往附近镇上部队的野战医院，高烧不止。一个日本俘虏医生给他检查出是患了肺结核病，也没有什么药，就报告了北京中央戏剧学院领导。创作室派乔羽去接贺敬之回到北京，住进北海边专治肺结核病的北京红十字医院，被确诊是两侧浸润性开放性肺结核，从此病魔缠身，卧床不起。后来苏联专家给他治疗，开始渐渐有所好转，使他得以有时还能回单位参加一些活动，直到 1953 年春天他才出院。

就在病魔长期折磨着贺敬之身体的时候，他依然不断地承受着精神上的压力和打击。大约在 1950 年冬，北京文艺界开始了文艺整风学习，其目的是"确立工人阶级的思想领导和帮助广大的非工人阶级文艺工作者进行思想改造"①。这是新中国成立后文艺界的一次广泛深入的马克思主义文艺理论和毛泽东文艺思想的学习，起到了积极的教育作用，但在具体学习过程中也确实存在某些偏颇。在这次整风学习中，贺敬之成了创作室重点批评的对象。批评者主要针对他的文章《谈提高作品的思想性》和剧本《节正国》中的文艺观点和创作倾向进行指责，认为他强调"更重要的是要在诗（其他艺术作品也在内）中表现出'我'来"、作者的自我改造"决不能意味着是把作者的思想感情改造成和某个具体工人或农民完全一样"，作者"在政治上和思想上当然而且必须比一个普通的群众高一些"等看法是小资产阶级的右倾的文艺观点，是反对改造，而他表现在节正国身上的"行帮主义"则是"非典型"的创作倾向。

紧接着，"三反"政治运动开始了，贺敬之又无端受到牵连。人间万象的确复杂纷纭。贺敬之在家乡有一位堂叔名叫贺厚谟，据贺敬之 1938 年离家前所知，贺厚谟家系中农，并未参加任何政治活动。他离家后同这位堂叔从未联系，对其政治情况一无所知。1949 年冬贺厚谟来北京时，贺敬之

---

① 胡乔木：《文艺工作者为什么改造思想?》，《文艺报》1951 年第五卷第四期。

留他在京住了几天。不久贺敬之回家乡探亲，曾找地方干部了解贺厚谟应不应该划地主成分和定反革命的问题。当他得知贺厚谟的反动历史和罪恶情况后，即表示应由地方按政策处理，未再过问。可是家乡有人为此事给贺敬之单位写信诬告他。1952年在"三反"运动中，他就此事作了说明，并对自己在不了解这位堂叔真相的情况下留其居住的过失作了检查。然而他的说明和检查并未被理解与认可，却批评和指责他犯了"实际上已形成严重丧失立场，包庇反革命亲属的错误"。对此，贺敬之心里当然感到极为委屈。

人生和社会都充满着辩证法。在新生的人民共和国里，革命者的青春毕竟是美丽的。正当贺敬之躺卧在红十字医院病床上痛苦不堪的时候，柯岩（本名冯恺），这位内秀而刚毅的年轻女子，带着一身富有魅力的青春气息和一双蓄满温柔与聪慧的明亮的眼睛，来到了贺敬之的身边，闯进了他的生活。当时，贺敬之得的是两侧开放性肺结核，相当严重，大吐血，传染性很厉害，一般人不愿近前。柯岩却毫不顾忌传染，经常带着书籍、食品去病榻前探望他，带给他诚挚热情的关心、体贴、安慰和微笑，他也常托她借些书给他看。当她去太原下厂体验生活期间，得知他需要一部辞典，就毅然买了一部当时弥足珍贵的《辞源》邮寄给了他。这是友情的花朵，也是爱情的蓓蕾。

贺敬之同柯岩是怎样相识的呢？1949年5月苏州获得解放，时在苏州教育学院戏剧系学习的年仅19岁的柯岩即参加了革命，后到北平中国青年艺术剧院搞创作。1950年春，青艺院领导请一些著名作家来院讲课，其中歌剧课决定请贺敬之去讲《白毛女》的创作经验，并将该院一些年轻作者写的剧本交给他先看，以便作些辅导。柯岩是歌剧课课代表，请贺敬之讲课自然由她去联系。她早就读过贺敬之的《白毛女》和诗歌，很佩服作者的才华，但从作者的名字和作品中，总觉得这位作者一定是个老头。当她第一次见到贺敬之，不禁吃了一惊："哟，这么年轻！"这个第一印象是如此强烈！贺敬之在青艺讲完歌剧大课后，还同那些年轻创作人员开了个小型座谈会。院领导当然希望借助贺敬之的名望批评一下这些不太好领导的年轻人的"小资产阶级的创作倾向"。贺敬之争先看过的那些剧本都没有署作者姓名。他谈到一个描写抗美援朝中铁路工人生活的名为《争取早团圆》的歌剧剧本时说："这个剧本写得不错嘛，表现出作者特殊的才能。不要轻易戴'倾向性'这项帽子啊，这样年轻的同志受不了。当然，年轻的创作人员也要不断地要求自己越来越无产阶级化、布尔什维克化。"听着这些话，柯岩深深感到这位受党长期培养的"年轻的老革命"讲得蛮辩证的，特别是他称赞作者有"才能"，她心里格外高兴，因为这个剧本当时在青艺争论颇大，被指责有"小资产阶级情调"。真是知音难求啊！接着，贺敬之询问每个剧本的作者。当他问到《争取早团圆》是谁写的时，柯岩轻声回答："是我写的。"这时，贺敬之竟然多看了这位姑娘两眼。啊，眼睛是心灵的窗户，这两眼是多么刻骨铭心啊！后来柯岩得知贺敬之重病住院了，她怎么能不去看望他呢？而且只是到这时，她才知道他还是个单身汉。

此后，两人书来信往，倾心相谈，接触越来越多。在两年多难忘的岁月里，他们一有机会就在一起谈革命理想，谈人生追求，真可谓情投意合。贺敬之曾回忆说："当初，我们相互信任，也相互赞赏。她很聪明，很活泼、明快，有五十年代新中国刚刚成立时的女性那种蓬勃向上的精神，那种新的风貌。这是很吸引人的。"① 就这样，贺敬之与柯岩相爱了。1953 年夏，贺敬之同母亲与赵寻、鲁煤等几家一起从铁狮子胡同搬到磁器口沙土山二巷居住。不久，即柯岩准备随慰问团赴朝鲜之前，由领导和热心同事的促使，贺敬之与柯岩于 1953 年 9 月 12 日举行了简朴的婚礼，开始了共同的生活。从此，这两位共创文学辉煌的文坛明星，珠联璧合，携手并进，结伴而行，闯过一次又一次社会的大风大浪，矢志献身人民的文学事业。他们是相濡以沫的夫妻，又是相互激励的伙伴，是双璧生辉的作家，也是志同道合的战友。

更使贺敬之感到欣慰的是，虽然他所在的单位不断地批评他，甚至误解他，然而哺育他成长的党依然关心、爱护、信任和重视他。病愈出院后，他休养了相当长一段时间。后来，他渐渐承担一些工作，参加一些社会活动。1954 年，他同几位音乐家一道先后去武汉、安庆、合肥、杭州等地采

---

① 　吴绪彬：《诗人之恋——记贺敬之和柯岩》，《华夏诗报》1986 年总第 10 期。

风，学习地方戏曲。1955 年 5 月，受中国作协委派，由黄药眠任团长、贺敬之为团员的中国作家代表团赴东柏林参加席勒逝世 150 周年的纪念活动。为此贺敬之认真撰写了一篇讲话稿《纪念席勒逝世一百五十周年》①，由黄药眠在会上宣读。会议期间，他结识了匈牙利的卢卡奇、巴西的纪廉、民主德国的贝歇尔和布莱希特等著名作家。接着，他们访问了捷克。

贺敬之万万没有想到，当他从捷克回到北京，组织上就宣布因为胡风问题要对他进行审查！这是 1955 年的夏天，天气异常闷热，贺敬之被隔离，接受审查批判。此前，他的一位同事显然受组织派遣曾到他家里去要柯岩交出胡风同贺敬之的通信。柯岩说："信我们都没有保留。再说，私人的信也不能看，没有这个权利，这是违反宪法的！"同事说："对党员来讲不存在这个问题！"于是柯岩将一只箱子哗啦一声往院子里一扔，生气地说："你去看吧！"同事责怪她"怎么这个态度"。柯岩说："你要我什么态度？你来抄家还要我对你笑嘻嘻的吗？不可能！"这位同事也就只好作罢。

贺敬之当然是老老实实地接受审查和批判。是的，1941 年胡风主编的《七月》杂志上和选编的"七月诗丛"第一集《我是初来的》诗集中发表并选收了他的诗作，1949 年底他曾建议邀请从上海出差来北京的胡风到成立不久的创作室讲课，1950 年他同胡风为诗歌创作互相通信，1951～1954 年期间他在北京多次拜访过胡风，而胡风帮助他先后出版了诗集《笑》《并没有冬天》和《朝阳花开》。所有这些，不能不引起人们追究他与胡风之间到底是一种什么关系。人们还不能不追问他同胡风在思想和文艺观方面的联系，认为他于 1941 年在延安创作的《乡村的夜》诗集中那些集中描写黑暗旧中国农民苦难生活的诗篇所表现出来的正是胡风所宣扬的"精神奴役的创伤"，认为他于 1950 年撰写的《谈提高作品的思想性》一文中，强调作家创作的"主观方面"正是胡风所主张的"主观战斗精神"，认为他给胡风的信中表示感谢胡风在诗歌创作上的教育和培养是否定自己受党的教育和培养，等等。应该说，这次对贺敬之的审查和批判是相当严厉的。在整个审查批判过程中，包括中国剧协对他多次召开群众批判会，贺敬之始终

① 贺敬之：《纪念席勒逝世一百五十周年》，《文艺报》1955 年第 9～10 期。

冷静思考，正确对待。他认为，一个党员接受组织的审查和对自己过失的批判是理所当然的事，对党对自己都是必要和有利的。出于当时的认识，他对自己同胡风的关系进行了认真的检讨，同时说明了有关事实情况。当然，他的内心深处也确实有不少委屈之感。他心想，自己在延安写《乡村的夜》时根本就未听到过有"精神奴役的创伤"这个说法，对他关于作家创作主观性观点的谴责并不符合自己文章的本意，经过半年多的隔离审查，虽然没有将贺敬之划为"胡风集团分子"，但结论认为他所犯的"这种错误是具有反党性质的"，加上他曾犯过所谓"包庇反革命亲属的错误"，直到1956年11月中国戏剧家协会党支部才决定给予他"严重警告处分"，上报文化部。1957年5月文化部党委决定不予处分，7月剧协党支部的创作委员会党小组根据文化部党委的决定经过重新讨论也确定"不予处分"。

　　1957年，又一场狂风暴雨般的整风运动和反右派斗争在全国掀起。这年5月，《剧本》编辑部召开了一次小型的创作座谈会。会上，贺敬之在发言中谈到，近些年来在文艺指导思想和文艺评论方面有些走下坡路，主要是在文艺创作的领导上存在着教条主义，妨碍了文艺创作。他还联系曾对他执笔创作的歌剧《节正国》剧本的批评，觉得指责节正国这个人物"不典型"是不是意味着一个阶级只能有一种典型。由于多次挨整，他这次发言还是相当谨慎的。当时文艺界已经有人给周扬提意见。贺敬之就特别说明《节正国》并不是周扬直接否定的，因为他没有看过剧本，他是听别人说的。正是这次发言，使得贺敬之又一次受到批判，被指责是"右倾言论"，并且老账新账一起算。为此，到1958年12月，剧协党支部将1957年已经确定"不予处分"的两条"错误"重新翻了出来，又加上一条所谓贺敬之整风反右前"在思想上仍存在委屈情绪，并有新表现"，坚持给予贺敬之"严重警告处分"，并给中宣部党委打了报告，获得批准。这是贺敬之参加革命后第一次也是唯一一次受到处分。对这个处分，他的心里当然是不服的。历史最终还是恢复了事情的本来面目[①]。

　　不难看出，长期来贺敬之的处境多么艰难，乃至他的合法权利也受到

---

　　①　中共文化部党组于1979年10月16日根据贺敬之提出的申诉经复查做出决定，撤销了这个处分。

侵犯。比如，1959年一位日本汉学家给贺敬之写信，打算翻译他于1957年出版的延安时期的诗作《乡村的夜》，可是剧协有关领导人不仅不告诉他这封信的事，还以单位名义复函予以回绝。这是一种常人难以承受的境遇啊！

显然，贺敬之接连受到种种冲击，并不是时代的风浪将他抛向浪尖而被动地为浪头无端甩打。恰恰相反，他是主动地、积极地投身于时代的风浪，执着地做时代的弄潮儿，因而也就不断呛水。正因为如此，他在弄潮的过程中不可能不有自己的闪失。贺敬之不是"观潮"派，也不是"一贯正确"派。1958年贺敬之以《关于民歌和"开一代诗风"》①为题发表了他写给井岩盾的一封信，谈了一些积极的有益的见解，但其中也明显地表现出"大跃进"年代"左"的思想和情绪的某些影响。他未加具体分析地赞誉"大跃进的新民歌"是"社会主义的新'诗经'"，认为从中已经看见："前无古人的诗的黄金时代揭幕了。这个诗的时代，将会使'风''骚'失色，'建安'低头；使'盛唐'诸公不能望其项背，'五四'光辉不能比美。"他坚信新民歌沿着这"广阔道路"走下去，"屈原、李白将不如我们有力，杜甫、白居易将不如我们壮丽"，而且诗人的数目将是"亿万个"。同年在他发表的另一篇《漫谈诗的革命浪漫主义》②的文章中，对现实主义与浪漫主义在文学创作中的复杂表现的分析颇有独到之处，却又不无遗憾地指责艾青"从个人主义者发展成右派分子"。1959年，贺敬之撰写发表了长篇文章《谈十年来的新歌剧》③，这篇文章对新中国新歌剧事业的发展同样提出了一些有价值的见解，但文章里对"资产阶级思想逆流"的批评，对"相当一批资产阶级艺术家和有着严重资产阶级思想的人们"及"一部分出身于资产阶级小资产阶级的知识分子老干部"的指责，还有关于"必须从政治上思想上拔掉白旗、插上红旗"的主张，等等，显然带有整风反右后"大跃进"年代"左"的思想观念的鲜明印记。应该说，贺敬之对文艺创作和文艺思潮常常有一些较为深邃的他自己的独特思考，但在政治思

---

① 《关于民歌和"开一代诗风"》，初载于《处女地》1958年第7期，收入王宗法、张器友编《贺敬之专集》（江苏人民出版社，1982）。
② 贺敬之：《漫谈诗的革命浪漫主义》，《文艺报》1958年第9期。
③ 贺敬之：《谈十年来的新歌剧》，《戏剧研究》1959年第4期。

想上也未能超越他所处的时代的局限。然而，颇具时代喜剧色彩和讽刺意味的是，贺敬之的这种明显受到"左"的思想影响的文艺观点，却也被作为"右"的表现来加以批判，认为他的见解违背了"艺术必须服从于政治""政治标准第一，艺术标准第二"的马列主义艺术观和美学原则，责备他将"政治性、思想性包容在艺术性之中"，指责他的理论"实质就是'艺术性决定思想性''艺术即政治'"，是"资产阶级的艺术研究方法"①。

高尔基曾在一首诗中写道："只有一种人，才能成为人，这种人在生活中走着，就像钢在火焰中穿过一样。"奥斯特洛夫斯基也将革命者在人生道路上成长，比喻为钢铁在烈火中炼成。贺敬之经历了延安整风以来的历次整风运动的锻炼，也经历过解放战争炮火的考验，这不仅锤炼了他的意志，更升华了他的精神，使他的政治觉悟和思想境界不断地得到提高。他深知，中国共产党领导各族人民经过长期浴血奋战，终于推翻了压在中国人民身上的三座大山，建立了人民共和国，这是多么不易啊，多么令他欢欣鼓舞啊！他也明白，带着旧社会的血污刚刚诞生的新中国，面临着国内外尖锐复杂的斗争形势，党领导人民在探索由新民主主义革命转向社会主义革命和建设的历史进程中，不可能不出现种种挫折与失误；而文艺界由于自身的特点及其历史与现实的复杂性，对政治思想上的斗争尤其敏感，反应更为强烈。贺敬之对时势有着较为深刻的认识和理解，因此他虽然历经一次又一次冲击，处境十分艰难，长期感受到委屈与压抑，内心深处确有自己的困惑与痛苦，然而他从不消沉和灰心，没有因遭受打击而不满，也没有因被误解而埋怨。他能以平常心面对不平事，能以满腔热情、积极进取的乐观态度面对人生和社会，面对自己所从事的人民文学事业。长期共事的赵寻对贺敬之当时的精神状态深为感慨，他说："进城后运动很多，贺敬之的生活道路一直是不平静、不顺利的，遇到的阻力不少。反胡风斗争他就受到牵连。当时在剧协创作室挨整的有路翎、鲁煤，然后就是贺敬之。他能冷静地接受批评，认真写检讨，态度很好，比较有分寸。在处于受压抑的时期，他仍然对党有真挚的感情。逆境中最能看出一个人的品格来。贺

---

① 参见吴巽《应当用什么标准来衡量十年来的新歌剧》，《音乐研究》1960年第3期。

敬之是从延安出来的，不但不是领导，还要长期挨整，他的态度很不容易。"① 贺敬之这样的生活态度和精神境界，当然与他走过的人生道路所形成的人生信念密切相关。在任何艰难曲折的情况下，他都不会忘记，是共产党领导人民革命拯救了可爱的祖国，也是共产党引导他这个贫苦农民的儿子走上了革命人生道路，是马列主义、毛泽东思想哺育他健康成长。作为一名受党长期教育的共产党员、革命文艺战士，他坚信党的宗旨和奋斗目标，坚信自己所追求的革命理想，坚信新生的人民共和国无限光明美好的前程。他也切身感受到，就是在他不断受到冲击甚至被误解的时候，党和人民从来没有抛弃过他，母亲和妻子也一直给予他无限的信任与关爱。他深深地爱着党，爱着祖国和人民，也爱着自己的亲人。正是这种坚定的人生信念、诚挚的赤子之情，成为他取之不尽的巨大精神力量的源泉，在他的感情世界、精神家园里始终保有一片阳光灿烂的生命绿洲，激励着他忠诚地为社会主义文学事业的繁荣发展而忘我奋斗。

二　社会主义新歌剧的新实践与戏剧理论的不懈探索

新中国成立后，贺敬之长期辛勤工作在人民戏剧战线上。1949 年 12 月起，他任中央戏剧学院创作室副主任；1953 年该创作室先后改属文化部艺术局、中国戏剧家协会，他担任室主任并兼任《剧本》编委；1956 年 1 月，他当选为中国戏剧家协会理事并任《剧本》常务编委；1960 年夏，他又当选为中国戏剧家协会书记处书记。

贺敬之没有辜负党和人民的信任与重托。他在长期生病和不断遭受精神打击的情况下，仍孜孜不倦、任劳任怨地为发展新中国的戏剧事业倾注着自己的智慧、精力和心血，做出了多方面的贡献。

尽心竭力为人民奉献歌剧精品，是贺敬之矢志不渝的艺术追求。1950

---

① 笔者 1993 年 10 月 10 日采访赵寻记录。

年上半年，他对新歌剧《白毛女》剧本再一次进行了较大的修改，使其在思想性与艺术性上更臻完美，在国内外产生越来越广泛和强烈的社会影响，荣获 1951 年度斯大林文学奖二等奖，并于 1952 年列入"中国人民文艺丛书"由人民文学出版社出版。也就在 1950 年，贺敬之执笔创作了大型新歌剧《节正国》，在表现工人阶级的斗争生活和探索新歌剧的艺术形式方面都进行了有意义的开拓，可是由于剧本本身存在的缺陷和当时戏剧界领导创作指导思想上的偏颇，该剧刚开始彩排就被否定了。

1957 年春天，贺敬之受当时任长春电影制片厂导演的王滨之邀，住进颐和园，集中精力将一个儿童话剧改编成歌剧电影《画中人》。这个剧本的改编为贺敬之开辟了一片驰骋艺术才华的新天地，使他的歌剧创作表现出一些新的思想艺术特色。作为一名长期密切关注现实生活题材的作家，贺敬之在《画中人》中将笔锋转向了一个古老年代的民间神话传说，转向了一个富有浓厚浪漫主义色彩和强烈反封建意识的美丽而悲壮的爱情故事。剧情围绕着皇宫选美和民间爱侣同皇帝进行殊死搏斗而展开，曲折紧张，动人心魄，唱出了"一支人的命运的高歌"。通过浓墨重彩的爱情描写深化严肃的反封建主题，显示了作者在这部歌剧里独特的艺术追求。巧姐的家本是一个贫苦山民的家，虽为竹篱茅舍，可那里层峦叠嶂，云海松涛，峭壁奇峰，流泉飞瀑，山涧石桥，繁花盛草，美丽聪慧的巧姐的身影，就闪现在那花色云影之中，掩映在那红杏树荫之下，刺绣在那枝蔓牵连的藤萝绷架近旁，忙碌在那薄纱般的细竹帘之后。这位如花似玉、纯洁多情的少女，同居住在山下茅舍里的英俊健壮、质朴善良的孤儿庄哥一见钟情，倾心相爱。巧姐暗送庄哥的那一枝火红的杏花，庄哥吹奏着动人旋律的那一支芦笛，点燃了他们心灵间爱情的火花。在巧姐被巫臣和武士逼迫变成"画中人"后，为了庄哥和自己那纯真炽热的爱情，她或从画中飘然而出，或从房内隐入画中，真是出神入化，感人肺腑。这些富有诗情画意的描写，使这个爱情故事格外美丽动人，而作者对深蕴生活哲理的象征手法的独特运用，又使这个美丽的爱情故事显得异常悲壮，催人泪下。山涧边那棵卧地松，在剧情发展、人物命运变迁中发挥着神奇的作用。在巫臣用箭射死了巧姐的爷爷老石匠、巧姐纵身跳下悬崖的危险时刻，是卧地松化成老妪抛出一团白云笼住一卷洁白的画幅裹住了坠落着的巧姐，使巧姐变成"画中人"；也是这位老妪在年集上机智地将隐有巧姐的画轴交到了庄哥的手中；在庄哥由武士押送途中从囚车上挣脱滚下悬崖时，还是老妪化成一蓬松枝托住了庄哥，并化为一根松杖伴随庄哥隐入皇宫，危急关头随时随地神助着他。当庄哥和巧姐将他们的血和泪化成真太阳和真海水的龙袍按时送到皇帝宝座前，皇帝得意于阴谋得逞，立即下令杀害庄哥。庄哥怒气冲天，趁势踢开巫臣，夺取宝剑，向皇帝砍去，却砍破龙案上的龙袍，顿时，袍上的海水汹涌澎湃，波涛滚滚，淹没了皇宫。而庄哥和巧姐却攀住高出水面的松树，庄哥挥剑将皇帝和巫臣刺死在浪涛中。这时，在光芒万丈的太阳下，"新天新地唱新歌呵，无边的大海永欢笑"的歌声惊天动地而起，卧地松化成的小船载着庄哥和巧姐，由老妪把舵，乘风破浪驶向岸边。显然，卧地松，庄哥身上滴下的血，巧姐眼中淌下的泪，都是人间正义与正气的象征，人民伟大力量的象征，这些正是埋葬封建王朝的汪洋大海！作者将这种人间正义而伟大的力量采取超人间的形式生动传神地表现出来，使剧中弥漫着悲壮、神秘而浪漫的气氛。作为一部歌剧电影，《画中人》确实富有歌剧和电影相融合而形成的令人百看不厌的特殊的艺术魅力。因此，导演王滨进行分镜头拍摄时，所依据的脚本基本上是这个文学剧本，贺敬之只是署上"伊力"的笔名。影片中那优美动人、激情如火的歌曲①，曾经强烈地感染着广大观众的心灵。

贺敬之对歌剧创作新的探索与追求无疑同他对如何发展新中国戏剧事业的理论思考密切相关，而他的戏剧理论思考与戏剧评论对戏剧创作遵循自身规律，在社会主义现实主义道路上开拓前进发挥了一定的积极作用。早在1950年5月，贺敬之就在他撰写的《戏剧创作中的几个问题》② 一文中明确提出，在新中国的戏剧舞台上，应当完美地表现"新人物的英雄形象"。到底怎样才能塑造出这样的艺术形象，正是戏剧界不断探索而又难以突破的新课题。贺敬之恳切指出，当时在戏剧创作中常常将新人物写得抽

---

① 参见贺敬之作词、马可谱曲的《电影"画中人"歌曲集》，中国电影出版社，1958。
② 贺敬之：《戏剧创作中的几个问题》，《贺敬之文艺论集》，红旗出版社，1986。

象化、不够真实、不近人情，仿佛新人物"是按照那种一律的被叫做'英雄'的样子制出来的影子"，"甚至于不敢写出他们的缺点"。他强调，"所谓新人物是在矛盾的冲突和克服中成长的"，不回避"英雄"确实存在的"缺点"，"写出他的克服过程，成长过程，乃是极合理的事情"。他还及时而敏锐地提出了如何在剧作中进行社会批评的问题，认为"运用戏剧的武器来进行对于我们工作的自我批评是非常有效的方法"，"最热烈地歌颂我们生活的人，也就是最懂得对我们的生活进行自我批评的人"。同年9月，他在《谈提高作品的思想性》一文中，还旗帜鲜明地反对创作中的公式化和概念化。应该说，贺敬之能够如此坦诚而大胆地提出自己这样一些有利于社会主义文艺健康发展的见解，这在新中国成立之初确实是难能可贵的。贺敬之更一直关注着新中国戏剧的创作与演出，关注着国内外戏剧界的交流与学习，满腔热情地开展评论，不断地提出一些独到的紧密联系创作实际的见解，以促进人民戏剧事业沿着社会主义方向繁荣发展。1951年8月，他观看了北京人民艺术剧院演出的李伯钊等创作的歌剧《长征》，立即撰写并发表了题为《评歌剧〈长征〉》[1] 的文章，充分肯定该剧是在舞台上第一次表现了毛主席率领红军胜利长征这个具有重大政治教育意义的史诗性的创作主题，肯定剧中比较鲜明地表现了革命乐观主义和革命集体主义精神，而且在歌剧的表现方法与形式上进行了新的尝试，在音乐上大胆地接受了西洋歌剧的某些做法。与此同时，他也率直地指出该剧的主要缺点是党的领导和长征的艰苦性表现得不够，没有比较突出的人物个性的描写，没有形成一个完整的故事，缺少戏剧的纠葛和冲突，这就使得革命乐观主义"失掉了巩固的现实基础"而显得"不够全面不够深刻"，革命集体主义的具体内容也就比较"空洞而概念化"。分析入情入理，批评坦荡诚挚。1954年10月，贺敬之撰写《欢迎苏联国立莫斯科音乐剧院在中国的演出》[2] 一文，赞扬歌剧《叶夫根尼·奥涅金》和舞剧《天鹅湖》是"真正无愧于俄罗斯优秀传统的不朽的剧目"，而表现苏维埃时代新生活的《暴风雨》则是"新歌剧艺

---

[1] 贺敬之（笔名"荆直"）：《评歌剧〈长征〉》，《人民戏剧》1951年第5期。
[2] 贺敬之：《欢迎苏联国立莫斯科音乐剧院在中国的演出》，《贺敬之文艺论集》，红旗出版社，1986。

术的典范"，是"在歌剧艺术中的俄罗斯古典传统和社会主义现实主义美学原则的结合"。1955 年 5 月，他撰写了《纪念席勒逝世一百五十周年》① 的讲话稿，高度评价德国伟大诗人席勒悲剧的美学意义是"对未来向往的诗意的升华"。1958 年 3 月，当日本松山芭蕾舞团首次来北京演出芭蕾舞剧《白毛女》时，他立即撰写了《欢迎日本的白毛女》和《喜儿回"娘家"》两篇文章②，热情洋溢地肯定日本艺术家对《白毛女》的改编和演出是"艺术的精深造诣和大胆的创造精神相结合的产物"。这些都充分表明，贺敬之非常重视并善于广泛吸取外国艺术家的宝贵经验作为借鉴，以提高新中国戏剧创作的思想艺术品位。

20 世纪 50 年代中期，随着我国社会主义革命和建设事业的蓬勃发展，积极反映新的时代生活的戏剧创作不断取得丰硕的成果。对此，贺敬之格外欣喜，但他更注意创作实践中的经验与教训，从理论上认真地进行探讨。1955 年 11 月，他在《关于表现农业合作化的戏剧创作中的几个问题》③ 一文中，认为过去几年里表现农业合作化运动的许多优秀剧本"展开了我国的伟大现实的新画面，给我国文学艺术提供了表现农村生活的社会主义的新主题"，"具有崭新的艺术风格"，但有些剧本基本上是"从个别的政策条文上演绎出来的"，"缺少艺术的独创性"。他强调，"在艺术创作中，如果主要地不是去写人，不把人物的思想感情充分表现，如果把我们的农民写成了灰色的干瘪的人物，那么，就不仅是违反艺术的特性，造成公式化、概念化，而且也在实质上歪曲了生活"。这些见解，在他于 1956 年 1 月参与撰写的《〈独幕剧选〉序言》④ 中，又进一步作了阐释和发挥。同样，他充分肯定了两年来包括独幕话剧和小型歌剧在内的戏剧创作的巨大成绩，认为这些作品描绘了"我国现实生活的色彩丰富的崭新的画面"，表现了"我

---

① 贺敬之：《纪念席勒逝世一百五十周年》，《文艺报》1955 年第 9～10 期。

② 《欢迎日本的白毛女》和《喜儿回"娘家"》（笔名"卞济"）均载于《戏剧报》1958 年第 6 期。

③ 贺敬之：《关于表现农业合作化的戏剧创作中的几个问题》（笔名"卞济"），《剧本》1955 年第 12 期。

④ 《〈独幕剧选〉序言》为曹禺、陈白尘、赵寻同贺敬之交换意见后由贺敬之执笔写成，发表时署四人名。中国作家协会编《独幕剧选》，人民文学出版社，1956。

国人民在完成民主革命之后进行社会主义革命的伟大生活的新题材、新主题"，通过"戏剧冲突"的出色描写相当成功地创造了"正面人物的生动形象"，而且开始出现了"讽刺喜剧"，新歌剧也在"寻求着新的表现方法，创造着新的艺术风格"。在这篇序言中，贺敬之对戏剧创作中虽然得到了一定的克服但仍然普遍存在着的公式化、概念化现象进行了认真的分析。他指出，有一类剧本中"空洞的政治概念、政策条文从化了装的角色口中背诵出来"，"人物"划分成正确思想和错误思想的几个方面的"代表者"，他们之间进行争吵就是"冲突"，经过一番教训就完成了"转变"，于是"复杂深刻的生活变化变成了枯燥、雷同的死板公式"；另一类剧本"只有事件过程的表面记录，仍然没有生活本质的深刻表现，只有事实的罗列，仍然没有人物典型的创造"，这是"比较'复杂化'一些的概念化、公式化"，因为作者"仍然不是从丰富、生动的生活出发，而是从政治概念、政策条文出发"。在50年代中期，虽然反对公式化、概念化已经成为文坛普遍关注的问题，但能像贺敬之这样从当时戏剧创作实践中如此深入地提出一些针砭流弊的艺术见解还是颇为不易的。尽管他当时也只能是在坚持文艺创作"为政治服务"、"反映生活本质和主流"及"配合政策"等原则的前提下谈论这些观点，但贺敬之见解的难得之处在于，作为深悟艺术真谛的剧作家和诗人，他在坚持这些原则时格外注重文艺自身的特性，特别是文艺同社会生活的血缘关系。即使在论及"文艺配合政策"时，他也强调："政策来源于生活，揭示生活的发展规律，按照这个规律指导生活的发展。文艺作品反映政策，仍然是表现生活本身，不是去重复政策条文。"这就不难看出他的见解的独特之处。而且，随着时代的发展，特别是历经"文革"之后，贺敬之对这些原则本身的看法又有了新的变化。

"反右"运动之后紧接着的"大跃进"和党内"反右倾"斗争导致"左"倾思潮在中华大地上进一步蔓延。1958～1959年，贺敬之的戏剧研究和评论也难免打上那个时代"左"的印记，这在上节中已有所论及。值得重视的是，即使在那样的年代里，贺敬之依然能从艺术的本质与特性出发，对新中国戏剧创作的规律及其经验教训进行认真地思索与论析，表现了一名党的戏剧工作者对人民戏剧事业的关注和忠诚。1958年6月，他在《谈歌剧的革命浪漫主义》①一文中，赞同"革命的现实主义和革命的浪漫主义相结合"②的创作主张，却着眼于各种艺术形式之间在表现方式上、手法上等方面的相互差异，强调"歌剧的创造如果不充分发挥自己形式的特长，浪漫主义精神也就很难发挥"。他认为，"革命浪漫主义精神，应该看成主要是时代精神，人民精神的反映"，"它只能从生活中、从斗争中获得"，因此，"要首先从形式主义，从脱离生活、脱离群众的状态中，以及从资产阶级思想的束缚中解放出来，把我们的创造建立在跟时代、跟群众密切结合的基础上"。显然，贺敬之谈论歌剧的革命浪漫主义，着重于歌剧艺术形式本身的特点，强调的是歌剧创作跟生活、时代和人民群众的密切关系。这与当时比较流行的将"两结合"创作方法抽象化、神圣化，似乎成了创作的万灵药方的思维方式是颇为不同的。同样，该年4月他在《漫谈诗的革命浪漫主义》③一文中认为，"不论任何时代的文学，总可以看到三种大体上可以区别的不同情形：一种是所谓'严格的'现实主义作品；一种是现实主义和积极的浪漫主义结合的作品；再一种就是更多地属于浪漫主义范畴的作品"，这与当时较为流行的所谓大作家常常同时是浪漫主义者又是现实主义者、这两个主义从来就是结合在大作家身上的说法也是有所不同的。同年12月，他在《关于写真人真事》④一文中，写道"不能把浪漫主义理解为只是幻想、夸张、传奇等表现手法的运用"，这与当时文坛常常将浪漫主义同艺术的想象、夸张、虚构等混同，又是独具见识的。贺敬之就是这样在尊重文学自身的艺术特性和文学历史与现实的实际状况的前提下来探寻文学创作的规律。1959年7月，他在《答〈小剧本〉读者问》⑤中，对歌剧语言、话剧语言及一般文学语言的不同特点，特别是对歌剧中的说白与唱词的各自特点及相互关系等专门化问题作了相当精辟的论述。他强调：

① 贺敬之：《谈歌剧的革命浪漫主义》，《剧本》1958年第7期。
② 毛泽东于1958年3月在成都召开的中共中央工作会议上谈中国新诗发展道路时写道"形式是民歌，内容应是现实主义和浪漫主义对立的统一"。周扬在同年6月1日《红旗》创刊号上发表的《新民歌开拓了诗歌的新道路》一文中，据此首次正式提出"文学应当是革命的现实主义和革命的浪漫主义的结合"。
③ 贺敬之：《漫谈诗的革命浪漫主义》，《文艺报》1958年第9期。
④ 贺敬之：《关于写真人真事》，《剧本》1959年第1期。
⑤ 贺敬之：《答〈小剧本〉读者问》，《小剧本》1959年第8期。

"歌剧的根本特点就在于它是一种'诗剧',或者说是'剧诗'。因此它的语言也是一种诗的戏剧语言,或者说是戏剧的诗的语言。"如此揭示歌剧的根本特点确实是相当深刻和独到的。更为值得注意的是,贺敬之于1959年发表了《谈十年来的新歌剧》① 和《十年话剧创作的成就令人鼓舞》② 这样两篇总结性的文章。对于新中国十年来话剧创作多方面的重大成就,他都给予了充分肯定和高度评价。他认为,十年来的话剧创作表现了强烈的社会主义的时代精神,也克服了某些教条主义思想的影响,因此,描写工农兵群众中的英雄人物而并不把所有人物都"标准化"和"理想化","坚持阶级论反对人性论"而又不是"把典型仅仅只看作阶级本质的抽象表现"、"只注意共性而抹杀个性"或"一个阶级只有一个典型",刻画人物性格"善于从现实生活中抓取具有社会意义的矛盾斗争作为戏剧冲突的基础,而不是形式主义地去假造戏剧性"。贺敬之以这样的角度和见识来观察十年话剧创作的成就,无疑对戏剧界起到了积极的引导作用。关于十年来的新歌剧,贺敬之进行了更为系统深入的思考。他在回顾从"五四"以后开始尝试到解放区正式形成的"新歌剧"所取得的成就和基本经验的基础上,着力审视了新中国成立后如何在新的历史条件下表现社会主义新时代的新歌剧的曲折发展道路,特别是认真总结了新歌剧创作的成绩与缺陷、经验与教训。他强调指出,十年来新歌剧的创作与演出,虽然在题材内容、表现形式和风格上有了多样化的发展,在艺术形式的完整性上比解放区时期有了提高,但并不太令人满意,其成就"比起戏曲和话剧来就不免显得有些逊色"。他认为,十年来新歌剧艺术中一个重要的缺陷就是"内容不足而形式繁重,忽视内容而片面追求形式";另一个缺陷则是"轻视民族传统的洋教条思想在新歌剧部门中相当长期占有主导地位",而要想从根本上解决这些问题,就必须克服"脱离群众脱离斗争的关门提高倾向"。他主张"一面打破洋教条的束缚,一面纵横无尽地从国际先进艺术经验中吸取营养",坚持走社会主义民族新歌剧的道路。不难看出,在"左"倾思潮泛滥的年代里,贺敬之的这些艺术见解和主张对戏剧创作沿着正确方向健康发展具有

---

① 贺敬之:《谈十年来的新歌剧》,《戏剧研究》1959年第4期

② 贺敬之:《十年话剧创作的成就令人鼓舞》(笔名"卞济远"),《剧本》1959年第10期。

除弊兴利的警策意义。

三 扶植剧本创作，组织学术活动

从 1953 年起，贺敬之就在《剧本》月刊从事编辑工作，先后任编委、常务编委。他在戏剧编辑岗位上为了人民的戏剧事业尽心竭力，表现了高度的责任感和敬业精神。组稿、审稿、改稿到最后编发，这是日常的编辑工作，每一个环节他都一丝不苟，认真负责，如小型歌剧《海上渔歌》和大型歌剧《草原之歌》等剧本都浸透了他的心血。贺敬之的可贵之处更在于，他始终视作者为朋友，对他们剧本中的每一点优长之处都予以充分肯定和称赞，而对其缺陷则严格要求，或亲笔修改，或提出非常具体的修改意见和建议。当时常见编者要求作者在作品里将主要正面人物形象从政治上拔高，而贺敬之却总是从思想性与艺术性统一、内容与形式和谐的角度要求作者遵循艺术规律，尽可能加强其作品的思想艺术深度，提高作品的美学品位，常常使作者心悦诚服，感动不已。河南豫剧三团编导杨兰春于 1994 年 8 月 27 日在给贺敬之的信中动情地写道：“从 50 年代至今，你对我一贯关心支持，不论在我顺利之时，还是逆境之日，无不赤诚相助。不论在思想，还是创作上无不如此。我所编导的几个凡受群众欢迎的戏，一一均为你指导的结果，这已是有凭有据的历史事实。我是个人，是有肝有肺之人，我不会忘记，永远不会忘记，你是我的良师好友呵！”曾任武汉人民艺术剧院副院长兼话剧团团长的吕西凡，是贺敬之于 1940 年一同从四川梓潼奔赴延安鲁艺的老朋友和老同学，新中国成立后又共同奋斗在新中国戏剧战线上。1959 年春，吕西凡出差到北京，将他创作的反映大别山老区革命斗争生活的话剧《方素香》剧本带给贺敬之看。贺敬之非常重视，认真阅读，还亲自主持《剧本》编辑部的同事们参加讨论，给作者以鼓励，也对剧本提出许多修改意见。贺敬之发言细致分析了剧本的优缺点，将其缺点概括为“事多情少”四个字，并提出了具体的修改建议。吕西凡回武汉作了大的修改后将剧本寄给贺敬之。经过再次细心审读和深入思考，贺敬之于 8 月 14 日给吕西凡写了一封长信，肯定了修改本的一些长处，同时着重指出其主要问题是"人物还不够丰满""情节胜于形象"。他结合剧本中的例子详细地进行剖析，认为"有些情节似乎多余了些，而有些地方又似乎不够"，"选取情节是抓的多，用的少，情节没有很好为人物服务，整个戏的情节没有从人物形象、从全剧剧情的发展中集中到一个焦点上来"。在谈到"细节描写不够"时，他写道：

> 很多场戏是有大的情节的安排与发展，但小的，细致的，而在表现人物形象与情感方面必不可少的细节却很少。因此，显得简单，显得人物形象空一些，也可以说，有些一般化。我觉得，不一般化的情节穿插还不够，还必须有不一般化的、更深入的、具体的细节描写。光叙述，不描写，或者描写不够是很难达到形象化的表现的。举例说，第一次稿子中，在山边茅屋里生孩子、养活孩子、做秘密工作的那场戏，把红薯让给人吃等等，是给人很深的印象的，人物的风貌，人物的情感，环境的气氛等等都形象化的表现出来了。现在的本子比过去精简了，但很多精简到光有情节没有细节，光有骨头没有肉了。相见、怀念、疑问、激动、感慨等等人物感情上的东西，转移、审问、吃饭、上药、作战等等动作方面的东西都有些一笔带过而不加细问似的。此外，还有另一种情况，个别细节处理得比较随便，仿佛信手拈来，结果有些破坏真实感，如第二次被捕时的那把刀，就来得突然，使人感到有些"戏不够，神来凑"了。

写的是如此具体、细致而富有耐心。信中还指出剧本的语言使人感到"话少了情也少了，也就减弱了形象的具体性"。这封信从如何丰满地塑造人物形象出发，由剧情、情节、细节到语言，逐步深入地加以分析，而且将修改本同原剧本比较其得失，有理有据，还将他请几位同事看过修改本提出的意见归纳为 15 条抄录于另纸附在信后。这样的敬业精神怎么能不令作者折服和感激呢？吕西凡回忆说，"由于生活底子薄，修改本虽然'戏'多了，但编造痕迹重了，生活气息薄了，文学品位低了"，"这样的本子生命力是有限的",“我深深佩服贺敬之的眼力和水平”①。一位素不相识的作者屈英芬将其歌剧《铸钟》的分幕提纲和第一幕的初稿寄给贺敬之征求意见，照理说这是很难答复的。然而，贺敬之同样认真审读和思考，给作者写长信具体解析一个个问题。他将作者意欲在民间故事的基础上以幻想的形式创作的《铸钟》同《梁山伯与祝英台》的故事进行比较，指出由梁祝相爱的现实性情节到钻坟化蝶的幻想性情节的出现，是感情一步步推向高潮的结果，因此是自然的、合理的，体现了整个风格的统一；而《铸钟》中小青有月亮神的帮助却又血迹变花就缺乏合理的感人力量，有些牵强，不调和。他提醒作者"要仔细考虑一下整个艺术风格和结构的统一"，因为"幻想性的内在的逻辑不能和现实性的逻辑混在一起，混在了一起，两者都会是没有逻辑的了"。他还劝告作者注意"歌词"对于"风格"的重要性：

> 歌剧里的歌词就应该是诗，戏剧的诗。在你的歌词中的缺点是：有许多旧诗词中的陈腔滥调的痕迹，同时也有些自由诗的散文化的地方。这些部分不能很好地表现人物的思想感情和性格；同时，也缺少民间的朴素、明快、幽默的特点，及夸张、对比、隐喻等等表现手法。这也是属于风格问题的。（我在你的原稿上划了一些记号，请参考。）

以上这些修改意见只能出自戏剧创作的行家里手，更只能出自高度忠于人民戏剧事业的党的戏剧工作者的心灵深处。贺敬之在戏剧编辑岗位呕心沥血的事例远远不止这几件。在编辑园地上他确实具有一种老黄牛式的埋头苦耕的精神。

20 世纪五六十年代，贺敬之在戏剧界学术活动方面也是有其独特贡献的。由他提议并负责组织的"《琵琶记》讨论会"和"新歌剧讨论会"，特别是他积极参与筹备并主持的"全国话剧、歌剧、儿童剧创作座谈会"（即"广州会议"），在中国当代戏剧学术和戏剧创作发展进程中起了重要的促进作用。

---

① 吕西凡 1995 年 2 月 20 日提供给笔者的材料《我所知道的贺敬之》。

"《琵琶记》讨论会"是中国戏剧家协会于 1956 年 6 月 28 日至 7 月 23 日在北京召开的。出席会议的有田汉、翦伯赞、俞平伯、张庚、张光年、杨绍萱、尚钺、赵景深、钟惦棐、王季思、王瑶、陆侃如、程千帆、李超、李希凡等全国著名专家学者、戏剧界领导及文艺理论批评家等 160 多人。会议主要围绕着《琵琶记》是具有人民性的现实主义作品还是宣传封建道德的反现实主义的作品，如何区别封建时代思想文化的精华与糟粕，如何评价与《琵琶记》同类的古典戏曲名著的思想性和艺术性这一中心议题，开展了认真、细致的讨论。这次学术讨论不仅关系到对这部古代名著的科学评价问题，还涉及正确对待古典文学艺术遗产和文艺理论中诸如作者的世界观与创作方法、艺术典型塑造等一系列重要问题，也直接影响到当时的戏曲改革工作和剧团的演出活动，对促进当代戏剧创作沿着民族化方向健康发展具有积极意义。会议中专家学者们各抒己见，畅所欲言，既有共同的学术探讨，又有不同观点的针锋相对的争论，气氛自由、活泼而热烈，开创了"百家争鸣"方针提出之初活跃的学术新风。讨论会的头两夜安排大家观摩来京的湘剧团演出全本《琵琶记》。会议期间共组织了七次讨论会，其中第六次为分组专题讨论，第七次为大组辩论会，一次比一次更为深入，还组织了一次学术讲演会。会议结束后编辑出版了一本《琵琶记讨论专刊》①，辑入了讨论会的全部发言、讲演记录和会上所收到的部分文章及有关资料。整个会议开得井然有序，有条不紊，善始善终，初次显示了贺敬之学术活动组织工作的才能。

1957 年 2 ~ 3 月，中国戏剧家协会和中国音乐家协会在中宣部、文化部的领导与关怀下，在北京联合召开了"新歌剧讨论会"。参加会议的有来自全国的理论家、剧作家、作曲家、导演、演员共 170 多人。会议突出了新歌剧发展方向这个总主题，就新歌剧艺术发展中有关理论和实践的许多重要问题进行了热烈的讨论。通过各种不同意见的充分讨论，基本上廓清了"新歌剧"与"新戏曲"在概念上的区别，肯定新歌剧必须继承民族传统的根本原则和有选择地在某些戏曲基础上发展新歌剧的成功尝试，肯定新歌

---

① 剧本月刊社编辑《琵琶记讨论专刊》，人民文学出版社，1956。

剧的历史应该从"五四"算起，强调发扬解放区歌剧的革命传统，强调新歌剧的创造意义和在艺术创造上的百花齐放精神，同时批评了把发展新歌剧和戏曲改革不加区别、否定创造性和借鉴外国，对"基础"作片面的狭隘的解释的种种保守思想，也批评了只承认西洋歌剧才是歌剧，否定中国新歌剧走自己民族化道路的"洋教条思想"。会议中还讨论了新歌剧艺术团体的方针任务和行政措施等问题。这次讨论会认真贯彻"百花齐放，百家争鸣"的方针，充分体现了理论联系实际的学风，对新歌剧创作产生了良好的影响，增强了新歌剧工作者对事业前途的信心。贺敬之在会议开始时所作的《关于新歌剧问题讨论会的说明》①，对这次学术会议的缘起、主要议题和议程安排等讲得十分透辟和清楚，并组织会议按计划圆满结束。他为此花费了许多精力和心血。

"全国话剧、歌剧、儿童剧创作座谈会"于 1962 年 3 月在广州举行，是在周恩来总理直接指导与关心下由中宣部、文化部、中国文联和中国戏剧家协会联合主持召开的。身为中国剧协书记处书记的贺敬之，积极参与了这次会议的筹备组织工作，担任大会副秘书长。这是在特殊历史背景下召开的一次具有特殊意义的重要会议。20 世纪 50 年代末 60 年代初，由于执行总路线在具体工作上的偏差，"左"倾思潮日渐泛滥，文艺界也深受其害。为了纠正时弊，繁荣文艺创作，在党中央制定的"调整、巩固、充实、提高"八字方针的指导下，1961 年 6 月中宣部与文化部在北京召开了文艺界的"新侨会议"②。6 月 19 日，周总理在这次文艺工作座谈会和故事片创作会议上作了重要讲话，强调要发扬艺术民主、尊重艺术规律，给予与会者以极大的鼓舞。贺敬之出席了这次会议，心情格外激动。之后他又在华侨大厦参加了一次小范围的会，商议筹备"广州会议"。他组织《剧本》月刊同事认真整理出一份材料上报周总理，反映已经了解到的戏剧界的情况和问题。周总理邀请陈毅副总理一起听取了剧协书记处的汇报，赞同剧协组织调查组分赴几个大区的重要省市了解戏剧界情况。贺敬之带组到沈阳、鞍山、大

---

① 参见中国戏剧家协会编《新歌剧问题讨论集》，中国戏剧出版社，1958。

② 1961 年 6 月 1～28 日，中宣部周扬主持召开文艺工作座谈会，文化部夏衍主持召开故事片创作会议，因为同时在新侨饭店举行，故简称"新侨会议"。

连等地进行调查，搜集到不少戏剧界"左"的表现方面的材料。1962年2月17日，根据1月份扩大的中央工作会议和毛泽东主席在这次大会上报告的精神，周总理在中南海紫光阁召开的预备会上发表了《对在京的话剧、歌剧、儿童剧作家的讲话》，就艺术本身的一系列重要问题进一步发挥了他在"新侨会议"上讲话的观点，对"广州会议"讨论的内容与指导思想作了指示。贺敬之聆听了周总理在紫光阁座谈会上鼓舞人心的讲话和陈毅副总理生动的插话，欣喜不已，感触甚深。3月2日，周总理在"广州会议"开幕式上作了《关于知识分子问题的报告》，着重讲了党的知识分子政策，明确指出知识分子已经是人民的、社会主义的、工人阶级的知识分子。3月6日，陈毅副总理发表了《在全国话剧、歌剧、儿童剧创作座谈会上的讲话》，对周总理在新侨饭店、紫光阁两次讲话和这次报告的精神作了更具体的补充和精辟的发挥。他当场宣布取消"资产阶级知识分子"的"帽子"，表示给他们行"脱帽礼"。他还高屋建瓴地就剧本创作与戏剧批评、写悲剧与写人民内部矛盾、个人和集体创作的关系以及给在运动中受委屈的同志落实政策等重要问题，发表了具有远见卓识的见解。他的讲话，纠正了对文艺队伍的错误估价，指出了文艺方针偏差的政治根源，探讨了文艺规律，集中体现了这次会议的精神。座谈会期间，大家围绕着戏剧创作如何反映人民内部矛盾等中心议题进行了集中而深入的讨论，气氛热烈，心情愉快，情绪振奋。贺敬之在会议上作了题为《有关戏剧创作的几个问题》[①] 的发言。他就时代精神、表现英雄人物、艺术典型、反映人民内部矛盾及艺术表现等有关创作规律问题，阐发了自己独到的见解，抨击了当时相当严重的"左"的文艺现象，并点名指责"姚文元批评《布谷鸟又叫了》的文章中的一些片面观点"。从筹备到结束，贺敬之承担了整个会议的会务组织工作。他亲自去广州机场迎接在"反右"期间几次不想活下去的河南豫剧三团的杨兰春和会议开始后才补充邀请的《洞箫横吹》的作者海默来参加会议。他还负责接待记者，整理陈毅副总理的报告和其他一些重要讲话以及会议简报、报道等。"广州会议"，如春风化雨，滋润了文艺界干渴的心田，

---

① 贺敬之：《有关戏剧创作的几个问题》，《贺敬之文艺论集》，红旗出版社，1986。

解放了文艺生产力，促使新中国的戏剧创作很快又出现了一个新的繁荣局面。贺敬之为这次会议的成功召开立下了汗马功劳。

　　贺敬之在人民戏剧战线上勤奋工作了 14 个春秋。1964 年 4 月，他被调往人民日报社任文艺部副主任，开始了又一段更为曲折的人生旅程。值得庆幸的是，贺敬之在 20 世纪五六十年代还将自己一篇篇瑰丽壮美、大气磅礴、真挚感人的诗歌作品奉献给了新中国，在当代诗坛上树起了一座丰碑。

第七章　新时代的歌手

一　时代歌手的心灵之旅

从20世纪50年代中期开始，贺敬之迈进了他诗歌创作的黄金时代，攀登上了又一座新的文学高峰。他挥动着自己生命的彩笔，饱蘸着欢乐的泪水，热情描绘新生共和国多彩的面容，放声歌唱祖国和人民，歌唱中国共产党和人民领袖，歌唱社会主义新生活和新生活哺育出的新英雄。他是新时代颂歌合唱队中一位声音格外激昂嘹亮的热诚歌手。

面对贺敬之20世纪五六十年代精心创作的富有思想艺术魅力和生命力的诗歌作品，人们从中可以强烈感受到时代精神的涌动，也能够窥视出诗人内心的奥秘。那么，贺敬之为何到50年代中期才进入诗歌创作的高潮期并取得如此突出的成就呢？他这个时期诗歌作品的思想特征、艺术风格、美学价值及其在当代诗歌发展进程中的独特意义又是什么呢？这些只有从时代精神和诗人心灵的契合点上进行认真探讨才可能寻求到较为准确的答案。别林斯基曾在强调诗人创作的现实社会根源的同时，特别强调诗人个人性格的重要性，认为诗人"作品的精神和性格首先应该从他个人性格里去找解释"，因此研究一个诗人，必须"亲领身受他的作品中的情感和生活"，才算"找到了打开诗人的人格和诗作品的秘密的钥匙"[①]。当

---

① 别林斯基：《论普希金》第五篇，转引自朱光潜著《西方美学史》下卷，人民文学出版社，1964，第190、196页。

然，诗人的性格与人格是由他所处的时代和自己独特的生活经历与心灵轨迹熔铸而成的。

贺敬之跨入新中国诗坛的经历是颇有意味的。早在 1939 年，他在四川梓潼国立第六中学简师部学习时就开始了诗歌创作，先后发表了《北方的子孙》、《夜二章》和组诗《我们的行列》等诗歌作品。1940 年 5 月起至 1949 年以前这个时期，他创作的主要诗歌分别结集于新中国成立后出版的《并没有冬天》、《乡村的夜》和《笑》（重新整理出版时改名《朝阳花开》）等诗歌集里。他的诗歌创作曾经引起闻一多、何其芳、胡风等文坛前辈的关注与重视。新歌剧《白毛女》的影响日益扩大，贺敬之的诗名相形之下就渐渐不那么令人注目了。新中国成立后他一直辛勤耕耘在戏剧战线上，直到 1955 年，他才创作发表了一首题为《走向天安门》的诗①。也就在这一年，他响应中国作家协会的号召，应约写点儿童诗歌作品。柯岩曾这样回忆当时的情景：

> 有一次，他愁眉苦脸地写了一夜，第二天早上，我见他的稿纸上只有短短几行，而又有大量的涂抹的时候，我惊讶了："你怎么了？什么东西这样难写？"我问他。我了解他的创作习惯，他轻易不用稿纸，而是酝酿呵，默诵呵，满屋子走来走去，念念有词地写在小小的纸片上。平时是：只要坐到桌子前，摊开稿纸就是酝酿成熟了，一夜烟雾缭绕，第二天总是会有收获的。
>
> "是约稿。响应号召给孩子们写点东西。哎，给儿童写东西真难哪！"他说。
>
> "这有什么难的？你睡觉去，我来试试。"我坐到了桌子前，平时对儿童生活的记忆像海潮一样在我心里汹涌……这一天，我一共写了九首儿童诗。②

从柯岩的回忆文字中，可以了解一些贺敬之诗歌创作的习惯，更能看出他

---

① 《走向天安门》，《四川群众》1955 年第 19 期。
② 柯岩：《答问》，《我和儿童文学》，少年儿童出版社，1980。

创作诗歌严肃认真的态度。显然，贺敬之在儿童文学创作方面不能同柯岩相比，这主要因为他没有柯岩那样丰富的儿童生活的体验和积累。柯岩曾表示："这并不是说我比贺敬之高明，他在创作上的长处是我至今还在追赶着的，这只是说明每个人都有性之所近吧……"① 何况贺敬之毕竟还是创作了《儿童诗三首》及《风筝》②。不过，他的《走向天安门》和4首儿童诗都未能引起人们的注意。

　　1956 年 1 月《文艺报》刊发了丁聪等人创作的漫画《万象更新图》和袁鹰等人以《作家们，掀起一个创作的高潮!》为题配的诗，其中有一幅画配诗写道：

> 北风（那个）吹，雪花（那个）飘，
> 诗人贺敬之呵，
> 愿你的毛病早些好。
> "白毛女"的头发，
> 白了又黑，黑了又白，
> 你的新作还不出来？

这幅幽默漫画和这首善意讽刺诗，无疑给予了贺敬之以强烈的刺激和鞭策。对此他曾作过解释与说明："解放后，我一直卧病，很多时间住在医院和疗养所。另外，我所从事的工作，又使我不能离开办公室。因此，深入群众斗争生活和从事写作的时间很少。当然，更重要的是由于自己努力不够。所以，我写的太少，写的又太差。"③ 贺敬之所谈确乎是影响他进行诗歌创作的实情，也表现了他的谦逊品格。然而，如果从诗人的精神世界和创作心理角度思考，或许还有更深层的原因应当探求。

　　优秀诗歌是诗人的心灵开放的神奇花朵，而这样的花朵只有在诗人的

---

① 引自张沪《相信生活是美丽的——访女诗人柯岩》，《妇女》1981 年第 5 期。
② 《儿童诗三首》即《妈妈的眼睛真明亮》、《梦里的旅行》和《星星别害怕》，载于《人民文学》1956 年第 6 期；《风筝》载于《中国少年报》1956 年第 318 期。
③ 贺敬之：《放歌集·后记》，人民文学出版社，1961。

心灵处于思想超越、情感升华那种精神境界中才能开放出来。作为吃延安小米饭、喝延河水长大成人而又历经解放战争炮火洗礼的战士诗人贺敬之，理应是沐浴着新中国的阳光雨露，心花怒放，纵情歌唱。可是，新中国成立后贺敬之的生活道路并不平坦，长期经受着精神上种种打击与折磨的痛苦。1950年他呕心沥血执笔创作的大型新歌剧《节正国》，由于戏剧界有的领导以"人物不典型"等并非真能服人的理由加以否定而夭折。1950年冬开始文艺界整风学习，他被指责为文艺观点"右"倾和创作中"非典型"倾向而成为单位里重点批评对象。1952年"三反"运动中，他也无端受到牵连而被严厉批评。特别是1955年反"胡风集团"的政治风暴更是向他猛烈袭来，他受隔离审查和批判过半年，后来还决定给予他"严重警告处分"①。接着，1957年"整风反右"、1959年"反右倾"，他又一再被视为"右"而遭到批评。显然，如果不能超脱这种痛苦心态，诗人贺敬之是难以放声歌唱的。英国著名革命浪漫主义诗人雪莱曾说："因为诗人比别人在感觉上更加细致，对于自己及别人的痛苦与快乐更加敏感，而其敏感的程度也是别人所不会知道的，所以诗人往往怀着相当于这种感觉之差异的热忱，来逃避痛苦而追求快乐。"他还认为，"最伟大的诗人一向是品德最无疵点而明达则无所不到的人，而假使我们细察诗人生活的内幕，那么总能发觉他们是最幸运的人"②。倘若将"逃避痛苦而追求快乐"积极地理解为"超脱自己个人的痛苦而提升到一种愉悦的精神境界"，那么可以说，只有怀着满腔热情这样去做的人，才具有真正诗人的气质。贺敬之正是具有这种气质的真正的诗人。历经长期革命斗争的锻炼与考验，受到马克思主义和毛泽东思想的深刻教育，树立了共产主义人生观的战士诗人贺敬之，能够承受一次又一次的折磨和误解，能够超越种种打击带来的精神痛苦，使自己升华到更广阔浩瀚、壮丽崇高的人生境界。"心底无私天地宽"，当他进入这样一种心灵境界，就会像腾飞到高空俯瞰大地，眼前豁然开朗，胸怀浩

---

① 这次处分拖至1956年11月中国剧协党支部才决定的，1957年5月文化部党委批复不予处分，1958年12月剧协党支部又报请中宣部批准给予"严重警告处分"，直到1979年10月才由文化部党组做出决定撤销了这个处分。

② 雪莱：《为诗辩护》，《古典文艺理论译丛》第一册，人民文学出版社，1961。

远宽阔，个人的委屈与不平、得失与悲欢自不会耿耿于怀，萦回脑际，倾心关注的必然是党的伟大事业、祖国和人民的前途与命运。而且，由于超脱了个人狭小的胸怀和眼界而站立在更高处审视社会与人生，他就能够更深切地领悟"人间正道是沧桑"的历史哲理。于是，在他的眼前，中华民族的历史就像浩浩的黄河，滚滚的长江，奔腾不息地流向大海，它的过去、现在与未来统摄于他的心中。当然，这种精神的超越是需要一个过程的，这超越的过程也是生活体验与思想感情积累的过程。贺敬之实现了这种超越，因此他的心胸成为一座蕴藏丰富的感情的仓库，只要有一根火柴点燃，就会爆发出诗的激情的冲天火焰。而贺敬之的确是"最幸运的人"，他终于获得了喷发诗歌激情的契机和突破口。

1956 年 3 月初，受团中央和《中国青年报》的邀请，在一个雪花纷飞的黎明，贺敬之同当时担任团中央书记的胡耀邦一起，乘坐一架银灰色客机，从北京飞赴西安，然后转乘汽车到延安，参加在延安举行的西北五省（区）青年造林大会。一路上他同胡耀邦一起下棋，在延安又一同参加植树劳动。胡耀邦那坦诚而又带有天真浪漫气息的倾心交谈，强烈地撞击着他的心扉。在重返延安的幸福日子里，贺敬之就像回到了自己的家中，回到了母亲的身边，心里始终充满着温暖和激动。延安的父老乡亲，一山一水，一草一木，无不使他感到格外亲切。10 年前在延安生活的漫长岁月，又一幕幕闪现在他的眼前。

贺敬之不久写了一篇题为《重回延安——母亲的怀抱》①的散文，其中生动地记述了这感人的情景：

　　　　闪过去一座山、又一座山……终于，眼前的道路豁然开朗起来。一片毗连的房屋和层层相接的窑洞出现了。一条解冻的小河歌唱着向前流去——这就是和延河汇流的杜甫川！在那金色的夕阳的辉耀中，蓝天上高耸着那十几级的古老的宝塔——这就是宝塔山！

_____

① 贺敬之：《重回延安——母亲的怀抱》，《中国青年报》1956 年 6 月 27 日。

呵，母亲延安！分别了十多年的你的儿子，又扑向你的怀抱中来了。

一片喧闹的锣鼓唢呐声响起来，在五里铺到南关的河滩上，欢迎的人群涌过来了。陕北大秧歌在表演，这雪白的羊肚子手巾，紫红的腰带，这领唱的伞头，合唱的男女队员……这不是 1943 年的"红火"情景吗？

……

我被紧紧地围在炕上，我的手被左右的许多手拉着。面前摆满了"米酒"、"油馍"和炒菜……不会醉人的米酒使我刚端起来像醉了的一样。永远怀念的桥儿沟，永远怀念的延安的亲人们，让我们倾谈久别后的一切吧。

啊！窑洞、延河、宝塔，锣鼓、唢呐、秧歌，雪白羊肚手巾、紫红色腰带，米酒、油馍、炒菜，多么动人的场面，多么深挚的感情！贺敬之还在当时发表的一篇速记《红色旗帜下的绿色高潮》① 的开头写道："杨家岭中央大礼堂上的红旗正在春风里飘扬。照射着怀仁堂的灿烂阳光，此刻也正照射着这里山坡上的窑洞。毛主席仿佛刚刚打开窑门，他扬起手臂，迎着春风和太阳，和战友们一起走向北京，登上天安门。"啊！春风、阳光、红旗，中央大礼堂——怀人堂，窑门——天安门，延安——北京，激起贺敬之多少壮志豪情，引发他多少沉思与联想！诗人胸中的激情，有如久积地层的岩浆在奔突，正待喷发而出。一个最好的爆发口就在贺敬之的面前。3 月 9 日，造林大会主持人要举行一场晚会，请求贺敬之写篇作品在晚会上表演。于是，他披襟述怀，吮豪抒志，将充溢于自己心中的强烈感受和激情凝聚、升华为一首 66 行的脍炙人口的精美短诗《回延安》。晚会上，表演者用"信天游"民歌那悠扬婉转的曲调唱了《回延安》，全场观众激动不已。不久，西北人民广播电台播出了感人至深的《回延安》，《延河》第 6 期也刊发了这首诗。很快，《回延安》广为传诵，评家蜂起，诗人贺敬之名声大

---

① 贺敬之：《红色旗帜下的绿色高潮——参加在延安举行的五省（区）青年造林大会速记》，《中国青年报》1956 年 3 月 21 日。

震。的确，《回延安》为贺敬之向抒情诗方向发展奠定了一块厚重的基石。从此，他那满怀激情与豪情的政治抒情诗的创作一发而不可收。

贺敬之参加完青年造林大会离开延安后，又随同胡耀邦一行访问了洛阳市和三门峡水利枢纽工程。一路风尘仆仆，感触甚深，兴高采烈地回到北京。1956 年夏，正是迎接建党 35 周年的喜庆日子，也是中华人民共和国七周年国庆和党的第八次全国代表大会召开的前夕。那是新中国处于社会主义革命和建设事业兴旺发达、蒸蒸日上的时期，也是毛泽东主席提出"百花齐放，百家争鸣"方针因而文艺正面临大繁荣的时期。6 月的一天，《北京日报》文艺版的负责人辛大明扣响了贺敬之的家门，约他写一篇纪念党的生日的诗。在这阳光灿烂、万花盛开的季节，随同胡耀邦从延安、洛阳、三门峡回到北京不久的贺敬之，心情格外舒畅而又激动，他怎么能不纵情歌唱伟大的党、伟大的祖国和人民呢？为了让诗人能够集中精力创作，报社特地用摩托车将贺敬之送到北京西郊温泉工读学校（柯岩正在那里深入生活）附近的一家小招待所住下，那里的环境安静而优美。啊！诗人掀开了胸中激情的闸门，高亢豪迈的诗句好似浩浩长江激浪翻滚，宛如无边大海波涛汹涌。不过几日，贺敬之就写出《放声歌唱》的第一、二两节，编辑部负责人读后激动不已，将其刊发在 7 月 1 日《北京日报》上，作为向党的生日献礼。很快，读者热情称赞的来信雪片似飞来，给予贺敬之极大的鼓舞。他接着一气呵成第三节，《北京日报》7 月 22 日予以刊载。进入盛夏，贺敬之同柯岩一道到了青岛，在那壮丽、浩阔的大海之滨，他潜心写完长诗的最后两节，刊登于 9 月 2 日《北京日报》上，作为献给党的"八大"和国庆七周年的赞歌。中国青年出版社 1957 年 1 月出版了《放声歌唱》的单行本①。中央人民广播电台及时转播了贺敬之朗诵《放声歌唱》的录音。这篇长达 1600 多行的政治抒情诗，激起了广大读者和听众的热烈反响，受到普遍欢迎与赞扬。诗人贺敬之名重一时，震响全国。

"反右派"运动期间，贺敬之停止了自己的歌唱。1958 年，全民"大跃进"的热潮，再次激发了他的诗情，接连创作了《三门峡歌》、《东风万

---

① 人民文学出版社 1959 年 4 月出版《放声歌唱》单行本，列入"文学小丛书"第三辑。

里——歌八大第二次会议》、《地中海呵,我们心中的海!》和《不解放台湾不罢休》等诗篇①。1959 年,喜逢建国十周年大庆,贺敬之又接连创作了《欢呼红色宇宙火箭》、《我看见——献给红色人造行星》、《向秀丽》、《十年颂歌》和《桂林山水歌》②。应该说,贺敬之这两年的诗歌创作,是在特殊年代里的一种特殊的心灵显现。他热情歌颂新中国社会主义建设事业日新月异的发展;歌颂党领导全国人民为改变祖国"一穷二白"面貌而战天斗地、奋发图强的英雄气概和时代精神;歌颂党的好女儿向秀丽不怕烈火烧在身、生生死死为祖国的英勇行为和崇高思想境界;歌颂中华民族不解放台湾不罢休的坚定意志和必胜信心;歌颂地中海地区人民反对殖民主义斗争的胜利和苏联发射宇宙火箭和人造卫星的成功。这些颂歌中不乏诗人的真情实感和赤子情怀,也不乏富有诗情画意的名篇佳句,然而字里行间又确实留下"大跃进"年代一度盛行的浮夸风和"共产风"的印记,尤其是《十年颂歌》中对庐山会议"反右倾"的称赞显然是由党内斗争历史失误导致的败笔。令人高兴的是,1958 年 3 月他根据 1956 年随同胡耀邦参观三门峡水利枢纽工程时的感受创作了《三门峡歌》二首,特别是1959 年 7 月他访问桂林后创作了《桂林山水歌》。这两篇精美的山水诗是20 世纪 50 年代中国诗坛难得的珍品。的确,《三门峡歌》和《桂林山水歌》是优美的山水诗,也是深蕴激情的抒情诗。诗人落笔于山和水,而抒写的却是胸中的情怀,真是"登山则情满于山,观海则意溢于海"③。诗中没有当时流行的空洞的豪言壮语,却尽情地表现和赞美了那群情振奋、斗志昂扬、意气风发的强烈的时代精神。

1960 ~ 1962 年,我国处于暂时经济困难时期,而 1960 年上半年贺敬之的肺结核病严重复发,住进医院。因此,这三年中,除 1961 年整理发表了

---

① 《三门峡歌》二首载于《诗刊》1958 年第 5 期,《东风万里——歌八大第二次会议》载于《文艺报》1958 年第 11 期,《地中海呵,我们心中的海!》载于《新观察》1958 年第 15期,《不解放台湾不罢休》载于《新观察》1958 年第 18 期。

② 《欢呼红色宇宙火箭》载于《文艺报》1959 年第 1 期;《我看见——献给红色人造卫星》载于《新观察》1959 年第 2 期;《向秀丽》载于 1959 年 3 月 28 日《中国青年报》和《中国工人》1959 年第 6 期;《十年颂歌》载于《诗刊》1959 年第 9 期;《桂林山水歌》于1959 年 7 月访问桂林时创作,1961 年 8 月整理,载于《人民文学》1961 年第 10 期。

③ 刘勰:《文心雕龙·神思》。

旧稿《桂林山水歌》和结集出版了诗集《放歌集》① 外，诗人贺敬之再次
停止了自己的歌唱。1960 年夏天他出席了第三次全国文代会，特别是 1962
年他积极参与筹备和组织在广州召开了全国话剧、歌剧、儿童剧创作座谈
会后，心情日渐舒畅，更受到周恩来总理和陈毅副总理几次重要讲话的巨
大鼓舞，多年沉思中蕴积于胸的激情又在酝酿着新的喷发口。1962 年 8 月
15 日，平凡而伟大的共产主义战士雷锋不幸因公殉职。1963 年 1 月 7 日，
国防部命名雷锋生前所在的班为"雷锋班"。同年 3 月 5 日，毛泽东主席亲
笔题词"向雷锋同志学习"。全国上下为之精神振奋，很快涌起学习雷锋的
热潮。这时，《中国青年报》的编辑特地约请贺敬之写一首歌颂雷锋的诗。
啊！诗人的感情被深深触动了，澎湃的激情像炽热的岩浆又一次在胸中奔
突，他多么渴望更多更深地了解雷锋呵！恰好在 3 月初，柯岩从雷锋生前所
在连队采访归来，将她所搜集到的丰富材料特别是雷锋日记带回家中，迫
不及待地向贺敬之讲述雷锋的经历、事迹和精神，倾诉自己的心情和感受。
柯岩兴奋而激动地讲着，贺敬之兴奋而激动地听着，两颗诗心在交流、融
汇，通宵达旦。贺敬之一页又一页翻阅着有关雷锋的材料，一遍又一遍吟
诵着雷锋日记，仿佛胸中正波涛汹涌，脑海里正电闪雷鸣，只觉得在自己
心脏的炉火中，血管的激流里，燃烧着、沸腾着生命的永恒活力。他与柯
岩都遏制不住自己的激情，同时各自奋笔抒写歌唱雷锋的诗篇。一天又一
天，一节又一节，贺敬之写得是那样顺畅，那样一泻千里。他没有想到，
正当他写完第五节时，身任农垦部长的王震将军来到了他的面前。这位战
功赫赫的老将军，约贺敬之同他一道去上海，帮助动员和组织一批知识青
年奔赴新疆军垦农场生产建设兵团去开发边疆。到上海住在锦江饭店，贺
敬之随老将军积极开展活动，同青年们座谈，接触过柯庆施、荣毅仁、贺
绿汀等名人，进一步开拓了他的思想境界，激发了他的诗情。1963 年 3 月
31 日，贺敬之终于在上海写完了歌唱雷锋的长诗的最后一节。他将这首题
为《雷锋——一个中国士兵的颂歌》、长达 1200 多行的政治抒情诗，从头

---

① 贺敬之：《放歌集》，人民文学出版社，1961。收入 1956～1959 年创作发表的诗歌《回延
安》、《向秀丽》、《三门峡歌》（二首）、《桂林山水歌》、《放声歌唱》、《东风万里》、《十
年颂歌》、《地中海呵，我们心中的海！》、《我看见》等共 10 首，附《后记》。

到尾朗诵给王震将军听，老将军称赞不已，让再来一遍。当贺敬之朗诵到"升起来／你一座高峰，／我们跟上去：／十座高峰，／百座高峰！——／千条山脉呵，／万道长城！……"和"……快摆开／你们新的雁阵呵，／把这大写的／'人'字——／写向那／万里长空！……"时，王震将军连声赞道："啊，这个最好了，这是神来之笔！好，很好，赶快发表啊！"说着说着，拍起手掌来。老将军建议说："诗的题目这么长干什么？叫《雷锋之歌》就行了。"真是双璧生辉！1963 年 4 月 3 日《人民日报》发表了柯岩的抒情诗《雷锋》，紧接着，4 月 11 日《中国青年报》发表了贺敬之的《雷锋之歌》。同年 5 月，《雷锋之歌》由中国青年出版社出版了单行本，很快，中央电台也广播了。《雷锋之歌》不胫而走，传遍神州大地，震撼着亿万人的心灵。从此，诗人贺敬之攀登上了中国当代诗歌园地里政治抒情诗这一独秀的峰巅！

贺敬之在上海写完《雷锋之歌》的时候，柯岩和郭小川及夫人杜惠也来到上海。他们 4 人随同王震将军一道参观访问了苏州、无锡、杭州、福州等地，又先后返回上海。1963 年六七月间，贺敬之同新疆生产建设兵团派来上海的工作人员一起，当面聆听了王震将军对做好接收上海青年工作的多次指示，参加了老将军对上海青年进行思想教育的谈话和报告大会，还参加了同青年们的座谈及家访等活动。在这段时间里，贺敬之心潮起伏难平。是啊，他忘不了延安整风和大生产运动时三五九旅屯垦南泥湾的英雄事迹，忘不了 1943 年春鲁艺秧歌队去南泥湾为指战员们演唱《南泥湾》的动人情景，更不能不反复思考着在新的历史时期如何继承并发扬光荣的革命传统，把老一辈革命者的革命理想、精神、情操和作风传给新一代这样一个严肃的课题。想到这一切，他为王震将军等老革命家创建的新疆生产建设兵团接受上海青年入队这一具有远见卓识的举措而激动不已，产生了歌唱它的强烈愿望。不久，他们和兵团工作人员所带领的上海青年们一起，登上了从上海奔赴新疆的火车，在运行了几天几夜的西去列车上，同这些"南泥湾的老战士"和"扬子江口的新战友"又有了更多的接触与交谈，诗人不平静的心跟老战士、新战友们的心跳在一起。贺敬之回忆说："就是这样，到本年 12 月，在阿克苏新疆生产建设兵团农一师驻地，我写成了《西去列车的窗口》这首诗。它记录了我在这一件工作中和这一趟列车上的所见所闻，也写下了由此而产生的我对'革命的滚滚洪流'和'祖国的万里江山'的所感与所思。"①

"南泥湾精神"成为诗人贺敬之内心深处化解不开的情结。在新疆，参观过乌鲁木齐、天池、石河子、伊犁、昭苏、喀什等地后，郭小川、柯岩和杜惠先回北京了。贺敬之独自留在南疆的阿克苏一直待到春节之后才回到北京。根据他本人的请求，1964 年 4 月组织上将他从中国剧协调往人民日报社工作，任文艺部副主任。5 月，中国青年艺术剧院在北京首次公演展现和歌颂三五九旅指战员们当年屯垦南泥湾的战斗精神与风貌的 4 幕话剧《豹子湾战斗》。周恩来、朱德、贺龙、陈毅、叶剑英等中央领导都热情肯定这部受到广大观众喜爱的优秀话剧。贺敬之怀着异常激动的心情同王震将军一起观看了这次演出，仿佛再次将他带回到 1943 年春他们去劳军演出的南泥湾，耳中又回荡着"花篮的花儿香"的动人旋律，脑际又闪现出当年战士们振奋沸腾的场面，如今眼前所见到的，不正是"南泥湾精神"在新时代的发扬光大吗？诗人兴奋着，沉思着，挥笔写下了感人至深的抒情诗《又回南泥湾——看话剧〈豹子湾战斗〉》，刊发在 1964 年 6 月 3 日《人民日报》上。8 月，面对美国战争狂人点起的侵略越南的战火，贺敬之激情澎湃，怒火在胸中腾腾燃烧，振笔疾书，创作了声援越南兄弟的诗篇《胜利和我们在一起》②，热情洋溢地表达了中国同越南唇齿相依、亲如手足的深情。

1965 年 7 月，模范共青团员、雷锋式的共产主义战士王杰，为了掩护民兵和武警干部的生命安全，舍身扑到意外爆炸的炸药包上，英勇牺牲。他生前的日记被人们广为学习和传诵。贺敬之被王杰的精神深深感动，应《解放军报》之约，他以鼓点式的节奏、激越的旋律，满怀激情地写出了《回答今日的世界——读王杰日记》③ 这首震人心扉的诗。这是诗人贺敬之20 世纪五六十年代的诗歌创作中最后的一首诗。

---

① 贺敬之：《关于〈西去列车的窗口〉》，《诗神》1986 年第 3 期。《西去列车的窗口》初载于1964 年 1 月 22 日《人民日报》。

② 贺敬之：《胜利和我们在一起》，《人民日报》1964 年 8 月 9 日；参见白刚《围绕〈豹子湾战斗〉展开的一场严重斗争》，《北京文艺》1978 年第 9 期。

③ 贺敬之：《回答今日的世界——读王杰日记》，《人民日报》1965 年 11 月 15 日。

二 当代诗歌史上的奇峰

贺敬之 20 世纪五六十年代独具一格的诗歌创作，特别是长篇政治抒情诗的创作，奠定了他在中国当代诗歌发展史上的特殊地位，堪称一座奇峰。他这个时期的优秀诗篇，激励和感染了一代又一代读者与听众，催人奋进，动人肺腑，净化了人的心灵，升华了人的境界，真可谓树时代之丰碑，奏时代之强音，发时代之奇响。

这是一个放声高唱颂歌的时代。中华人民共和国的成立，掀开了古老中国历史崭新的一页，创建了伟大中华民族开天辟地的新时代。面对这个翻天覆地的新时代，几代诗人欢欣鼓舞，激动不已，不约而同地形成了一个颂歌合唱队，抒写出一篇篇真诚而激越地赞颂新中国、新时代的感人诗篇，如郭沫若的《新华颂》、何其芳的《我们最伟大的节日》、臧克家的《祖国在前进》、艾青的《我想念我的祖国》、田间的《祖国颂》、阮章竞的《祖国的早晨》、严辰的《我们是光荣的中华人民共和国的主人》、王莘的《歌唱祖国》、柯仲平的《高举着我们的五星红旗》、肖三的《欢呼呵，中国共产党，欢呼呵，毛泽东》、王老九的《想起了毛主席》等，都以饱满的政治热情，纵情高歌新生的人民共和国，歌颂伟大的共产党和人民领袖毛泽东，赞美新社会的新生活。这是新中国成立初期社会情绪、人民心声在诗人心灵世界的必然反映。臧克家曾满怀深情地描述他当年从香港到达北平的感受时说："从地域上讲，从一个旧世界踏进了一个新世界；从时间上讲，从一个旧时代跨入了一个新时代。一切都光华耀眼，新鲜动人，兴奋激动，有如从黑暗地狱中走出来，置身在光天化日之下一样。"① 这正是当时广大人民群众和诗人们共同的心理感受。

贺敬之由于自己特殊的生活经历和精神磨砺，直到 20 世纪 50 年代中期才步入新中国诗坛。比起新中国成立初期，五六十年代国内、国际形势都

---

① 《臧克家诗选·序》，人民文学出版社，1978。

有了很大的发展变化，国内完成三大改造，取得社会主义革命的伟大胜利，热火朝天地掀起了社会主义建设新高潮，真个是"春风杨柳万千条，六亿神州尽舜尧"；国际上亚非拉人民反帝反殖的民族解放斗争风起云涌，烽火连天，正是"四海翻腾云水怒，五洲震荡风雷激"。在诗坛沉思许久的诗人贺敬之，终于被时代的风浪冲开了心灵的闸门，诗情喷涌一发而不可收，创作出一篇又一篇诗歌杰作，引世人瞩目。更为令人欣喜的是，伟大的时代大大开拓了诗人的胸怀和境界，形成了诗歌创作独特的思想艺术风格，使其许多优秀诗篇成为开放在繁花似锦的当代诗歌百花园中的奇葩。

强烈的时代精神是贺敬之这个时期诗歌创作的突出特点。诗人曾深有感触地说："历史没有给我们其他选择，只有革命，只有社会主义，才有了今天。"① 事实正是这样，社会主义制度的建立，极大地调动和激发了全国人民建设强大的社会主义新中国的积极性，广大工人、农民、解放军战士、知识分子，满怀新社会主人翁的壮志豪情和改变祖国"一穷二白"面貌的坚强决心，奋战在社会主义建设的各条战线上，意气风发，斗志昂扬，神州大地朝气蓬勃，捷报频传，诚如贺敬之所说："那是一个大解放、大翻身的时代，是中华民族激情迸发、水晶般透明、烈火般火热的时代．大多数人都感到由衷的幸福欢乐，放声歌唱共产党，歌唱社会主义。"② 歌唱社会主义，颂扬社会主义的时代精神，是洋溢于贺敬之政治抒情诗中的时代强音。诗人在《回延安》中就唱出了"社会主义路上大踏步走"的人民心声。在诗人笔下，"我们共和国的/万丈高楼/站起来"，"第一架/自己的喷气式飞机/在天空歌唱，/第一辆/解放牌汽车/在道路上奔驶……"，"在千万个/矿井/和织布机旁，/煤炭/和布匹的/洪流，/又在突破/定额的/水位；/在千万顷/稻田/和麦地里，/早稻/和新麦的/行列，/正千军万马/奔向/粮仓"，"啊，我们革命的战马，/在社会主义的征途上/又/远去千里"，"让我们社会主义的/大鹏鸟，/风云万里/振翅飞翔！"（《放声歌唱》）在《三门峡歌》中诗人歌唱三门峡建设工程时也发出这样的赞叹："举红旗，天地开，/史书万卷脚下踩。/大笔大字写新篇：社会主义——我们来！"

① 贺敬之：《答〈诗刊〉阎延文问》，《贺敬之谈诗》，人民文学出版社，2004，第105页。
② 贺敬之：《答〈诗刊〉阎延文问》，《贺敬之谈诗》，人民文学出版社，2004，第105页。

　　尤为可贵的是，诗人在生动地描绘社会主义建设事业飞速发展的宏伟画卷时，更倾情于赞颂社会主义时代的英雄人民建设和捍卫伟大祖国社会主义事业的主人翁精神风貌，揭示出社会主义时代精神的本质。诗人赞道："'人民'——/我们壮丽的/英雄的/名字！/在中国的/神话般的/国度里，/创造一切的/神明/正是/我们自己！"（《放声歌唱》）"五千年来——/谁见/工人阶级/天工神斧?!/万里一呼——/为社会主义/立擎天柱！"（《三门峡歌》）"啊啊！就是这样——/在共和国的大地上，/闪耀着/数不清的/英雄形象，/震响着/不朽的/英雄的声音！/就是这样，/六亿五千万/英雄的人民，/走过了/十年的道路，/推动着/共和国/前进的车轮！"（《十年颂歌》）至于诗人所着力歌颂的雷锋、王杰、向秀丽等英雄人物的光辉形象和崇高境界，更是社会主义时代精神熠熠生辉的亮点。诗人曾强调说："我们的时代精神是把握历史发展、推动历史前进的精神，是革命精神。"① 历史充分表明，只有共产党领导的英雄人民才能开创出辉煌的社会主义时代，也只有社会主义时代的人民才能真正成为时代主人的英雄人民。这正是贺敬之政治抒情诗彰显的强烈的社会主义时代精神。

　　鲜明的政治倾向是贺敬之这个时期诗歌创作的又一个突出特点。作为一名老革命文艺战士、成就卓著的革命诗人，贺敬之始终坚信"文艺不能脱离政治，这是客观规律"，认为"文艺家在作品中不仅客观地表现生活，同时也在评价生活，表现作者自己的政治倾向性，自觉地通过自己的作品去为促进他的政治理想的实现服务"②。他更认为："作为社会主义的文艺工作者，特别是党员作家和诗人，革命精神决不能丢，革命的世界观、人生观和艺术观决不能丢。"③ 正是这种坚定的革命信仰，使他的歌唱社会主义的政治抒情诗的政治倾向性显得格外鲜明。

　　诗人常常将社会主义革命和建设事业同新民主主义革命的历史行程紧

---

① 贺敬之：《有关戏剧创作的几个问题——在广州召开的全国话剧、歌剧、儿童剧创作座谈会上的发言》，《贺敬之文艺论集》，红旗出版社，1986，第79页。

② 贺敬之：《谈谈文艺和政治的关系——在中宣部第三次理论座谈会上的发言》，《贺敬之文艺论集》，红旗出版社，1986，第127~128页。

③ 贺敬之：《新诗史上应有的重要位置——致朱子奇》，《贺敬之谈诗》，人民文学出版社，2004，第238页。

密联系起来抒写，动人心扉，启人联想，引人深思，大大加强了作品政治内涵的厚重感，增强了作品政治激情的冲击力，提升了作品的思想艺术品位。在《回延安》中诗人唱道："杨家岭的红旗啊高高地飘，/革命万里起高潮！//宝塔山下留脚印，/毛主席登上了天安门！"在《三门峡歌》中诗人也唱道："啊，今日非古！/红旗下井冈，/一改江山古画图！"在《又回南泥湾》中诗人还唱道："南泥湾的火光啊天安门的灯，/——照得长空分外明！"在《西去列车的窗口》中诗人又唱道："你可曾听到啊，在车厢里：/仿佛响起井冈山拂晓攻击的怒吼？//你可曾望到啊，灯光下：/好像举起南泥湾披荆斩棘的镢头？"同样，诗人在《放声歌唱》中更是激情满怀地高歌："你听，/你听！——/省港大罢工的/呼号声，/在我们的/鼓风炉里/正呼呼作响，/你看/你看！——/南昌起义的/鲜血/在我们的/炼钢炉中/正滚滚跳荡！啊，在农业合作社的/麦场上，/正飘扬着/秋收起义的/不朽的红旗！/在基本建设的/工地上，/正闪耀着/延安窑洞的/不灭的灯光！……"在《雷锋之歌》中诗人再一次放声歌唱："长征路上/那血染的草鞋/已经化进/苍松的年轮……/淮海战场/那冲锋的呼号/已经飞入/工地的夯声……"，"让我说：/我们是/一母所生——/我们血液的源头，/在'四·一二'的/血海里，/在皖南事变的/伤痕中……/早已/几度相逢……"，"巴黎公社的/前辈英雄啊，/你们请听：/你们不朽的事业/我们要/永远担承！/我们在/井冈山前，/向你们/保证：/——我们要/子子孙孙/永不变啊，/辈辈新人/是雷锋！……"，"让我们说：/'我爱雷锋……'/这就是说：/'我要/永远革命！'"

正是这种"永远革命"的精神，使诗人不仅将社会主义同新民主主义革命紧密相联尽情抒写，更将社会主义同追求共产主义理想联系起来纵情讴歌。贺敬之深知"社会主义文艺，就思想内容来说，属于共产主义的思想体系"①，强调"诗人的胸怀必须是共产主义者的无限广阔的胸怀"②。他曾深情地回忆说："历史教育我们，只有共产主义思想引导我们这些人逐步把理想变为现实，引导我们跟随革命大军打走日本鬼子，推倒三座大山和走向

① 贺敬之：《当前文艺思想的几个问题》，《贺敬之文艺论集》，红旗出版社，1986，第265页。
② 贺敬之：《漫谈诗的革命浪漫主义》，《贺敬之谈诗》，人民文学出版社，2004，第14页。

社会主义。"① 显然，从新民主主义到社会主义到共产主义，是中国共产党领导中国人民奋勇前进、奔向幸福社会的必由之路，也是贯串于贺敬之政治抒情诗中一条闪光的红线。诗人在《放声歌唱》中鲜明地表示"我的誓词：/'为共产主义/奋斗/到底！'"，赞颂千万人党申请者决心依照"先烈的榜样"为实现"共产主义的理想"把一切献给"亲爱的祖国"和"亲爱的党"，高唱"我们"高举党的"光荣的旗帜"前进"在社会主义——共产主义的/大路上！"诗人在《东风万里——歌八大第二次会议》中高歌："我们/今生事业——/就是把这/可爱的地球/造成一颗/走向/共产主义的/行星！！"在《我看见——献给红色人造行星》中，诗人又高唱："放开/你们的喉咙呵，/高声/朗诵：/'共产主义'！——/呵，他伟大的姓名……""呵！/共产主义呵，/从马克思的/第一个小组，/已飞上了/宇宙太空的/万里云霄！……""来呵！/干杯！——为伟大的共产主义，/为红色的人造行星！/为胜利，/为东风！/干杯！——/为把帝国主义死尸/送进坟墓，/干杯！——/为把共产主义凯歌/唱遍——/宇宙太空！——"在《十年颂歌》中诗人也动情地唱道："啊，望不尽的/江南三月——/社会主义的/无边美景……/南国红豆啊/满含着——/共产主义的/相思的/深情。""在未来的/共产主义的/地球上，/我永远是/一个年轻的公民。"诗人还在《雷锋之歌》里盛情赞美党给雷锋"共产主义新战士"的命名，在《西去列车的窗口》中更热诚欢呼："来，让我们高声歌唱啊——'……鲜红的太阳照遍全球！'……"应该说，对伟大共产主义理想的无限向往和热情歌唱，对社会主义信念、共产主义精神的真诚坚守与强烈追求，充分显示了诗人坚定的政治信仰、远大的人生抱负和高尚的革命情怀，是贺敬之诗歌的政治灵魂和艺术生命线。

饱满的革命激情也是贺敬之这个时期诗歌创作的突出特点。贺敬之的人生道路和文学创作生涯，是同中国共产党所领导的革命和祖国与人民的历史命运紧密联系在一起的，因而他始终对党和人民的革命事业一往情深。诗人曾自豪地说："我喜爱革命诗歌的动因就因为我们走进了革命，在革命中受到教育。革命是我们历史中最壮丽的事业，是我们生命中最美的东西，

---

① 贺敬之：《答〈诗刊〉阎延文问》，《贺敬之谈诗》，人民文学出版社，2004，第104页。

也是我们和我们的后代最值得珍视的精神宝藏。"他还饱含激情地说："我觉得，自己每写一首诗都是灵魂的重新冶炼，情感的高度释放。对于和民族历史同步的诗人来说，昂扬的政治激情不是天外来客，而是民族精神和人民革命的土壤所赐予的。"① 这种来自民族精神的革命激情在贺敬之的政治抒情诗中，有如江河的激流奔腾跳跃，有如大海的波涛汹涌澎湃。请看，回到曾在峥嵘岁月里生活、战斗过六年又阔别十年之久的延安，诗人"手抓黄土我不放，/紧紧儿贴在心窝上"，"满心话登时说不出来，/一头扑在亲人怀……"（《回延安》），一"抓"一"扑"，字里行间感情之真切和强烈动人肺腑；面对欣欣向荣的社会主义祖国和"亲爱的党"，诗人高唱"啊，给你——/我们心中的/熊熊烈火；/啊，给你——/我们血管里/燃烧的岩浆；/给你——/我们生命的/滚滚黄河；/给你——/我们青春的/浩浩长江……"，"在我们心脏的/炉火中，/在我们血管的/激流里，/燃烧着、沸腾着的/却有一个共同的/最珍贵的/元素，/我们生命的/永恒的/活力——/这就是：/党！/我们的党！"（《放声歌唱》）这是何等炽热的感情烈火在诗人的胸膛中燃烧，何等奔放的感情激流在诗人的血管里跳荡！当诗人面对"毛泽东的战士""红色中国的士兵"雷锋，激情满怀地高歌："啊！我看着你，/我想着你……/我心灵的门窗/向四方洞开……/……我想着你，/我看着你……/我胸中的层楼啊/有八面来风！——""让我一千次选择：/是你，/还是你啊/——中国！/让我一万次寻找：/是你，/只有你啊/——革命！/生，一千回，/生在/中国母亲的/怀抱里，/活，一万年，/活在/伟大毛泽东的/事业中！"（《雷锋之歌》）诗人对祖国、党、毛泽东、雷锋和革命事业的深沉热爱之情表现得如此淋漓尽致，如此壮怀激烈，诚如贾漫所说，"诗人的激情之火，如铁水一样强烈，如钢焰一样纯青"②。

　　贺敬之的政治抒情诗之所以感人至深，产生出那么强大的艺术冲击力，就在于洋溢在他诗歌中饱满的革命激情没有半点虚情假意，其赤诚之心如火焰般灼人。优秀的诗人总是以真挚获得人心的。列夫·托尔斯泰曾说：

---

① 贺敬之：《答〈诗刊〉阎延文问》，《贺敬之谈诗》，人民文学出版社，2004，第104、98页。
② 贾漫：《诗人贺敬之》，大众文艺出版社，2000，第180页。

"艺术家的真挚的程度对艺术感染力的大小的影响比什么都大。"① 匈牙利诗人裴多菲也曾说:"诚挚是一个人的最高的品格",因此,他"宁愿以诚挚获得一百名敌人的攻击,也不愿以伪善获得十个朋友的赞扬"②。贺敬之非常重视诗人感情的真挚性,他强调说:"诗和歌(音乐)特别要求强烈、真挚、深刻的感情。这种感情不能不是由衷之情。"③ "文艺创作是绝对作不得假的,因为它是灵魂深处的反映。"④ 事实上,他的诗歌创作正是以诚挚的品格感人的。对此,贾漫有过中肯的评论:"贺敬之,我首先爱他诗的真诚,爱他诗中倾注对人民的真诚,真诚得把心胸剖开,剖开不是为了给别人看,而是不这样剖露似乎难以求活,一经剖露方可以获得再生,每一次剖露,内心深处,便是一次'方腊碧血腾碧浪'的惊心动魄的翻腾。"⑤ 贺敬之政治抒情诗中饱满的革命激情从根本上说,就是源于诗人感情的真诚,源于诗人的感情同人民的感情一致,源于诗人对社会主义时代人民感情的艺术升华。

值得格外注意的是,贺敬之政治抒情诗中饱满革命激情抒写的一个重要特点还在于诗人对"母亲"形象的独特描绘和赞颂。早在四川梓潼求学期间,贺敬之在抒情散文《夜》中就深情描写过自己在高原深秋的夜晚,回忆童年时依偎在妈妈怀抱里数着天上星星的美丽的日子,在组诗《我们的行列》里也动人心弦地吟咏过对母亲牵肠挂肚的思念之情。延安时期,诗人在《雪,覆盖着大地向上蒸腾的温热》一诗中,如泣如诉地描述了母亲生他时的凄凉景象并高声感叹:"亲爱的同志,这就是我的自传的第一页:时代 + 灾难 + 母亲,这,我就生长起来。"当诗人回忆自己当时创作后来收入诗集《乡村的夜》里那些诗歌时曾说:"那是我在革命圣地延安的温暖怀抱中,带着向母亲倾诉冤屈的心情,把它作为一去不复返的往事来写的。"⑥ 显然,诗

---

① 列夫·托尔斯泰:《艺术论》,丰陈宝译,人民文学出版社,1958,第150页。
② 裴多菲:《(诗歌全集)序》,见《古典文艺理论译丛》第四册,人民文学出版社,1962。
③ 贺敬之:《谈十年来的新歌剧》,《戏剧研究》1958年第4期。
④ 贺敬之:《戏剧创作要为新时期的总任务服务》,《人民戏剧》1978年第9期。
⑤ 贾漫:《诗人贺敬之》,浙江《联谊报》1994年6月29日。"方腊碧血腾碧浪"为贺敬之《富春江散歌》中诗句。
⑥ 《贺敬之诗选·自序》,山东人民出版社,1979,第3页。

人这里所说的"母亲",就不仅是指自己的生身母亲,而主要是指共产党、延安、鲁艺、革命集体。虽然后来诗人在《行军散歌·看见妈妈》和《放声歌唱》等诗中也有对自己母亲深情眷恋的抒写,但对"母亲"形象的歌唱确乎在不断地拓展和升华。

特别是进入社会主义时代后,诗人将"祖国""共产党""毛泽东""延安"等作为"母亲"来歌颂的诗句在其政治抒情诗中频繁出现,感人心脾。在《回延安》中,诗人反复动情地吟唱:"千声万声呼唤你,/——母亲延安就在这里!""羊羔羔吃奶眼望着妈,/小米饭养活我长大。""手把手儿教会了我,/母亲打发我们过黄河。""对照过去我认不出了你,/母亲延安换新衣。""身长翅膀吧脚生云,/再回延安看母亲!"诗人在《放声歌唱》中继续吟唱:"我的母亲——延安,/把十三斤半的背包,/放在/我的肩头,/把马兰纸的/《整风文献》/和《七大决议》,/放在/我的口袋里:/'是的,任务/非常艰巨,/但是,你们将在/那里/胜利会师。/代我问候/我日夜想念的/天安门吧,/告诉她说/你们是/延安来的!'——啊,我就是/这样地来了,/在母亲延安/跷脚远望的/目光里……"诗人以拟人化的笔法将"延安"这位"母亲"写得多么鲜活感人,有动作,有嘱托,有目光,亲切而慈祥。诗人在《向秀丽》中又唱道:"山好水好都因儿女好,/母亲祖国呵该自豪!""我向母亲祖国作保证:/更上高楼千万层!"在《十年颂歌》中,诗人更高歌:"啊啊!就是这样啊,/我的共和国!/我怎么能不/千百次地/为你歌唱?/千百次地/呼唤:祖国呵——我们的母亲!/党呵——/母亲的/心!"诗人在《雷锋之歌》里,更是情深意切地高唱:"就是这样,/雷锋,/你出发了……/——在黎明前的/一阵黑暗中……/你带着/满身/燃烧的血泪,/好像在梦中一样,/扑向/党啊——温暖的/温暖的/母亲怀中……""啊,雷锋!/你第一次学会的/这三个字,/你一生中/永远念着的/这个姓名——/啊,亲爱的/再生雷锋的/母亲——/我们的/党啊,/我们的领袖/毛泽东!/母亲懂得你/懂得你啊——雷锋,/你也懂得他/懂得他啊——伟大的/毛泽东!"是的,毛泽东懂得雷锋,雷锋也懂得毛泽东,应该说诗人贺敬之也懂得毛泽东和雷锋,这是因为,共产主义领袖与共产主义战士之间是血脉相连、心灵相通的,有着共同的信仰、理想和人生追求,深厚的亲情正源于此。

其实，在诗歌作品中将党和领袖比作"母亲"的并不少见，将祖国比作"母亲"的就更多。然而，像诗人贺敬之这样如此恒久、广泛、频繁地运用"母亲"意象，创造出如此多独具特色、情同骨肉的"母亲"形象，确属罕见。这无疑与贺敬之深深的"恋母"情结密切相关。诗人曾深情回忆自己童年时代是妈妈怀里的体温暖和了他的身心，是妈妈在寒冬火盆边用浓浓的乡音哼着儿歌、讲着故事给了他最初的诗意、美感和爱憎，是妈妈从小就教育他"人只比志气，比出息""一定要走正路，做好人"，因此他说"我热爱劳动人民，就是从热爱俺娘开始的"；投奔延安鲁艺温暖的怀抱后，他总是问："为什么对我这么好呢？""大同志们"说："因为这是你的家呀！人民就是咱们的妈……"于是他就想："哦，我又找到了妈妈！我该怎样回报呢？怎样才能报答衣我食我暖我教我的妈妈呢？共产党养育了这样多的英雄人物：毛泽东、朱德、周恩来、张思德、白求恩、保尔·柯察金……我该怎样向他们学习呢？"不难看出，在他的心目中，这些"英雄人物"都是共产党养育出来的杰出的"儿子"。对此，他情深意长地说："从那时到现在，长长的半个多世纪过去，弹指一挥间。我也从一个青春少年变成了白发老翁，但是，在我人生的征途上，无论是血雨腥风，还是酒绿灯红，无论是极左的残酷斗争，还是变节者的攻击和嘲讽，我都此心不变，不改初衷。因为我始终不忘母亲的教导，拉着母亲的衣襟。而母亲也始终用她的体温暖着我，衣我食我背我抱我，拉扯我保护我……所以我怎么也搞不懂：人，怎么可以不爱自己的母亲——生养自己的母亲，祖国母亲和人民母亲呢？！"① 他还说，"伟大的共产党指引我沿着革命的道路前进"，"党就像亲爱的母亲一样，每时每刻都在教我识别方向"②。

可见，贺敬之的生身母亲，这位普通的中国农村妇女的善良温柔、勤劳朴实、忠厚正直的品性，在诗人的精神世界里植入了不可更易的基因。在他那幼小的心灵中，母亲是慈祥、高尚、圣洁、美好的象征，也只有母

---

① 贺敬之：《希望与追求》，广东省教育厅主办《第二课堂》1998 年 5 月号（上半月刊），总第 167 期。
② 贺敬之：《我要永远歌颂她》（1956 年 4 月 15 日发表于苏联莫斯科《友好报》），《贺敬之文集》第 6 卷，作家出版社，2005，第 39 页。

亲才是人世间至亲至爱、至善至美的人。当他投身于革命摇篮延安后，在同学、老师、战友、领导的眼中，他仍然是个"小孩子"，总是得到无微不至的关怀、照顾和爱抚，享受到革命大家庭更多的温暖，渐渐地，"母亲"的精神和形象在他的心灵世界里得到了升华，她不仅是慈祥、高尚、圣洁、美好的象征，而且是伟大、崇高、神圣、壮美的象征，是他的人格精神力量的依仗和寄托，于是在他的心目中，在他的许多诗歌作品中，"祖国""人民""共产党""毛泽东""延安""鲁艺""革命集体"都是"母亲"。面对"母亲"，他总有说不完的心里话，唱不完的动人的歌；面对"母亲"，他总有无法割舍的深深眷恋的情怀，同生死、共患难的赤胆忠心。为了"母亲"，他总有一腔赴汤蹈火在所不辞的热血和无畏的献身精神，一种鞠躬尽瘁、死而后已的壮志豪情。

贺敬之政治抒情诗具有强烈的时代精神和鲜明的政治倾向，但并没有给人留下任何空洞说教、标语口号、公式化概念化的感觉与印象，这当然同他的诗歌中洋溢着饱满的革命激情密切相关，也与他独特的艺术追求所形成的独特的诗艺风格和诗美品格密切相关。诗人在诗歌创作中从来没有直接宣示或图解政治，而是通过抒写自己作为共产主义者和爱国主义者的襟抱、情怀、崇高理想与人格精神，通过诗歌艺术的审美创造、在政治性与艺术性完美的统一中表现出来的。这正是贺敬之认真学习毛泽东诗词、真诚践行毛泽东文艺思想的生动体现。

毛泽东强调"诗要用形象思维"，这深刻揭示了诗歌创作美学价值追求的艺术规律和诗歌鉴赏审美特征的艺术法则。古今中外的大诗人和文论家都非常关注这一为诗之道。我国历代文论中所说的触景生情、寓情于景、情景交融、诗中有画画中有诗等，讲的就是这个道理。刘勰在《文心雕龙·神思》中所谓"登山则情满于山，观海则意溢于海"，如果没有"山"与"海"的形象，"情满"和"意溢"从何谈起？别林斯基曾说，"诗人用形象来思维，他不是论证真理而是显示真理"，"任何情感和任何思想都必须用形象表达出来，才能成为诗的情感和思想"[1]。杜勃罗留波夫也曾说，"为了让诗

---

[1]　别林斯基：《评〈智慧的痛苦〉》，转引自朱光潜《西方美学史》下卷，人民文学出版社，1964，第 204 页。

可以满足我们的感情，那些生动而明确的形象，对诗来说，就是很必要的"，"所谓诗的特质这个主要特点，就包含在这方面"①。贺敬之透彻领悟并出色遵循这一艺术规律，在政治抒情诗创作中，充分运用形象思维方法，采用比、兴、赋、联想与想象等各种艺术手法来提炼诗的语言，营造诗的意象与意境，安排诗的结构，使诗中各个艺术环节都闪烁着形象的火花，成为思想闪光的不熄燃点和情感激流的源头活水，大大增强了作品的艺术魅力，提升了作品的美学品位，诗人在《回延安》中，通过"白羊肚手巾红腰带，／亲人们迎过延河来""亲人见了亲人面，／欢喜的眼泪眼眶里转"，绘声绘色地表现了自己同延安人民深挚而热烈的"亲人"之情。同样，在《放声歌唱》里，诗人也没有去抽象抒写自己同"母亲延安"血脉相连的亲情，而是形象地写道："而我的／真正的生命，／就从／这里／开始——／在我亲爱的／延河边，／在这黄土高原的／窑洞里！""啊！让延河的水／在我的血管里／永远／奔流吧！让宝塔山下的／我的誓言／永远活在／我的骨髓里！"诗人还这样生动地描绘出自己在革命队伍里的战斗历程："啊，黄河的怒涛，／是怎样地／冲击着／我的胸膛！……／啊，张家口的烟火，／是怎样地／烧红／我愤怒的眼泪！……／啊，大平原的／清算、土改的风暴，／是怎样地／卷起我沸腾的血液！啊，华北战场的／枪林弹雨，／是怎样地／撕碎／我层层的军衣！……"面对新中国社会主义建设的壮丽图景，诗人在《十年颂歌》中也是如此富有诗情画意地具体描写："东风！／红旗！／朝霞似锦……／大道！／青天！／鲜花如云……／听／马蹄踏踏，看／车轮滚滚……""东海上——／天山下：／一穷二白的／辽阔土地上——／洋洋洒洒，／画出多少／最新最美的／图画！""……今天，／在一个云霞绚烂的／黎明，／我从／祖国的南方，／来到／我们的首都／北京。／我的身上／是倾盆的汗雨，／胸中／是鼓荡的春风。／我带来／海南橡胶林的白色乳浆，／我的衣服上／落满／武钢二号高炉的／飞迸的火星。／我挽着／湛江新港的／龙门吊车——／那千尺的长臂，／跨过／长江大桥——那万丈的金龙。"即使是表现旧社会人民的苦难，诗人依然以"情景"再现的方式来抒写："那些没有光亮的／晚上……／那些没有笑意的／面容……／那些

① 《杜勃罗留波夫选集》第1卷，新文艺出版社，1956，第425页。

没有明月的/中秋……/那些没有人影的/茅棚……/在哪里啊，/爸爸要饭的/饭碗？……/在哪里啊，/妈妈上吊的/麻绳？……/在哪里啊，/云周西村的/铡刀？……/在哪里啊，/渣滓洞的/深坑？……"（《雷锋之歌》）的确，诗人贺敬之形象思维能力极强，似乎离开了形象就难以下笔，因而他的诗歌中丰富而独特的"形象"元素俯拾即是，随处可见，而且连珠成串，常常令人过目难忘，永远铭刻在心，浮现于脑海。

辩证思维是贺敬之政治抒情诗创作中更为重要的思维特征。毛泽东曾强调，"事物的矛盾法则，即对立统一的法则，是唯物辩证法的最根本的法则"，"是自然和社会的根本法则，因而也是思维的根本法则"，并认为"一切客观世界的辩证法的运动，都或先或后地能够反映到人的认识中来"①。毛泽东正是以科学的唯物辩证法思想为依据揭示出文艺创作形象思维的本质和规律。作为文艺创作思维活动的诗歌创作，若能将事物的矛盾法则引入形象思维的活动中，则会进入更高的思维层面，取得意想不到的艺术效果。车尔尼雪夫斯基评论托尔斯泰时曾指出："托尔斯泰伯爵最感兴趣的，却是心理过程本身，是这过程的形态和规律，用一个特定的术语来表达，就是心灵的辩证法。"② 托尔斯泰是伟大的小说家，他最感兴趣的是"心灵的辩证法"即心理过程的"形态和规律"。其实，杰出诗人和杰出小说家的心灵是相通的，而且诗人更注重"心灵的辩证法"，因为诗人的形象思维活动需要更广阔的心灵世界的自由空间。贺敬之以辩证的形象思维方式遨游在自己政治抒情诗创作的艺术世界里，是那样地天马行空，那样地热情奔放，而又那样游刃有余，得心应手。不难看出，这个艺术世界正是诗人以对立统一的艺术辩证法为灵魂的心灵世界。诗人独特的辩证艺术思维的创作方法，使其政治抒情诗的思想艺术风格既豪放雄浑，又深沉细腻，独具高格。

伟大与平凡的统一，是贺敬之不懈追求的诗歌创作辩证艺术思维的一种表现方式。寓伟大于平凡，由平凡见伟大，伟大才能真正进入人们的心灵。诗人歌颂伟大的祖国和伟大的共产党，没有使用任何豪言壮语，而是

---

① 毛泽东：《矛盾论》，《毛泽东选集》第一卷，人民出版社，1964，第287、324页。
② 伍蠡甫主编《西方文论选》下卷，上海译文出版社，1979，第426页。

将"祖国"比作"母亲"、将"党"比作"母亲的心":"祖国啊——/我们的母亲!/党呵——/母亲的/心!/你/使我的/每一根血管/都沸腾着/无比的干劲,/因为/爱呵——/你的每一片/新生的树叶/都使我/热泪滚滚!"(《十年颂歌》)在《东风万里》中,诗人赞颂祖国母亲"五千年的/白发,/几万里的/皱纹,/一夜东风/全吹尽",一位历尽苦难而又青春焕发的"母亲"形象屹立在眼前,朴实动人。在《放声歌唱》中,诗人如此真切地描绘"党"的光辉形象:"啊啊,正是这样!/在节日里,/我们的党/没有/在酒杯和鲜花的/包围中,/醉意沉沉。/党,/正挥汗如雨!/工作着——/在共和国大厦的/建筑架上!"诗人笔下,伟大的共产党就是这样一个平凡的普通劳动者的质朴形象,意蕴何其深刻!同样,诗人歌颂伟人毛泽东,也没使用美丽动人的词句歌功颂德,而是倾情刻画伟人全心全意为人民利益忘我工作的朴实形象和感人情景:"杨家岭的灯火啊,/在风雪中/闪亮,/闪亮……/风,/卷着刮断的冰柱,/正向/这里的门窗/敲击。/啊,用口里的热气/呵着/笔尖,/在工作着!/他啊——/我们的/毛主席!……""……在中南海,/那一张/朴素的写字台旁,/毛泽东同志/正在起草/党的第八次大会的开幕词;/在国务院,/第二个五年计划的建议书上/正凝结着/并肩的人影/和午夜的灯光。"(《放声歌唱》)这里,见不到巨人的高大身影和超凡脱俗的风采,映入我们眼帘和心灵屏幕上的恰恰是领袖为革命和建设事业不知疲倦、日夜操劳的平易形象,正是从这个平易近人的领袖形象中我们深刻感受到伟人事业的伟大和精神的崇高。诗人在《雷锋之歌》中歌颂"共产主义新战士"雷锋"最壮丽的人生",同样是从大处着眼,从小处着笔,以平凡写伟大,以朴实写崇高:"'小雷'啊——/你只有/一百五十四厘米/身高,/二十二岁的/年龄……/但是,在你军衣的/五个纽扣后面/却有:/七大洲的风雨、亿万人的斗争/在胸中包容!……"而对于雷锋身上伟大的共产主义精神,诗人却以对"螺丝钉"精神的生动描写来表现:"在我们革命的/万能机床上,/雷锋——/你是一个/平凡的,但却/伟大的——/永不生锈的/螺丝钉!//哪里需要?/看雷锋的/飞快的/脚步!/哪里缺少?/看雷锋的/忙碌的/身影!……/……啊,马上去/给大娘浇地——/现在/麦苗正要返青……/……啊,立刻把/自己省下的存款/寄给公社——/支援/受灾的农民弟兄……/……唔,快准备/给孩子们/讲革命故事——/明天是/队日活动……/……唔，必须把/赶路的大嫂/护送到家——/现在是/夜深，雨大，/路远，泥泞……"是啊，雷锋这个革命的万能机床上永不生锈的螺丝钉"平凡"却"伟大"，正是诗人所着力描绘的精神风貌和思想境界，这就使其所歌颂的对象形象鲜活感人，富有人格魅力，可亲、可爱而又可敬。

"大我"与"小我"的统一，是贺敬之不懈追求的诗歌创作辩证艺术思维的又一种表现方式。诗中有"我"，这是古今中外诗歌作品中常见的一种艺术现象，是诗歌创作特别是抒情诗创作的一条重要的艺术规律，受到诗人和诗论家们的高度重视。卢那察尔斯基曾说："抒情诗人的任务在于始终不离个人，叙说自己和自己的私人感受，同时又使这些感受成为对社会有意义的东西。"① 别林斯基也曾说：

> 一个诗人的全部作品，尽管在内容和形式上每篇各不相同，却仍有一种共同的面貌，印刻下只有他才有的那种特殊性格，因为这些作品都是从一个人格，一个完整不可分割的"我"生发出来的。因此，要着手研究一个诗人，首先就要在他的许多种不同形式的作品中抓住他的个人性格的秘密，这就是只有他才有的那种精神特点。②

我国唐代经学家孔颖达就曾说："诗者，道己一人之心耳，要所言一人之心，乃是一国之心。"③ 现当代著名诗人艾青也说："诗人应该借'我'来传达一个时代的感情与愿望。"④ 对此，诗人贺敬之有着自己独到的见解。早在1950年，他在给一位诗友的信中就曾写道："除去技巧的重要之外，更重要的是要在诗（其他艺术作品也在内）中表现出'我'来。"当时他身边一位朋友竟大吃一惊："你怎么居然写这样的话？……'我'吗？为什么不

---

① 转引自《赤子之心》，《文艺报》1980年第10期。
② 别林斯基：《论普希金》第五篇，转引自朱光潜著《西方美学史》下卷，人民文学出版社，1964，第190页。
③ 孔颖达：《毛诗序·正义》。
④ 艾青：《诗论》，人民文学出版社，1980，第209页。

说'工农兵的思想感情'呢?"① 可见，在新中国成立初期，人们将"我"同"工农兵"的"思想感情"不加区别地割裂开来的观念在部分人中多么根深蒂固！实际上，贺敬之在他早期，尤其是延安时期的诗歌创作中就常以"我"对生活的独特感受进行吟唱，将"我"与"我们"统一起来表现生活。比如，诗人将"我们的生活"比作"小麦"："生活/甜蜜而饱满的穗子，/我们兄弟般地/结紧在穗子上。//我们——熟透的麦粒呀。"(《生活》)以"麦粒"结成"穗子"象征"我"与"我们"紧密相联的动人意象，正是延安时代"个人"与"革命集体"密不可分的生活图景在少年诗人贺敬之心灵深处的鲜明投影。

应该说，进入新中国社会主义时代后，贺敬之对诗中表现"自我"的认识有了质的飞跃，这无疑同他和同时代优秀诗人们政治抒情诗创作的丰富实践经验，以及他本人随着革命阅历的增长因而理性认识不断升华密切相关。1958年，他在《漫谈诗的革命浪漫主义》一文中曾说："当然，诗里不可能没有'我'，浪漫主义不可能没有'我'，即所谓'抒情的主人公'。……问题在于，是个人主义的'我'，还是集体主义的'我'、社会主义的'我'、忘我的'我'?"② 他在《〈李季文集〉序》中又进一步指出："对于一个真正属于人民和时代的诗人来说，他是通过属于人民的这个'我'，去表现'我'所属于的人民和时代的。小我和大我，主观和客观，应当是统一的。而先决条件是诗人和时代同呼吸，和人民共命运。"③ 他还曾强调说："我们的诗歌也表现自我，但革命队伍中不是张扬而是克服个体与集体的对立，不去发掘和同情所谓'失落'的'自我'。只有与大我在一起，自我才能迸发出耀眼的光彩。""大我与小我的统一，独立与'群立'的统一，恰恰是社会主义作家和诗人应当追求的。"④ 显然，贺敬之所追求的政治抒情诗中的"自我"就是"小我"与"大我"的辩证统一，"小我"即诗人自己，"大我"就是祖国、人民、党、领袖、阶级、革命集体等，"小我"与"大

① 贺敬之：《谈提高作品的思想性——给××同志的信》，《贺敬之文艺论集》，红旗出版社，1986，第23页。
② 《贺敬之谈诗》，人民文学出版社，2004，第15页。
③ 《贺敬之谈诗》，人民文学出版社，2004，第54页。
④ 贺敬之：《答〈诗刊〉阎延文问》，《贺敬之谈诗》，人民文学出版社，2004，第105、101页。

我"融为一体,"小我"中有"大我"而"大我"中有"小我"。这个统一体之所以能够作为一个鲜活的艺术生命体存在,就在于这个"小我"与"大我"血脉相连、命运相通,实际上就是一个大写的"人"。只有这个大写的"人"耸立在诗中,诗才有历史的纵深感和时代的穿透力,也才有贺敬之政治抒情诗独特的风采和艺术生命力。诗人在《回延安》中所表现的"我"对"母亲延安"的骨肉深情,也是延安时代广大革命者的共同感情。在《放声歌唱》中,诗人用篇幅最长的第四节集中抒写了"我"的身世和在革命队伍里学习、生活、工作和战斗的漫长历程,而这个历程正是同党的革命事业、同祖国和人民的命运紧密相连的。诗人深沉而自豪地唱道:"啊,/'我',/是谁?/我啊,/在哪里?/……一望无际的海洋,/海洋里的/一个小小的水滴,/一望无际的田野,/田野里的/一颗小小的谷粒……""我啊/在党的怀抱中/长大成人,/我的/鲜红的生命/写在这/鲜红旗帜的/皱褶里。"在这一著名的经典性的长篇政治抒情诗里,诗人将"我"和"我们"交替运用,互为指代,辩证地统一起来,鲜明而深刻:"从亿万人的/口中——/赞美我们/亿万个/'我自己'——/啊,我!/我的——/我们,/我们的——/啊!我,/——是这样地/谐和/统一!""啊!/未来的世界,/就在/我的/手里!/在我——们——的/手里!"同样,在《雷锋之歌》中,诗人同雷锋和亿万人民"红心相通",同雷锋一道追寻:"人啊,/应该/这样生!/路啊,/应该/这样行!"他赞颂雷锋是"阶级战士","你在阶级的伟大事业里,/在为人民服务的无限之中,/找到了啊——/最壮丽的/人生!"他称雷锋是"我们的弟兄",也是"我亲爱的/弟兄"。诗人高唱"啊!雷锋……/我不是/一个人啊,/我是在唱/我们亿万人民/内心的激动!""啊,雷锋/就是我们!/我们/就是雷锋!……"诗人呼唤"北来的大雁":"且看这里:/遍地青松,/个个雷锋!——/……快摆开/你们新的雁阵啊,/把这大写的/'人'字——/写向那/万里长空!……"就是这样,深蕴"大我"与"小我"辩证统一境界的动人诗句,流注在贺敬之政治抒情诗的篇篇页页,字里行间。可以说,在当代诗人中,贺敬之是最早强调和执着坚持诗人"自我"精神并将"大我"与"小我"辩证统一得最出色的杰出诗人。

内容与形式的统一,也是贺敬之不懈追求的诗歌创作辩证艺术思维的一种表现方式。文艺作品必须内容和形式相统一，这也是文艺创作的一条重要规律。对于革命文艺来说，诚然如毛泽东所强调："我们的要求则是政治和艺术的统一，内容和形式的统一，革命的政治内容和尽可能完美的艺术形式的统一。"① 作为一名毛泽东文艺思想哺育成长起来的革命文艺战士，贺敬之对这一规律的认识格外深刻。他认为"首先应该注意的是内容"，形式要"适应内容的要求"，同时认为"形式问题并不是小问题""内容离开形式是不可能的""特别是诗，形式的问题更其重要"。他反对各种形式主义，主张掌握"形式发展的基本规律"。他强调说："我们的民族是有深厚的传统的，同时又是最有创造精神的。因此，和我们人民的面貌一致，诗的形式，一方面必须建立在传统的基础上，另一方面必须有新的发展。"他更强调，"这个发展并不需要破坏诗的传统形式中那些最基本的要素"如"语言、节奏、韵律"②。他还认为："形式是在思想内容的要求下不断发展变化着的。"③ 贺敬之正是基于这种明确而独到的认识，在政治抒情诗创作中特别注重内容和形式的辩证统一，根据不同的内容选择与其相适应的形式，充分发挥最适合的诗体形式表达他所要描绘的现实社会生活和所要抒写的思想感情。为此，他常常从古今中外优秀诗歌体式中吸取丰富的艺术营养，广采博纳，含英咀华，而又融会贯通，不断地加以改造和发展，使其每篇诗作的独特内容和尽可能完美的艺术形式统一起来，取得最佳的思想艺术效果。

首先，诗人对民歌，尤其是陕北民歌"信天游"情有独钟。他曾深情唱道："'信天游'啊，不断头，/回回唱起来热泪流！"（《又回南泥湾》）他还曾说，"我跟许多同志一样，一直是爱好民歌的"，"民歌一直是我所迷恋的、不可缺少的精神食粮"，"它永远是我学习写作的光辉榜样"。显然，贺敬之学习民歌首先注重的是适应内容的要求，他强调指出："从根本上说来，它反映了我们时代的最重大的事件、最主要的生活内容。它是我们时

---

① 毛泽东：《在延安文艺座谈会上的讲话》，《毛泽东选集》第三卷，人民出版社，1964，第871页。

② 贺敬之：《关于民歌和"开一代诗风"》，王宗法、张器友编《贺敬之专集》，江苏人民出版社，1982，第9~13页。

③ 贺敬之：《谈歌剧的革命浪漫主义》，《贺敬之文艺论集》，红旗出版社，1986，第49页。

代的响亮的声音,是我们的时代精神的当之无愧的代表者。"①"信天游"这种两句一组的民歌体式,自由灵活,生动活泼,朴素自然,悠扬婉转,有利于运用民间口语和比兴、对仗、蝉联等各种表现手法,便于诗人炼词、炼句和炼意,更好地刻画形象,凝聚感情,在有限的句式中扩大容量,升华意境。事实上,自从延安文艺整风和毛泽东的《讲话》发表后,向民歌学习成为文艺界的时代风尚,李季的长篇叙事诗《王贵与李香香》就是诗人对"信天游"民歌形式学习、加工和改造而创作的一部经典性作品。贺敬之早期的诗作如《行军散歌》中的一些诗篇和《送参军》就是采用"信天游"形式创作的,但他当时对这种民歌体形式的运用还不够成熟。进入新中国社会主义时代后,贺敬之运用"信天游"形式进行创作可以说臻于完美,渐入佳境。《回延安》就是他这个时期创作的第一篇影响深远的名作。诗人充分地发挥了"信天游"形式的特长,生动地描绘出延安的风物人情,真挚地抒写了诗人久别重回"母亲延安"怀抱的赤子之心,强烈的诗情和浓郁的陕北民歌风味自然天成地融合起来,娴熟的艺术手法使该诗既新意迭出又很好地呈现出"信天游"形式原生态神采,如"树梢树枝树根根,/亲山亲水有亲人""羊羔羔吃奶眼望着妈,/小米饭养活我长大"等比兴诗句就是非常出色的"信天游"句式。《向秀丽》是诗人用"信天游"形式创作的又一诗篇,虽然在艺术上不及《回延安》那样出色,但仍不失为一篇歌颂"万丈烈火呵烧在身,/动不了向秀丽红透的心"崇高精神的感人至深的英雄赞歌。为了更好地描绘祖国山川的秀美、抒发胸中深厚的爱国之情,诗人创造性地运用"信天游"形式创作了《桂林山水歌》这一惊世杰作:"云中的神啊,雾中的仙,/神姿仙态桂林的山!//情一样深啊,梦一样美,/如情梦漓江的水!""啊!桂林的山来漓江的水——/祖国的笑容这样美!"诗中这样富有诗情画意的赞颂祖国美的神妙诗句比比皆是,整篇诗精雕细刻,荡气回肠,既有清新的民歌意味,又有淳厚的传统诗歌的神韵,可谓妙合无垠,真正达到了内容与形式的完美统一。诗人在《西去列车的窗口》中运用"信天游"形式又别开生面,诗中较多地吸取了自由

---

① 贺敬之:《关于民歌和"开一代诗风"》,王宗法、张器友编《贺敬之专集》,江苏人民出版社,1982,第6~9页。

体新诗的特长，对这种民歌体式进行了成功的加工和改造，采用加长句式以扩大容量、一线穿珠以凝聚感情、一韵到底以增强气势等艺术手段，大大突破了原民歌体形式的局限，从而更好地透过西去列车这不平静的"窗口"，展现出"祖国的万里江山，革命的滚滚洪流"这样宏阔的社会生活场景，描绘了南泥湾"老战士"和上海支边青年"新战友"之间心心相印、情同骨肉的感人画面，表达了革命和建设事业后继有人、"红旗和镢头"代代相传的重大主题。《又回南泥湾——看话剧〈豹子湾战斗〉》这篇"信天游"体诗作，诗人同样独出心裁，融民歌体和自由体新诗的长处于艺术构思中，巧妙地将眼前演出的舞台场景同当年南泥湾战斗岁月的现实情景联系起来，通过一起观看演出的坐在身旁的"司令员"同坐在怀中的"女儿红领巾"的言谈举止和心灵交流，抒写出"辈辈人在红旗在""大步长征——不回头"的坚定革命信念。足见，贺敬之在运用"信天游"民歌形式表现现实生活内容时可谓得心应手，游刃有余。

同样，贺敬之对中国优秀古典诗词也钟爱有加，从中吸取丰富的艺术营养滋补"五四"以来不断发展的自由体新诗，创作出自己独特的新自由体诗歌，达到了内容和形式辩证统一的新境界，《三门峡歌》二首就是这方面的经典性代表作品。其一《三门峡——梳妆台》采用蝉联递进、节句均称、一韵通押的方式，旋律节奏谐和，古为今用且典出新意，既富有古典诗歌与民歌相得益彰的韵味，又显示出自由体新诗的特长，全诗结构句式严谨又略有变化，完全适应了思想感情表达的需要，展现出黄河今昔巨变的壮丽图景和畅想美好未来的动人画面，揭示了治黄工程的深远意义。另一首《中流砥柱》则采用近于古典词的长短句形式而又有新的发展，诗中语言精当、格律谨严，节奏张弛有度，对仗工整自然，气势粗犷豪放，构思精密巧妙，尽情赞美了万古不朽的"民族脊骨"、工人阶级的"天工神斧"，为社会主义"立擎天柱"！这是诗人在学习古典诗词、民歌和自由体新诗的深厚基础上锐意创新的两篇新自由体诗歌杰作。《回答今日的世界——读王杰日记》也基本上是这种类型的作品。

尤其应当注意的是，贺敬之在坚守和发展民族诗歌优秀传统的同时，非常重视学习、借鉴国外诗歌形式，从中吸取有益的艺术营养，以适应自己所要表现的独特的生活感受和思想感情的需要，取得了惊世骇俗的创作成就，"楼梯体"诗歌名篇《放声歌唱》就是其代表作。诗开篇就唱道：

> 无边的大海波涛汹涌……
> 啊，无边的
> 　大海
> 　波涛
> 　汹涌——
> 生活的浪花在滚滚沸腾……
> 啊，生活的
> 　浪花
> 　在滚滚
> 　沸腾！

显然，这样豪放的激情，这样豪迈的气概，这样广阔的画面，如果用"信天游"民歌体或富有古典诗词韵味的新自由体诗歌的形式是难以表现的，会受到很大的局限。于是，贺敬之采用苏联著名诗人马雅可夫斯基的"楼梯体"诗歌形式，对其加以改造，以适应我国当代政治抒情诗内容的需要。诗人发扬了这种体式多用长句，以利于表达丰富生活内容和充沛感情而又用梯形的拆句排列法，将长句化短以加强语言声韵的节奏感等长处，同时摒弃了该体式中用重音节作为分行排列依据和把一个词排成两行或数行的分行法等只符合俄罗斯诗歌语言格律的规则，充分发挥了中国民歌、古典诗词在语言、节奏、韵律方面的优点，吸取了汉语诗歌注重对偶、对仗、排比等句法、章法结构特点，以适应民族传统审美心理习惯，创造出一种独特的中国式的"楼梯体"诗歌形式，更好描绘出新中国社会主义建设的壮丽图景，抒发了诗人歌颂党和人民丰功伟绩的澎湃激情，将内容和形式辩证统一起来，使政治抒情诗呈现出独具特色的崭新面貌。《东风万里——歌八大第二次会议》和《十年颂歌》等，也是诗人这个时期创作的句式排列略有变化的"楼梯体"形式的成功作品。茅盾曾称赞《十年颂歌》是"很整齐的'楼梯式'",他说:"总之,从艺术构思,诗的语言,行、句的对仗和平仄等等看来,不能不说《十年颂歌》对'楼梯式'这个新的诗体作了创造性的发展,达成了民族化的初(步)成就,而同时也标志着诗人的个人风格。"①

更为重要的是,贺敬之在"楼梯体"形式的基础上继续向前大大跨进了一步,独创性地创作出了《雷锋之歌》这样的"凸凹体"形式的时代杰作。这是吸取了"楼梯体"特殊排列法的长处和我国古典诗词及民歌在章法、句法等方面的优点而创造的一种新诗体。这种体式除了具有"楼梯体"的一般特点外,在排列上分为上下交错、遥相对应的两层,字句排列讲究对称,有更为严格而工整的对仗、对偶与排比,因而又具有结构匀称、多样化和谐统一的形式美和音乐美。比如,诗中写道:

> ……惊蛰的春雷啊,
> 浩荡的春风!——
> > 正在大地上鸣响;
> > 正在天空中飞行!
> 一阵阵,
> 一声声——
> "雷锋!……"
> "雷锋!……"
> "雷锋!……"

这样的诗体的确是一种独创。对此,雷业洪评论说:"这种诗,一部分凸出,一部分凹下,整个诗篇呈凸凹交错形态。其相连的一凸一凹部分,往往各是可以排成一个楼梯式的思想层次。这种诗的形式是贺敬之在楼梯式基础上首创的。"②丁永淮也称赞说:"贺敬之独创的这种凸凹式吸取了古典诗词、新诗的自由体和半格律体以及外来诗歌的长处,适宜于表现广阔的

---

① 茅盾:《反映社会主义跃进的时代,推动社会主义时代的跃进!》,《茅盾专集》第一卷下册,福建人民出版社,1983,第1229~1230页。
② 雷业洪:《贺敬之改造外来楼梯式问题初探》,《文学评论》1982年第3期。

社会生活、开阔的时代画面、强烈充沛而又凝聚的感情。……诗人的创造是出色的，终于为新诗提供了一种有特色的有表现力的新的形式。"① 其实，凸凹式排列法在"五四"新文化运动后郭沫若、朱自清、刘半农、蒋光慈等诗人的部分新体诗中已有不太成熟的雏形。贺敬之的重要贡献就在于将这种形式发展为一种彰显诗人个人风采，而又具有中国作风与民族气派的相当完善的新诗体。诗人正是运用这样一种诗体形式，成功塑造了雷锋这样一个"共产主义新战士"的光辉形象，从雷锋丰富而高尚的精神世界里开掘出重大而深远的社会意义，纵情讴歌了伟大的社会主义时代精神和崇高的共产主义理想，激励着一代又一代炎黄子孙奋力奔向人类最美好的精神家园。

总之，诗人贺敬之始终坚持一种可贵的探索创新精神，坚持诗歌的民族化、大众化方向，坚守诗歌创作中内容与形式辩证统一的艺术规则，因而他的政治抒情诗总是保持一种鲜明的个性色彩和独特的思想艺术风格，极富艺术魅力，引起人们广泛而强烈的心灵共鸣。

革命现实主义与革命浪漫主义的统一，同样是贺敬之不懈追求的诗歌创作辩证艺术思维的一种表现方式。在中国文学史上，历来就存在着现实主义和浪漫主义两大流派，存在着作家倾向于现实主义或倾向于浪漫主义或倾向于现实主义与浪漫主义结合的区别，而浪漫主义又有积极、进步与消极、反动之分。进入无产阶级革命历史时代后出现了革命现实主义和革命浪漫主义，鲁迅和郭沫若在我国现代文学史上就分别代表了革命现实主义和革命浪漫主义的两座高峰，树立了两个光辉的典范。毛泽东提倡革命现实主义与革命浪漫主义相结合。早在1939年5月他为延安鲁迅艺术学院周年纪念题词中就写道："抗日的现实主义，革命的浪漫主义。"② 1958年3月他在成都会议上的讲话中谈到中国诗的出路时明确提出："形式是民族的形式，内容应该是现实主义与浪漫主义的对立统一。"③ 同时他说："在文学

① 丁永淮：《贺敬之诗歌论》，华中师范大学出版社，1988，第194页。
② 《毛泽东文艺论集》，中央文献出版社，2002，第24页。
③ 毛泽东：《在成都会议上的讲话提纲》注释22，《建国以来毛泽东文稿》第7册，中央文献出版社，1992，第124页。

上，就是要革命的浪漫主义和革命的现实主义的统一。"①

在诗歌理论探讨和诗歌创作实践中，贺敬之都非常重视革命现实主义与革命浪漫主义的辩证统一。他认为：

> 文学史上有成群的什么什么"主义"死亡了，或者将要死亡，只有现实主义和革命浪漫主义这两棵连根大树万古长青，向前发展。②
>
> 一切的文学艺术想要正确地、深刻地反映我们这个时代，想要更好地适应人民的需要，那么，都毫不例外地要做到革命的现实主义和革命的浪漫主义相结合。③

正因为贺敬之对革命现实主义与革命浪漫主义，特别是两者相结合的重要性的认识一直非常清醒和深刻，所以他在诗歌创作实践中就格外凸显出这一艺术审美追求，使其诗作常常既意蕴厚重又风格雄壮。《回延安》是一篇革命现实主义精神强烈的感人至深的佳作，诗人也表达了"社会主义路上大踏步走"的壮志豪情。《放声歌唱》中，诗人以广阔的视野、深情的笔触生动地描绘了新中国"把一连串的/美梦/都变成/现实，/而梦想的翅膀/又驾着我们/更快地/飞腾"的社会主义建设场景和对美好理想的热烈追求，而且将旧中国"最深的痛苦"和新民主主义革命艰难历程的漫长现实生活融入其中，进而展现出对共产主义光辉未来的真诚向往。同样，《东风万里——歌八大第二次会议》《十年颂歌》等诗篇，也是将社会主义现实生活与共产主义远大理想相统一展开抒写，表现了革命现实主义与革命浪漫主义相结合的鲜明特色。诗人在《雷锋之歌》中，浓墨重彩地集中描绘和讴歌了雷锋这样一个有着广阔丰富的共产主义精神世界而又深深植根于社会主义时代现实生活沃土中的新人形象，既凸显了为人民服务的扎扎实实的"螺丝钉精神"，又张扬了共产主义的崇高境界，确为一篇振聋发聩的"两结合"的时代杰作。即使在《三门峡歌》《桂林山水歌》等抒情短诗中，诗人也显

---

① 《毛泽东诗词与诗论汇编》，成都毛泽东诗词研究会 2003 年 11 月编印，第 137 页。
② 贺敬之：《漫谈诗的革命浪漫主义》，《贺敬之文艺论集》，红旗出版社，1986，第 39 页。
③ 贺敬之：《谈歌剧的革命浪漫主义》，《贺敬之文艺论集》，红旗出版社，1986，第 47 页。

示出这样热切的艺术追求，臧克家就曾称赞《三门峡——梳妆台》这首短诗中"革命现实主义与革命浪漫主义混成一体，美丽而又隽永"①。

贺敬之格外重视革命现实主义与革命浪漫主义相结合，然而，就他独特的生活经历所形成的独特的性格和气质来说，他更加钟情于革命浪漫主义。他曾强调："积极的、革命的浪漫主义对一个民族的文学，特别是诗歌的发展来说，绝不可能、也绝不会是可有可无的东西。它和现实主义交相辉映，把那个时代的现实生活用独特的方法反映得神采焕发，给人以千里之目，使人'更上一层楼'，使得诗人足以'落笔惊风雨，诗成泣鬼神'，给人以震撼人心的雷霆万钧的力量。"② 应该说，积极的、革命的浪漫主义同政治抒情诗有着不解之缘。对此他也有深切的体会：

> 我认为，政治抒情诗实际是中国传统诗歌精华的延续。从我所读到的古今中外成功的政治抒情诗来说，它们都是具有吞吐大荒的胸怀，忘怀得失、超然于世的气度，真力弥满的精神境界，与天地同体、与万物同游的至大境界。劲健豪放，锐气逼人，明快苍劲；有进取之意，存忧患之情。③

作为深深扎根于新中国现实生活沃土中的革命浪漫主义诗歌的杰出代表，可以说贺敬之的政治抒情诗开了一代诗风，他是独树一帜的社会主义诗人。他的政治抒情诗所独具的革命浪漫主义风格，首先体现在诗人始终怀抱对共产主义光辉未来的理想和共产主义者无限广阔的胸怀及革命集体主义的英雄气概，同时体现在诗中那大气磅礴的气势和热烈澎湃的激情，因而常常表现出感情强烈、声音响亮、色彩鲜明的特色。诗人善于运用夸张、联想、想象甚至幻想的形式提炼情节、描绘形象、营造意象和意境，比如在《十年颂歌》中就写道：

---

① 臧克家：《学诗断想》，《诗刊》1962 年第 1 期。
② 贺敬之：《漫谈诗的革命浪漫主义》，《贺敬之文艺论集》，红旗出版社，1986，第 40 页。
③ 贺敬之：《答〈诗刊〉阎延文问》，《贺敬之谈诗》，人民文学出版社，2004，第 99 页。

在未来的

　　共产主义的

　　　地球上，

我永远是

　　一个年轻的公民。

我会

　　辛勤地

　　　劳动，

在帝国主义的

　　坟地上，

种出

　　一片绿荫。

就是这样，诗人真可谓思接千载、视通万里，"观古今于须臾，抚四海于一瞬""笼天地于形内，挫万物于笔端"①，擅长在天上人间和过去、现在与未来的大跨度时空里展现诗的形象，驰骋诗的情怀，以大手笔写大主题、大襟抱、大气象。难得之处也在于，诗人还善于融激情于抒情。他认为："我们是既要激情，也要抒情。当然，激情也是抒情，但它比一般的抒情更强烈。革命激情比一般抒情更有革命内容。"② 因此，贺敬之的政治抒情诗是激情诗，但不是"呐喊"式的激情诗，而是"抒情"式的激情诗。他常将翻滚涌动于自己胸中的革命激情，化为颗颗晶莹的水滴，条条涓涓的细流，汇入江河大海，既汪洋恣肆又井然有序，似行云流水，舒卷自如，令人吟诵起来一咏三叹，心情舒畅，心灵得到净化，境界得以升华。显然，贺敬之努力吸取了中国历代和国外积极浪漫主义的思想艺术精髓，融入自己反映和讴歌新中国社会主义现实生活的诗歌创作，使他的许多优秀政治抒情诗深蕴一种独具个性色彩与风格的革命浪漫主义的文学精神，这是一种对

---

① 陆机：《文赋》。
② 吕美顺：《贺敬之谈歌词创作》，《词刊》1985 年第 7 期。

共产主义理想抱有坚定信念、对革命事业充满信心、满怀革命豪情的精神，一种不懈地追求真理与正义、追求崇高、追求真善美而憎恶假恶丑的精神，一种善于透过黑暗看到光明并百折不挠地奔向光明的精神，一种始终注目于时代大潮而不惧暗礁与旋涡的大无畏精神，一种将个人的"小我"融入人民的"大我"从而正气浩然、心怀坦荡的精神。

总之，贺敬之 20 世纪五六十年代的诗歌创作，特别是政治抒情诗的创作，具有强烈的社会主义时代精神、鲜明的马克思主义政治倾向、饱满的无产阶级革命激情。诗人遵循形象思维，尤其是辩证艺术思维的规律，创造性地描绘和讴歌了伟大的祖国和人民、党和领袖、新中国的社会主义事业和新时代哺育的新英雄，形成了自己独特而鲜明的思想艺术风格，耸立起中国当代诗歌史上一座奇峰。

三　独特的地位，深远的影响

别林斯基曾说："没有一个诗人能够由于自身和依赖自身而伟大，他既不能依赖自己的痛苦，也不能依赖自己的幸福，任何伟大的诗人之所以伟大，是因为他的痛苦和幸福深深植根于社会和历史的土壤里，他从而成为社会、时代以及人类的代表和喉舌。"[1] 贺敬之也认为："艺术风格的形成，不应该只从个人的意义上来估价，而首先应该看到是社会现实生活，是时代风格、人民风格的反映。健康的艺术风格的成长，是个人在跟生活结合、跟斗争结合的过程中成长起来的。"[2] 由此观之，贺敬之 20 世纪五六十年代杰出诗歌成就和地位的取得，独特艺术风格的形成，当然是诗人历经长期革命实践、刻苦学习、勤奋创作的结果，但更为重要的是他自己的思想感情、心灵律动始终同党的事业和祖国与人民的命运紧密联系在一起，自己的喜怒哀乐深深植根于社会、历史和人民生活的土壤里，甘当社会和人民的

---

① 《别林斯基论文学》，新文艺出版社，1958，第 26 页。
② 贺敬之：《谈歌剧的革命浪漫主义》，《贺敬之文艺论集》，红旗出版社，1986，第 54～55 页。

"喉舌"，因而成为一名一代又一代读者尊敬和喜爱的新中国社会主义时代的忠诚而热情的歌手。

正因为如此，贺敬之的一些优秀诗篇往往问世后便引起热烈反响，得到诗坛、学界的赞扬和肯定，长期评论不断，这颇为耐人寻味。《回延安》发表后，很快就广为传诵，著名诗人臧克家称赞该诗"不求深而自深，不雕琢而佳句自来"，是"解放以来我最喜爱的一篇诗"①。闻山曾这样评论《回延安》对新中国诗坛的独特贡献："这是日夜飘荡在陕甘高原的山野之间的'信天游'，好难啊！过去，从'信天游'的胎里，虽然孕育过像《王贵与李香香》、《死不着》这些十分出色的诗篇，但自从诗人们进城以后，也许是由于耳边再难得听到放羊娃们唱的陕北牧歌，也许是因为还不惯于用这种形式来表达城市的生活和感受，李季、阮章竞、张志民这些熟谙民歌的歌手们，似乎都不约而同地改了板。好久以来，我们一直读不到这一类的好诗。《王贵与李香香》等等，快要成为'绝唱'了。这真叫人忧心。因此，看到贺敬之同志重新运用这种美好的形式，我觉得是诗的创作事业的幸运。"② 其实，这里谈的不只是形式问题，而是关系到新中国诗歌创作的方向、道路问题。

《放声歌唱》、《东风万里——歌八大第二次会议》和《十年颂歌》这3首"楼梯体"政治抒情诗相继问世，受到诗歌界和学术界的格外重视。特别是《放声歌唱》，反响非常热烈，评论和研究文章层出不穷。臧克家称《放声歌唱》是"一首充满激情的抒情长诗"，他赞赏说：

> 我曾经在一个群众大会上听到过朗诵，千八百人，全给诗句吸引住了。血脉的跳动也加快了速度。诗人以个人为主角，用情感的金线绣出了党的雄伟强大，绣出了祖国土地的壮丽辽阔，绣出了新中国人民为建设社会主义而奋斗的英雄形象，绣出了光辉灿烂的未来的远景……读这首诗，像在清朗的早晨，看到了东方天空里万道霞光；像在前进的队伍里，听到了令人鼓舞的号角。诗人的气魄是雄伟的，他把这么多的

---

① 臧克家：《学诗断想》，《诗刊》1962 年第 1 期。
② 闻山：《挚情的、凝练的诗——读贺敬之的〈回延安〉》，《文艺报》1956 年第 14 期。

东西，用思想的红线穿连在一起，使人觉得它是一个有机的整体。①

尹在勤、孙光萱评论说："在建国以来的诗歌发展史中，《放声歌唱》可说是一首具有开创意义的政治抒情诗。"② 1957 年早春时节，在北京中山公园音乐堂举行的"迎春诗会"上，贺敬之动情地高声朗诵了《放声歌唱》，真是豪情似火，浩气如虹！当时听过他朗诵的诗评家李元洛高度评价说："我深深感到：在我们年轻的共和国的诗的百花园里，他的诗作是一枝芬芳特异的花朵；在我们社会主义祖国的诗的天空，他是一颗新升起的光芒耀眼的星辰！"③ 诗评家谢冕也评论说，《放声歌唱》的"历史性贡献，在于它开了一代诗风，在内容方面，它首创了立体的而不是平面的，切实的而不是虚夸的诗风；在形式方面，它首创了富有鼓动性的，传达出我们时代的昂扬节奏的政治抒情诗"④。学者丁毅、刘志明强调"《放声歌唱》是任何诗人任何诗篇所不能代替的共和国史诗"⑤。刘润为也认为，《放声歌唱》在中国新诗发展史上"是一件里程碑式的汪洋之作"⑥。

《三门峡歌》《桂林山水歌》《西去列车的窗口》等诗作先后发表，也引起广泛关注和热情赞扬。臧克家就特别赞赏《三门峡歌》的深沉与凝练和《桂林山水歌》取材的别具一格，认为《三门峡歌》中的《三门峡——梳妆台》这首诗"气势大，构思巧"，另一首《中流砥柱》则"'词'的意味颇浓"，而《桂林山水歌》中诗人"创造出幽美的意境，使真山真水成为诗的艺术品"⑦。丁永淮对《桂林山水歌》进行了细致的思想艺术分析后说："在这里，诗的主题得到了自然的升华，诗的表现内容得到了丰富和扩大，使它由表现具体的桂林山水的可爱进而概括祖国江山的可爱，由一般的吟咏山水之作而发展为爱国主义的颂歌，由普通的山水诗而成为社会主义时代的

---

① 臧克家：《学诗断想》，《诗刊》1962 年第 1 期。
② 尹在勤、孙光萱：《论贺敬之的诗歌创作》，上海文艺出版社，1983，第 75～76 页。
③ 李元洛：《豪情似火气如虹——试言贺敬之诗歌创作的特色》，《文艺报》1981 年第 4 期。
④ 谢冕：《历史的沉思——建国 30 年诗歌创作的回顾》，《当代文艺思潮》1982 年第 2 期。
⑤ 丁毅、刘志明：《毛泽东时代与贺敬之》，陆华编《贺敬之研究文选》上册，文化艺术出版社，2008，第 288 页。
⑥ 刘润为：《怎样认识贺敬之?》，《文艺理论与批评》1994 年第 6 期。
⑦ 臧克家：《学诗断想》，《诗刊》1962 年第 1 期。

新山水诗。"① 贾漫也称赞《中流砥柱》"是中国诗歌的经典之一","《三门峡歌》、《桂林山水歌》,在社会主义新诗之林中,独树一帜"②。谢冕曾这样评论《西去列车的窗口》:"作者贺敬之处理这个重大的主题,却是从'窗口'两个字上落笔;窗口虽小,天地宽广,从井冈山到天安门,从南泥湾到塔里木。它没有写整个事件的过程,而只是写几个旅途的夜晚。也就是这几个夜晚,教我们与主人公同样坚信:'胜利呵——我们能够'!这是此诗构思的新颖之处。"③

《雷锋之歌》问世后,更是轰动神州大地,诗坛和学界好评如潮。艾青赞扬贺敬之"在《雷锋之歌》中创造了全心全意为人民服务的中国士兵的光辉形象"④。郭小川曾经勉励青年诗歌作者向《雷锋之歌》学习,称赞该诗"实在好,它回答了人们的共同的生活道路的问题","有能打中一些读者思想的根本的那种思想锋芒"⑤。雁翼也热情地赞扬说:"《雷锋之歌》的诞生是贺敬之生命的点燃。他不是为写诗而写诗,而是他心灵肥沃的土地被众多雷锋式的人物耕耘之后必然长出的花朵。一种忘私为国助人为乐的大美,这种大美是我们中华民族文化中最优秀的成分。"⑥ 雷抒雁对该诗的评价也十分恳切:"歌颂雷锋的诗何止成千成百!多少人工尽铺陈,叙述雷锋生平,但是并未引起人们注意。唯有贺敬之的《雷锋之歌》为人称颂。因为诗人不是介绍雷锋,而是言志。诗里,只有对雷锋的印象和感受,借题发挥,抒发对时代,对人生的见解。虚实结合巧妙。"⑦ 贾漫说,《雷锋之歌》是"由'我'与'我'的共鸣与共振,牵动了整个阶级、整个社会,牵动时代和现实,过去和未来"。他还说:"《雷锋之歌》1200 多行,而且是一韵到底,在 70 多年的新诗中,我还没有见过第二篇。"⑧ 谢冕也曾称

---

① 丁永淮:《贺敬之诗歌论》,华中师范大学出版社,1988,第 201 页。
② 贾漫:《诗人贺敬之》,大众文艺出版社,2000,第 198、206 页。
③ 谢冕:《〈西去列车的窗口〉小评》,《诗刊》1964 年第 3 期。
④ 艾青:《中国新诗六十年》,《文艺研究》1980 年第 5 期。
⑤ 转引自尹在勤、孙光萱《论贺敬之的诗歌创作》,上海文艺出版社,1983,第 191 页。
⑥ 雁翼:《寻找诗中的贺敬之》,《诗国》2010 年第 3 期。
⑦ 雷抒雁:《黄金在你手里》,《海韵》丛刊 1980 年创刊号。
⑧ 贾漫:《诗人贺敬之》,大众文艺出版社,2000,第 184、190 页。

《雷锋之歌》是"路标式的作品"①。尹在勤、孙光萱明确指出《雷锋之歌》"以它高度的思想和艺术价值，也必将载入中国新诗的史册。"② 丁永淮对《雷锋之歌》所取得的巨大成就进行了充分的肯定："这是贺敬之对新诗创作的重大突破，是他继《放声歌唱》之后所攀上的一座新的高峰，也是新诗发展史上的一座高峰，也是建国以来诗歌作品产生过广泛影响的有数的代表作品之一，为当代诗歌史写下了光辉的一页，进一步确立了贺敬之在当代诗歌发展史上的突出地位。"③

对贺敬之五六十年代诗歌创作的总体评价同样引人注目。谢冕在概括贺敬之这个时期从事诗歌创作的特点时说："他总是迈着稳重的步子，扎扎实实地前进。贺敬之很少败笔。这是一个拿起笔来便有烈火惊雷的诗人，却也是一个轻易不拿起笔来的诗人。当别人在那里放怀歌唱的时候，贺敬之在冷静地审视着、思索着。他不轻易歌唱，但总在酝酿着情感的电火雷鸣。……贺敬之每写一首诗，大致上总是代表他实际水平的一首诗，而且往往总是经得起时间考验的一首诗。贺敬之相当稳定地保持了他的创造水平线……我们可以向贺敬之提出更高的写作的要求，但却无法对他严肃的艺术操守加以责难。"④ 叶延滨也曾高度概括过贺敬之诗歌创作的这个特点："为祖国高歌，饱蘸心血尽情挥洒；对人民负责，字字推敲惜墨如金。"⑤ 胡世宗回忆说，1986 年他在北京拜访臧克家，臧老讲自己佩服的两个诗人，一个是郭沫若，一个是贺敬之，"这是出自我国诗坛泰斗之口的评论，可见贺敬之在诗坛的地位"⑥。李元洛曾经这样评价："贺敬之是站在当代诗坛最前列的为数不多的诗人之列的，他的诗作，在建国以来的新诗发展史上，众所公认地占有着重要的地位。"⑦ 杨山、林彦称赞说："贺敬之同志是一位久经考验信仰坚定的人民诗人，在我国新文学发展史上占有重要地位。他

---

① 谢冕：《历史的沉思——建国 30 年诗歌创作的回顾》，《当代文艺思潮》1982 年第 2 期。
② 尹在勤、孙光萱：《论贺敬之的诗歌创作》，上海文艺出版社，1983，第 110 页。
③ 丁永淮：《贺敬之诗歌论》，华中师范大学出版社，1988，第 19 页。
④ 谢冕：《共和国的星光》，春风文艺出版社，1983，第 66 页。
⑤ 叶延滨：《为新中国放声歌唱》，《中国青年》1982 年第 9 期。
⑥ 胡世宗：《遥望他的项背——庆祝贺敬之文学生涯 65 周年》，《中国学术研究》2005 年第 8 期。
⑦ 李元洛：《豪情如火气如虹——试论贺敬之诗歌创作的特色》，《文艺报》1981 年第 4 期。

的作品是中国文学宝库中的珍宝。"① 云照光也赞道："贺敬之同志的作品我认为就是传世之作，不朽之作，是对中华民族文学艺术宝库的杰出贡献。"② 艾斐非常重视贺敬之诗歌的特殊意义和价值："他的诗，与某些写诗的人相比，虽然量不算很大，但却可以毫无愧色地成为共和国产生和发展的壮阔历程的富于魅力的解说词。其中的许多篇章，不仅深深地镌刻在了文学的史册上，而且也都深深地铭印在了人们的心中，并成为人们铸冶脊梁、灵魂、智慧和信念的思想养料与精神构件。他的许多诗篇和许多诗句，早已被历史和时间定格成了光辉的永恒，凝聚成了明睿的哲理。"③ 对贺敬之社会主义时代的诗歌创作有口皆碑，不胜枚举，诚如翟泰丰所说："贺敬之在我国现当代诗坛发展史上，是块界碑。……这是诗坛历史作出的评价，是人民作出的评论。"④

贺敬之诗歌的独特地位，与同时代诗人的创作进行比较，可以看得更为清楚。新中国成立后诗坛上"信天游"民歌体诗歌几乎成为"绝唱"，而贺敬之却写出了佳作《回延安》，之后才创作出"楼梯体"长篇政治抒情诗《放声歌唱》这样的力作。众所周知，五六十年代借鉴马雅可夫斯基"楼梯体"创作政治抒情诗并非始于贺敬之。早在1950年石方禹的"楼梯体"政治抒情诗《和平的最强音》在《人民文学》上发表，引起诗坛重视。其后，韩笑的《我歌唱祖国》，闻捷的《祖国！光辉的十月！》，郭小川的《投入火热的斗争》《致青年公民》《向困难进军》《把家乡建成天堂》《人民万岁》等"楼梯体"政治抒情诗纷纷问世。贺敬之说，"楼梯式诗体实际是小川先运用的"，"1956年小川在作品中率先运用了楼梯式，我受到他的启发，开始正式使用楼梯式创作"⑤。可贵之处在于，当时这种被视为"外来形式"

① 杨山、林彦：《贺信》，《中国学术研究》2005年第8期。
② 云照光：《革命家、作家、诗人——在纪念"贺敬之文学生涯65周年暨文集出版研讨会"上的发言》，《中国学术研究》2005年第8期。
③ 艾斐：《战士式的诗人与战士型的诗——贺敬之诗歌创作的进取精神与时代担当》，《贺敬之研究文选》上册，文化艺术出版社，2008，第270页。
④ 翟泰丰：《在纪念"贺敬之文学生涯65周年暨文集出版研讨会"上的讲话》，《中国学术研究》2005年第8期。
⑤ 贺敬之：《答〈诗刊〉阎延文问》，《贺敬之谈诗》，人民文学出版社，2004，第109～110页。

的创作曾受到异议，许多诗人不再运用而探索其他形式，而贺敬之执着坚持这种形式的创作，使其不断发展。郭小川曾说，贺敬之"在各方面成熟了"，"他不会轻易地丢掉一点什么，也不会盲目地接受什么"①。的确，贺敬之是一位富有远见和独立性格的诗人，因此，他的政治抒情诗对社会生活的表现，比一般诗人站得更高，看得更远，开掘得更深，形成了自己汪洋恣肆、大气磅礴、雄壮豪放的独特风格。更为可贵的是他具有难得的创新精神，不仅乐于创新而且善于创新，终于创作出了富有独创性的贺敬之式"凸凹体"政治抒情诗的惊世杰作《雷锋之歌》。

郭小川与贺敬之被誉为当代诗坛的"双子星座"，在政治抒情诗创作领域真可谓双峰并秀。郭小川比贺敬之年长 5 岁，但几乎是同时齐名于五六十年代的诗坛。他们走着同一条革命道路，有着共同的理想、信念与追求，矢志不渝地为时代歌唱、为人民鼓与呼，探索革命诗歌走向民族化的道路，都是忠诚的革命者、热情的战士诗人。然而，他们又确实是同中有异，各具特色。对此，丁毅、刘志明进行了相当深入的分析比较：郭小川出身清贫小知识分子家庭，有知识分子的激情与敏感，容易迅速抓住现实生活斗争写诗，而贺敬之出身贫苦农民家庭，性情平和，矜持稳重，深思的个性决定了他爱考虑有关国家、民族前途等大问题，习惯于从宏观角度着眼，围绕着革命去探求诗意；郭小川写诗紧紧贴近现实，不拘题材限制，写得快而多，反映生活面广，而贺敬之写诗爱从中国革命道路出发作整体的深远思考，善于把握重大题材，表现重大主题，故为数不多的诗中却有里程碑之作；两人都主张革命现实主义与革命浪漫主义相结合，但郭小川的诗倾向现实主义，爱用赋法，而贺敬之的诗浪漫主义色彩极浓，爱用比兴手法。他们认为：

　　贺敬之诗篇较少，却大都蕴藉无穷，极富思想穿透力，读之如奇峰耸立，令人有高山仰止之叹；郭小川诗作颇丰，展示了现实生活的

---

① 郭小川：《月下集·权当序言》，转引自郭久麟《论贺敬之的诗》，北岳文艺出版社，1991，第 90~91 页。

多彩，读之犹如步入春之旷野，处处嘉木异卉，令人应接不暇。

两人的诗都是鼓舞人前进的。贺诗可提升人的思想境界，使贪者廉。郭诗可以让人产生前进的勇气，使懦夫立。贺诗是革命队伍前面的旗帜，郭诗是队伍后边的号角。旗帜引导人前进，号角督促人前进，二者缺一不可。①

尹在勤、孙光萱也认为："郭小川热情洋溢，文思泉涌，常以他独特的敏感思索革命人生，他总是不停地歌唱，即使处于逆境，也总是禁不住'无声'的'爆发'。贺敬之则深思熟虑，雄浑稳健，常常是蓄之既久，才肯打开诗情洪流的闸门，他总是在酝酿很久之后才写出一首诗来。"② 郭久麟则指出，"从选材的严谨，立意的高远，构思的宏伟，开拓的深广上看，郭小川不如贺敬之；但是，从文思的敏捷，反映生活的广泛迅速，构思的精致巧妙，郭小川似乎又略胜一筹"③。

从学者们的分析比较中不难看出，贺敬之诗歌创作的特色确立了他在新中国诗坛上的独特地位。但同样应当看到，长期来围绕贺敬之五六十年代的诗歌创作，人们也有种种否定性的评论。比如，60年代初，在社会上强烈反对"个人主义"、张扬"集体主义"的时代氛围下，有论者指责贺敬之的政治抒情诗有"一个较值得提出研究的倾向，就是诗中的'我'字，不但比较多，而且有时用到不尽恰当的程度"，"把自己的'我'架得过高，反使思想格调降低。这不能说不是诗人知识分子思想感情的某种表现"④。可是，到了"文革"后的新时期，社会上出现一股嘲笑"集体主义"、夸赞"个人主义"的思潮时，论者又对贺敬之的政治抒情诗以"意识形态化""丧失自我"等另一面的理由予以否定。这是颇具讽刺意味的，正如刘润为所说："实在巧得很，两种否定均出自一人——一位今日之老龄'新派'之

① 丁毅、刘志明：《毛泽东时代与贺敬之》，陆华编《贺敬之研究文选》上册，文化艺术出版社，2008，第292~294页。
② 尹在勤、孙光萱：《论贺敬之的诗歌创作》，上海文艺出版社，1983，第197页。
③ 郭久麟：《论贺敬之的诗》，北岳文艺出版社，1991，第114页。
④ 谢冕：《论贺敬之的政治抒情诗》，《诗刊》1960年第11~12期合刊。

口。"① 可见，脱离了马克思主义的唯物辩证法思想，对"个体"与"集体"、"小我"与"大我"的辩证统一关系不可能有真正的解释，必然陷入自相矛盾的尴尬窘境。

本来，对贺敬之的诗歌创作仁者见仁、智者见智是很正常的事，这对提高诗人的创作水平和促进社会主义诗歌健康发展大有裨益。但是，如果抱着"纯艺术"或"纯政治"的偏见来评说贺敬之的诗歌创作，甚至对其进行不顾事实、不讲道理的指责、攻击和诽谤，则是非常有害的，对此不能一笑了之。比如，毛翰在《陈年皇历看不得——再谈语文教科书的新诗篇目》一文中指责说："思想性也包括几十年无大改观的假大空腔调和粉饰太平吗？也包括在百花凋零、饿殍遍野的 1959～1961 年仍然高唱'祖国的笑容这样美'吗？""在三分天灾七分人祸，数以千万计的同胞无疾而终的年头，祖国怎么还会有笑容？诗人怎么还有如此的好兴致？"② 他还在另一篇长文中说："在 1959 年至 1961 年，面对着祖国人民遭受的那么巨大的灾难视而不见，毫无感触，仍然扯着嗓子高唱'祖国的笑容这样美'，这样的诗人是不是真正的诗人，难道不可以问一问吗？""既然顶着诗人桂冠，以政治抒情诗为业，就该对时代风云政治得失有自己的独立观察、思考和判断，从而指点江山，激扬文字，而不是甘做弄臣，惟龙颜是瞻，一味高唱谀词颂歌。"③ 还有论者指责说："我对《回延安》一诗颇为反感，觉得作者是在人为地强化那种'革命感情'，强化过之，有伪情之嫌。"④ 另有论者指责说：'一代又一代中学生，老是吟着'床前明月光'，老是叫着'心口呀莫要这么厉害地跳'，对诗的认识与理解老是停滞在五六十年代，太平面化，太表层化，终不是个办法。"⑤ 实际上，毛翰们所竭力指责和攻击的并不止是贺敬之的《桂林山水歌》和《回延安》，他们对"五六十年代"以至新民主主义革命时期一些有代表性的重要诗人的名作同样予以否定。毛翰说："改革开放前流行的那种颂歌和战歌，大多有着明显的时代局限"，"反胡

---

① 刘润为：《怎样认识贺敬之？》，《文艺理论与批评》1994 年第 6 期。
② 毛翰：《陈年皇历看不得——再谈语文教科书的新诗篇目》，《星星》1999 年第 4 期。
③ 毛翰：《关于陈年皇历答陈年诸公》，《书屋》2001 年第 1 期。
④ 陈良运：《"诗歌美育"续谈》，《星星》1999 年第 1 期。
⑤ 杨然：《呼吁调整教科书中的诗歌教材》，《星星》1999 年第 1 期。

风、反右、反右倾接踵而来，诗坛凋零殆尽，偌大一个中国，只剩下两位诗人：郭小川和贺敬之，也还是勉强跟上形势，适应着 60 年代初'大跃进'余威的气氛的"①。另有论者说："如果每个中学生都已被教导得认为诗歌就是《假如我不去打仗》（诗题应为《假使我们不去打仗》——笔者注），就是《雷锋之歌》，就是《为少男少女歌唱》（诗题应为《我为少男少女们歌唱》——笔者注），你还指望他们成为聂鲁达与庞德的知音、埃得蒂斯与艾略特的读者么？"② 还有论者攻击中国诗歌教材中所选收的诗歌名篇是"五六十年代特定历史条件下产生的一些'贫血儿'、'畸形儿'"，"大都是一些次品，甚至是注定将被岁月淘汰掉随风而去的枯叶。譬如所选贺敬之、田间、公刘的那几首诗，能代表世纪新诗的水平吗？"③ 也有论者攻击说"九十年代末的孩子从四十年代初的《假如我们不去打仗》（诗题应为《假使我们不去打仗》，写于 1938 年——笔者注）中寻找诗情画意，四五十人道貌岸然地齐诵臧克家的《有的人》，还要几遍几十遍地抄写贺敬之不土不洋的信天游。这就是我们的教科书，口号式的短句，耶稣化的语气，四书五经般的面孔，一颗又一颗童心永远要被照本宣科的声音覆盖着，被苏联革命时代的授课口型制约着，被酸溜溜的大话假话空话腐蚀着。"④ 毛翰们否定和攻击的名人名作还有郭沫若的《天上的街市》、艾青的《给乌兰诺娃》、郭小川的《甘蔗林——青纱帐》、郭沫若和周扬主编的《红旗歌谣》等。奇怪的是，柯岩的《周总理，你在哪里？》并非创作于毛翰恨之入骨的"五六十年代"，而是粉碎"四人帮"后诞生的名作，为何也被他列入必须扫荡的"陈年皇历"之列？指责"其艺术成色究竟如何？其艺术构思到底有几分创意？"⑤ 以上如此这般的胡言乱语，不能不引起人们的深思和追问。对毛翰们的奇谈怪论，胡笳、诸葛师申、沙无薛、金绍任、苗得雨、余之思、杨舫、叶知秋、熊光明等许多诗人、学者曾撰文进行了多角度有力的批驳，表现了他们的正义感

---

① 毛翰：《关于陈年皇历答陈年诸公》，《书屋》2001 年第 1 期。
② 聂作平：《我也说几句》，《星星》1999 年第 5 期，转引自《诗歌教材之争》，《文艺报》2000 年 10 月 28 日，第二版。
③ 林文询：《青春缺席》，《星星》1999 年第 2 期。
④ 女岛：《诗歌教育与新诗危机》，《星星》1999 年第 11 期。
⑤ 毛翰：《陈年皇历看不得——再谈语文教科书的新诗篇目》，《星星》1999 年第 4 期。

和实事求是的精神①。

　　显然，毛翰们对贺敬之的《桂林山水歌》、《回延安》及其"五六十年代"的诗歌创作整体不作任何思想与艺术内涵的分析，仅仅揪住"祖国的笑容这样美""胸口呀莫要这么厉害的跳""红旗下——／一片歌声笑声中！""共和国呵，／这就是你／一九五九年的／壮丽的／面容！"等诗句大做文章，攻击这些诗是"谀词颂歌""粉饰太平""伪情"。一目了然，毛翰们所谈论的并非诗歌本身，紧紧盯住的仅是其"时代背景"即"大跃进"和"三年困难"。谁都知道，"大跃进"的错误所造成的后果和"三年困难"所带给人民的痛苦是严重的。同时大家也很清楚，正是毛泽东领导全党改正了错误并率领全国人民战胜了困难。因此，希望诗人当时创作出反映民生疾苦的诗篇是正当的，而指责他没有能"愁眉紧锁、黯然泪垂"地写出"长太息以掩涕兮，哀生民之多艰""秋风秋雨愁煞人"（这是屈原、秋瑾面对腐朽黑暗社会的情感表达！）这种悲伤诗句却高唱"祖国的笑容这样美"是没有道理的。当时又有哪位诗人包括毛翰所顶礼膜拜的没有任何"时代局限"的"真正的诗人"创作出了这样的或《一吏》《一别》类的诗歌吗？即使是人民格外崇敬的彭德怀元帅，确实写出了"谷撒地，薯叶枯，青壮炼铁去，收禾童与姑，来年日子怎过？我为人民鼓与呼！"这样一篇对"大跃进"错误满怀忧患意识的难得的民歌体好诗，但试想，面对"三年困难"，彭帅能写出或说出"百花凋零""哀鸿遍野""生民涂炭"这样的话吗？的确，对"大跃进"的错误应当反思，总结沉痛的教训。然而，"大跃进"年代也并非没有取得任何成就，特别是党和人民意气风发、斗志昂扬改变祖国"一穷二白"面貌、奋力建设社会主义新中国的冲天干劲和精神风貌应

---

① 胡笳：《读毛翰〈陈年皇历看不得〉有感》，《星星》1999 年第 6 期；诸葛师申：《不废江河万古流——评毛翰等有关"中国诗歌教材的讨论"文章》，《文艺报》1999 年 12 月 23 日；沙无藓：《危言与狂言：世纪之交的浮器——新诗"教材风"杂感》，《诗与剑小诗》2000 年 1 月 1 日；金绍任：《"轻薄为文"的典型》，《华夏诗报》1999 年总第 129 期，后经增删改题为《〈星星〉的蚍蜉与毛翰的第九种自杀》刊于《芙蓉》2000 年第 1 期；苗得雨：《也说"陈年皇历"与"滴水不沾"》，《华夏诗报》1999 年 10 月号；余之思：《论诗坛怪相》，《重庆晚报》1999 年 12 月 12 日；杨舫：《调整中国语文教材不可脱离实际》，《星星》1999 年第 11 期；叶知秋：《全盘否定办不到！》，《华夏诗报》1999 年 10 月号；熊光明：《什么是真善美？什么是假恶丑？》，《中流》1999 年第 11 期。

该肯定和歌颂。比如在北京，密云水库于 1958 年兴建，一直造福人民；人民大会堂从 1959 年开工历时一年建成，至今仍是党和政府的重要政治活动中心。如果把人民大会堂和密云水库比作祖国的两只喜笑的眼睛，那么无论当时、现在或者将来，不都是"笑"得很"美"吗？况且贺敬之在《桂林山水歌》中还有"大地的愁容春雨洗"这样的情感表达，难道这"愁容"就不能视为祖国当时所遭遇的困境在诗人心灵上的投影？诗人赋诗赞美桂林山水，如同毛泽东赞美"江山如此多娇"一样，非常自然地高唱出"祖国的笑容这样美"。须知这是写诗啊，难道诗人可以在这里谩骂毛泽东领导全党正在改正中的错误吗？毛翰百般诋毁"祖国的笑容这样美"这句诗，而对紧挨其前的另一句诗"大地的愁容春雨洗"又不以为然，难道他真的相信"'大地的愁容'1949 年就被'春雨洗干净了'吗？"倘若真相信，那么他笔下的"饿殍遍野的惨象"不比"大地的愁容"厉害百倍！与其自相矛盾，不如露出本相。不管如何掩饰遮蔽，毛翰们的本相在其字里行间还是昭然若揭。众所周知，田间的《假使我们不去打仗》是 1938 年写于延安，何其芳的《我为少男少女们歌唱》是 1939 年写于延安，臧克家的《有的人——纪念鲁迅有感》写于 1949 年 10 月新中国诞生之初，艾青的《给乌兰诺娃》写于 1950 年的苏联，贺敬之的《回延安》写于 1956 年、《桂林山水歌》写于 1959～1961 年，郭小川的《甘蔗林——青纱帐》写于 1962 年，贺敬之的《雷锋之歌》写于 1963 年，柯岩的《周总理，你在哪里？》写于 1976～1977 年，这些诗歌的写作年代从 1938 年抗日战争时期到粉碎"四人帮"后的 1977 年，时间跨越 40 年，所歌颂的对象分别是勇于牺牲的抗日战士、生活在解放区的少男少女、中华民族的脊梁鲁迅、苏联芭蕾舞艺术大师乌兰诺娃、革命圣地延安、社会主义祖国的秀美山水、为实现社会主义和共产主义理想而奋斗的革命战友、共产主义新战士雷锋、人民崇敬和热爱的好总理周恩来。正是这些革命的社会主义的优秀诗歌，都被毛翰们指责为"陈年皇历"，斥之为"质地粗劣"的"次品"，必欲从中国语文教科书中斩尽杀绝才痛快。其实，毛翰们的本意并不在于诗歌艺术，他们最为关注的是这些诗歌的政治思想内容，特别是其写作的"时代背景"。其中毛翰最痛恨的是党领导人民奋力进行社会主义革命和建设的"五六十年代"即毛泽东时代。尤其值得深思的是,毛翰所攻击的"弄臣"无疑是污指诗人贺敬之,那么,他所说的"龙颜"是指谁呢?"沉舟""病树""秋风秋雨"又是指什么?他能掩人耳目吗?再审视一下毛翰是怎样否定和诋毁毛泽东诗词的,他的本意就看得更为透彻了。2005 年 1 月 19 日,毛翰以《王者之气与大同之梦——从头品读毛泽东诗词》为题在互联网上发布万余言长文,攻击毛泽东从少年到晚年的全部诗词贯通着"王者之气与大同之梦","他的诗词王气十足,霸气十足"何谓"王者之气"?毛翰说:"'山大王气'或'帝王思想'是毋庸讳言的。""山大王气"是他对鲁迅原意的歪曲,"帝王思想"正是 1945 年在重庆蒋介石及其御用文人因极度恐惧《沁园春·雪》的巨大影响而对毛泽东的恶毒攻击。蒋介石当时就说:"我看他的词有帝王思想,他想复古,想效法唐宗宋祖称王称霸。"① 毛翰竟然嫌如此旧调重弹不过瘾,还进一步攻击毛泽东毕生追求并为之奋斗的社会主义、共产主义理想是"大同之梦"即"一派乌托邦幻境"。毛翰为达到通过否定毛泽东诗词来否定毛泽东的目的,采取了无中生有、传讹捏造、污蔑中伤、混淆视听等种种卑劣手段,无所不用其极。他诬蔑毛泽东"移情别恋""革命输出""'窝里斗'堂而皇之""对大跃进造成的弥天大祸并无歉意和悔意""把自家人民折腾得饿殍遍野""可叹诗人一生,善于破坏,不善于建设"等。这是在"品读"毛泽东诗词吗?非也,分明是毛翰对中国人民的伟大领袖、伟大的马克思主义者和无产阶级革命家毛泽东进行恶毒的政治诽谤和人身攻击,真是猖狂至极!对毛翰的谬论,学者陈绍伟和季世昌、卢守衡等都撰文作过批驳②。

毛泽东曾说:"世上绝没有无缘无故的爱,也没有无缘无故的恨。"③ 诗人贺敬之无限热爱毛泽东、共产党和他们领导的新民主主义革命、社会主

---

① 转引自黄中模《毛泽东咏雪词〈沁园春〉词话》,山西人民出版社,2004,第 38 页。
② 陈绍伟:《令人诧异的"从头品读"——评毛翰〈王者之气与大同之梦——从头品读毛泽东诗词〉》,《华夏诗报》2005 年 7 月 25 日总第 170 期;季世昌、卢守衡:《究竟是"品读"还是攻击?"评价"还是诽谤?——评毛翰〈王者之气与大同之梦——从头品读毛泽东诗词〉》,《华夏诗报》2007 年 8 月 25 日总第 192 期。
③ 毛泽东:《在延安文艺座谈会上的讲话》,《毛泽东选集》第三卷,人民出版社,1964,第 872 页。

义革命与建设事业，坚定地站在无产阶级和人民大众的立场上，对其进行诚挚的热情洋溢的并富有强烈思想艺术感染力的歌颂。他始终为祖国而歌，为人民而歌，为党而歌，为革命和建设事业而歌，为社会主义时代而歌，受到一代又一代读者、听众的称赞和崇敬。显然，贺敬之同毛泽东及其所开创的革命事业和社会主义事业血脉相连、息息相通。因此，毛翰明白，要想否定贺敬之五六十年代的诗歌创作就必须否定社会主义革命和建设时代，而要否定这个时代就必须全盘否定毛泽东。这真是"蚍蜉撼树谈何易"！毛翰之所以如此厌恶、痛恨和攻击贺敬之及其诗歌创作，究其实质，是他同贺敬之的阶级立场、政治倾向及由此决定的世界观、人生观、文艺观完全不同，同贺敬之在价值追求和精神境界上是格格不入的。但毛翰的否定和贬损，无损于贺敬之五六十年代诗歌作品的耀眼的思想艺术光芒和在当代诗歌史上的独特地位。

无疑，贺敬之五六十年代的诗歌创作确实有其时代局限甚至出现过错误。对此，诗人已有清醒的认识并进行了诚挚的深刻的反省。他说："在伟大的斗争面前，在斗争的行列中，我的确是一个水平不高的战士。虽然我跟随着队伍，也曾在阵地上进行了一些战斗，但打得是这样不出色。当然，无须讳言：我认为自己以往的道路，在大的方向上，我还没有走错。我曾用真情实感去歌颂光明事物——我们的党、人民和社会主义祖国，是应当做的。但是另一方面，我还必须说：我对社会主义事业的理解是太肤浅，太幼稚了，对我们生活中的矛盾的认识是过于简单，过于天真了。这就使得我在作品中不能准确而大胆地表现矛盾斗争，因而就不能更深刻、更有力地反映和歌颂我们的伟大时代。例如《十年颂歌》这首长诗，今天看来不仅显得无力，而且其中关于庐山的那段批判性的文字还是错误的。"因此，他在编印自己的"诗选"时"不能不以负疚的心情把它删除"①。然而，贺敬之对自己诗歌创作的时代局限和曾经出现过的错误所作的深刻思考与诚恳反省，同毛翰对他的恶意攻击是性质完全不同的两回事。他对自己所坚持的原则是从来不退让的。据孟伟哉回忆，大约在改革开放初期，

---

① 贺敬之：《〈贺敬之诗选〉自序》，《贺敬之诗选》，山东文艺出版社，1984，第7~8页。

贺敬之同他谈到自己五六十年代诗歌创作时曾说:"我不后悔我曾经写过的东西,不后悔我曾经歌颂过的事物。我不认为那有什么错,我认为那是对的。例如,'大跃进'不好,但是人民群众的那种精神、感情、愿望和干劲是好的……"① 2001 年 3 月 29 日,贺敬之在答《诗刊》编辑问时又说:"有人把歌颂党、祖国、人民和革命事业的政治抒情诗说成是'歌德派',让我们忏悔。我要说:我们不忏悔,谁忏悔了人民也不会答应。……写与人民一致的欢乐之情决不是'粉饰太平'或'强颜欢笑'。这是几千年的大欢乐大解放,怎么不能欢乐呢?"② 2004 年 12 月 15 日,在中国作家协会主办的"贺敬之文学生涯 65 周年暨文集出版研讨会"上,贺敬之在他所致的"答谢词"中进一步说:"所以这些年来,我对一些批评不能不有所分析,在接受正确意见的同时,对不正确的说法不能不表示不予苟同,还比如,说我是'粉饰太平'、是'政治附庸'、是'御用文人',说'为什么他这样?因为对他个人有好处',甚至说我是'文革'中'惟一没有被冲击的作家','歌德可以使他逐步迁升'。如此等等,这些是不符合我的实际的。一直到现在,仍有一些文章批判我。当然,我也从中吸收一些我认为对我有益的东西,但同时,对一些显然不正常的'批判',我也不能不看到,其锋芒所向不只是对我个人的,恐怕也是'醉翁之意不在酒'的吧。"③ 旗帜鲜明地坚持真理,真诚坦率地修正错误,舒心诚恳地接受批评,从来不向邪恶势力妥协,这就是战士诗人贺敬之的性格和风骨。

诚然,贺敬之五六十年代诗歌创作的主旋律是歌颂社会主义新中国的光明,但这并不是说诗人对生活中的阴暗面完全视而不见。他在《东风万里——歌八大第二次会议》中写道:"啊,小小的/阴影,/大大的/光明! /——就是我们这颗/美妙的行星!""看吧!记录吧! /——地球:/黑白分明。/光明——在扩大,/阴影——在缩小。"这就是诗人对当时世界面貌和形势的全面认识。应该说,诗人在满腔热情歌颂社会主义新中国"大

---

①　孟伟哉:《〈论贺敬之的诗〉序》,郭久麟《论贺敬之的诗》,北岳文艺出版社,1991,第 1 页。

②　贺敬之:《答〈诗刊〉阎延文问》,《贺敬之谈诗》,人民文学出版社,2004,第 99 页。

③　贺敬之:《贺敬之文学生涯 65 周年研讨会答谢词》,《中国学术研究》2005 年第 8 期。

大的光明"的同时，对现实社会生活中存在的"阴影"也格外关注。在
《放声歌唱》中，诗人清醒地写道："即使有/再凶恶的病毒/向我扑来，/也
不会/把我/摧毁！因为/我是吃了/延安的小米饭/长大的啊，/我喝过了/
流过枣园和杨家岭的/延河的/奶汁！……""啊，我知道：/我们共和国的
道路/并不是/一马平川，/面前，/还有望不断的/千沟万壑，/头上，/还会
有/不测的/风雨……/迎接我的啊/还有无数/新的/考验，/而灰尘/和毒菌/
还会向我偷袭。"诗人在《雷锋之歌》中更忧心忡忡地写道："啊，要不要再
问园丁：/我们的花园里/会不会还有/杂草再生？/梅花的枝条上，/会不会有
人/暗中嫁接/有毒的葛藤？……/我们的大厦/盖起了多少层？/是不是就此/
大功告成？/啊，面前的道路、/头上的天空，/会不会还有/乌云翻腾？……"
"唔！有人在告诉我们：/——过去了的一切/不必再提起了吧！只要闭上眼
睛呀，/就能看见：/现在已经/天下太平……/什么'人民'呀，/什么'革
命'，/——这些声音，/莫要打搅，/他酒兴正酣，/睡意正浓……/——今天
的生活/已经不同了呀，/需要另外/开辟途径……/——最香的/是自己的酒
杯，/最美的/是个人的梦境……//但是，且住！/可敬的先生……/收起你
们的/这套催眠术吧！/革命——/永远/不会躺倒！/历史的列车——/不会
倒行！"如何认识歌颂光明和暴露黑暗的辩证关系，这是文艺创作中的一个
老话题。毛泽东曾说：

> 只有真正革命的文艺家才能正确地解决歌颂和暴露的问题。一切
> 危害人民群众的黑暗势力必须暴露之，一切人民群众的革命斗争必须
> 歌颂之，这就是革命文艺家的基本任务。①

毫无疑问，长期革命实践证明，贺敬之是一位真正革命的文艺家，他
明白应当歌颂什么和应当暴露什么。早在 1950 年他在《戏剧创作中的几个
问题》一文中就明确提出："认真说来，正确的批评也就是热烈的歌颂。最

---

① 毛泽东：《在延安文艺座谈会上的讲话》，《毛泽东选集》第三卷，人民出版社，1964，第
873 页。

热烈地歌颂我们生活的人，也就是最懂得对我们的生活进行自我批评的人"①。可贵之处在于，他审视社会阴暗面并非止于生活表层，而是透视到人的灵魂深处，挖掘出精神层面的质变与丑恶，借以警告世人，社会主义前进道路上还会历经艰难险阻，年轻共和国的肌体上也会滋生出"杂草"、"毒菌"和"有毒的葛藤"，那些背叛人民和革命的醉生梦死者企图以他们的"催眠术"让革命"躺倒"，使历史的列车"倒行"。诗人深沉的忧患意识让人们感悟到，这是些最危险、最可怕的社会蛀虫，如不严加警惕和防治，就会蛀空人民共和国大厦使其坍塌。后来我国社会主义事业发展进程中所经历的种种曲折，一再证实了诗人的预见，直到审视今天的社会生活仍然具有很强的现实针对性。诗人有着如此的远见卓识和真知灼见，有着如此的政治敏感性和社会生活洞察力，是因为他掌握了马克思主义这个观察社会的望远镜和显微镜，有毛泽东思想这个遥望革命前进方向的指南针，胸怀一颗真诚而脱俗的心灵，充满了人间正气，尽情呼唤伟大和崇高。如果诗人没有这样美好的心灵和博大的胸怀，就不可能有这样的真爱与真恨，就不可能这样深入地思考自己生命的意义和价值，也就不可能对读者有真正的情感和精神的关切，对社会有真正的使命感和责任心。

贺敬之是一位低调、内敛的诗人，为人谦和、诚恳、谨慎，从来没有像有人所诬蔑的"以诗歌正宗自居，摆出一副虎踞龙盘的架势"②。诗人曾真诚地说："虽然我也曾唱过几支歌，不过比起我们前辈、同辈和后辈的优秀诗人来说，我确实不是一个能够代表我们歌队水平的值得一提的歌者。"③在"贺敬之文学生涯65周年研讨会"上听了许多学者赞誉性的发言后，他又诚恳地说："我觉得同志们讲的当然有我的影子，但是主要的你们讲的不是我，你们讲的是那个时代，那个时代我所属于的那个集体，那支大部队。在那支大部队中间我只不过是无足称道的普通一兵。"④诗人在许多文章和会议讲话中经常强调这样的想法，仅仅是出于谦虚吗？显然不是。在一个

---

①　贺敬之：《戏剧创作中的几个问题》，《贺敬之文艺论集》，红旗出版社，1986，第6页。

②　毛翰：《陈年皇历看不得——再谈语文教科书的新诗篇目》，《星星》1999年第4期。

③　贺敬之：《〈贺敬之诗选〉自序》，《贺敬之诗选》，山东文艺出版社，1984，第2页。

④　贺敬之：《贺敬之文学生涯65周年研讨会答谢词》，《中国学术研究》2005年第8期。

真正革命的文艺家、战士诗人的心目中，自己永远只是"普通一兵"，自己所取得的成就在党和人民的伟大事业中永远只是"海洋里的一个小小的水滴""田野里的一颗小小的谷粒"。这是一种世界观、人生观和价值观，是一种胸怀、气度和境界。诗人贺敬之是非常谦逊的，也是非常真诚的。

纵观贺敬之五六十年代的诗歌创作，他的诗品和人品都令人尊敬。诗坛、文坛和学界充分肯定了他在中国当代诗歌史上独特的地位，同时非常关注和重视他的诗歌，特别是政治抒情诗对社会主义精神文明建设及诗歌自身的健康发展必将产生深远影响。诗人雷抒雁曾谈到，他的那首为众人所称赞的写张志新的《小草在歌唱》"就是走的贺敬之《雷锋之歌》这个路子"[①]。丁宁也说："《雷锋之歌》在现代诗歌界独树一帜，是标志着一个英雄时代的浩歌，唱遍了每一个角落，它使千万人民看到了这个大写的普通人身上耀眼的光芒。谁能否认文学的社会功能，这首长诗的艺术魅力，就在于为社会主义的精神建设，特别是对广大青年的人生观、价值观起了难以估量的作用。"[②] 丁毅、刘志明更强调说："《雷锋之歌》写出了一代人的追求，记录了那个时代中国人的人生观、价值观，是那一段历史的记录。在全党强调反腐倡廉的今天，这首长诗不失为生活的教科书。在苏东转向国际共运出现低潮的当今世界，贺敬之借雷锋出现做出的'永远革命'的回答不仅没有失去意义，而且愈显示出真理的光辉，因而这首诗也就获得了永久的魅力。"[③] 胡世宗回忆 1999 年 9 月在沈阳，他陪贺敬之去看望参加过延安文艺座谈会的 90 高龄的老作家马加的感人情景时，说："在分手时，在那个离客厅几步远的楼梯口，马加突然背诵了贺敬之的两句诗：'几回回梦里回延安，双手搂定宝塔山……'这情景令在场的所有人都惊喜不已！我在中学课本上读到的这首《回延安》，影响之深远，是无法测量的。"[④] 段

---

① 尹在勤、孙光萱：《论贺敬之的诗歌创作》，上海文艺出版社，1983，第 100 页。

② 丁宁：《智慧的风采——读〈贺敬之文集〉有感》，陆华编《贺敬之研究文选》上册，文化艺术出版社，2008，第 259 页。

③ 丁毅、刘志明：《毛泽东时代与贺敬之》，陆华编《贺敬之研究文选》上册，文化艺术出版社，2008，第 290 页。

④ 胡世宗：《遥望他的项背——庆祝贺敬之文学生涯 65 周年》，《中国学术研究》2005 年第 8 期。

宝林也说："贺敬之的诗，最有时代特色，最能代表新中国的时代精神，它揭示了为新中国而奋斗的仁人志士崇高的内心世界，具有很强的艺术感染力，今天读来仍然令人心潮起伏激动万分，这些好诗无疑是中国新诗的经典之作、传世之作。"① 一些中青年诗人努力学习贺敬之的诗歌，取得了可喜的创作成绩。纪宇说："对中国五四以来的新诗人，我喜爱的，我曾经向之认真学习的人很多，可以开出一个长长的名单。如果说其中对我写作影响最大、影响力最持久的，不过三五人。这其中就有郭小川和贺敬之。"② 马恒祥也说："20世纪60年代的初期，正是贺老的诗歌，以一种神奇的力量，占领了我这个中学生的心灵，成为我心中永恒的偶像，我从此开始学着进行诗歌写作。"③ 桂兴华同样说："这些年来，我遵照贺老的创作道路，为党、为祖国真诚地写了这么多长诗，在各地造成了广泛影响。……贺敬之的学生们，难道不应该亮出自己的爱和憎？难道不应该继续放声歌唱？"④ 王久辛尤为情深意长地写道："在我内心深处的贺敬之，是永远年轻的，充满了朝气、锐气与磅礴大气的卓著恒久的诗人形象，是与'老'字永不沾边的、我们青年与青年诗人永远的大哥。他不是那种领着我们前行的大哥，而是那种披荆斩棘，为我们后人开路的大哥。他站在前边向我们招手，用诗回答青年、回答今日的世界。六十五年来，诗人贺敬之的名字，是与中国革命史与中国新诗史紧密相连的。他的影响持久、强烈，他为诗人这两个字创造了辉煌的荣誉，也为我辈后生创造了百折不挠、诗性人生的青春理想。他的创造，构成了我辈心向往之的新诗传统，构成了我辈新诗创造的自由品格。"⑤ 还有些诗人以诗的形式和语言真情赞颂贺敬之诗歌独特的

---

① 段宝林：《论艺术的失落与回归——从贺敬之的诗说起》，陆华编《贺敬之研究文选》上册，文化艺术出版社，2008，第298页。

② 纪宇：《我从贺敬之的诗中学到了什么？》，陆华编《贺敬之研究文选》上册，文化艺术出版社，2008，第317页。

③ 马恒祥：《在"贺敬之文学生涯65周年暨文集出版研讨会"》，《中国学术研究》2005年第8期。

④ 桂兴华：《让我们"放声歌唱"——写给"贺敬之文学生涯65周年暨文集出版研讨会"》，《中国学术研究》2005年第8期。

⑤ 王久辛：《贺诗不朽之理由与启示——写在贺敬之文学生涯65周年暨文集出版研讨会之际》，陆华编《贺敬之研究文选》上册，文化艺术出版社，2008，第262页。

思想价值、艺术魅力及其深远的影响。易仁寰赞道:"这是春风与大地的拥抱,/这是绿叶对根的深情……/如果泥土,也能当作珍贵的礼物,/那么,请接受黑土地、黄土地、红土地/最纯朴的友情——/大地会把你的拳拳爱心/融入八万里春风!/小草会把你的融融诗情/染绿十三亿昆仑!!"① 满全位同样深情赞道:"啊,贺敬之——不是将军的将军,/你的诗歌,鼓舞了多少革命战士无私无畏英勇坚强?/啊,贺敬之——不是博导的博导。/你的诗歌,引导了多少热切青年步入诗坛奔向辉煌?//……有人说你影响了一个时代,让人们积极进取奋发向上,/可是,为什么我们祖孙三代人,都对你十分神往和敬仰?/你的人品是'真善美'的化身,你的诗篇是激动人心的壮丽乐章,/啊!贺敬之,你的艺术魅力和人格魅力将万古流芳——/……只要人类的心灵里尚有那真诚与善良,/《雷锋之歌》的浩然正气,就会在天地间长久豪壮;/只要人类不停止与自然的和谐共处,/《三门峡——梳妆台》的磅礴胸怀,就似那黄河浪永远浩荡。//只要'诗歌'这一门艺术流传在人世上,/《回延安》就能在世界诗坛上恒久吟唱;/只要美丽的桂林山水不变成戈壁荒漠,/《桂林山水歌》就像桂林山水——万古长青、碧波荡漾。"② 学者和诗人们高度评价、深情赞颂贺敬之及其诗歌的文章与诗篇不计其数,举不胜举,诚如吉狄马加所说:"人民和历史对贺敬之先生的高度评价,也证明了贺敬之先生的作品在经历了时间的检验和洗礼之后,依旧散发着历久弥新的艺术魅力,并必将具有更广泛、深远和持久的影响。"③

诗人贺敬之真诚而热情地歌颂新中国社会主义时代的优秀诗歌作品将永垂史册。金炳华对贺敬之及其诗歌创作的总体评价可谓言简意赅,他说:"贺敬之同志在创作中坚持关注国家和民族的命运,关注人民的命运,贴近群众和生活,讴歌时代英雄,使他成为深受群众欢迎的时代歌手。"④

① 易仁寰:《感动历史,感动未来——在人民诗人贺敬之文学生涯 65 周年研讨会上》,《中国学术研究》2005 年第 8 期。
② 满全位:《贺敬之,我心中温暖的一片阳光》,《中国学术研究》2005 年第 8 期。
③ 吉狄马加:《致"贺敬之文学创作国际学术研讨会"的贺辞》,陆华编《贺敬之研究文选》上册,文化艺术出版社,2008,第 13～14 页。
④ 金炳华:《在"贺敬之文学生涯 65 周年研讨会"上的讲话》,陆华编《贺敬之研究文选》上册,文化艺术出版社,2008,第 9 页。

第八章　革命文学家的精神炼狱

一　"文革"中的"三进宫"

毛泽东在高度评价鲁迅时有一段经典名言，他说："鲁迅是中国文化革命的主将，他不但是伟大的文学家，而且是伟大的思想家和伟大的革命家。鲁迅的骨头是最硬的，他没有丝毫的奴颜和媚骨，这是殖民地半殖民地人民最可宝贵的性格。"[①] 自少年时代就追求光明、投奔革命的贺敬之，在自己漫长的革命生涯和文学创作的道路上，始终真诚地崇敬和学习毛泽东、鲁迅的革命精神，这在"文化大革命"的特殊年代里也有着他相当独特的表现。

"文革"前17年中贺敬之一直被视为"一贯右倾"不断挨批挨整，在"文革"10年"极左"狂潮里他遭受无情摧残是必然的。我们知道，1964年4月贺敬之已从中国剧协调到人民日报社任文艺部副主任，其实承担编辑工作并不多，主要照顾他搞创作，每年给一定时间的创作假。1966年春天，他随作家访问团到重庆附近几个三线工厂参观学习，后来又去了成昆铁路线访问，但不久就被调回北京。

1966年6月，在"横扫一切牛鬼蛇神"的喧嚣声中，"文革"风暴以迅雷不及掩耳之势席卷中华大地。很快，贺敬之被剧协的造反派从人民日报社要了回去，并被军宣队以"犁庭扫院"的方式同文联各协会、作协等

---

① 毛泽东：《新民主主义论》，《毛泽东选集》第二卷，人民出版社，1952，第691页。

文艺界大批领导、著名文艺家一起集中到北京西郊社会主义学院参加"集训班"，揭批"文艺黑线"，交代和揭发问题。但这被指责是"假批判，真包庇"。于是，他又被造反派"揪"回剧协，编入"黑帮队"，关进"牛棚"，实行"群众专政"。这就是被造反派实施"群众专政"的"一进宫"。当时，位于王府井大街的文联大楼，大字报铺天盖地，文联的造反派还在后院搭了台子，随时将田汉、夏衍、阳翰笙、贺敬之等"黑帮"们胸前挂着牌子推上台去批斗"示众"。全国串联的红卫兵、工农商学兵各界群众及北京市广大市民蜂拥而至围观，看大字报。其中，围观贺敬之的人似乎最多，阳翰笙曾苦笑着悄悄对他说："敬之呀，你就吃了这个亏呀，你的名气大呀！"确实，有些红卫兵非常气愤地指责贺敬之："你为何要'反党反社会主义'？可你却一直热情歌颂党和社会主义，原来这些都是假的，你骗了我们！"他解释说："我怎么会骗你们呢？我写的都是真的啊！"有一个女孩和一个男孩表面上气势汹汹，其实本意还是在保护他，比如问他"你自己说是什么问题"，他检查了自己的错误，他们就说："那好吧，你就走吧。"这样就给他解了围。可是剧协的造反派对他没完没了地批斗、审问，还限制他的人身自由，抄他的家，强制他劳动。在文联"黑帮示众会"上他成为主角之一，造反派怒斥他是"周扬的黑干将"，将《白毛女》作为他推行"反革命修正主义文艺黑线"的重要"罪状"进行批判，特别是 1962 年 3 月周总理、陈毅副总理出席并支持的全国戏剧界大型的"广州会议"被诬指为"大黑会"，他被指责为会议的"罪魁祸首之一"，把他在会议上的发言专门列为"大毒草"，还宣布其中有向党进攻的"十八把刀子"，比胡风的"五把刀子"还多了几倍。直到 1967 年 12 月中旬，他在文联大楼贴出大字报，宣布退出"黑帮队"，得到柯岩等亲人的勇敢支持。就这样，他自己解放了自己。

贺敬之获得了大约一个来月的"自由"。很快，造反派再次把他"揪"了回去，施行更加严厉的"群众专政"。于是，他就"二进宫"了。他被关押在机关一间厕所旁边的小屋子里，门窗紧闭，门旁日夜有人把守，不许任何人来探望，几乎和牢房一样，像个囚犯。在连续两个月的时间里，造反派反复对他审问和批斗，重点批判他"对抗文化大革命的现行罪行"，特别是追查他同"天津黑会"的"黑关系"。其实他当时也搞不清楚"天津黑会"是怎么回事，后来才回忆起在被关押的前几天，曾在小报上看见过天津文艺界两派组织在夺权斗争中有一派来北京串联，另一派追踪而至。不知为什么，剧协的造反派硬是把这同他联系起来，追查他贴大字报和他们之间的关系，可怎么也找不出丝毫线索来，就转而追查他这次行动的"背景"，同样查不出任何东西。造反派只好再次转回到"系统地"大会批斗，从他1964年调到人民日报社之前在中国剧协十多年的工作，包括在《剧本》月刊的编辑工作、组织关于新歌剧和古典戏曲《琵琶记》的讨论等在内的整个工作，尤其是他曾参加过的被"四人帮"爪牙诬称为"大黑会"的"广州会议"，一件一件都被作为"推行反革命修正主义文艺黑线"的"罪行"进行批判。除了不断地被批判和写检查，他同其他被专政对象一起，还要接受"管制劳动"。他们去昌平县沙河等地收麦子、挖渠，还到西山给机关里抬东西，干的都是重体力活。直到1969年春天，人民日报社的军宣队和群众组织的负责人一起去找剧协军宣队及群众组织负责人交涉，开了一个小会，当着贺敬之的面，宣布他回人民日报社接受审查。他一回到人民日报社，军宣队让他在文艺部全体人员会议上作了一个检查，当场宣布他被"解放"。事后军宣队成员才从侧面暗示他：这是按周总理指示的精神做的。大约同时，已获"解放"并参加国务院业务工作领导小组的王震将军告诉他："当时的教育部领导周荣鑫同志说，周总理曾向他说，《雷锋之歌》作者贺敬之应该解放了，是否在教育部门安排一个工作？周荣鑫回答说，贺是文化界的人，不好由教育部门安排。"[1] 贺敬之回人民日报社后，恢复了党的组织生活，并于1970年1月被选为文艺部党支部书记，业务工作方面也让他看点稿件。一年后，到1972年随着整个政治形势的变化，他又下放到报社小汤山"五七干校"同学员们一起学习，参加种地、盖房等劳动。他还作为干校领导班子成员之一，任政工组组长，分工做政治思想工作。

天有不测风云，人有旦夕祸福。也就在1972年，周总理在全国出版工作会议上的讲话中说毛主席批评现在文艺作品太少，据此他提出应该出版

---

① 贺敬之：《风雨答问录》，《贺敬之文集》第6卷，作家出版社，2005，第343页。

和重版一些包括"文革"前的好的文艺作品。这时，曾担任中国作家协会书记处书记的著名诗人李季"解放"了，被安排负责人民文学出版社的工作。他遵照周恩来总理指示的精神，考虑再版贺敬之的《放歌集》，并且对贺说："咱们先拿它投石问路，如果平安无事，再一个个出版其他作品。"贺敬之想了想，苦笑着说："你这样做，我不但替你，也替我自己担心，闹不好，不但问不成路，恐怕还会落一个'落井下石'，咱们两人都被人推进井里，让'那些人'用他们的石头把咱们砸死！"① 尽管如此，这年9月，人民文学出版社还是再版了《放歌集》②。果然，这事很快惊动了"四人帮"的爪牙。当时有人劝贺敬之给江青写信，他说："我是共产党员，她离我那么远，她也不了解我的情况，我何必给她增添麻烦！"③ 贺敬之这种"不听话"的抵触态度，不能不激怒"四人帮"。本来，1971年"九一三"林彪叛逃身亡后，"四人帮"及其爪牙对人民日报社里一批老同志和一部分群众根据周总理讲话精神纠正极"左"思潮的表现非常不满，张春桥亲自批示要在人民日报社内部开展批判"一股邪气，一股力量"的斗争，进行整顿和清查，贺敬之自然是目标之一。于是，《放歌集》的再版，就被作为文艺领域"右倾回潮"的重要事例，由"四人帮"爪牙控制的"文化组"（后改为文化部）进行追查并组织批判。《放歌集》不许再发行，不许翻译成少数民族文字出版，不许选入语文课本。他被责令从干校回到报社，追查他同"一股邪气，一股力量"之间的"关系"。到1974年"批林批孔"运动时，明眼人都知道，"四人帮"搞的所谓"批林批孔批周公"包藏着他们恶毒反对周总理的祸心。无疑，贺敬之又成了挨整的重点对象，连续在文艺部的大会、小会上，从他过去的"一贯右倾"到近年来"黑线回潮"，再联系他同"一股邪气，一股力量"的"关系"，对他进行围攻，逼他一件件、一桩桩地"说清楚"永远也无法说清楚的"问题"。经过一年多的批判追查和"观察"，见他实在无可救药，便做出"不肯转变立场"的结论，撤

---

① 贺敬之：《风雨答问录》，《贺敬之文集》第6卷，作家出版社，2005，第343页。
② 贺敬之在再版《放歌集》中对1961年初版所收诗篇作了一些修改，并增收了《又回南泥湾》、《西去列车的窗口》、《伟大的祖国》、《不解放台湾誓不休》、《回答今日的世界》、《胜利和我们在一起》及长诗《雷锋之歌》等。
③ 尹在勤、孙光萱：《论贺敬之的诗歌创作》，上海文艺出版社，1983，第128页。

销了他的支部书记职务，并决定将他调离人民日报社。为调动工作，党支部会上大家给他作了个实事求是的鉴定。可是，"四人帮"扶植的人民日报社的头头鲁瑛直接请示姚文元后，按其旨意炮制了一份处理贺敬之的专门报告，还附了一个肆意歪曲和篡改党支部会议所作的鉴定而变为批斗会简报一样的"鉴定"。这份"报告"附"鉴定"上报给江青、张春桥、姚文元，由他们亲自作了正式的文字批示："长期下放，监督劳动。"鲁瑛当着贺敬之的面宣读了这个"批示"，然后交由"四人帮"的爪牙于会泳统治的文化部监管，由文化部派人将他送到石景山首都钢铁厂，执行没有期限的监督劳动。这之前的一天晚上，李季曾对贺敬之说："批我是'复辟回潮'！这光是对咱们下头吗？不，老贺。咱们决心准备着'二进宫'、'三进宫'吧！我先带上药罐子下油田。咱们要顶着，等着！"①确实，贺敬之作好了"三进宫"的充分准备，未等李季"带上药罐子下油田"，他就带着"四人帮"的"批示"下首钢"三进宫"了。

"文革"10年中的"三进宫"，给贺敬之的心灵留下了严重的创伤。其中最让他难以忍受的痛苦是他的亲人所遭受的打击。且不说他的爱妻柯岩无疑受到了他的牵连，他的幼小子女和年迈母亲也无端深受伤害。早在"一进宫"期间，他的刚上初中的女儿小风就被一些同学拉去文联大楼后院，亲眼目睹自己的父亲挂着"黑帮"牌子被批斗"示众"，这对她幼小的心灵是多么大的刺激啊！还有，他的母亲病重住院，而他与柯岩都被关进了"牛棚"，少年小风要照看只有四五岁的弟弟，还要去医院给奶奶送食品，一次在路上碰到一个陌生人竟出现险情。每每想到这些，他就心如刀绞！尤其让他痛彻心扉的是他的母亲晚年在身心上所遭受的痛苦。"文革"狂风越刮越猛，她越来越想不通，心想是毛主席、是共产党救了他们一家，自己的儿子那么小就参加革命队伍，一直跟着毛主席干革命，怎么就成了"反党、反毛主席的反革命"？而她也知道剧协的造反派里还有"地主家的闺女""财主家的儿子"，他们反倒成了"革命派"了？成天唠唠叨叨的，内心非常纠结。同时她总是担惊受怕，一听到外面喊口号，吼叫揪斗谁，

① 贺敬之：《你永远和我们同在——怀念战友李季同志》，《人民日报》1980年3月20日。

就吓得发抖。儿子和儿媳被关进"牛棚"后,她常常一人坐在窗前,彻夜不眠。一次,造反派到人民日报社煤渣胡同他们家来"抄家",她当场晕倒。后来房子又分出一半给另一家住,生活更加艰难。见母亲实在受不了,二儿子贺敬安就在自己机关找了间房子安排她住下。由于长时间的精神折磨,她犯了心脏病,多次住医院,后来又双目失明,久治不愈,还日夜牵挂儿子贺敬之的命运,眼前一片黑暗,心里也无光明,痛苦与失望啃噬着老人的生命,终于在1968年9月19日她凄苦地离开了人世,子女竟然都不在身边。当贺敬之被突然通知从干校回到家中时,才得知母亲已去世,柯岩已为母亲办完丧事,他见到的只是母亲的骨灰盒。这位山东普通的贫苦农家妇女,丈夫早逝,大儿子年少就离家流亡在外投奔革命,自己一人含辛茹苦地抚养下面几个子女成人。在那黑暗的旧社会,她吃了多少苦,遭了多少罪啊!这是一位勤劳俭朴的母亲,一位善良贤惠的母亲,一位慈祥厚道的母亲,一位平凡而伟大的母亲。就是这样一位可亲可爱可敬的母亲,作为儿子特别是长子的贺敬之,竟未能说上最后一句话,看上最后一眼,这是他永远也无法弥补的遗憾,是铭刻在他心灵深处终身难以弥合的伤痕!

然而,贺敬之无论是自己遭遇"三进宫"的无情打击,还是亲人特别是母亲遭受长期身心的痛苦折磨,都没有能让他心灰意冷、悲观消沉。作为一名由马列主义、毛泽东思想哺育成长起来的历经长期血与火的锻炼和考验的革命文学家、战士诗人,他的意志是坚强的、胸襟是开阔的、内心是光明的。他永远保持着一个共产党人的气节,心怀坦荡,正气凛然。虽然他也不断地感到这样或那样的迷惘和困惑,但面对邪恶与歹毒,他不退缩;面对误解和冤屈,他不气馁;面对正义与善良,他深怀敬仰和感激之情。可以说,"文革"10年,他历经种种磨难和新的考验,大大加深了他对无产阶级革命的长期性、艰巨性、曲折性和复杂性的认识,进一步增强了他对真理必将战胜谬误、正义必将战胜邪恶、光明必将战胜黑暗的信心和决心。

二 "挺起腰杆干革命"

就在贺敬之"一进宫"期间,柯岩也被自己所在单位中国儿童艺术剧院的造反派从社会主义学院"揪"了回去，戴上"漏划右派""反党集团成员""反动学术权威"等9顶大帽子关进"牛棚"，接受"群众专政"。到1967年春，整个社会经历了种种风雨，在所谓"反击二月逆流"后群众组织纷纷刮起打派仗之风。趁此时机，柯岩贴出大字报宣布自己从"牛棚"造反出来，参加革命群众运动，得到一派群众组织和许多党员的支持。她还极力鼓励贺敬之也"自己解放自己"。贺敬之很慎重，认为自己长期受党教育，应该正确对待群众运动，同时觉得自己确实有错误，受受冲击也没有什么大不了。然而，事态的发展越来越让他难以理解。终于，他在1967年12月14日写出大字报《挺起腰杆干革命》，诚恳地检讨了自己的错误后，申明不承认强加给他的"走资派""黑帮""三反分子"等政治帽子，叙述了自己参加革命以来的经历，宣布退出"黑帮队"。柯岩和他的弟弟提着糨糊桶去文联大楼贴出了这张大字报，同时在对面墙上贴出他们写的《贺敬之不是三反分子，是个好同志》的大字报，他的女儿小风和儿子小雷也在上面签了名，一致支持他的革命行动。这个举动在文联内部乃至在社会上引起了轰动。贺敬之曾回忆说："大字报一贴出来，包括文联机关在内，北京和外地来串联的人络绎不绝地来此观看，上百条表示支持的批语，密密麻麻地写在我和柯岩的大字报上，虽然我们的大字报很快被剧协的造反派用其他的大字报覆盖了，但是许多支持我们的小字报和充满感情的诗篇还不断地贴出来，它们注明的作者身份有工人、教师、普通干部、大学生、中学生和红卫兵。"① 这种情景在那样一个阴阳颠倒、凄风苦雨的特殊年代，闪耀出一抹多么独特而亮丽的光彩。诚如贾漫所说："这是诗人贺敬之一生讴歌人民换来的非常闪光的一页，也促使他更加坚定地与人民和党的事业站在一起。"②

　　人民的心中有一杆秤，群众的眼睛是雪亮的。据贾漫在《诗人贺敬之》一书中记载，1967年12月16日，也就是在贺敬之的大字报贴出的第三天，一位署名"《雷锋之歌》读者"的同志贴出一张题为《坚决支持贺敬之同志站出来革命!》的大字报，其中写道：

---

① 贺敬之：《风雨答问录》，《贺敬之文集》第6卷，作家出版社，2005，第341页。
② 贾漫：《诗人贺敬之》，大众文艺出版社，2000，第210页。

我们是从贺敬之同志的创作知道他的……我们曾在旧剧协"示众斗争会"上见他一面。当喊到"打倒三反分子贺敬之"口号时，心里着实不安，我一连串向自己提出问题，在抗日战争时期，建国以后，曾写过不少歌颂毛主席歌词（高楼万丈平地起、南泥湾、看，我们胜利的旗帜迎风飘扬、毛泽东领导着我们走向解放……等）的贺敬之会是三反分子吗？在《雷锋之歌》热情歌颂英雄的成长道路，热情歌颂无限忠于毛主席的高贵品质，尖锐抨击现代修正主义，热烈歌颂伟大的毛泽东思想的贺敬之会是三反分子吗？我们觉得贺敬之在他的作品中表现出来的对毛主席、对党、对革命人民的热烈感情是真挚的、深厚的、感人的，这种感情，难道和"黑帮"可以调和吗？……这些一连串的问号，一直留在我的脑子里，不能得到解答。

可是，现在我们看了贺敬之同志的大字报以后，感到突然豁亮起来。原来贺敬之同志是一个工作中犯有错误的革命干部，而不是敌人。我非常高兴！这与我们原来从他的作品中，所得到的对他的印象，一致起来了，我一年多的问号，基本上解决了……

贺敬之同志出身贫农，16 岁参加革命，到了延安，他在《回延安》诗中写道："……羊羔羔吃奶眼望着妈，小米饭养活我长大……"由于党和毛主席的培养和教导，26 年来，不但未写过反党反社会主义和反毛泽东思想的毒草，而且还曾同文艺黑线做过一些斗争，这在文艺界，应当说是不错的干部了。

……

贺敬之同志绝不是敌人！他的错误是属于人民内部矛盾的范围，应采取"团结——批评——团结"的方法解决。现在贺敬之同志站出来革命，是很正确的，我们表示坚决支持！

我们认为贺敬之同志敢于自觉站出来革命（他的大字报）表明他对自己所犯的错误是认识的，是有决心按毛主席的最新指示去做的，同时，我们也相信，旧剧协的广大革命群众一定会按毛主席的干部政策对待敢于站出来革命的革命干部的。

没想到，这张大字报在文联大楼贴出后，进一步引起轰动，文联内部和北京及全国各地来串联的人纷纷前往围观，常常里三层外三层，人头攒动，摩肩接踵。这让剧协的造反派非常尴尬难堪，以致气急败坏，很快在这张大字报旁边贴出一张小批条："这张大字报是贺敬之弟弟写的，何必冒充别人呢？——目击者。"据知，这个自称"目击者"的人是一位造反派主力，还能不令人信服？那些处心积虑要"打倒贺敬之"的造反好汉们窃喜不已，一个个眉开眼笑，心潮澎湃，庆幸可找到整治贺敬之及其家人的口实和机会了。谁料到，那位"弟弟"又贴出一张大字报：

致"目击者"

这张署名《雷锋之歌》读者的大字报是我写的，我是北京航海俱乐部的工作人员，贫农出身，中共党员，于66年由部队转业。

我对贺敬之同志根本不认识，我写这张大字报只是发表我个人对贺敬之同志站出来闹革命的观点，可是没有想到会被自称"目击者"的人别有用心的对贺敬之的弟弟进行诬陷，为了澄清事实，我特此郑重声明：我姓张不姓贺，我是《雷锋之歌》的读者，而不是贺敬之同志的弟弟。望"目击者"收回你没有根据的谎言吧。

最后，让我们学习一段最高指示：

老实人，敢讲真话的人，归根结底，于人民事业有利，于自己也不吃亏。爱讲假话的人，一害人民，二害自己，总是吃亏。

张万夫

68·元·9

无疑，这张大字报给了那位"目击者"当头沉重的一棒，使得心怀叵测的造反派更加尴尬难堪。然而，广大富有正义感的读者，纷纷用或长或短的大字报、小字报表示对贺敬之的真诚支持，不少人声称读过贺敬之的全部诗歌甚至还能背诵《雷锋之歌》等长诗中的许多章节，对自己产生了深刻的影响。后来，还有一位自称是"牧民的儿子"的"烈心"给贺敬之写了一封热情洋溢的近三千字的长信，其中有这样的段落：

> 我和中国许多朝气勃勃的青年人一样，热爱着你的作品，并且信任你！我们反复地读着你的作品，被你那热情澎湃的诗句激动，我们的心被你那崇高的思想燃烧。从你的诗上，我们看到你对党、人民、祖国有着烈火一般的火热的深沉感情，我可以告诉你，热爱你的作品的人真是数不胜数，我听到过好多同志怀着最亲切的感情，谈论你那烈火一样热烈，大海一般深沉的诗篇啊；有多少人只要一读你的作品，骤然间会心胸开朗，仿佛登上了时代的高峰，目光远大了；我问一些人，你最喜欢的中国诗人是谁，对方会毫不犹豫地回答：贺敬之！有多少人随时把你的诗集带在身上，承受你那爱国思想的熏陶，你是多少人的良师益友。大家把你和伟大的俄国诗人马雅可夫斯基并提而论，我们肯定地认为："你就是中国的马雅可夫斯基！"文化大革命以来，无意中又翻出你的作品，只感到胸中像着了火一样，有一种热情的冲劲，这是一种为祖国献身的激情啊！
>
> 你的诗篇具有多么伟大的感染力量，具有无穷的魅力！
>
> 我们过去现在和将来都将永远热爱你那爱国的诗篇。……只有你，才配称为人民的诗人。

诗人是靠诗歌作品和自己的人格魅力打动读者、征服人心的。当这样的诗人受到误解、歪曲、攻击和陷害时，万千读者勇敢地站出来伸张正义，支持和保护自己深情热爱的人民诗人是必然的。然而，仇恨人民诗人的邪恶势力，并不会因为自己尴尬难堪而罢手，反而变本加厉地对贺敬之进行政治迫害和精神摧残，致使他"二进宫""三进宫"。但是，这并没有能使贺敬之"挺起腰杆干革命"的精神之火熄灭，而是更加坚定了他与柯岩对正义战胜邪恶的信心。他们下了誓死战斗到底的决心。柯岩在支持贺敬之"自己解放自己"的革命行动的大字报开头就引用了毛主席"要奋斗就会有牺牲，死人的事是经常发生的"那段语录。贺敬之曾回忆说："我不但被打成'反革命修正主义分子'，或叫'反革命黑帮干将'，而且成了'要犯'

甚至'钦犯'，批斗、关押、长期'发配'，使我的政治生命朝夕难保。同时在打、砸、抢和武斗盛行、在'群众专政'下不断有人死于非命的情况下，我们也不得不作人身安危的考虑。……所以，从开始看到武斗和被关押，我和柯岩商量，就先是在我的口袋、后在我的衣缝里缝进一张小布条，在我的名字下写着'倘遇不测，绝非本人自杀'。这是表明：在任何情况下我对党、对人民和对自己都不会绝望。"①

贺敬之不仅始终坚持自己的人生信念，而且在那特殊年代的逆境中采取种种特殊的方式同"四人帮"及其爪牙进行着有理有节的抗争。早在"文革"前夕，他就听到风声说"上边"已经批评《白毛女》是搞人性论，歪曲丑化劳动人民，要他对照江青搞的样板戏公开表态作检讨，他拒绝了。1969年春，由于周总理的关怀，他被调回人民日报社文艺部工作，军宣队为了"解放"他，让他在文艺部会议上作半个小时检查，结果他竟作了4个小时的检查，毫不回避他工作中的缺点和错误，但再次郑重地重申自己"从不反党"，态度非常严肃认真而诚恳，"检查"被一致"通过"。1969年12月1日他在给二弟贺敬美的信中写道："现我们进入整党高潮，即将开始党员的斗私批修。我在积极投入，争取在宣传队和群众的帮助下，第一批恢复组织生活。……你来信中说的你那里的情况不太清楚，想来可能是派性尚未彻底克服，工作仍有一些困难。希望你根据主席思想好好处理，不可粗心大意，也不应怕困难而逍遥起来。越是在这种时候越是对人的考验。"显然，在那样的岁月里，他的这些话是对弟弟的教诲，也是对自己的策励，积极、乐观、冷静、平和的心态溢于言表，跃然纸上。1972年9月，也是根据周总理的指示精神，人民文学出版社再版了贺敬之的《放歌集》，但很快又被"四人帮"及其爪牙盯上，百般捣乱并下令组织"批判"。这时又有人劝他给江青写信，被他以"我何必给她增添麻烦"为由拒绝，终于激起他们的仇恨，将他作为"右倾复辟""黑线回潮"的重点人物进行多番追查和围攻，并于1975年3月将他遣送到石景山首都钢铁厂"长期下放，监督劳动"。

---

① 贺敬之：《风雨答问录》，《贺敬之文集》第6卷，作家出版社，2005，第346页。

　　"文革"后期，在广大革命干部和人民群众同"四人帮"进行长期曲折的斗争中，贺敬之对这伙人篡党夺权、反对周总理的狼子野心和丑恶面目看得越来越清楚，因而憎恶与痛恨他们的情绪越来越强烈。1975 年春至 1976 年秋他在首钢炼钢厂仪表车间劳动期间，工人和干部们对"四人帮"的愤慨使他受到更大的激励和教育，几乎天天能听见他们对林彪、"四人帮"倒行逆施表示的不满和义愤，有时还怒不可遏地指名大骂江青。他们这样不怕危险的正义表现，也完全不回避他，视他为"自己人"，在单独相处时，见他表示出和他们一致的看法，便悄悄地同他紧紧握手。在唐山地震波及北京的那段时间，他曾先后住在冯牧、李季家院中的防震棚里，常常同李季、郭小川、冯牧聚在一起，畅谈党和国家的前途与命运，谈对"四人帮"的愤恨之情。李季逝世后，贺敬之曾满怀深情地回忆说：

　　　　哦，老李，就是在这防震棚里，我们度过了多少生死与共的日子，我们和战友们一起度过多少警觉而期待的日子呵。听，这是你在说，我也在说："管他是多大的天灾人祸，我们的党呵，是搞不垮的。我们这支队伍，也是搞不垮的！"老李，当又一次余震刚过，我把你送到医院抢救的时候，听，你醒来后的第一句话，还是："咱们……搞不垮的……"我双手握住你攥紧的拳头，对你说："是的。我们要坚持……坚持！……"①

　　1976 年 1 月 8 日，敬爱的周总理逝世，全国人民撕心裂肺，悲恸欲绝，哭声感天动地。贺敬之的泪水流到工人师傅的怀里。他倒在冯牧那同样洒满泪水的床头，又起来奔向李季紧紧地、紧紧地抱在一起。他们的心，在丙辰清明的天安门广场，同亿万人民的心连在了一起。当时贺敬之正患大叶性肺炎，怀着无法形容的悲痛躺在一间有许多病人的大病房里。首钢的工人师傅们到天安门广场参加悼念周总理的活动后立即赶到医院看望他，站在他的病床边围成一个圈遮起来，把他们在天安门广场刚抄来的诗篇低声念给他听："欲悲闻鬼叫，我哭豺狼笑，洒泪祭雄杰，扬眉剑出鞘！""黄

---

　　① 贺敬之：《你永远和我们同在——怀念战友李季同志》，《人民日报》1980 年 3 月 20 日。

浦江上有座桥，江桥腐朽已动摇。江桥摇，眼看要垮掉。请示总理，是拆还是烧？"然后把抄得满满的、厚厚的诗篇纸页偷偷塞在他的枕头底下，一个年轻人还悄悄对他说："您看完交给柯阿姨藏起来。"等他病好后赶去上班，他们更是一个个信心十足地对他说："江—桥—姚—，兔子尾巴长不了，好好熬着吧，快了，快了！"①

邓小平在中国文学艺术工作者第四次代表会上的祝词中曾说："在林彪、'四人帮'猖獗作乱的十年里，大批优秀作品遭到禁锢，广大文艺工作者受到诬陷和迫害。在那个时期，文艺界的许多同志和朋友，正气凛然地对他们进行了抵制和斗争。在我们党和人民战胜林彪、'四人帮'的斗争中，文艺工作者做出了令人钦佩的、不可磨灭的贡献。"②

三　精神力量的源泉

众所周知，林彪、"四人帮"猖狂作乱的 10 年，给国家和人民带来深重的灾难。这期间，文艺界首当其冲，成为"重灾区"，而文联则是重中之重，打砸抢的恶浪滚滚而来，冤假错案堆积如山。据全国第四次文代会初步统计，10 年中被迫害致死或因遭受严重摧残而先后去世的著名作家、诗人、文艺理论批评家、翻译家和艺术家共计 169 人。面对如此险恶的形势，贺敬之敢于"挺起腰杆干革命"并得到柯岩等亲人旗帜鲜明的支持，该冒着多么大的风险，该需要何等的勇气和大无畏精神！那么，他的这种勇气和精神到底来自哪里？

贺敬之曾说："是啊，应该说，'文革'中，和其他许多遭遇十分悲惨的同志相比，我比他们好多了，除了竭尽所能保护了大批干部的周总理的恩泽、人民群众的支持和关爱，就是在剧协内部，也还有悄悄或暗中保护我的同态，此外还有柯岩的种种帮助……"他还说："从'文革'初期不可

---

① 贺敬之：《风雨答问录》，《贺敬之文集》第 6 卷，作家出版社，2005，第 351 页。
② 邓小平：《在中国文学艺术工作者第四次代表大会上的祝词》，《邓小平文选》第二卷，人民出版社，1994 年第 2 版，第 207～208 页。

能认识到党和党发动的群众运动在新的历史时期会犯重大错误，到亲眼见到和亲身经历了令人惊心又痛心的种种事实，经过痛苦的思索和有言及无言的相互交流，对今后的行动应当如何，我们清醒地得出了结论：不管道路多么长远，还要经过多少曲折，从更深层的意义上来看，归根结底还是应当相信党，相信人民，仍然认为'人民，只有人民，才是历史发展的真正动力'。这不仅因为我们在残酷的现实中，仍然时时看见党和群众的积极力量，更是因为我们从根本上相信党和人民群众的历史使命，相信党的最终目标和民心所向的不可更改，相信即使再有更大的患难和挫折，马克思主义根本原则在中国的最终胜利是无可置疑的，正如它曾经取得的胜利是无可置疑的一样。"① 从这些表述中能够解读出也可从许多事实中进一步探究出贺敬之的精神力量的源泉。

首先，他的精神力量来自周总理的亲切关怀和老一辈革命家无穷的榜样力量。正是依据周总理的指示精神，他的第一次"解放"和《放歌集》的再版才得以实现。他还得知，江青们曾说："陈老总，你，我们还是要保的嘛！"陈毅义正词严地批驳说："我不需要你们'保'，我不相信我们这么大一个党，只有十一个干净人，我陈毅愿意和全体党员一起挨斗！"王震还曾在批斗会上扔掉黑牌子，大声疾呼道："我不是你们说的那个'三反分子'，要说三反，我是坚决反对帝国主义、反对封建主义、反对官僚资本主义的革命三反分子！"这些老一辈革命家真是铮铮铁骨，正气冲天！当王震得知贺敬之即将被"发配"首钢时，让贺敬之和柯岩去了他家一趟。他先是详细问了贺敬之被揪斗而几"进宫"的情况，然后说："现在虽然小平同志出来工作，形势有些好转，但还不可乐观。""他们那伙人是不会轻易放过你的，把你'发配'首钢，就是给你穿小鞋嘛！你要小心谨慎，以免又出新祸端。"他又说："夜里一个人不要出门，事事要留心……他们这伙人，是什么流氓手段都会使出来的……"说到这里，他忽然很动情地紧紧抓住贺敬之的手说："你要顶住，咱们什么都能顶住，咱们不穿小鞋穿'草鞋'——穿红军、八路军的草鞋！"对这席语重心长的话，贺敬之感触极

---

① 贺敬之：《风雨答问录》，《贺敬之文集》第 6 卷，作家出版社，2005，第 345 ~ 347 页。

深，后来曾动情地说："就是这样，我在首钢被监督劳动的每一天，踏着走向车间的道路，总是想起 1948 年底我作为接管石景山钢铁厂的一名军代表，随队进驻时的情景，想起延安时期我穿过的草鞋和冀中解放区的土布鞋，时时想着王震同志说这些话的激情和这些话的深意。"①

　　其次，贺敬之的精神力量还来自广大人民群众对他的信任、支持和关爱。前面已记述他的《挺起腰杆干革命》的大字报贴出后，引起那么强烈的反响，得到那么多来自文联内部、北京市乃至全国的群众和干部的理解、赞扬和尊敬，使他深受感动，得到心灵的慰藉和精神的激励与鼓舞。更令贺敬之没齿难忘的是，在他"二进宫"被关押时，柯岩还请郭小川的姨母郎婆婆代写了一封信，送衣物给他时交由看守代转，信中用他母亲的口气说："儿呀，娘知道你：你是贫农的儿子，从小参加革命，你再有多少错误，也不会反革命、反毛主席！那是地主老财才会干的事。你一定会好好交代问题，改正错误，得到解放的。如果万一有个好歹，那一定是那些坏人害的你，娘豁出老命，也要替你申冤的……"贺敬之当时还真以为是他母亲托人代写的，也想到此事不会和柯岩无关，因为这是"以进为退"的战术，是告诫造反派"弄出人命是不会白白罢休的"。待他从机关禁闭室出来后，才得知是郎婆婆冒着风险特为柯岩做的这件事，对这位老人恩德的感激之情难以言表。然而，这位有胆有识的老人已遭人错告为"地富出身"，被不明真相的红卫兵押解回原籍四川，不久就谢世了。他为自己没能当面向她老人家说声"谢谢"、告慰一声而抱憾终生②。据柯岩回忆，"文革"中为了正在上小学而无人照看的儿子不被人带坏，当时任少年宫教练的庄正芳（曾经是庄则栋的教练）想安排他进少年宫，她说："不怕连累你吗？我们家可是两个'黑帮'！"庄摆摆手，还是让他进了少年宫，后来就上了北京最好的中学。她更念念不忘地说："我的儿子上初中时，和另一个'黑帮'的孩子骂江青，被同学告发，他们的班主任把他们两个叫去训斥：'你们两个黑帮崽子，还敢炮打？真是胆大包天哪！不知道这是反革命罪吗？就是把你们枪崩了，你们的爹妈也脱不了干系——'这哪里是追查，明明是在递话；于

① 贺敬之：《风雨答问录》，《贺敬之文集》第 6 卷，作家出版社，2005，第 348～349 页。
② 贺敬之：《风雨答问录》，《贺敬之文集》第 6 卷，作家出版社，2005，第 346～347 页。

是两个孩子就咬紧牙关死不承认。班主任又递话说:'这么大的事,别人敢瞎说吗?是不是和同学打了架,把人家惹急了?'两个孩子赶紧说是打了架了——于是班主任忙找了那个孩子来,告诉他这不是件小事,如果属实,是要蹲监狱,甚至被枪毙的——是不是因为你们打架,把你气糊涂了,一时没听清楚也是难免的。要是没听清又判了他们,你还不得后悔一辈子——说得那孩子也二乎起来,班主任又马上安排他们向同学道歉,硬是把一个'反革命'案件消灭在了萌芽状态,这个班主任当时才20多岁,还是一个年轻的女孩子,可她竟这样聪明,这样勇敢,这样有担当!"①

尤为重要的是,首钢的干部和工人师傅们对贺敬之的信赖、爱戴与保护,更让他永志不忘。我们知道,贺敬之于1948年底作为接管石景山钢铁厂的一名军代表随队进驻过该厂,有的老年人不仅记得当时的事,还记得他当年的模样;而当年在厂和后来进厂没见过他的人,也知道他当年参加过接管而这回是被发配来"监督劳改"的,其中许多人还知道或见过他在文联大楼被押上台"示众"。但令他惊异的是,谁都不把他当"黑帮",而照样把他当作一名"老八路",一名"革命干部",至多是一名"犯了错误的干部"。他们之中有党委负责人,有总厂和分厂的负责人,更多的是工人师傅。本来,"四人帮"批示是具体把他放到炼钢厂,但首钢党委却把他安排在炼钢厂的仪表车间,对上说是在炼钢厂,对下却交代说他身体不好,只能干轻活儿,不参加炉前的任何劳动。对此,贺敬之深情地回忆说:"生活上安排我住在招待所的一个单间,为了遮人耳目,房里摆上四张床,却根本不安排别人来住,每次文化部监管我的人来检查时,还乱七八糟地拉上几根绳子,搭上一些衣物,好像住着多少人似的。汇报我的'表现'时,就说'不错,不错,劳动很好','虚心向工人学习','思想改造有进步'等等等等。后来知道,当时首钢的党委书记周冠伍也是从小参加革命的小八路,真难为他们当时是怎么甘冒风险、煞费苦心的。"谈到当时在班组里的情况,他还强调说:

---

① 柯岩:《我是谁——在创作生涯60年座谈会上的答谢词》,《蓦然回首:柯岩创作60周年座谈会文集》,作家出版社,2011,第180~181页。

更是使我想不到的。上班第一天，班长刘师傅把我介绍给全班的工人同志时说："又一位老八路进咱们厂了！"又说我是怎样刚解放北平时就来厂接管的军管会的人，还说我是《白毛女》《南泥湾》的作者，说："今后老贺同志和咱们大伙一块儿劳动，一定会帮助咱们的学习和工作……"从此，不论上班下班，不论是向他们学干活还是彼此交谈，都使我像久别家乡的子弟兵，回家重新被亲人相认一样，感受到非同一般的温暖。特别使我受到教育的是：从我所接近过的不同年龄段的工人师傅和科室人员身上，我都看到了工人阶级在国家遭受危难时，作为国家主人公表现出来的强烈责任感，看到了他们对政治形势的敏锐观察力、鲜明的是非感和正义感。

干部和工人师傅们就是这样从政治上信任和保护着贺敬之，以自己的言行激励和教育着贺敬之，还从生活和身体健康方面体贴入微地关心和照顾着贺敬之。他回忆说："一次是从班上请假回家，当天晚上突然发烧，柯岩远在部队不能回来，我熬了两天一夜，刘师傅一知道就赶到我住处，问了几句话，就扶持我吃药，他居然还随身带来小米，自己动手给我熬粥，临走，嘱咐我好好休息，紧紧拉着我的手点头。"① 当年在首钢政治部宣传处工作的王德祥对贺敬之下放首钢劳动的感人表现记忆犹新。他回忆说，他曾带着首钢工人诗歌创作组成员写的一批诗稿去首钢最好的红楼招待所拜望贺敬之，请贺老师指导，提一点批评意见，并介绍了诗歌创作组的活动情况。贺敬之格外高兴，说："你们有工人自己的诗歌创作组，这可真是一件大好的事情。好吧，你和创作组的同志们这样信任我，我一定不辜负你和同志们的信任。"还说："请你放心，我一定会认真看的，这也是我向工人同志学习的一次好机会嘛！"有一次，贺敬之在去首钢工会途中，恰巧碰上了当年他作为石钢军代表并分管工会工作时组织工人秧歌队的骨干队员"小于子"，万万没有想到，当年在石钢身穿军装的贺敬之如今在首钢"监督劳动"期间竟然又见到现在的"于师傅"，时隔20多年却一眼就认出

① 贺敬之：《风雨答问录》，《贺敬之文集》第6卷，作家出版社，2005，第349~351页。

了并相互喊出了对方的名字，两人都喜出望外，紧紧地拥抱在了一起。工人师傅们都非常尊重和关照贺敬之，累活不让他干，脏活不让他伸手，危险的活不让他靠前。可是贺敬之作为延安"大生产"运动摸爬滚打出来的战士，不希望工人师傅过多地照顾他，所以不管累活脏活还是危险活，他都抢着往前冲。很快，他同班组里的师傅们打成了一片，彼此心连着心。进入新时期后，贺敬之曾多次对王德祥说："真要好好感谢首钢的领导和工人师傅们！那个时候，多亏他们给了我那么多的关怀和照顾，如果不是他们的关怀和照顾，说不定我还真的挺不过来了呢！当时我的心情很不好，身体条件也很糟糕……工人同志还是有觉悟的，也是讲感情的！"① 1940 年同贺敬之一起从四川梓潼投奔延安的 4 位同学之一的吕西凡也回忆说，1974年春，他从武汉出差到北京去贺敬之家见贺愁容满面，心情不好且心脏犯病，因为让其去首钢劳动如坠入五里雾中，不知自己会遭到怎样的处置。离开贺家他就去北京市委找了同样是老同学、老战友当时担任市委宣传组长的张铁夫谈了此情况，张说："我们打招呼加上他自己的名声，首钢不会亏待他的。"大概过了半个多月，他再到贺敬之家，柯岩说："敬之已经去首钢劳动改造多时了，明天星期天，今天会回来的。"说着有敲门声，柯岩说："老工人回来了。"果然是贺敬之回来了，其精神面貌与上次相见大不相同，气色好，情绪也好。他说："到首钢这些日子真是享福了，厂领导把我安排在一个劳动很轻微的车间，工人们得知我是《白毛女》的作者，无不热情关怀，照顾备至，吃、住、看病处处受优待，一切比在家里也比在报社好多了。"两个多月后，吕西凡离京返汉前去向贺敬之辞行，发现他胖了些，兴致也不错，还陪自己逛了市场买了些副食品算是送行②。

最后，贺敬之的精神力量也来自柯岩和母亲等亲人对他的坚信、激励与呵护。如前所述，在整个"文革"期间，作为夫人、诗友和战友的柯岩，长期支持和保护贺敬之的勇气与智慧令人钦佩。同样，贺敬之的母亲对他无微不至的关怀与爱护也格外感人。只要有机会，她就为儿子申冤叫屈鸣

---

① 王德祥：《贺敬之在首钢的那段特殊日子里》，陆华、祝东力编《回首征程：贺敬之文学生涯 65 周年纪念文集》，文化艺术出版社，2005，第 167 ~ 174 页。

② 吕西凡 1995 年 2 月 20 日提供给笔者的材料《我所知道的贺敬之》。

不平；只要在家，她总是尽心竭力地做山东贴饼等儿子自小爱吃的家乡饭菜滋养他的身体。关于在那个特殊岁月里家庭给予贺敬之的温暖，诗人纪宇就记述过 1975 年年底的一天，他同四川的尹在勤、上海的仇学宝一起去北京煤渣胡同二号贺敬之家看望的情景：

　　我们去的那一天是星期六，那时贺敬之还没有恢复正常工作，被下放到石景山钢铁厂劳动，只允许每周回家一次。正是吃晚饭的时候，记得饭桌上饭菜虽然普通，但贺敬之老师面前有一个小酒杯，他正在惬意地品着一杯白酒。贺老师邀我们共饮，因我们是吃过饭后去的，请他自便。他就一边喝，一边和我们说话。柯岩坐在一边，偶尔插一两句话。

　　那一个温暖的房间，一只小小的酒杯，在"文革"的特殊情况下，那就是安全岛，是保护伞，是警戒线，有它们和没有它们是大不一样的，它们甚至比外界的任何打击和惩罚都更重要。许多著名的文艺家、作家、翻译家，如果在最困难、最得不到社会和人们理解的环境下，家里有亲人的一句安慰，一个眼神，一个手势，饭前给他斟上一小杯酒，都可能给他勇气，使他坚持下去，活到乌云消散的明天。

　　回忆当时说话的内容，都不记得了，但我印象中不能忘记的就是家庭气氛，安静平和，使人感觉到，这是大风浪中一个宁静的可以让灵魂和身体都能歇息的小岛。①

　　的确，家庭是"文革"大风大浪中可供贺敬之这只飘荡的小船安全停泊的宁静港湾，是他在经受百般折磨的痛苦历练中能够得到慰藉和温暖的精神家园。然而，应当看到，相信党、相信人民，是贺敬之精神力量的主要源泉。党和群众的积极力量，是鼓励和鞭策他"挺起腰杆干革命"的强大精神动力。其实，贺敬之对"文革"的感悟也经历了一个曲折的过程，认为自己的思想认识"不仅迟缓而且还很迟钝"。他说："比如我在相当一

---

① 纪宇：《柯岩的诗品和人品》，《蓦然回首：柯岩创作 60 周年座谈会文集》，作家出版社，2011，第 162～163 页。

段时间内，认识不到林彪和后来被毛主席定名为'四人帮'的野心家，在操纵利用群众运动阴谋篡党夺权，而是按照自己经历过的延安整风和华北解放区土改的以往经验，对见到和听到的许多过火以至疯狂的'造反'行为，理解为群众运动中难以避免的'支流'，总在提醒自己不能因为支流的出现而否定主流。就是在贴出大字报自己解放自己的时候，也不是直接针对'四人帮'集团，还以为江青即使有时言行不当，总还是毛主席信任的'中央文革'重要的负责人……"① 正是"文革"的残酷性和复杂性，使经历过长期革命斗争锻炼和战争炮火洗礼的贺敬之，又经历了一场与以往屡次考验不同的全新的特殊考试。这真是一场"触及灵魂"的大考验。曲折而丰富的革命经历铸就了贺敬之独特的革命者的灵魂，他坚信自己的灵魂是任何邪恶势力都摧毁不了的。他曾说："也正是这样，'相信自己'，就是相信党和人民引领我走过的革命道路，相信并且激励自己在任何情况下都要像一个吃小米饭长大的'延安人'、一个共产党员应当做的那样去做。"② 在回顾"文革"怎样擦亮了自己的眼睛时，他还曾说："推动我跟随亿万人民一起去思考过去从不曾想到的问题。同时，作为一个不成熟的革命者和诗歌作者，也使我经历了我以往从未经历过的感情磨炼，使我体验到了当我跟许多同志一起不明究竟地突然被指为是'敌人'时的震惊和痛苦；同时，也使我终于认识到，原来我是被敌人看做是敌人，因而感到的宽心和自豪。"③ 的确，贺敬之经受住了"文革"这场特殊考验。在这场惊心动魄的考验中，他对"相信党，相信人民"的信念更加坚定，认识更加深刻。从更深层的意义上来说，他认为，相信党就是相信党的宗旨、理想和奋斗目标，相信人民就是相信"人民，只有人民，才是历史发展的真正动力"，总之，就是从根本上相信党和人民的历史使命，相信马克思主义基本原理在中国必将取得最终胜利。可见，对马列主义、毛泽东思想的真诚而坚定的信仰，对革命真理和理想的不懈追求，是贺敬之在"文革"狂风中能够"挺起腰杆干革命"的真正的精神力量的源泉。

---

① 贺敬之：《风雨答问录》，《贺敬之文集》第6卷，作家出版社，2005，第347~348页。
② 贺敬之：《风雨答问录》，《贺敬之文集》第6卷，作家出版社，2005，第347~348页。
③ 贺敬之：《自序》，《贺敬之诗选》，山东文艺出版社，1984，第2~3页。

是啊，历经"文革"烈火中的精神炼狱，使得革命文学家贺敬之更加心明眼亮，更加高瞻远瞩，在新的历史时期里能够以一个更加成熟的马克思主义者的姿态挺立于天地之间，活跃在神州大地的文艺战线上。

第九章　政治抒情诗创作和文艺理论
批评的新贡献

一　重获新生，诗情喷涌

"大快人心事，揪出'四人帮'。"郭沫若创作的一阕《水调歌头·粉碎"四人帮"》，唱出了全党和全国各族人民共同的心声。

同在"文革"中长期遭受残酷迫害的广大革命文艺工作者在欢庆粉粹"四人帮"胜利的锣鼓声中终于获得解放一样，贺敬之也重获新生。1976年10月6日，党中央一举粉碎"四人帮"。很快，中央成立了由耿飚、迟浩田等组成的中央宣传口，派耿飚接管中央新闻宣传部门的工作，派迟浩田进驻人民日报社。此时，贺敬之的编制虽然在人民日报社，但他仍然身在石景山钢铁厂接受江青、张春桥、姚文元亲自批示，由当时的文化部长于会泳监管执行的"长期下放，监督劳动"。他怎么也不会想到，不久，迟浩田热情地去看望他，然后向中央宣传口汇报，提出应当尽快解放他，结束对他的"监督劳动"。耿飚说："写《白毛女》的贺敬之怎么还在下边劳动？应当赶快调回来。"① 就这样，到11月初，贺敬之被解放，结束了"三进宫"对他进行政治迫害的劳动惩罚，被调回到新的文化部参加工作。

贺敬之回忆，他是在去首钢上班的路上，听老战友告诉他"'四人帮'

---

① 贺敬之：《风雨答向录》，《贺敬之文集》第6卷，作家出版社，2005，第352页。

垮台了"这个天大的喜讯的，到 10 月 14 日，党中央正式向全国发布了粉碎
"四人帮"的消息，那真是举国上下，一片欢腾，他和工人师傅们一起赶到
天安门广场游行，汇入来自四面八方的人流之中。他动情地说："几天后，
我一反多年来'细工出慢活'的创作习惯，用激动得一时不知所措的诗句，
写出了长诗《中国的十月》。这是我被迫沉默十年之后的第一次重新'放声
歌唱'，就像诗里写的一样，我的心情沉浸在'不是国庆的国庆啊，不是过
节的过节'之中。"①

　　"被迫沉默十年"，作为激情满怀的诗人贺敬之，内心是多么痛苦！然
而，10 年之后人们终于欣喜而真切地感受到，贺敬之政治抒情诗的血脉并
未中断。他创作于"文革"前 60 年代最后的一首诗《回答今日的世界——
读王杰日记》（1965 年 11 月 11 日），同创作于新时期的第一首诗《中国的
十月》（1976 年 10 月 30 日）连接起来赏读，仿佛是一气呵成的姊妹篇。请
看《回答今日的世界——读王杰日记》：

　　　　这样写，
　　　　这样写——
　　　　我们的日记，
　　　　要这样写。

　　　　这样写，
　　　　这样写——
　　　　我们的历史，
　　　　要这样写。

　　　　写我们
　　　　壮丽的红旗，
　　　　写我们

---

① 　贺敬之：《风雨答向录》，《贺敬之文集》第 6 卷，作家出版社，2005，第 351 ~ 352 页。

伟大的事业。

用我们

整个的生命,

用我们

全部的热血。

……

写啊,

我们写!

我们这样写,

我们必须写——

面对

万里的烽烟,

回答

今日的世界!

再看《中国的十月》:

一九七六年,

中国的十月。

历史的巨笔,

将这样书写:

无产阶级革命的

又一伟大战役,

为真理而斗争——

新的光辉一页!

……

我要唱啊,

我要写。

在这欢庆的

锣鼓声中，

在这祝捷的

不眠之夜……

用我止不住的

欢欣的泪水啊，

用压不住的

我滚滚的热血！

……

我们的党啊，

大有希望！

社会主义

大有希望！

——这就是

今日的中国

又一次

这样回答

今日的世界！……

显然，贺敬之前后相隔近 11 年之久创作的这两首诗，不仅其精神、思想、感情一脉相连，而且其体式、语言、节奏乃至韵脚也气脉相通。将这两首诗联系起来品读思考，我们不能不惊叹诗人政治襟怀的博大和思想境界的高远。在《回答今日的世界——读王杰日记》中诗人就曾写道："革命——/决不后退！/斗争——决不停歇！//怎能容忍/叛徒的出卖？/怎能允许/强盗的猖獗？//红旗——决不会倒下！/火炬——决不会熄灭！"诗人还写道："请看/革命的大军，/此刻正在/重新集结……//来吧，看敌人/怎样疯狂？/来吧，让暴风雨/更加猛烈！//我们早已/做好准备，/准备迎接/要来的一切！//写：天空/不会塌陷！/写：地球/不会毁灭！"说实话，这些诗句用来抒写粉碎"四人帮"的伟大斗争似乎也相当贴切。当然，诗人当时没有也不可能预见到10年后在新中国会发生党和人民同"四人帮"展开的这样一场殊死斗争。然而，久经革命锻炼的战士诗人贺敬之对党内斗争和阶级斗争的长期性、尖锐性与复杂性无疑是有深刻认识的。正因为有着坚实的思想觉悟基础和高超的诗歌艺术功力，他才能在粉碎"四人帮"不到一个月的短时间里创作出《中国的十月》这样一首思想艺术出类拔萃的激动人心的200余行的长篇政治抒情诗。诗人开篇就将这场"无产阶级革命的/又一伟大战役"放在"伟大的导师/和他伟大的战友，/已和我们永别"的严峻背景下，提升到怎样实现他们"生前的遗志"、如何继承"他们开创的事业"的时代高度，来揭示这次"命运大搏斗"的重大现实意义和深远历史意义。诗人紧紧围绕具有特殊意义的1976年"中国的十月"，层层递进，循环往复，环环相扣，尽情地抒写出这个"伟大的十月"在自己胸中掀起的壮阔波澜。在诗人笔下，这个"十月"，是"严峻的十月""惊心动魄的十月""震撼世界的十月"，又是"欢乐的十月""热血沸腾的十月""万众欢呼的十月"，也是"悲泪和喜泪交流的十月""思绪万端的十月"，更是"伟大进军的十月"。就这样，诗人从不同角度和侧面将自己面对粉碎"四人帮"伟大斗争所激起的内心深处丰富复杂的感情充分而生动地表现了出来。这是长期积压于诗人胸中爱与恨的强烈感情的集中迸发，如同在地底奔突的炙热岩浆猛然喷出地面，也如同闪电后的一声春雷炸响在天空。诗人注视着"中南海内/波浪起伏，/长安街上/灯火明灭"这种党内外激烈搏斗的严峻局面，愤怒声讨"四人帮"这伙"历史的小丑"妄图毁灭"我们党的千秋大业"，将"我们红色的万里江山"拉回那"三月的租界"的滔天罪行，热情讴歌党和人民的伟大胜利，赞颂党中央"在这伟大的战役中，/是何等的英勇、果决"。如前所述，贺敬之创作这首诗的时候，尚在首钢接受"监督劳动"，他也因此而同广大干部和工人师傅们结下了深厚的革命情谊，写入诗中就显得格外亲切、深刻而感人："写啊，/我要写。/在我劳动的/炼钢炉旁，/在我们厂/游行的队列——/师傅的喜泪/和我的泪水汇流，/阶级的热血啊，/向着我心头倾泻……"这充分表明，诗人的满腔激情首先就来自首钢的工人阶级。尤为重要的是，诗人在诗中始终将这场特殊的政治斗争同党领导人民所进行的漫长革命斗争史联系起来抒写，这就使诗篇具有独特的动人心魄的纵深感和厚重感。比如，诗人从"那长征路上／莽莽昆仑'这多雪'"写到"娄山关前／'而今迈步从头越'"，从"师傅肩头／大伯留下的血衣……／小侄儿手中／妈妈被卖的契约……"写到"那英雄连队／登城首功的战旗……／老将军脚上／那万里长征的草鞋……"从"天安门城楼／连接着遵义城堞""突破腊子口""百万雄师过江"写到"泪雨中升起的／第一面五星红旗"，等等，无不细节生动，形象鲜明，因而也就大大增强了诗的震撼力和感染力。诗人力避口号堆砌和逻辑推演，常常用形象的诗句来抒情状意，激起读者胸中感情的波澜。这样的诗句一闪入读者眼帘，就深深铭刻于心，永志不忘。例如，诗人写党中央一举粉碎"四人帮"反党集团是"无产阶级的巨手，／终于捉住了这窝蛇蝎"，写思绪万端的十月是"喜泪如连绵春雨啊，／捷报似漫天飞雪"，写万众欢呼的十月为"爆竹声声相连，／锣鼓阵阵相接……／不是国庆的国庆啊，／不是过节的过节"，写伟大进军的十月则为"是巴黎公社的火焰，／是丙辰清明的鲜血……／卷起我心潮滚滚啊，／似大江东去浪千叠"，无不写得形象生动、比喻贴切、感情激越、意蕴深邃、境界高远，令人浮想联翩，回味无穷。

毋庸讳言，这篇优秀诗作，同粉碎"四人帮"初期发表的包括一些著名老一辈诗人在内创作的诗歌作品一样，由于受当时历史条件的局限，有的诗句随着社会政治形势的变化显得不合时宜，诗人贺敬之后来进行了认真修改，这不应当苛求于诗人。应该说，《中国的十月》所具有的独特的思想艺术价值是毋庸置疑的。该诗发表之初，钱光培就评论说："贺敬之同志是一位擅长于在诗歌艺术中把握和驾驭重大题材的诗人。他很善于深刻地揭示出他所要反映的重大题材——无论是我们政治生活中所发生的重大事件或重要人物的最本质的方面，把这一重大题材中所蕴藏着的丰富的思想挖掘出来，展示在读者的面前，使读者从思想上得到新的滋养和启发。《中国的十月》又一次地显示了贺敬之同志的政治抒情诗的这一特点。"① 到20世纪末，贾漫对该诗进一步评论认为："这是一部党内斗争的史诗，也是一

---

① 钱光培：《好啊，中国的十月！——喜读贺敬之同志的新作》，《诗刊》1976年第12期。

部阶级搏斗、命运搏斗、光明与黑暗搏斗的史诗。在当时所有描写这场伟大斗争的诗篇中，没有比这一篇更全面、更深刻、更精准、更精炼、更有概括性。"他还强调说："《中国的十月》开辟了贺敬之新诗创作的新纪元。亿万人民斗争胜利的里程碑，使他树立了一座诗歌的里程碑。"① 这些评论无疑是中肯的、实事求是的。

步入社会主义新时期后，诗人贺敬之满腔的政治激情如同 20 世纪五六十年代，再次汹涌澎湃，不断地激发着他的诗兴。在《中国的十月》问世 8 个多月之后的 1977 年 7 月，他在肺结核病复发住院的日子里，在病床上奋笔疾书又创作出一部多达 600 行的长篇政治抒情诗《"八一"之歌》。这是在一场历史的暴风雨刚刚过去、新的伟大的进军在祝捷之时又已开始的时刻，在中国人民解放军建军 50 周年的前夕，为纪念"八一"建军节而创作的一首军歌、战歌和胜利之歌。诗一开篇，诗人深深感慨"身后——/万里长征，/眼前——/长征万里"之际，在读者面前展现出一面"灿烂的军旗"。正是这面"军旗"，成为这首长篇政治抒情诗的诗魂、诗眼和主轴。诗人分别以暴风雨中"灿烂的军旗""血染的军旗""永不变色的军旗""更加鲜艳的军旗"起首展开诗情，从中国共产党建党、建军、土地革命、抗日战争、解放战争、新中国诞生一直写到粉碎"四人帮"伟大斗争的胜利，真可以称得上是一部可歌可泣的、一路红旗飘扬的党史、军史、战争史、革命史。可贵之处在于，诗人并没有平铺直叙地描绘人民军队半个世纪来光辉的战斗历程，也无意于具体展现中国共产党率领革命军队在漫长的英勇奋斗的征程中所建立的丰功伟绩，而是以鲜艳的"军旗"作为红线，将一些重大历史关头斗争巨澜在人民心海中所激起的朵朵浪花串联起来，编织出一幅色彩斑斓、极富魅力的革命画卷，因而也可以说，《"八一"之歌》是一部动人心扉的历经长期革命风浪和时代风云的中国人民的感情史和心灵史。从诗人笔下，我们听到"南昌城头，/破晓的枪声"，看到"井冈山顶/烛天的火炬"；看到"遵义的风云"，听到"庐山的霹雳"；听到"大渡河勇士当年的呼号，/珍宝岛战士/今天的誓词"；看到"南湖的航船"驶向"社会

---

① 贾漫：《诗人贺敬之》，大众文艺出版社，2000，第 218、220 页。

主义的/新中国"而遭到"四人帮"的阻截，听到每当革命航船遭遇艰难险阻时，革命人民都深情呼喊"找红军去！""找八路军去！"显然，在诗人的眼底和心中，"军史"与"党史"融为一体，"军旗"与"党旗"交相辉映，"军心"、"党心"与"民心"血脉相连。于是，他写道："——一九七六年/这伟大的战役！/啊，伟大的开始啊，/伟大的继续——/我们的党史、军史/又揭开/新的篇章——/用大字/续写：/'我们——胜利！'"他还愤怒地写道："反革命的'过河卒'，/在杀向/我们的将帅，/'放火烧荒'的/罪恶火舌，/舐向/我们的军旗/——党旗！"他更为深刻而动人地写道："在这/中南海/怒涛翻卷的/红墙下——/在这场/阶级大搏斗的/核心阵地……/我们的民心、党心/和军心啊/集结在/这里——/在这伟大的时刻，/再次证明/伟大的真理——/我们的军队/永远在/党的手里！/我们的党/永远在/人民——心里！"诗人满怀深情地热忱歌颂伟大的人民军队是"我们党的钢铁臂膀""我们人民的忠诚子弟""我们阶级的铁拳""我们专政的柱石"。就这样，《"八一"之歌》以长篇政治抒情诗的艺术方式揭示了中国人民军队的性质、作用和使命，更揭示了"党指挥枪""枪杆子里面出政权""没有一个人民的军队，便没有人民的一切"等颠扑不破的真理，闪耀着毛泽东军事思想的灿烂光辉。

可贵之处更在于，贺敬之的《"八一"之歌》不仅仅是歌颂"八一"建军节，也不仅仅是歌颂"八一军旗"所象征的"人民军队"，而是通过歌颂"我带枪的阶级兄弟"来歌颂缔造并领导人民军队不断地从胜利走向胜利的伟大的中国共产党。首先，诗人深情注目于亿万军民的心中、伟大军队的"司令部"里："我们有/光辉的太阳/永远不落，/我们有/灿烂的群星/长明不熄……/伟大的领袖和导师啊，/我们伟大的统帅/——毛主席！"而在毛主席身旁有敬爱的周总理、朱总司令和老帅们"五十年来/并肩站立——/步步相随/坚定不移……"于是，诗人放声高歌：

> 您们的名字啊，
> 和毛主席
> 连在一起，

　　和千百个董存瑞、

　　亿万个雷锋啊

　　连在一起——

　　　　啊，我们阶级大军的

　　　　灿烂的太阳系！

　　为何中国人民军队成为坚不可摧的钢铁长城，成为战无不胜的伟大军队，其最深层的原因、最根本的道理就在这里。领袖和战友、战士"连在一起"，构成了"我们阶级大军的灿烂的太阳系"，显示出人民军队的本质特征。同样，诗人也格外注目于党所领导的革命军队同人民群众的血缘关系和鱼水深情，这正是人民军队的立军之本、生命之源。"军民团结如一人，试看天下谁能敌。"（毛泽东《杂言诗·八连颂》）人民军队为人民、爱人民，人民称自己的军队是"子弟兵"。古往今来，这是独一无二的军队，也只有这样的军队，才能成为真正的"铜墙铁壁"。诗人写道，井冈山顶烛天的火炬"照亮旧中国/血染的大地啊——/止住了亿万母亲/长夜的哭泣"，而在周总理、朱总司令、毛主席相继去世举国悲痛的日子里，"从天安门前，/到万里营地——/我们三军战士啊，/和人民一起——/一起啊——/同声——哭泣"。诗人还写道，在"四人帮"兴风作浪、乌云笼罩天空的时候，面对"鲜艳的军旗"，他的心"跟随/八亿人民的心啊——/在暴风雨中，/向你——飞去"，"我们的心/带着——/刘胡兰烈士/当年的愤怒啊，/戎冠秀大娘/今天的焦虑⋯⋯/从井冈山⋯⋯/狼牙山⋯⋯/千里万里扑向你"。诗人这样的歌唱，怎能不动人心弦？尤为重要的是，贺敬之深知，中国共产党缔造和领导的人民军队的宗旨、信仰、理想和追求是非常崇高而伟大的，那就是国家独立、人民幸福、建设富强的社会主义新中国，进而实现全人类彻底解放的共产主义。这才是中国人民军队真正伟力之所在。因此，诗人正气凛然地高唱：

　　啊，你——

　　毛泽东思想的

伟大红旗！

中国人民

不朽的军旗！

　　高举着你啊

　　高举着你，

　　和全世界的

　　阶级弟兄一起，

　　去夺取全人类

　　彻底解放的

　　最后——胜——利！

可贵之处还在于，在《"八一"之歌》中，诗人基本上是以第一人称"我"的视角和心灵感受进行歌唱的，而对他所歌颂的对象常以第二人称"你"、"您"或"您们"来抒写，这样写就格外亲切感人。诗人称人民军队的统帅毛主席为"您"，称毛主席身旁的战友为"您们"，称"指导员""老班长""老团长""老政委""司令员"都为"你"，更统称"人民军队"和作为其象征的"军旗"为"你"，甚至称"毛泽东思想的伟大红旗"为"你"，显得尤其新颖奇特。实际上，诗中频频出现第一人称"我"，可以说是贺敬之诗歌创作的一个优良传统和重要特色。早在四川梓潼所写的《北方的子孙》及延安时期的一些诗作中，他就常以"我"来抒情写意。到20世纪五六十年代，他的政治抒情诗创作的这个特色越来越鲜明和突出。《回延安》《放声歌唱》都因"我"的真情实感动人肺腑而成为名篇。特别是《雷锋之歌》，诗人通篇都是以第一人称"我"向第二人称"你"即雷锋倾吐衷肠的方式淋漓尽致地抒写而富有巨大的思想冲击力和恒久的艺术魅力，激励教育了一代又一代炎黄子孙。应该说，《"八一"之歌》在这方面又有不少新的突破。诗人始终紧密联系自己的革命人生经历，来抒发对伟大的中国人民军队及其象征的"八一军旗"强烈热爱和向往之情。长诗开篇第一节，面对"军旗"，诗人就激动地呼喊"我仰望你，/我扑向你"，就像《回延安》中"一头扑在亲人怀"一样，一个"扑"字，生动而深刻地写尽了诗人内心深处的千种情怀、万分兴奋。诗人举起自己的手向"军旗"真诚地报告:"请接受我啊,/一个'地方同志',/也是/一个老兵的/敬礼!……"于是,诗人推心置腹地深表赤忱:"——虽然/'小八路'的军衣/从我身上/早已脱去,/老红军/抚摸过的/我的头顶啊/如今已被/白发侵袭……/但是,/我的心啊/永远在/我们军中——在毛主席/率领我们/前进的/行列里!我的生命/永远属于/我们党、/我们阶级——也永远/永远啊/属于你!"接着,诗人面对"军旗"继续呼喊着"我仰望你,/我扑向你"展开了"千山万水的思念,/五湖四海的回忆"。他忘不了,他这个"赤足少年"如何在内心里呼唤着"找八路军去"和千万同辈一起日夜追赶"你的足迹",不论是战争年代那滚滚的硝烟,还是建设时期的阵阵风雨,"你永远在/召唤着我啊,/一步步,一句句:/'冲上前去!……'/'冲上前去!……'"他更忘不了,从在延安王家坪的司令部里他听见第一声"叫我'小鬼'"时起,毛主席等老一辈革命家的名字就"在我心中/永远、永远闪耀啊——教育我/为做一个/真正的战士/奋斗不息!"他还忘不了,"老首长啊,/老同志……/我至亲的骨肉啊,/阶级的兄弟——换穿的草鞋啊,/替补的军衣……/艰苦的岁月——是多么的甜蜜!"他也忘不了,"黄河渡口/雪里雨里——司令员啊,/我身背米袋,/在送你追你、追你赶你啊——千里南下/那飞奔的马蹄……/平津战场,/烟里火里——老团长啊,/在前沿阵地/你将我扶起,/你胸口的鲜血啊/洒满我全身军衣……"就是这样,诗人的满腔热血,诗人的生命,诗人的信仰、理想和人生追求全部融进了这面血染的灿烂的鲜艳的"军旗",融进了这首振聋发聩、惊世骇俗的《"八一"之歌》。诚如晓雪所说:"贺敬之同志善于通过形象体现深刻的思想,善于把'政论'诗化,把他饱满炽热的感情、隽永浓郁的诗意同富有哲理味、能给人以启示和教益的议论结合起来。"他还强调指出:"我们的诗人是在革命激流中思考,是在战斗里程中思考,是对时代生活、革命斗争、祖国前途和人类命运思考。他必须首先是一名战士,站在生活洪流的中心,站在为无产阶级冲锋陷阵的斗争第一线……如果贺敬之同志没有穿过小八路的军衣,没有过在'赤脚少年'时代奔赴延安、追赶部队的革命经历和深切感受,没有对哺育自己成长的军队有那么深厚真挚的无产阶级感情，他怎么能写出如此激荡人心的《'八一'之歌》呢?"① 诚哉斯言！贺敬之自己就常回忆从延安时期到新中国建立后他和三五九旅一些老同志所结下的不解之缘，他曾说:

> 特别是和王震同志的接触，使我有更多机会去熟悉部队的战斗业绩和许多英雄人物，有可能更多地理解他们的伟大心灵和豪迈风姿。正因为如此，全国解放后我写的大部分作品中，在歌唱党和祖国、歌唱社会主义革命和建设这个总主题之下，总是离不开歌唱军队。而不管是写到红军、八路军或解放军，也不管是写到指挥员或战士，都直接或间接地有三五九旅的影子在我心头出现。可以说，它是我创作灵感的一支重要源泉，是使我不能不为之动情的一个经常出现的抒情形象。②

粉碎"四人帮"后不到一年的时间里，贺敬之就连续创作出《中国的十月》和《"八一"之歌》这样两首优秀的长篇政治抒情诗。这种诗情如此紧迫喷涌的创作景象，在他以往的诗歌创作历程中很少见过。这两首诗特别是《"八一"之歌》，不像《放声歌唱》那样汪洋恣肆，也不像《雷锋之歌》那样体式严整而别开生面、独具一格，而是既挥笔潇洒又精雕细镂，既神采飞扬又深沉隽永，确为社会主义新时期难得的政治抒情诗精品。贾漫曾这样评说:"两首长诗，都是时代的回声，历史的回声，又充满刚毅不屈的战斗精神。……在感情方面，既有与亿万人民共鸣的亲情，又有贺敬之'这一个'的痴情，还有贺敬之作为革命战士的激情，更有贺敬之唯我独钟的诗情。这确实是任何其他诗人无法代替的。"③

贺敬之终究是一位老革命、老战士诗人，进入历史新时期，他的忧国忧民之心，他的胸怀世界、放眼未来、追求信仰和理想的情怀一如既往。这种情怀在他历经十年炼狱之后的诗歌创作之中显得尤为可贵。1985年5

---

① 晓雪:《激荡人心的〈"八一"之歌〉》,《光明日报》1977年9月3日。
② 贺敬之:《关于〈西去列车的窗口〉》,《贺敬之文集》第4卷，作家出版社，2005，第160页。
③ 贾漫:《诗人贺敬之》，大众文艺出版社，2000，第226页。

月，他在《献给聂耳墓》一诗中，高歌"无产阶级音乐的前驱不朽，/中国人民大众的歌手永生"，真诚赞颂聂耳的歌"是唤醒民族的号角""筑成了人民心的长城"，中华腾飞永远需要聂耳"这样的热血，这样的心灵，/这样的步伐，这样的歌声"，充分表现了诗人同聂耳是血脉相连、心灵相通的。

1988 年 7 月，贺敬之作为 70 多个国家成年人代表的"名誉客人"之一，参加了包括中国在内 122 个国家的儿童代表团在保加利亚首都索菲亚举行的第四届国际儿童联欢大会。这项活动以"和平旗帜"命名，从 1979 年开始其宗旨和中心口号一直是"团结、创造、美"。为此，他创作了《索菲亚盛夏》、《重新长大》和《啄破》这样 3 首独具一格的短篇政治抒情诗。在《索菲亚盛夏》中，诗人沉浸于"美丽的索菲亚"那"美丽的盛夏"，激动地注目于季米特洛夫老爷爷头顶聚拢"一百二十重天空的朝霞"，日夫科娃阿姨身后奔来"一百二十层大地的鲜花"，看到全世界九亿颗童心此刻正欢跳在"这待飞的雏鸽徽下"，听见国际儿童公园的钟楼上这万国之钟正敲响着一致的童声："向明天——/出发——出发——！"面对此情此景，诗人不能不深沉思考并冷静提出这样的历史命题："我们的地球/明天该是/何等光景？/未来世纪的主人/今日应当/怎样长大？"诚如尹在勤所言："这完全是贺敬之式的严肃思索和深邃眼力。"[①] 我们看到，诗人正是以乐观的心态和广阔的胸怀展望久远的明天"美丽的索菲亚"那"更美丽的盛夏"。《重新长大》一诗，诗人以第一人称的亲切口吻，面向参加国际儿童节的儿童们，面向全世界千百万个亲爱的孩子，捧出了自己的一颗童心："我这个来自北京的老战士爷爷，/要用我的心同你们说话。"诗人完全置身于孩子们中间，回顾"我们往日的坎坷确已够多"，正视"你们来日的艰难仍会很大"，更振奋于"真正的战士已重整步伐""真正的后备新军正整装待发"。于是，他向孩子们真诚地表示，在这波涛相接的大河中，"我的血脉没有停滞""我的声音不会喑哑"，"在马克思老爷爷远望的目光下——/用我饱吸黄河之水的彩笔，/和你们一起：把今天和明天描画"，"让我带上延安宝塔山的泥土——/到月球的环形山上，/和你们一起：种树栽花"，"让我这个老战士爷爷呵，

---

① 尹在勤：《这本诗绝不是只属于过去——读贺敬之诗集〈回答今日的世界〉有感》，《诗刊》1991 年 9 月号。

/和你们一起：重新——长大"。是呵，革命老战士永远童心不泯，革命精神代代相传，人类的命运和前途定会更加美好。《啄破》更是诗人站立在地球之巅，放眼世界和未来，以一颗赤诚之心和满腔热血献给全人类的一支"前进之歌""永恒之歌"。诗人开篇就唱道："雏鸽啄破蛋壳，/里面有你有我。/——这是'和平旗帜'的图徽，/这是全世界儿童心中的歌。"我们看到，"啄破！啄破！"因为"小鸟长成要出壳"，更因为"鹏鸟长成要出壳"，这是"地球生育的形象"，也是人类前进的凯歌。我们听到，"啄破！啄破！""打开巴士底狱"唱这支歌，"攻占沙皇东宫"唱这支歌，"从井冈山到天安门"都唱这支歌。是呀，如果不是"啄破"，我们怎么认得"地球妈妈是圆？是转？"如果不是"啄破"，第一架蒸汽机怎么能在地球上诞生，第一座登月舱怎么能到月球上降落？更为可贵的是，诗人并不止于对"啄破"历史功绩的赞颂，而是面对历史和时代提出这样严肃的问题："西天的霞光能变成永久的晨曦？/东方的红旗怎越过曲折和阻隔？"他坚信："解惑——要唱这支歌。/探索——要唱这支歌。"他更坚信："历史公公未曾容太久的混沌，/长河婆婆不许有太长的洄波"，"我们的爱，不是无人理解的'爱河'。/我们的期望，不是永远等不到的'戈多'"，"大地母亲的奶汁给我们神力，/使我们不会在宇宙的黑洞里跌落"。这充分表明，久经考验的无产阶级老战士、杰出的社会主义诗人贺敬之坚定的革命信念，执着的理想追求，对人类社会光明必将战胜黑暗、正义必将战胜邪恶永远满怀信心。

　　新时期贺敬之在诗体探索方面取得了更加突出的成绩，创作出一批又一批"新古体诗"，生动而深刻地抒写了他在新的历史时期的心路历程、情感波澜、思想火花及他对革命人生日益深沉而丰富的体验和感悟，这些拟在后面再立专章评析。

二　独放异彩的文学评论

　　作为文坛老将的贺敬之，深知社会主义新时期文学事业的繁荣发展，必须依仗文学创作和文学评论如同两个车轮协同滚动、一双鸟翼振翅齐飞才能实现。同时他非常明白，文学评论在推介和弘扬优秀作品、提高读者鉴赏水平和审美能力、批评不良创作倾向、分析创作经验教训、引导健康的文学潮流、促进作家沿着正确的方向前进、探索文学事业发展规律等方面具有不可替代的重要作用。早在 1982 年 7 月他就强调指出："搞评论不是很简单的事，而是关系到一个十亿人口大国的源远流长的无产阶级的文艺运动的健康发展的大事。"他语重心长地说：

> 我坚信我们的文艺创作和文学评论工作是大有希望的。我们的马克思主义的文艺评论家正在形成一支坚强的队伍。我们要加倍努力，为开拓新时期的社会主义文艺评论工作的新局面，贡献我们的力量。①

实践表明，贺敬之就是逐渐形成的一支坚强的马克思主义评论家队伍的重要领军人物之一，为不断开拓新时期社会主义文艺评论工作新局面而无私奉献，废寝忘食，呕心沥血，殚精竭虑，做出了卓越的贡献，并且形成了自己独特的文学评论风格。

贺敬之非常重视老一辈革命作家的文学成就和创作经验，将其视为党和人民宝贵的精神财富。他曾这样高度评价郭沫若在中国现当代诗坛上独特的地位和深远的影响："郭老的《女神》开一代诗风，影响了中国几代诗人。他是真正的浪漫主义诗人，绝对堪称大师。我们现在的诗歌传统，就是从郭沫若、艾青、臧克家、田间等老一代诗人那里走过来的，不少人都直接或间接受过他们的影响。"② 贺敬之对艾青在中国新诗发展史上的巨大贡献也是推崇备至，他说："继郭沫若之后，艾青是新诗的最杰出的代表人物之一。他不仅是我国新民主主义革命时期的杰出诗人，而且是我国社会主义时期的杰出诗人。从 30 年代吹响了'芦笛'，到 80 年代唱出了'归来的歌'，艾青创作了近五百首诗篇。这些诗篇是人民心声的结晶，时代精神的结晶，民族精神的结晶。他的作品不但进一步拓展了我国新诗发展的广

---

① 贺敬之：《做坚定的、清醒的、有作为的马克思主义文艺评论家——在中宣部召开的文艺评论工作座谈会上的讲话》，《贺敬之文艺论集》，红旗出版社，1986，第 257～258 页。

② 贺敬之：《答〈诗刊〉阎延文问》，《贺敬之文集》第 4 卷，作家出版社，2005，第 527 页。

阔道路，影响了一代又一代诗人，也对我们的民族精神产生了积极的影响；不但在我国的城乡广泛流传，也远播海外，赢得了崇高的国际声誉。"他称赞艾青"不愧为一位杰出的人民文艺家、革命文艺家"，"又是一位非常富有独创精神的艺术巨匠"，"他的作品，是激情和哲理的结合，现实主义和浪漫主义的结合，个性和民族性、阶级性的结合，既具有独特的创作个性，又具有民族和时代的普遍性"。[①] 作为山东老乡，贺敬之与臧克家诗缘不解，情深谊长。早在他初学写诗的少年时代，臧克家的诗歌名作《烙印》《老马》《自己的写照》就深深烙印在他的心田，吸引着他走向诗坛，激励着他紧跟人民的队列和时代的步伐不断地奋勇前进。2003 年 8 月 5 日，贺敬之与柯岩在《致〈臧克家全集〉编委会》信中写道："臧克家同志是享誉国内外的诗歌艺术大师，是'五四'以来以鲁迅为旗手的新文化战线上战绩卓著而又战斗持久的杰出战士。他的作品是中华民族和中国人民受难、觉醒、斗争与前进的不朽诗史和不熄的精神火炬。他是继郭沫若之后，我国新诗民族化、现代化、革命化和群众化的光辉传统的重要代表者之一，是当今诗歌界仍然健在的不可替代的良师。"[②] 令人痛惜的是，几个月后，2004 年 2 月 5 日，99 岁高龄的臧老驾鹤西去。

贺敬之与田间相识很晚，个人交往也不多，但诗缘同样甚深，神交久矣！他这样称赞田间的诗作："应该说，不止我一个，而是整整一代青少年中的无数个，都曾受过他诗歌的影响，受过这位被闻一多誉为'时代的鼓手'的鼓舞与激励。在那血与火的年代，与当时那些远离时代的'漂浮的云'相反，他的诗是时代的鼓声，是战斗者的呐喊，是历史前进的步伐。""他的诗是献给战斗者的，而诗人自己首先就是战斗者。"因此，他深情地说："是的，像许多老同志、老党员一样，田间同志战斗到了他生命的最后一息。然而，他留给我们的不仅仅是作为革命战士的榜样的力量，他的诗还在继续发出光和热，继续照耀人间。这是诗人的殊遇。诗，火炬般的诗，常常要用诗人的心血去燃烧，用激情去助燃，也许这是许多诗人早逝的原

---

① 贺敬之：《在艾青作品国际研讨会上的讲话》，《贺敬之文集》第 4 卷，作家出版社，2005，第 449~452 页。
② 《贺敬之文集》第 4 卷，作家出版社，2005，第 292 页。

因之一吧。但也正因如此，诗人虽然逝去，他的诗却长留人间。为人民而歌唱的诗人将永远留在人民心中。"① 不仅如此，贺敬之更对田间的人品与诗品及其意义、价值、特点进行了深入的阐述和评析，他说："也许除了由于同处于一个大的时代和大的历史环境，还由于个人的出身、经历和精神气质有某些相近之处吧，在我所尊敬、仰慕的前辈诗人中，田间同志一直是我深感亲近的一个。"他认为："田间是继他的前辈诗人们之后的又一位大诗人，他在我国'五四'以来的新诗发展史上占有特殊的重要地位。这些特殊之点在于：他不仅继承了郭沫若《女神》时代的战斗传统，冲破在这之后诗坛出现的脱离时代和人民的个人主义和形式主义思潮的束缚；而且还在于他的那些抒写着对民族及社会的深沉忧思并憧憬着未来的诗章，响亮地为新时代的战斗者们擂起了诗的战鼓。……"他强调："新时代的擂鼓者，新世界的战斗者，新诗歌艺术的探索者——正是从以上这几方面，田间的诗歌在我国新诗的发展上有着不容轻视的革新意义和特殊意义。"② 贺敬之还以崇敬的笔墨情真意切地评析了柯仲平、欧阳山、丁玲、黄源、柯岗、朱子奇、公木等一批老一代革命作家和诗人，长期投身于共产党领导的革命文艺运动的洪流，在革命和创作的实践中，为无产阶级革命文艺事业所做出的重要贡献。他赞颂柯仲平是"'五四'以来屈指可数的革命的大诗人，满腔热情地致力于诗歌和戏剧大众化的先驱者之一"③，赞颂欧阳山是"杰出的人民作家、我国革命文学和社会主义文学的卓越代表者之一"④，颂扬阳翰笙是"我国革命电影和革命话剧的开拓者和奠基人之一"⑤，颂扬黄源"一手拿枪、一手拿笔的戎马生涯"⑥，充分肯定柯岗"是我国革命军事文学的优秀代表人物之一"⑦。他称赞"人民的诗人、革命的诗人"朱子奇说："你的诗反映了自抗日战争起几个历史时期的时代风貌，充满高昂的

① 贺敬之：《悼田间同志》，《光明日报》1985 年 9 月 5 日。

② 贺敬之：《〈田间诗文集〉前言》，《贺敬之谈诗》，人民文学出版社，2004，第 68～69 页。

③ 贺敬之：《在纪念柯仲平逝世二十周年大会上的讲话》，《贺敬之文集》第 4 卷，作家出版社，2005，第 131 页。

④ 贺敬之：《〈欧阳山百年纪念〉总序》，《文艺理论与批评》2009 年第 1 期。

⑤ 贺敬之：《我所认识的阳翰笙同志》，《贺敬之文集》第 4 卷，作家出版社，2005，第 470 页。

⑥ 贺敬之：《〈黄源文集〉序》，《贺敬之文集》第 4 卷，作家出版社，2005，第 566 页。

⑦ 贺敬之：《纪念柯岗同志》，《贺敬之文集》第 4 卷，作家出版社，2005，第 562 页。

革命精神和战士的情怀，体现了革命的诗学原则和艺术个性。特别是全国解放后多年来，写国际共运和世界和平运动当时斗争和历史回顾的诗篇更加闪耀异彩，它以特有的思想和艺术的力量，为革命战士'沧海横流方显出英雄本色'提供了诗的范例。"① 尤其令贺敬之敬佩的是，这些久经考验的老革命文艺战士所具有的坚定的共产主义信念和顽强的革命精神，他们无论个人命运、革命事业处于顺境还是逆境，即使自己受到很大的委屈，也从不对革命产生怀疑，而始终坚信选择的道路是正确的，终身无悔，不改初衷，老而弥坚，永葆旺盛的生命活力和艺术创造力。贺敬之特别称赞丁玲是继鲁迅、郭沫若、茅盾之后的无产阶级革命文学的又一杰出作家，称赞她在革命人生道路上所充分表现出来的可贵的党性原则、革命品格、精神境界和高风亮节，他说："正是在这一点上，我想说，丁玲同志是我从现实生活中所能见识到的一位真正名副其实的共产党员作家，是一位以她的党性的光辉使我感到确实是为我们这些党员文艺工作者树立了榜样的人……她九死不悔的对共产主义的坚定信念，她始终不渝地对党和人民的无比热爱，她在任何情况下都坚持原则的革命精神，她不计个人恩怨、以团结为重的气度和苦心，所有这些都是使人在事实面前不能不被说服或者不能不放弃无端的偏见而予以钦佩的。丁玲同志确实是一位有坚强党性的党员作家，是我国伟大的无产阶级革命文艺运动的杰出代表。"②

应该说，贺敬之对基本上与他同时代涌现的同辈诗人、作家了解得更为深透，其中有的就是与他志同道合、心心相印、息息相通的诗友、文友和战友，因而评论他们的为人为文、创作成就及其独特的文学意义与价值就格外深刻和精辟。他称赞李季"是一位名副其实的革命战士和人民诗人"，"是为革命现实主义诗歌增加了重要财富的诗人"，"是我国新诗历史上一位忠实地抒人民之情、叙人民之事的诗人"。他赞扬李季始终不渝地坚持走"同人民结合，同时代结合"的创作道路而且"永远不停步，始终在

① 贺敬之：《新诗史上应有的重要位置——致朱子奇》，《贺敬之文集》第 6 卷，作家出版社，2005，第 253 页。

② 贺敬之：《研究她整个的革命实践和文艺实践——致丁玲作品讨论会》，《贺敬之文集》第 4 卷，作家出版社，2005，第 176 页。

探索"，"他留给我们的诗篇和开拓者的宝贵经验，是具有长久活力的"。他
肯定《王贵与李香香》"可以称为土地革命的历史画卷"，"标志着我国新诗
发展史上一个重要的新阶段"，而《向昆仑》则是"描绘社会主义创业者英
雄形象、闪烁着革命浪漫主义光彩"。面对《李季文集》，他深情写道："打
开这部书，呈现在我们眼前的，是用文句和诗行印在漫长征途上的闪光的
足迹。它清晰地划出了一个质朴的农民的儿子，怎样成长为优秀的革命诗
人和战士的前进道路。它是时代的记录，是岁月的航标。它使我们重温革
命战争时期和社会主义创业时期的战斗历程，使我们的心合着诗句的节拍
重又感到历史脉搏的跳动。从三边的风沙到昆仑山的冰雪，从陕北高原的
红缨枪到柴达木盆地的钻井架……它唤起我们多少战斗的回忆！它的浓郁
的泥土和石油的芳香，它的动人的牧歌和战歌的旋律……使我们怎能不一
次次心驰神往！"① 这样的评论文句，怎能不一字字敲击着读者的心扉，令
人感动不已？贺敬之与郭小川被中国当代诗坛誉为"双子星座"或曰"社
会主义诗歌的双璧"，这是颇具"佳话"意味的。贺敬之称赞郭小川"是优
秀的共产党员，是杰出的革命诗人"，他说："我的诗友中最难忘的就是郭
小川。在延安时我就听说过他，但真正相识并成为诗友是在 1956 年。此后，
我们创作交往很多。他是冲动热情、富于灵感的诗人，天真得近乎透明，
才情更是汪洋恣肆。"他更难忘的是"我们的革命信仰是完全一致的，我们
相互激励相互启发，一起探索革命诗歌走向民族化的道路"②。他满腔热情
地赞扬郭小川的诗歌"是晨钟，是号角，是战歌"，"是在中国的大地上，在
崭新的世纪里，从一位毕生为祖国和人民事业而斗争的忠诚战士的心灵中发
出来的"，而这样一颗强烈跳动的战士的心"紧紧地和时代脉搏相连，和祖
国江山相连，和人民命运相连"，它"用革命者的赤诚和诗的艺术魅力卷起
感情的风云，推动思想的波涛，不可抗御地向你胸前扑来"。他特别看重郭
小川"为社会主义而唱的时代新歌"，感叹这"歌声伴随着新中国已走过了
二十余年光辉而崎岖的长途"。他强调说："事实证明：在我国当代的诗人

---

① 贺敬之：《〈李季文集〉序》，《贺敬之文艺论集》，红旗出版社，1986，第 209～213 页。
② 贺敬之：《答〈诗刊〉阎延文问》，《贺敬之文集》第 4 卷，作家出版社，2005，第 530～
531 页。

队伍中，小川（所有他的战友一向都是这样亲切地称呼他的）是站在我们前列的那些优秀诗人中的突出的一个。是的，小川和他的诗，不仅属于昨天，而且属于今天。同时，我还要毫不迟疑地这样说：他必定也会属于明天。"① 同样，贺敬之对闻捷的诗歌创作也给予了很高的评价，他说："闻捷同志是优秀的革命诗人，在中国新诗发展史上占有重要地位。他的诗歌创作不仅是过去年代的历史足音，在今天仍然是启人心灵、催人奋进的时代新声。"② 韩笑在贺敬之心目中是一位"真正的战士诗人"、写"真正的战士之诗"的"长跑诗人"。韩笑逝世后，他曾撰文沉痛悼念并表示深信："世上确有活着的真死者和死去的永生者。在诗国中，永生者首先是那为人民而歌唱、为真理而斗争的战士诗人，或称诗人战士。"③ 他对韩笑从 20 世纪 40 年代到 80 年代在诗的道路上长跑不懈的坚韧精神和所取得的优异成就极力称赞："我的心被这位长跑者带上了他已跑过的艺术和人生的漫长道路。这是一个革命者和战士的道路，一个革命的、社会主义的诗人的道路。它记录了战士兼诗人同祖国和人民齐忧乐、共枯荣的历史命运。它让我看到了在社会主义事业的艰险长途上，长跑者的坚定步伐和真正的战士风姿和情怀；看到了在历经劫波之后的新征途上，诗人的成长、壮大和成熟。"他特别赞赏韩笑在新时期开始后很快地大步进入了诗人创作的新天地："他诗思如涌，激情如潮，人向老年，诗八旺季。十年来他一步不停地向自己前所未及的新高度攀登，取得的进步和成就是显著的。这不仅是表现在作品的产量上，也表现在作品的质量上。不仅表现在思想内容的拓展上，也表现在诗艺的提高上。不论是抒情诗还是叙事诗，长诗还是短诗；也不论是写政治风云，还是写人世沧桑；不论是以写人为主，还是以写事、写情为主；不论是写他人，还是写自己；也不论是写社会风貌，还是写山色水光；不论是写爱情、友情，还是写革命情、祖国情……所有这些方面都有源源不断的诗行，出现在韩笑勤奋开拓的诗笔之下。"他还强调说："人民

---

① 贺敬之：《战士的心永远跳动——〈郭小川诗选〉英文本序》，《贺敬之文艺论集》，红旗出版社，1986，第 116~118 页。

② 贺敬之：《人民不朽，人民诗人永生——致江苏丹徒县委会》，《贺敬之文集》第 6 卷，作家出版社，2005，第 198 页。

③ 贺敬之：《寄韩笑同志》，《文艺报》1994 年 5 月 21 日。

群众接受了他的诗的艺术美，珍视他的诗表达了人民的心声，跳动着时代的脉搏，震响着历史前进的步伐。因此才把他叫做'长跑诗人'或'诗的长跑健将'。"① 贺敬之与李冰是老战友，两人一起在从延安出发的路上，共同怀着抗日战争胜利的喜悦，挽臂登上黄河渡船，奔向华北解放区；在解放战争的炮火和硝烟中，共同怀着战斗的激情，一起奔走在张家口前线；在李冰的入党志愿书上，他作为介绍人用激动的手签上了自己的名字。在此后的和平年代里，故人南北，风雨遥念，但作为战友和诗友，两人又共同选择了革命现实主义和民族化、群众化的创作道路，努力探索诗的革命性、时代性和民族性、群众性的统一，个人风格和民族风格、群众风格的统一。贺敬之称颂李冰的一生是"一名革命战士的一生，一名文艺战线的人民子弟兵的一生"，是"一位新中国的优秀诗人"，"他的风格质朴而兼有豪迈，明朗而渐趋深沉"。他评论道："就他的全部抒情诗作来说，当然不是篇篇精粹，句句闪光，但却可以说是章章情真、行行意切。数十年心牵魂绕，始终不离人民命运、祖国河山和时代步伐。尤为可贵者，面对逆风浊流，依然是战士风姿，延水情怀，而绝无一丝西病之态和东施之相。"他更为称道其创作数量比重最大的叙事诗，说李冰从成名长篇叙事诗《赵巧儿》开始一生创作了大、中、小型十余部叙事诗佳作。他称赞这些优秀叙事诗说："为劳动人民中这些不同身份的人物唱出热情诚挚的赞歌，为他们改造社会、改造自然、同时也改造自身的史实作出真实生动的记录，从而为一种新的世界观、人生价值观和美学观提供一份诗的诠释，这就是它们的价值所在。"② 贺敬之对这一代诗人都非常尊重，视为难得的诗友，对他们的文学创作多有评论，且常常是言简意赅，发自肺腑。在李瑛《诗文总集》出版暨创作座谈会召开之际，他去信衷心祝贺，称重新默诵《一月的哀思》这首长诗"再次令我感动，再次给予我力量"，并说："在这首杰作出现之前和之后的数十年间，你还有另外许多成功之作令我激赏和长久回忆。在我看来，你大半生的创作实践和取得的重要成就充分表明：这是新

---

① 贺敬之：《长跑诗人》，《求是》1989 年第 12 期。
② 贺敬之：《歌声不会消逝——序〈李冰文集〉》，《中国文化报》1998 年 3 月 28 日。

中国诗歌发展史的一位杰出的人民诗人和人民军队杰出的军旅诗人。"① 他也称赞丁芒说："你是我们老同志中不仅一直坚持诗歌创作，而且写得既多又好的少数佼佼者之一。不论是新体还是古体，古体中不论是严律还是突破，你都作出了显著的实绩。再就是近年来你的诗论，对诗歌发展方向、特别是探索古体诗词革新方面产生了令人瞩目的积极影响。"② 他收读野曼寄赠的《野曼短诗选》后致信说："您是我向来敬重的一位诗兄。改革开放以来，在宝刀不老的老诗人之中，您是突出的代表者之一。"他进而评论道："您的这些诗篇，已先后收入《浪漫的风》和《风流的云》两本诗集中。我曾把它们称作新时期野曼的'风云诗'，这并不是由于这两本诗集的书名分别有'风'、'云'二字；主要是由于诗篇本身使我看到了时代风云的投影，听到了历史步伐的回声。它们给我的感动和启示，不仅在于作为创作经验丰富的一位老诗人，您在新的艺术探索中找到了新的语言、新的意象，从而表现新的诗情、新的哲思；更在于作为历经坎坷的一名老战士，您在新的征途上出现又一次的'生命的涨潮'，从而以您新的体验展现了对人生和社会崇高目标的坚定信念和奋发精神。"③ 无疑，这是对野曼诗歌创作的思想艺术价值和意义的相当到位的精当评价。刘文玉是新中国成立初期出现的一位优秀的诗人和作家，贺敬之克服眼疾所累认真读完他赠送的《黑土壮歌》修订重版之后，致信称赞说，"你的这部'壮歌'连日来使我壮目并壮怀，是我为之惊喜和感动的又一部长诗力作"，"我以为你的这部长篇叙事诗是久不为强势话语所青睐的现实主义在诗歌创作中的又一胜利"。因此，他满怀激情地评论说："它是一部用强烈激情和奇光异彩描绘的表现中国农民顽强生存和英勇斗争的新型的英雄史诗。它的现实主义风格具有无可置疑的生活逼真性，同时又具有令人信服的传奇性和浪漫色彩。它的英雄人物形象和英雄主义精神，是人民的、革命的英雄主义，是现实和理想、往昔和当代、个体与群体、地方特色和民族特色、创作主体和描

① 参见《文艺报》2011 年 1 月 19 日。
② 贺敬之：《致丁芒》，《贺敬之文集》第 6 卷，作家出版社，2005，第 214 页。
③ 贺敬之：《关于'野曼的风云诗'——致野曼》，《贺敬之文集》第 6 卷，作家出版社，2005，第 279～280 页。

写对象的相互渗透和有机结合。还有，它的语言和细节描写也具有特殊的诗的魅力。群众语言的大量采用和艺术的提炼，农民口语和知识化语言的浑然交汇，都令我这样的读者感到亲切而又耳目一新。"① 如此对文学作品既宏观审视又微观剖析都相当精辟的评论文字着实令人叹服。

真诚而热情地呵护、扶持和培养青年诗人与作家，贺敬之始终视之为自己重要的责任和使命。早在 1980 年 5 月，他在写给计划集中研究贺敬之诗歌创作的尹在勤的信中就明确表示："我希望你把注意力放在那些真正有大成就的或优秀的青年身上。"② 10 年后，1990 年 9 月，他更为明确地表示："我们无论如何要把希望放在青年人身上，大力培养青年人，推出青年一代，推出新人，坚决地这样做下去。"③ 他曾说："我自己也从青年时代过来，我感谢党和老一辈作家在我还不谙世事的少年时代，就以为人民服务的崇高理想铸造了我的人生信念。"他告诫青年诗人和作家："历史是人民创造的。真正能经得起历史检验、具有客观价值的作品，很少有不反映时代风貌，不与人民的生活和斗争息息相关的。才华是很脆弱的东西，它只有在为人民歌唱中才能青春永驻。"④ 这是老一代革命文艺战士的肺腑之言，是馈赠给青年一代的金玉良言。可以说，贺敬之在引导和帮助青年作家方面真正是不遗余力，呕心沥血，诚如丁国成所言："敬之同志平时就很喜欢同青年作者交往，哪怕占去很多宝贵时间和精力，他也在所不惜。同他们谈心，与他们交友，给他们回信，为他们看诗，代他们转稿，他不厌其烦，乐而忘倦。"⑤ 更为重要的是，贺敬之对青年诗人的诗歌创作常常给予积极的鼓励、热心的评论，让作者获得启迪和教益。在诗坛对"朦胧诗"等"新诗潮"褒贬各异、情况颇为复杂的时候，他主张采取分析的态度，不能无区别地一概而论。他说："朦胧诗人中，舒婷的一些作品我也很喜欢，比

---

① 贺敬之：《致刘文玉》，《贺敬之文集》第 6 卷，作家出版社，2005，第 301～302 页。
② 贺敬之：《希望把注意力放在优秀青年身上》，《贺敬之文艺论集》，红旗出版社，1986，第 148 页。
③ 贺敬之：《表现先进人物批评错误思潮——同报告文学〈她的中国心〉主人公乌云和青年作家徐福铎的谈话》，《贺敬之文集》第 4 卷，作家出版社，2005，第 335 页。
④ 贺敬之：《〈袖珍诗丛·青年诗辑〉序》，《贺敬之谈诗》，人民文学出版社，2004，第 57 页。
⑤ 丁国成：《"谁是诗中疏凿手"——序〈贺敬之谈诗〉》，《贺敬之谈诗》，人民文学出版社，2004，第 8～9 页。

如《祖国啊，我亲爱的祖国》《致橡树》等。这说明，诗歌美是共通的。我们不能欣赏的，是那些不健康不优美的东西。现在有相当一批诗人仍在坚持现实主义和浪漫主义相结合的革命诗歌传统，我以前提到过的河南的王怀让，河北的浪波、刘章、山东的桑恒昌、纪宇，山西的董耀章，辽宁的刘文玉、易仁寰以及近几年又读到的许多诗人的作品都是有力的例证。"①1997年11月25日，他在《王怀让自选集》研讨会上称赞作者《中国人：不跪的人》等诗"是人民群众喜欢的诗，是时代需要的诗"，"我觉得王怀让同志这样的写法，这样的创作道路，应该得到我们诗歌界的进一步重视，给予一席之地"②。2003年4月8日，"王怀让诗文出版座谈会"在郑州召开，他致信祝贺，信中说："我是王怀让同志诗歌作品的热心读者。读他的许多名篇佳作，使我从中得到了令我惊喜的精神鼓舞、思想启迪和审美享受。""照我看来，王怀让同志无可否认的是新时期以来有突出成就的重要诗人之一。他用不断创新和提高而又能被广大人民群众喜闻乐见的诗歌艺术，有力地表现了我国社会主义新时期的时代精神和人民心声。他不仅形真情挚地塑造出改革开放和生产建设中人民群众和基层干部一系列感人的形象，更以如椽大笔抒发了为民族的辉煌和奋进而骄傲的中国人崇高的爱国情怀，描绘了对任何强敌和邪恶势力都决不低头更不会下跪的中国人的英雄姿态，传达了劳动群众发出的'中国，是咱的！'这样气壮山河的世纪强音。"他更进一步指出："正是这样的王怀让，以他整个的生活实践和创作实践表明：在改革开放的复杂环境下，他坚定又清醒地同相识或不相识的同道者一起，为坚持和发展社会主义诗学原则，取得了可喜的新成果，提供了可贵的经验。正是他们，在新时期的诗歌百花园中绽放了为时代最需、为人民首选的艺术鲜花，从而为社会主义诗歌发展史增写了新的一章。"③ 对王怀让等新诗人的诗歌创作成就作如此高度的评价，充分表现了老诗人贺敬之内心深处的钦佩、欣喜和振奋。贺敬之对纪宇的诗歌创作也非常关注，

① 贺敬之：《答〈诗刊〉阎延文问》，《贺敬之谈诗》，人民文学出版社，2004，第106页。
② 贺敬之：《在〈王怀让自选集〉研讨会上的发言》，《贺敬之谈诗》，人民文学出版社，2004，第170页。
③ 贺敬之：《为新诗史增写新的篇章——致大河报社》，《贺敬之文集》第6卷，作家出版社，2005，第286~287页。

他对纪宇说："你这几年写了很多诗，《风流歌》等我都看过，也听过广播，很不错。""我是你很热心的读者，读你的诗仿佛听到空谷足音，很长时间没有看到这样的诗了，我是你的诗的知音。"他充分肯定纪宇诗的优点也指出其不足之处："你的诗和郭小川的诗相比，他风格上的优点在你的诗里也是有的。你的诗有的地方铺陈过多，有可能的话稍稍精炼一点，还可能会好一些。"当纪宇谈到自己的诗发表后多数靠广播电台朗诵传播并引起广大读者和听众的热烈反响，而评论界几乎从来没有发表过任何评论，对此他常常感到困惑和寂寞，贺敬之鼓励和开导他说："纪宇你也是一派，你的诗在群众中并不是孤立的。诗的问题不完全是形式问题，也不完全是艺术上的问题。就表达的思想内容、感情和语言等方面和某些诗比较起来，你的诗能更多地引起人们的共鸣，这种写法还是可以坚持下去的。"① 贺敬之称雪兵的诗集《上弦月》里唱出的是不会忘怀自己是人民的儿子、是昨日的人民解放军战士的这样一位 20 世纪 80 年代建设者的歌声，他动情地说："这歌声来自矗立于九里山下和黄河故道之旁的脚手架，来自碾庄废墟上的新屋和迭印着支前独轮车辙印的新铺钢轨，也来自默念着母亲叮嘱的故乡小路。自然，作为战士和建设者，这歌声也来自面向万里长城时为'我们曾经走过一段矫曲的路'而发出的深沉的感叹，来自凝视脚手架上的国徽时对未来的'辗转反侧的憧憬'……"他肯定雪兵的诗写得"质朴但不粗陋，豪迈而又真切，畅晓却非浅露"，并强调说："而更为重要的是，从这些诗里我读到了对于社会主义的诗歌来说任何时候都不应缺少的可贵的人民之情，战士之思，建设者和开拓者之志。"② 他曾当面肯定重庆市丰都县诗人孙江月创办的《方向》诗刊，"办得不错，有特色，也精美，有生活气息，有时代气息，也有正气，方向正"，还打电话称赞说"你的诗写得很好，有风格，继承传统，又有时代性和生活的真挚感悟"。王学忠在中国社会转型 30 年中，创作了数千首真实记录和表现社会底层群众特别是下岗工人艰辛生活状态和思想感情的诗，被称为"当代城市平民诗人"。2000 年冬，他将这些诗选出一部分结集出版了第一本诗集《挑战命运》寄给了他

① 贺敬之：《和诗人纪宇的谈话》，《贺敬之谈诗》，人民文学出版社，2004，第 143~145 页。
② 贺敬之：《〈上弦月〉序》，《贺敬之谈诗》，人民文学出版社，2004，第 60 页。

尊敬的几位老诗人和诗友，贺敬之收读后在题诗中写道"从生活底层踏上精神高地/为弱势群体唱出时代壮歌"，对作者进行鼓励和鞭策①。贺敬之对另一位生活在社会底层的民间诗人卢伟宗同样非常重视，给予了热忱的激励。卢伟宗历经 10 年创作出近 5000 行的长诗《咱们的毛泽东》于 1997 年出版，贺敬之读后致信作者表示"感谢大作《咱们的毛泽东》给我的阅读愉快和精神鼓舞"②。2000 年 11 月 5 日，贺敬之又为《咱们的毛泽东》书法卷写序说："前曾拜读河南宜阳诗人卢伟宗所著长诗《咱们的毛泽东》，使我深为感动。今日又见诗人同乡青年书法家卢希曾君精笔小楷书写此诗全文，又有资深书法家李进学妙文为序，览之满目生辉，更觉神旺。此一罕见之新体长诗与民族书法合璧长卷，出之于河洛深山，再一次表明：艺术属于人民，人民群众中蕴含无限的艺术才华。同时，更使我为之感奋的是，此举乃无数事例中又一新例，它毋庸置疑地证明：伟大毛泽东和毛泽东思想，永远活在亿万人民心中，永远活在伟大祖国前进的步伐中！"③ 贺敬之还对梁小斌、易人寰、张星海、刁永泉等一大批中青年诗人及其诗作做过热情诚恳的评论。步入晚年，他患着眼疾还坚持读许多青年诗人的作品，给他们写信或打电话予以高度评价和积极鼓励。就是这样，贺敬之对新时期青年诗人所取得的创作成就总是由衷高兴，对社会主义诗歌发展前景充满信心。他曾强调说："在新的时期，我们的文艺是不是能够健康地发展，主要取决于我们青年一代。"④ 然而，还应该看到，他对影响青年作家健康成长、误导他们步入歧途的奇谈怪论和消极现象忧心忡忡，但从不悲观失望，而是始终竭尽全力扶正祛邪，激浊扬清，积极耐心地引导青年作家走正道而不走邪路。他曾说："粉碎'四人帮'后，青年诗人们给我国诗歌发展创造了新成就、新经验，毫无疑问，主流是好的，但与此同时，的确也有少数人以脱离人民为时髦。当看到有些有才能的青年竟真的以脱离

---

① 王学忠：《诗要在时代风雨中跌打滚爬》，《文艺报》2010 年 4 月 2 日。
② 卢伟宗：《毛泽东之歌》扉页和封底，中央文献出版社，2014。
③ 贺敬之：《长诗〈咱们的毛泽东〉书法卷小序》，《贺敬之文集》第 4 卷，作家出版社，2005，第 510 页。
④ 贺敬之：《〈讲话〉和当前的文艺实践——在解放军艺术学院的讲话》，《贺敬之文集》第 4 卷，作家出版社，2005，第 255 页。

时代与人民生活为创作主旨，我和许多同志一样，不禁深深为之惋惜。"① 特别是，随着西方现代主义、后现代主义文艺思潮不断涌入，国内资产阶级自由化思潮肆虐、种种腐朽思想沉渣泛起，于是"告别革命""躲避崇高""消解主流意识形态"等主张纷纷招摇过市，致使孤独失落感和消极颓废心态乃至历史虚无主义情绪在思想文化界蔓延，导致文坛有人公然张扬"个人化写作"甚至荒谬至极的"下半身写作"，这种乱局毒害着一些作家特别是经验不足的青年作家的心灵和思想意识。虽然其始作俑者人数不多，但能量不小，影响很大，危害深远，不可小视。为此，贺敬之语重心长地说："有的青年同志由于生活经历的限制，这些年来见到消极的事情多，对蓬勃前进的生活的主流，又不同程度地有所隔绝，有的更只是沉湎在个人生活的小圈子里，这样就很容易偏激，很容易倾向于'表现自我'。对这些青年同志，我们不能急躁，但要引导，以理服人。……不要简单地过分地去责备那些青年同志，而应该帮助他们到生活中去，到群众中去。"他还强调说："诗歌评论千万不要去捧那种偏激的、不健康的思想情绪的场。要鼓励青年诗人不泄气，继续前进，对不成熟的、偏激的、思想不那么纯正的，要给予热情帮助。"② 令人遗憾的是，确有以"文坛领袖""护花神"自居的人，对这些富有才华却步入误区的年轻作家一味无原则地庸俗捧场，贻害无穷。对此，贺敬之尖锐地指出："有些评论家把他们的优点和缺点不加分析地一概说成是代表新世纪的，好像是朝霞一样灿烂。这不是实事求是的态度。"③ 他还曾明确警诫说："对青年作者，当然应更多地鼓励、扶植，但也不应当盲目吹捧。"④ 面对诗坛评奖乱象他更是痛心疾首："现在，对于文艺创作的鼓励，有成功的经验，也有一些过分的、不完全合乎事实的捧场。高等的形容词、超级的形容词太滥，不仅这个'星'那个'星'用得很多，连什么'帝'什么'后'都出来了。仿佛像你们这些获奖的也都要

---

① 贺敬之：《〈袖珍诗丛·青年诗辑〉序》，《贺敬之谈诗》，人民文学出版社，2004，第57页。
② 贺敬之：《和〈诗探索〉负责同志的谈话》，《贺敬之谈诗》，人民文学出版社，2004，第131、134页。
③ 贺敬之：《和诗人纪字的谈话》，《贺敬之谈诗》，人民文学出版社，2004，第146页。
④ 贺敬之：《对当前文艺工作的几点看法》，《贺敬之文集》第3卷，作家出版社，2005，第282页。

成为'诗王'、'诗帝'、'诗歌皇后'、'诗歌王子'似的。虽不能说这已经达到登峰造极的程度，至少也是史无前例的了，很不正常。最近竟有诗人沦为杀人犯，令人感到很沉重。"① 显然，这种"捧杀"同"骂杀"一样危害极大，极不利于新时期社会主义文艺的繁荣发展和青年作家的健康成长。目视此情此景，忠诚于党和人民文艺事业的贺敬之心急如焚，不能不提出振聋发聩的忠告："如果只唱赞歌，最后是要为他唱挽歌的；永远不给他敲警钟，最后是要为他敲丧钟的。"② 可以说贺敬之对青年诗人和作家的爱护、扶植和培养是全方位的，从创作、思想、品格到成长环境的优劣无不关怀备至。他对青年同行从不摆架子，亲切和善，平易近人，不急不躁，循循善诱，对其创作成就和缺憾进行细心的实事求是的分析评点，既不"捧杀"也不"骂杀"，既不"杀鸡取卵"也不"揠苗助长"。因此，不少青年诗人、作家都视贺敬之为真诚的良师益友，对他格外尊敬和爱戴。

　　无疑，贺敬之新时期的文学评论以诗歌评论为主，这是顺理成章的事。众所周知，贺敬之是资深的成就卓著的剧作家和诗人，是戏剧创作和诗歌创作的行家里手，评论起来往往得心应手，容易窥其堂奥。然而，从文艺美学的高度审视，各文学艺术门类之间的审美精神是相通的，还由于，新时期的贺敬之长期担任中央党和政府部门的文艺领导职务，因而他非常关注包括诗歌在内的各种文学体裁的创作，同时必然关注戏曲、影视、音乐、舞蹈、绘画等各种艺术品种的创作现状和发展趋势。可以说，他是一位文艺多面手，其文艺评论涉及面非常广，是名副其实的"文艺评论家"。他对戏剧编导艺术家杨春兰、张奇虹，画家蔡若虹、裘沙，舞蹈家吴晓邦，表演艺术家董行佶，西洋歌剧翻译研究家丁毅等的评论，都是知人论世、德艺并重、言简意赅的。他以深思熟虑、鞭辟入里之笔墨，对话剧《于无声处》《丹心谱》《报春花》《谁是强者》《金子》《天边，有一簇圣火》《天下第一楼》《中国，1949》，歌剧《党的女儿》《星光啊，星光》《咫尺天涯》

① 贺敬之：《在"三星杯"诗歌颁奖会上的发言》，《贺敬之谈诗》，人民文学出版社，2004，第161页。

② 转引自马鸣伯《集诗人和文艺评论家于一身——读〈贺敬之文集·文论集〉》，陆华、祝东力编《回首征程：贺敬之文学生涯65周年纪念文集》，文化艺术出版社，2005，第75页。

《火把节》《秦俑魂》《第一百个新娘》《芳草心》，新编京剧《大明魂》，川剧《四姑娘》，广播评剧《山沟里的笑声》，扬剧《上访转业户》，湖南花鼓戏《镇长吃的农村粮》，以及电影《巴山夜雨》《高山下的花环》《失信的村庄》《老乡》和电视连续剧《凯旋在子夜》《长江第一漂》，等等，都进行过及时的深中肯綮的评论。他还对殷白、徐非光、马蓥伯等文艺理论批评家的文艺评论进行过评论。尽管如此，还是应该说，贺敬之新时期文艺评论的突出成就是在以诗歌评论为主的文学评论方面，这是他对新时期文学健康发展的重要贡献之一。

贺敬之曾说"我不是诗歌理论家，也不是诗评家"①。这无疑有他自谦之意，但同时应该看到，他确实很少写长篇大论的诗歌评论文章，也没有撰写诗人诗作的研究专著，然而他所论及的诗人诗作和诗坛现象的面之广、其见解之深之精是一般诗评家难以比肩的，诚如丁国成所说："他的诗论，既不同于诗人之论，也不同于学者之论，饱含其文学创作的甘苦得失、文化工作的成败利钝、理论研究的酸甜苦辣，在文坛诗界独树一帜，别具特色。"②

那么，贺敬之新时期以诗歌评论为主的文学评论的独特之处主要表现在哪里呢？

高屋建瓴，洞幽察微。这是贺敬之文学评论的一个重要特色。他站在历史和时代的制高点上审视文学创作，既能目穿时空，把握文学发展的脉搏和走势，又能见微知著，洞察作家表现生活的心智和才情。比如，他评论柯岗的文学创作说："关于柯岗的小说，许多同志写过文章，肯定了它们的重要意义。我以为，他的散文、特写、诗歌也应该引起充分的重视。这些作品有许多是在战斗的间歇写出来的，有感而发，不加雕饰，直叙其事，直抒其情，质朴诚挚而意味深长。从某种意义上说，更能体现作者的独特风格。他在特写中对人物的勾勒，寥寥几笔，就把人物的精神风貌活生生

---

① 贺敬之：《强者之诗——致塞风》，《贺敬之文集》第6卷，作家出版社，2005，第210页。
② 丁国成：《"谁是诗中疏凿手？"——序〈贺敬之谈诗〉》，《贺敬之谈诗》，人民文学出版社，2004，第2页。

地展现在读者面前，艺术功夫令人佩服。"① 他在评析塞风的诗作时写道："在你的'真善美三弦琴'上奏出的是时代之音、民族之音、人民之音。其中，我特别喜欢的是写黄河、乡土和与险难抗争的部分。这些诗使我看到诗人是一位强者，这些诗是强者之诗。"他还进一步分析说："我觉得：你的诗大都篇幅小而容量大。诗境深沉却亲近易解。着重写个人人生体验和大自然风情而却有鲜明的社会背景和时代感，通过表现个人而反映了最终决定历史命运的人民群众的共同心声。"② 他在读完姜建国的新著《国风小集》后给作者寄去一封信，信中写道："新作有新意，为你高兴。就中《村忆》一首，尤其打动我心，读后竟不觉泪涌难抑，心情久未平静。诗中真正的革命战士和人民公仆的赤心和良心，使我不能不为之所动。它似有古代诗人'愧俸钱'、'路有流民终动心'的余韵，更见鲁迅先生向读者坦诚解剖自己的风范。在数年来的新潮诗中，这是很少见到的。它和王怀让等同志的受到广大群众欢迎的作品一起，提供了又一个例证，使我确信：革命现实主义的艺术精神、思想倾向和表现方法仍然具有极大的生命力（这样的现实主义，看来还是不能不用'革命'二字）。"③ 可以说，贺敬之的文学评论总是能从大处着眼，小处着笔，从而有如庖丁解牛得心应手，揭示出作品反映生活的真谛及其所蕴藏的真正的思想艺术价值，这就要对所评论的作品全局在胸且精读细品。

寓理于情，融情入理。这是贺敬之文学评论的又一个重要特色。早在1950年，他在谈论提高作品的思想性时就说："我曾不止一次地用了'感情的溶化'这个字眼。我以为，这个所谓'感情的溶化'，正是思想和生活相结合在作者的创作过程中的具体体现。所谓'思想'是必须被感情所具体化了的；所谓'生活'是必须被感情所血肉化了的；所谓'生活与思想结合'，便是通过感情的溶化和升华而达到的形象化与单纯化。"他强调这

---

① 贺敬之：《纪念柯岗同志》，《贺敬之文集》第4卷，作家出版社，2005，第562页。
② 贺敬之：《强者之诗——致塞风》，《贺敬之文集》第6卷，作家出版社，2005，第209~210页。
③ 贺敬之：《致姜建国》，杜德禄主编《姜建国的诗歌艺术》，中国文联出版公司，1998，第1页。

"意味着艺术创造的基本精神"①。在谈到提高文艺评论质量问题时他曾说："动之以情，服之以理，情是很重要的，但理不足以服人也不行，而且主要的还是要靠理。"② 足见，他对"情"与"理"在艺术创造中的重要作用感悟甚深。这不仅始终灌注于他的文学创作，也灌注在他的文学评论中，因而他的评论文章既晓之以理，启人心智，又动之以情，感人肺腑。当他从电话中听到田间夫人葛文告知田间"昨天下午已经"辞世的噩耗后，他在悼文中写道："啊?! ——泪水一下子涌出了眼眶。在我的眼前，一位一直是战斗在前沿阵地的先锋战士竟突然倒下了。我不能自持地感到了全身的痛楚。"③ 这是何等深沉而诚挚的感情啊！在为丁毅选编并翻译的《西洋著名歌剧剧作选》所写的序言中，他如此情真意切地赞誉丁毅："拳拳之心，殷殷之情。生命不息，战斗不止。正是这样，早已年过古稀并久被疾病折磨的丁毅同志，在离休后竟一刻不停地立即挑起自己交给自己的艰巨任务：为歌剧事业新的需要而编选西洋歌剧，为翻译西洋歌剧而自学英文。在自知已身患癌症、死神已发出挑战之后，在病床之上和病痛之中，在和死神激烈搏斗的同时，他竟奇迹般地最后完成了译好本书的任务，并且令人惊异的同时又完成了取材于同名小说的大型五幕歌剧剧本——《青春之歌》。"他深情感叹："壮哉，'青春之歌'！坚强战士的革命人生的战歌和凯歌！"④这是他在以生命呼唤生命，以心发现心！1980 年 3 月李季逝世刚刚 10 天后他所写的怀念文章中更是动情地哭诉："呵，不，不呵，老李，你没有走！我看见你——你还在这里！你——你分明还在我们的队伍中，还在我们那尖刀排里。看吧：那位满身带着太行山的泥土，延河的水珠，三边的风沙……大步走来又大步前去的战士和诗人呵，就是你。那位在我国革命诗歌发展的新时期，用《王贵与李香香》为我们开路的出色的尖兵呵，就是你。那位在解

---

① 贺敬之：《谈提高作品的思想性——给××同志的信》，《贺敬之文艺论集》，红旗出版社，1986，第 22 页。
② 贺敬之：《关于当前文艺评论工作的几个问题——在中宣部文艺评论工作碰头会扩大会上的讲话》，《贺敬之文艺论集》，红旗出版社，1986，第 398 页。
③ 贺敬之：《悼田间同志》，《贺敬之文集》第 6 卷，作家出版社，2005，第 91 页。
④ 贺敬之：《走中国社会主义民族新歌剧的道路——〈西洋歌剧剧作选〉序言》，《文艺报》1995 年 6 月 17 日。

放后新的征途上，用《向昆仑》在召唤我们要像昆仑雪峰一般纯洁、坚强的'老祁'呵，就是你。那位从四九年就患心脏病而不告诉别人，刚从长江岸边的战斗岗位上归来，马上又奔向柴达木盆地的石油歌手呵，就是你。那位多少年来一直用响亮的歌声，用战友的情谊，激励我、催促我前进的，就是你呵，老李！"① 像这样的"情动而言形，理发而文见"（刘勰语）的情理相融的评论语言，在贺敬之评论作家作品特别是评论同他相知甚深、情谊甚笃的诗友、文友和战友的创作时常常能读到，这就使得他的文学评论文章往往富有一种抒情散文美的艺术魅力。

探寻规律，升华理论。这是贺敬之文学评论的再一个重要特色。他曾说："不能把单纯的审美分析甚至只是形式美的分析作为文艺评论的最高阶段，不能把审美分析和政治分析、认识分析割裂开来。如同文艺创作的提高是全面提高一样，文艺评论的提高也应当是全面提高。"他还强调说："我们的文艺评论工作者，要加强理论修养，要有理论的兴趣，要有理论上的勇气。就事论事不行，光靠经验也不行。我们要提高理论水平，要善于把对实践中的生动事实的分析上升到理论的高度，以反过来更好地指导我们的实践。"② 他正是这样做的，常常不是一般的就作品论作品，而是站立在文学事业发展的历史长河和时代生活海洋纵横交错的坐标系上把握作家创作的路径，总结其创作经验，探寻其创作规律，进而上升到理论层面深入分析，阐发其独特的思想和艺术的价值与意义。他评论郭小川诗歌创作成就时强调"特别重要"之处就在于："作为社会主义的新诗歌，郭小川向它提供的足以表明其根本特征的那些具有本质意义的东西，这就是：诗，必须属于人民，属于社会主义事业。按照诗的规律来写和按照人民利益来写相一致。诗人的'自我'跟阶级、跟人民的'大我'相结合。'诗学'和'政治学'的统一。诗人和战士的统一。如此等等。"③ 他指出，李冰的十余部叙事诗佳作中的共同主角是劳动人民，诗人"为劳动人民中这些不

---

① 贺敬之：《你永远和我们同在——怀念战友李季同志》，《人民日报》1980 年 3 月 20 日。
② 贺敬之：《关于当前文艺评论工作的几个问题——在中宣部文艺评论工作碰头会扩大会上的讲话》，《贺敬之文艺论集》，红旗出版社，1986，第 399 页、403 页。
③ 贺敬之：《〈郭小川诗选〉英文本序》，《贺敬之谈诗》，人民文学出版社，2004，第 43 页。

同身份的人物唱出热情诚挚的赞歌，为他们改造社会、改造自然同时也改造自身的史实作出真实生动的记录，从而为一种新的世界观、人生价值观和美学观提供一份诗的诠释，这就是它们的价值所在"，其核心题旨是"中国人民在追求光明的长期奋斗中焕发和高扬起来的无私无畏的革命精神，英雄主义和自我牺牲精神，社会主义和共产主义精神"，这也就是"体现着这种精神的生活中和艺术中的崇高美和正气歌"①。他在评论被誉为"长跑诗人"的韩笑新时期10年中的新作时恳切地说："我被这位长跑健将引入了一个既熟悉又陌生的诗的世界。一个既可预想却又有几分惊奇、既是原有的又是簇新的诗的世界。在这里，我感受到了被正确把握的时代精神：不走老路也不走邪路的真正的社会主义时代精神。我见到了被正确认识的现实生活：既充满光明也存在黑暗的前进中的伟大中国的现实。我看见找到了恰当位置的艺术自我：主观客观统一、个体群体结合的健康的抒情主体。正是这样，这些诗篇所体现出来的强劲、开阔、健美的思想和艺术魅力，使我不能不被吸引和感动。"② 在论及徐放的革命人生经历和革命诗歌创作道路时谈到"革命现实主义的创作方法"，他说："革命者不一定是革命诗人，但革命诗人一定是革命者。革命诗人的作品一定有革命内容，但不一定都采取革命现实主义方法。"③ 他评论孔孚的诗论和诗歌创作又慧眼识珠："在他的诗论里，在他的诗歌创作里，我感到有一系列诗歌美学的辩证法。我感到这是中国的美学，是继承了我们过去美学的传统，同时又是跟马克思主义美学、毛泽东思想美学很接近的。从他的诗歌里我们可以读到他的人生经历。他的生活道路很坎坷，但是他诗歌里给我感觉到的却是一种信心、一种力量、一种追求。这对我们现代的中国人，不管是老一辈的、中年一辈的、年轻一辈的，都是非常宝贵的。"④ 他对朝鲜族战士诗人金哲的诗歌创作的独特意义也有着相当深刻的规律性的认识："是真正的战

---

① 贺敬之：《〈李冰文集〉序》，《贺敬之文集》第 4 卷，作家出版社，2005，第 498 页。
② 贺敬之：《"长跑诗人"》，《贺敬之文集》第 4 卷，作家出版社，2005，第 275 页。
③ 贺敬之：《在徐放作品研讨会上的发言》，《贺敬之文集》第 4 卷，作家出版社，2005，第 485 页。
④ 贺敬之：《在孔孚诗歌研讨会上的发言》，《贺敬之文集》第 4 卷，作家出版社，2005，第 314～315 页。

士，才有革命的诗章——这个论断对于革命的、社会主义的诗人来说，是永远不会过时的。""只有成为民族的、人民的，才能真正成为诗的——这个论断，不仅对社会主义的诗人来说永远不会过时，对一切进步的、爱国的诗人来说也是永远不会过时的。""和其他任何门类的艺术一样，只有称得上是独立的艺术个性，才能称得上是真正的诗——这个论断，对一切诗人都是适用的。对社会主义的诗人来说，毫无例外也是适用的。"① 同样，他高度评价著名戏剧导演艺术家张奇虹的艺术成就和贡献，称赞她"鲜明地体现了作为革命的、人民的艺术家应有的本质特征"，那就是："热爱艺术、忠实于艺术，同热爱祖国、忠实于人民密不可分。真善美的艺术理想，同社会主义、共产主义的社会理想密不可分。在为人民服务之中确认个人的生命价值，在和人民结合之中获取事业成功的保证。""学习掌握业务知识和艺术技巧，同学习掌握先进的艺术观和世界观密不可分。学习掌握人类艺术发展的一般规律，同学习掌握社会主义文艺的特殊规律密不可分。"② 可以说，不断地探寻作家的创作规律并升华到理论层面发掘其独特的思想艺术价值的实例，在贺敬之文学评论中比比皆是，不胜枚举。

　　总之，贺敬之的文学评论之所以能如此精准和透彻，具有如此独特的美学品位和艺术风采，关键就在于他始终坚持将马克思恩格斯提出的"美学观点和历史观点"与毛泽东要求的"革命的政治内容和尽可能完美的艺术形式的统一"作为文艺批评的基本原则和最高标准。这正是他在漫长的革命生涯和文学创作历程中坚持不懈地学习马克思主义和毛泽东思想并与时俱进地运用到自己的文艺理论批评实践中来的生动体现。

三　坚定清醒的马克思主义文艺理论家

　　贺敬之曾说："我不是专门从事文艺理论研究工作的，更不是文艺理论

① 贺敬之：《一枝鲜艳的金达莱花——读〈金哲诗选〉》，《贺敬之文集》第 4 卷，作家出版社，2005，第 207～208 页。
② 贺敬之：《关于导演张奇虹》，《文艺报》2009 年 3 月 10 日。

家。"同时他又特别强调说："我国社会主义新时期的文艺，仍然必须以马克思列宁主义、毛泽东思想作指导。"① 是的，贺敬之确实不是专门从事文艺理论研究工作的，但又确实是一位长期坚持认真学习和真诚践行马克思主义文艺理论、毛泽东文艺思想的老革命文艺家。特别是进入社会主义新时期后，他长期担任党和政府文艺战线的领导职务，由于工作职责的要求，更由于作为一名老文艺战士对党和国家文艺事业强烈的使命感和责任感，他更加重视马克思主义文艺理论、毛泽东文艺思想的宣传和贯彻，成为一位坚定的清醒的马克思主义文艺理论家。

显然，贺敬之坚信马列主义、毛泽东思想是科学，是真理，是指导我们思想的理论基础。早在 1980 年 6 月，他就明确指出："除了马列主义、毛泽东思想，到现在为止，世界上还没有第二种思想体系能够从各种纷乱繁杂的社会现象、历史现象中理出头绪，找到客观发展规律。"② 1987 年 5 月，他进一步强调说："马克思主义文艺理论包括毛泽东文艺思想在内，是有一个完整、科学体系的。这个理论深入地解剖了人类文艺现象，特别是无产阶级登上历史舞台以后的文艺现象，论述了文艺工作中各种因素之间的关系，阐明了文艺特别是无产阶级文艺的发展规律。对此还没有任何人这样完整地论述过。"③ 正是基于这样坚定的信念，贺敬之始终坚持用马克思主义的历史唯物主义和辩证唯物主义的立场、观点与方法来观察、分析各种复杂的文艺理论与实践问题，阐述自己独到而精辟的见解。

如何认识社会主义文艺的性质和特征，是贺敬之格外关注的一个基本的理论问题。他认为："文艺是有时代性、阶级性的，这是客观规律。社会主义文艺有自己的质的规定性。"④ 毋庸置疑，社会主义文艺的性质和特征就是由这种"质的规定性"所决定的。他说："社会主义文艺是为广大人民

---

① 《贺敬之文艺论集·序》，《贺敬之文艺论集》，红旗出版社，1986，第 1~2 页。
② 贺敬之：《关于发展相声艺术的几个问题——在相声创作座谈会上的讲话摘要》，《贺敬之文集》第 3 卷，作家出版社，2005，第 260 页。
③ 贺敬之：《〈讲话〉和当前的文艺实践——在解放军艺术学院的讲话》，《贺敬之文集》第 4 卷，作家出版社，2005，第 241 页。
④ 贺敬之：《继续解放思想，掌握客观规律》，《贺敬之文艺论集》，红旗出版社，1986，第 226 页。

服务的，是由马克思主义世界观作指导的，是要求作品具有共产主义思想性
的，是由无产阶级政党所领导并和社会主义的文艺民主相一致的。至少这样
一些特点是和资本主义文艺从根本上不同的。从群众性和阶级性的意义上来
说，社会主义文艺也可以说就是人民群众当家作主的文艺。"① 跟资本主义文
艺根本不同的社会主义文艺这样一些特点，其实都是社会主义社会性质的
体现。对此他强调说："社会主义文艺要以共产主义思想为核心，要表现社
会主义、共产主义的思想内容，没有这个怎么叫社会主义呢？……我们社
会主义文艺就是要体现社会主义性质，要使得我们的旗帜非常鲜明。"② 关
于"社会主义性质"，他曾引述党的十二大报告中所讲的主要内容，是工人
阶级的、马克思主义的世界观和科学理论，是共产主义的理想、信念和道
德，是同社会主义公有制相适应的主人翁思想和集体主义思想，是同社会
主义政治制度相适应的权利义务观念和组织纪律观念，是为人民服务的献
身精神和共产主义的劳动态度，是社会主义的爱国主义和国际主义，等等。
他认为："这一段论述完全适用于对社会主义文艺作品的思想内容的要求。
而是否具有社会主义、共产主义的思想内容，是区别文艺的性质，就是说
区别究竟是社会主义文艺还是资产阶级或封建阶级文艺的主要标志。"可贵
之处还在于，他强调我们应当明确这样的认识："一方面，社会主义文艺必
须具有社会主义、共产主义的思想内容，这是文艺性质的区别所在。在社
会主义国家的文艺现象中，这种文艺应当是核心部分、主导部分。而另一
方面，一切具有爱国主义、民主主义思想内容，或仅对历史和社会具有认
识价值，或仅具有健康的审美价值和愉悦作用的文艺，都应当成为社会主
义国家的文艺事业不可缺少的组成部分。"③ 这种对"社会主义文艺"与
"社会主义国家文艺"两个概念的区分和两种文艺现象的关系的论述是颇具

---

① 贺敬之：《工人阶级在社会主义文艺中的重要地位》，《贺敬之文艺论集》，红旗出版社，1986，
第 234 页。
② 贺敬之：《搞好社会主义文艺创作的"重点建设"——在观看〈中国革命之歌〉试排后的
讲话》，《贺敬之文艺论集》，红旗出版社，1986，第 329 页。
③ 贺敬之：《联系文艺工作实际学习十二大精神——在全国戏剧创作题材规划座谈会暨中国
戏曲现代戏研究会 1982 年年会上的讲话》，《贺敬之文集》第 3 卷，作家出版社，2005，第
412～413 页。

理论价值与实践意义的见解，充分表明贺敬之对社会主义社会文艺事业有相当深刻、周到而缜密的思考和认识，既防止了对社会主义文艺性质的歪曲与否定，也消除了认为社会主义文艺只讲思想而不讲艺术，其思想内容只能是单一的而不是多样的，社会主义国家文化生活是狭窄的而不是丰富的多层次的等种种误解，从而使社会主义社会的文艺既旗帜鲜明又生机勃勃。

如何把握社会主义文艺的正确方向，是贺敬之格外关注的又一个根本性的理论问题。马克思主义揭示出社会主义社会必然走向共产主义社会这一人类历史发展的客观规律，据此，社会主义文艺也就必然要遵循这一规律向前发展。贺敬之曾指出："社会主义文艺，就思想内容来说，属于共产主义的思想体系。"① 他还曾说："我们知道，共产主义既是一种思想体系，又是一种社会制度，还是一种为着实现这种社会制度而实际发生的运动。说现在就要建成共产主义社会制度，那自然是空想。但是，我们共产党人和共产党领导、教育下的先进分子，要在共产主义思想指导下观察和分析现实情况，从事现阶段的社会主义事业。我们要把今天的工作，看作是为着实现共产主义理想而从事的完整事业的一个必不可少的阶段或步骤。"② 贺敬之正是这样用马克思主义的历史观和哲学观来观察、分析社会主义社会制度与共产主义社会制度之间的区别和联系，并以此为依据审视和认识社会主义文艺的发展方向。如果我们不把现在所从事的社会主义文艺事业看作"为着实现共产主义理想而从事的完整事业的一个必不可少的阶段或步骤"，社会主义文艺的发展方向就无从谈起。社会主义方向就是奔向共产主义，失去了这个方向就失去了社会主义本身，这是一个根本性的原则问题。贺敬之始终坚持和把握着这个方向，他说："社会主义文化事业是人民群众的事业，它的质的规定性决定了它的内容和方向必然而且应当是为人民服务、为社会主义服务的。"③ 作为社会主义文化事业重要组成部分的文艺事业无疑必须坚持"为人民服务、为社会主义服务"的正确方向，即我

---

① 贺敬之：《当前文艺思想的几个问题》，《贺敬之文艺论集》，红旗出版社，1986，第265页。
② 贺敬之：《总结经验，塑造新人》，《贺敬之文艺论集》，红旗出版社，1986，第187页。
③ 贺敬之：《关于建设有中国特色的社会主义文化的几点看法》，《贺敬之文集》第4卷，作家出版社，2005，第401页。

们通常所说的"二为方向"。1980 年 12 月，他在谈论如何看待当时的文艺形势时就强调指出："总之，只有我们采取唯物的辩证的科学方法，才能对文艺形势有正确的认识，才能正确地坚持我们的方向，正确地确定我们的工作任务，找出解决具体问题的正确办法。"① 一年后，即 1981 年 12 月，他在谈及创作思想问题时，就如何用马克思主义观点去认识新时期的社会矛盾这一重大新课题，发表了更为深刻的引人深思的见解："我们要有辩证唯物主义的观点，既写矛盾冲突，又要处理好矛盾冲突，要写出事物发展的过程和生活的发展趋势，表现生活里新的、前进的东西。在我们的新时期，旧的事物在衰亡，新的事物在生长，不相信这一点，他就不是一个马克思主义者。"② 这充分说明，作为马克思主义文艺理论家的贺敬之，坚信社会主义文艺的正确方向，应该是描写由社会主义向共产主义发展过程中新的、前进的事物和"旧的事物在衰亡，新的事物在生长"的发展趋势，这是符合历史唯物主义和辩证唯物主义基本原理的科学见解。

如何探寻社会主义文艺的特殊规律，是贺敬之格外关注的另一个重大的理论问题。可以说，在社会主义新时期，贺敬之对社会主义文艺特殊规律的认识和探寻经历了一个逐步深入、逐渐系统化的发展过程。他始终坚信："马克思主义的文艺观对人类文学艺术的观察和分析，是建筑在辩证唯物主义哲学思想基础上的。"③ 早在 1981 年他就强调："马克思主义美学之所以是真理，首先就在于它第一次科学地阐明了文艺与社会生活的关系。"④ 1984 年他进一步指出："马克思主义美学和毛泽东文艺思想所要求的，向来是，也只能是社会目的和艺术规律的一致，思想和形象的一致，内容和形式的一致。概言之，即政治与艺术的一致。"⑤ 这种"一致"即统一的观点，

---

① 贺敬之：《对当前文艺工作的几点看法》，《贺敬之文艺论集》，红旗出版社，1986，第 156 页。
② 贺敬之：《关于发展话剧创作的几个问题——在中宣部召开的话剧创作座谈会上的讲话》，《贺敬之文艺论集》，红旗出版社，1986，第 217 页。
③ 贺敬之：《〈讲话〉和当前的文艺实践——在解放军艺术学院的讲话》，《贺敬之文集》第 4 卷，作家出版社，2005，第 244～245 页。
④ 贺敬之：《继续解放思想，掌握客观规律》，《贺敬之文艺论集》，红旗出版社，1986，第 227 页。
⑤ 贺敬之：《关于文艺的革命化、民族化、群众化问题》，《贺敬之文艺论集》，红旗出版社，1986，第 364 页。

是贺敬之依据马克思主义文艺观审视社会主义文艺特殊规律的一个重要的理论支撑点。他从来不赞成将艺术与政治等同或混同起来的主张，也反对将艺术与政治以及思想和形象、内容和形式等对立起来或割裂开来的唯心论与形而上学的文艺观。他从"艺术规律"同"社会目的"相一致的角度，提升到"政治与艺术的一致"的高度来探索社会主义文艺的特殊规律，因而其见解日渐明晰和深刻。1987年5月，他针对一个时期来有人认为马克思主义文艺理论、毛泽东文艺思想只讲"外部规律"而不讲"内部规律"的谬说进行了有力的批驳，明确指出："这完全是一种曲解，至少是一种误解。不把文艺对社会生活的反映当作艺术以外的事情，这恰恰是唯物主义的文艺观，有别于唯心主义文艺观。再比如还有人说马克思主义文艺理论、毛泽东文艺思想是'机械反映论'。这同样是一种曲解。我们重读《讲话》和毛主席有关文艺的论述，可以看出，毛泽东的文艺思想和《讲话》恰恰不是机械反映论，而是能动的反映论，不是一般的反映论，而是审美的反映论。它是以辩证唯物主义为基础的。"[①] 进入20世纪90年代，贺敬之对社会主义文艺特殊规律的认识更加深化，其研究和探讨更具理论性。1990年11月他说："马克思和恩格斯提出了历史唯物主义的学说，揭示了物质生活和精神生活的辩证关系，也为艺术规律的研究提供了科学的理论基础。因此，我们应当在马克思主义的指导下研究艺术规律。毛泽东同志曾经说过，要研究事物的普遍规律，也要研究事物的特殊规律。文艺研究也是这样。要研究人类文艺的普遍规律，也要研究社会主义文艺的特殊规律；要研究一切艺术品种的共同规律，也要研究具体艺术品种的特殊规律。"[②] 重视对这两个"关系"的研究，就避免了步入将"特殊规律"和"普遍规律"割裂开来进行孤立研究的形而上学的误区。什么是人类文艺的普遍规律或曰"共同规律"呢？他认为："具体来讲，文艺是社会生活的能动的、审美的反映，这一条基本的东西是共同规律；另外，文艺作为上层建筑的

---

① 贺敬之：《〈讲话〉和当前的文艺实践——在解放军艺术学院的讲话》，《贺敬之文集》第4卷，作家出版社，2005，第241页。
② 贺敬之：《争取民族的社会主义的歌剧艺术的新繁荣》，《贺敬之文集》第4卷，作家出版社，2005，第343~344页。

属性及其与经济基础的关系也是基本的共同规律。社会主义文艺拥有先进的马克思主义世界观，这是符合这两条共同规律的。"① 那么，什么是社会主义文艺的特殊规律呢？他概括经典作家有关的科学论述，指出其主要之点就是："一、为工人阶级和广大人民服务，为社会主义服务的指向性同广阔的艺术民主、创作自由的辩证统一；二、无产阶级世界观、社会主义意识形态内容的主导性同艺术方法、形式和审美创造的多成分、多层次性的辩证统一；三、社会领导力量（党和政府）对文化艺术工作的宏观指导的自觉性同艺术发展的内在要求、文化艺术生活的自愿性、广泛性的辩证统一。关于这种特殊规律的科学论断也属于马克思主义文艺思想的基本理论的范畴，同样是我们必须坚持的。"这也可以说是贺敬之长期革命的、社会主义的文艺实践的科学总结和理论升华。正是基于此，他才能做出这样高屋建瓴、深刻精辟的结论：

马克思主义文艺思想是遵循马克思主义基本原理认识和揭示文艺规律的产物。它运用辩证唯物主义和历史唯物主义的世界观、历史观、美学观，从文艺与生活、文艺与人民、文艺与时代、文艺与革命、世界观与创作、内容与形式、继承与创新、民族文化与外来文化等诸多关系来广泛考察文艺现象，是唯一最严整、最全面、最深刻地从根本上揭示文艺发展规律的文艺学说。②

贺敬之还非常重视社会主义文艺的创作方法问题。早在 20 世纪 50 年代，他就对诗歌和歌剧中的革命浪漫主义、革命现实主义及两者相结合的艺术表现十分关注，发表了自己独到的见解。进入社会主义新时期后，随着形势的变化，他更加注意用马克思主义文艺理论作指导分析和阐释这些创作方法同新时期文艺繁荣发展的密切关系。他主张坚持革命现实主义的

---

① 贺敬之：《总结历史经验　研究艺术规律——在吴晓邦〈舞蹈学研究〉讨论会上的讲话》，《贺敬之文集》第 4 卷，作家出版社，2005，第 368 ~ 369 页。

② 贺敬之：《关于建设有中国特色的社会主义文化的几点看法》，《贺敬之文集》第 4 卷，作家出版社，2005，第 398、396 页。

创作方法。针对当时有人说只要提"现实主义"就够了不必加上"革命"二字，他明确表示："我认为我们主张的现实主义应该和资产阶级的批判现实主义有所区别。这个区别不仅是应该有我们的民族特点和新时代的特点，主要还在于世界观的区别。……我们的现实主义是以无产阶级的世界观——马克思主义为指导的，是社会主义性质的，因此，我认为有必要加上'革命'二字以示区别。"他并强调说："恢复和坚持革命现实主义，是我们取得成绩、受到人民欢迎的一个带根本的原因。它要求真实地反映生活，这是艺术的生命所在。它要求在正确的世界观指导下，充分地反映历史发展的真实面貌和客观规律，这是它极大的优点。它要求通过典型人物和典型环境的表现，反映生活斗争的客观真理，因此具有巨大的美感作用，和令人信服的、给人以教育的强烈的思想性。"与此同时，他强调："革命浪漫主义同样是以马克思主义世界观作指导的，它更多地侧重于表现对理想的追求，对光明和未来向往的热烈情绪。但它的这种精神是扎根现实之中，是和实事求是的精神不相矛盾的。"[1] 他进一步指出："我们的文艺既需要革命现实主义，也需要与此密切相连的革命浪漫主义。二者绝不是互不相容的。……用哲学的语言来说，它们各自都内在地包含着对方或对方的某些成分。"[2] 这就是我国文艺界曾大力倡导的"两结合"创作方法。值得注意的是，贺敬之认为不能用一个创作方法的口号来概括社会主义文艺的总方针，他说："创作方法不等于政治原则、方向道路，但又不是没有任何原则意义。……用'社会主义现实主义'概括整个社会主义文艺，实际上也行不通。"[3] 他主张创作方法多样化，强调文艺要不要反映生活与用什么样的方式、手段反映生活是两个不同性质的问题，至于手法、技巧更可以放开一些，不能限定只能用某种手法、某种技巧而不能吸收或采用别的，即使对西方现代派文艺也不能采取简单否定和绝对排斥的态度。他曾说："现代派文艺在一定程度上丰富了文艺的表现能力，创造了某些新的手段，开拓了某些新的审美途

---

① 贺敬之：《对当前文艺工作的几点看法》，《贺敬之文艺论集》，红旗出版社，1986，第169~171页。

② 贺敬之：《总结经验，塑造新人》，《贺敬之文艺论集》，红旗出版社，1986，第186~187页。

③ 贺敬之：《关于当前文艺评论工作的几个问题——在中宣部文艺评论工作碰头会扩大会上的讲话》，《贺敬之文艺论集》，红旗出版社，1986，第394页。

径，这是不能否认的，其中某些艺术经验可供借鉴，对我们有启发意义。"①同时，他非常明确地反对盲目崇拜西方，指斥"专门崇拜西方资本主义现代派的东西，要用它来'改革'以至取代我们社会主义的文艺"是"下一流"的主张，因为这主张关系到社会主义文艺的"政治原则、方向道路"问题。他认为"对现代派也要做具体分析，有些东西我们同样也是可以借鉴和吸取的，问题是不能不加分析地盲目照搬，甚至把人家西方都抛弃了的旧东西当作新东西来吸收。"如何做具体分析，他举例说："我个人认为向西方借鉴和学习还是应当更大胆一些，包括现代派的东西在内。例如文学方面的卡夫卡和乔伊斯的作品，不仅某些艺术技巧可资借鉴，在内容上他们对资本主义没落社会的揭露也对我们有相当的认识价值。"②我们知道，贺敬之一贯重视文艺创作的思想内容和审美倾向，同时特别重视与内容相统一的艺术形式和表现技巧，他曾说："任何艺术创作都需要讲究形式美，要提高技巧。我们不能满足于过去那些很粗糙、很简单的老一套东西。没有完美的形式和高度的技巧，再好的内容也是不能完满地表现出来的。这是马克思主义文艺观的起码常识。"③正因为如此，他一直强调文艺创作方法的多样性，积极鼓励文艺家在技巧和手法上进行大胆实验和探索，在借鉴和吸取古今中外一切有益的艺术营养方面有含英咀华的兴致与海纳百川的胸怀，以利于新时期社会主义文艺创作的健康发展和日渐繁荣。

事实充分表明，贺敬之不愧为一位坚定的清醒的马克思主义文艺理论家。何谓"坚定"，贺敬之有自己独到的认识，他说："所谓'坚定'，包含两个方面的意思：一是不论在任何时候，我们的旗帜是不能模糊的。……第二方面的意思是，我们在拨乱反正的前进过程中不可避免地出现缺点错误的时候，要坚定地相信三中全会以来党中央的马克思主义路线、方针、政策的正确性，要坚定地相信和肯定主流，坚定地相信马克思主义是发展

---

① 贺敬之：《当前文艺思想的几个问题》，《贺敬之文艺论集》，红旗出版社，1989，第269页。

② 贺敬之：《联系文艺工作实际学习十二大精神——在全国戏剧创作题材规划座谈会暨中国戏曲现代戏研究会一九八二年年会上的讲话》，《贺敬之文艺论集》，红旗出版社，1989，第277~278页。

③ 贺敬之：《关于现代题材舞蹈创作——在全国现代题材舞蹈创作座谈会上的讲话》，《贺敬之文艺论集》，红旗出版社，1989，第289~290页。

的，社会主义是必胜的。"关于"清醒"，他说："我们国家、我们党的历史上出现的大胜利和大挫折，都容易造成人们头脑不清醒，即所谓胜利冲昏头脑或失败吓昏头脑，我们是有过这方面的经验教训的。因此，我们要能正确地坚持马克思主义的辩证法，避免片面性，避免夹杂个人的、主观的因素，保持清醒的头脑。"他还联系1981年文艺界批评《苦恋》的实践深有感慨地说："总之，我们应得出这样的结论，我们一定要朝着做一个清醒的马克思主义者的目标努力，防止出现主观片面性，特别要防止在观察、分析问题时夹杂个人的情绪，个人利害的考虑。夹杂了这种因素是不可能保持清醒的头脑的。"他更强调说："我们要想做到坚定而不动摇，清醒而不迷乱，并且真正有所作为，有一个坚实的马克思主义理论基础（包括哲学基础、美学基础）是头等重要的问题。"① 他曾批评一种对中央精神采取实用主义的错误态度，说："有的人一旦有风吹草动就随风转舵。这种精神状态，还谈什么马克思主义的坚定性？"他并指出："有时不够坚定、不够清醒，与我们的马克思主义理论基础差有关，与我们脱离实际有关，有的也和个人利害、个人局限性有关。"② 这些认识正是贺敬之在新时期风风雨雨的前进道路上始终立场坚定、头脑清醒的真实写照。

在贺敬之看来，要做一个坚定、清醒的马克思主义文艺理论家，就必须对马克思主义文艺理论、毛泽东文艺思想按照党的要求采取一要坚持、二要发展的科学态度。其实，"坚定、清醒"同"坚持、发展"是辩证统一的关系，因为，只有"坚定、清醒"才能够"坚持、发展"，也只有"坚持、发展"才能够"坚定、清醒"。再深入一点思考，"坚定"与"清醒"、"坚持"与"发展"也都是一种辩证统一关系：只有"坚定"才可能"清醒"，也只有"清醒"才可能"坚定"；同理，只有"坚持"才可能"发展"，也只有"发展"才可能"坚持"。贺敬之就曾明确说："对马克思主义文艺思想的正确态度，首先是要坚持，不坚持就谈不上发展；同时也要

---

① 贺敬之：《做坚定的、清醒的、有作为的马克思主义文艺评论家——在中宣部召开的文艺评论工作座谈会上的讲话》，《贺敬之文艺论集》，红旗出版社，1989，第252~257页。

② 贺敬之：《关于当前文艺评论工作的几个问题——在中宣部文艺评论工作碰头会扩大会上的讲话》，《贺敬之文艺论集》，红旗出版社，1989，第406页。

发展，不发展就不能更好地坚持。"① 这是真知灼见。所谓坚持，就是要坚持马克思主义文艺理论、毛泽东文艺思想的基本原理；所谓发展，绝不意味着要脱离马克思主义和社会主义文艺的轨道。对此，贺敬之始终保持高度的警惕，对种种错误的思潮进行了理直气壮的批驳。早在 1980 年 6 月，他就敏锐地指出："目前在社会上，除了无产阶级思想，还存在着剥削阶级思想，种种落后、腐朽的思想。各种思想有时还打着马列主义的旗号、解放思想的旗号，在那里招摇过市。"② 1984 年 4 月，他在谈及文艺评论工作的任务时严肃地批评说："现在，很奇怪，当某些资产阶级的东西卷土重来、沉渣泛起的时候，在某些同志的说法中，它们倒仿佛是思想解放的表现了。……当然，我们说现代派文艺思潮的宣扬是沉渣泛起，指的是它的思想体系，即主观唯心主义的哲学观、无政府主义的社会观、自我中心主义的人生观和表现自我的美学观。这些东西不是新东西，是我们应当加以抛弃的，特别是不能把它们用于我国社会主义的今天。"③ 1988 年 4 月，他对完全否定我国革命文艺传统的所谓"观念更新"的谬说同样进行了有力的批驳："一定要用貌似新鲜而实则陈腐的脱离社会、脱离时代和人民的象牙之塔的文艺观，用为艺术而艺术、为个人而艺术以及不为任何目的而艺术的多种文艺观来进行'观念更新'；而被'更新'的对象恰恰是几代马克思主义者在剖析它们的谬误并总结人类文艺实践经验的基础上形成的科学的、真正的新观念。那么，这究竟是观念的更新，抑或是观念的复旧呢？"④ 就是这样，贺敬之一直反对以"思想解放""观念更新""现代意识""改革""创新"等的名义为种种落后、腐朽的思想和早已被抛弃的封建主义、资本主义的旧文艺观招魂。毋庸置疑，马克思主义文艺理论是必须发展的，正如贺

① 贺敬之：《关于建设有中国特色的社会主义文化的几点看法》，《贺敬之文集》第 4 卷，作家出版社，2005，第 398 页。
② 贺敬之：《关于发展相声艺术的几个问题——在相声创作座谈会上的讲话摘要》，《贺敬之文集》第 3 卷，作家出版社，2005，第 259 页。
③ 贺敬之：《关于当前文艺评论工作的几个问题——在中宣部文艺评论工作碰头会扩大会上的讲话》，《贺敬之文艺论集》，红旗出版社，1986，第 396 页。
④ 贺敬之：《〈田间诗文集〉前言》，《贺敬之文集》第 4 卷，作家出版社，2005，第 271 页。

敬之所言："如果不发展、不前进，也就不是马克思主义了。"①

　　诚然，谈论马克思主义文艺理论的发展，就不能不谈到创新。这是因为，艺术的创新是艺术的生命力之源，没有艺术的创新也就没有艺术的发展。对此，贺敬之进行了深入的思考，他说："马克思主义的伟大之处就在于它有一个活的灵魂。那么，我们以马克思主义为指导的社会主义文艺，也必须有一个永不僵化的灵魂。生活常新，文艺常新。创新，这是文学艺术天生的品格。"② 他认为："我们的文艺理论要有新的开拓，我们关于文艺理论的观念也要更新，要发展。比如文艺心理学，有人分为创作心理学和鉴赏心理学，也是一个迫切需要下功夫研究的大问题。"他强调，总之"要针对新情况新问题提出新观点，要在新的历史条件下有新的理论发现"③。1990 年，在谈到总结历史经验、研究艺术规律时，他回顾党的十一届三中全会以后的十多年来，我们的文艺工作和理论、学术工作都进入了一个新的历史时期，取得了许多新成绩，也出现了许多新问题。他说："大家知道，资产阶级自由化的泛滥，搞乱了我们许多理论和思想上的是非。这就需要我们回顾反思，总结我们的实践经验、提高到理论的高度。我们有过正面的、反面的经验教训；有过反'左'和反右的经验教训，有过克服教条主义和资产阶级自由化的经验教训。这就使得我们有条件也有必要在这个基础上，建设和发展中国的马克思主义文艺理论、文艺美学——其中包括各个艺术门类的艺术理论。历史正向我们提出这样一个任务：总结历史经验，研究新情况、新问题，从中引出规律性的东西来，进而把中国的马克思主义文艺理论发展到一个新的高度。"由此可知，他为何表示出自己这样的由衷的期望："中国是一个有着悠久文化传统的国家，又是毛泽东思想的故乡，还有丰富的革命文艺建设的经验。我们应当在文艺理论上有所发现、有所建树、有所创造，为丰富和发展马克思主义的文艺学、美学作出

①　贺敬之：《做坚定的、清醒的、有作为的马克思主义文艺评论家——在中宣部召开的文艺评论工作座谈会上的讲话》，《贺敬之文艺论集》，红旗出版社，1989，第 253 页。

②　贺敬之：《关于当前文艺战线的几个问题——在全国故事片厂长会议上的讲话》，《贺敬之文集》第 4 卷，作家出版社，2005，第 224 页。

③　贺敬之：《关于当前文艺评论工作的几个问题——在中宣部文艺评论工作碰头会扩大会上的讲话》，《贺敬之文艺论集》，红旗出版社，1989，第 397～398 页。

重大的贡献。"① 在如何看待"新"与"旧"的问题上，他强调不能搞庸俗进化论，不能认为旧的传统的东西都是不好的，如马列主义、毛泽东思想、唯物辩证法、历史唯物论、革命精神都不是今天才冒出来的但都是好的，同时他指出："新的也不都是好的。著名作家刘绍棠讲过，'艾滋病是最新的，是好的吗？'能人人追新去得艾滋病吗？新旧要辩证地看，列宁讲过的，新的不是都正确，旧的不是都错误。凡是符合历史发展规律的，符合人民根本利益的，符合实际情况的，哪怕历史久远，都不应否定。一切不符合人民根本利益的，不符合历史发展规律的，不能因为它是'新'的，就盲目地认为它好。"他还曾指出，"创新，文学艺术的创新，要区分是正确的、科学的、符合文学艺术规律的，还是不正确的、反科学的、不符合文学艺术规律的"。应该说，他提出这样的衡量文艺"新"与"旧"的标准有着深刻的理论意义和长远的现实意义，澄清了一些糊涂或错误的认识。对于文艺理论研究，他同样强调"创新"和划清"新"与"旧"的界线。他说："理论研究应当有新的发展、新的思想、新的观点。无产阶级文艺理论在历史上是创新的，是过去资产阶级所没有的。现在宣扬现代派和后现代派那些东西，恰恰早已有之，是资产阶级没落时期的，是陈旧的东西，是无产阶级文艺理论早已分析批判过的。当然，马克思主义文艺理论也要结合实际，在实践中去创新。……过去没有过的，真正新的，如文艺心理学，是研究创作规律的；文艺管理学，讲文艺组织、管理科学的，也是新的东西。"② 总而言之，贺敬之始终主张文艺创作、文艺评论、文艺理论研究都应当在发展中创新，在创新中发展，这是对马克思主义文艺理论、毛泽东文艺思想真诚的坚守，并在长期的文艺实践中活的运用。

做坚定的、清醒的马克思主义文艺理论家并非易事，对此贺敬之有自己深刻的认识，他说："真正成为马克思主义者，需要毕生的努力。因此，永远要保持谦逊的态度，严格要求自己，不断地学习和进取，这样才能逐

---

① 贺敬之：《总结历史经验　研究艺术规律——在吴晓邦〈舞蹈学研究〉讨论会上的讲话》，《贺敬之文集》第 4 卷，作家出版社，2005，第 368、371 页。

② 贺敬之：《鉴往察今图创新——纪念建党八十周年答记者问》，《贺敬之文集》第 4 卷，作家出版社，2005，第 540 页。

步掌握马克思主义，才能在复杂的情况下，保持清醒的头脑，保持理论的彻底性和坚定性，并真正有所作为。"他还说："一要坚持，二要发展。这样两个方面都要求我们有坚定性。有这两个方面的坚定性，才是作为马克思主义者的完全的坚定性，真正的坚定性。"① 这是贺敬之在自己漫长革命生涯特别是新时期文艺领导工作实践的深切体验中所得出的金玉良言，是他长期认真学习和践行马克思主义文艺理论、毛泽东文艺思想并不断总结经验和教训的基础上逐步形成的宝贵的思想结晶。他不是在书斋中从事纯粹理论研究的学究式的文艺理论家，并没有撰写出长篇大论的文艺理论专著，甚至也未见发表洋洋洒洒的有关专论，而是在他的大量文章、讲话、发言、序文或通信中常常新见迭出，闪射出思想理论的耀眼光华，只要我们认真地发掘和采集其精辟见解，梳理其思路，审视其内在联系，进行归纳和整合，就能体现出其独特的理论体系、思想锋芒、学术价值和经世致用的重大意义。贺敬之的文艺理论如同一棵苍劲挺拔的大树耸立在百花园中，深深扎根于历史唯物主义和辩证唯物主义的肥沃土壤里，长期充分吸取马列主义、毛泽东思想阳光雨露的滋养，因而根深叶茂，繁花似锦。他的文论，没有那种常见的书卷气、文人腔、经院调，没有那种令人厌恶的见风使舵、风大随风雨大随雨的"墙头草""变色龙"般的嘴脸，而是随时显示出一种厚重质朴的风格，随处可见实事求是、与时俱进的唯物论的精髓和辩证法的智慧。正因为如此，他的文论受到文艺界和学术界的格外重视，并得到高度评价。董学文曾说："贺敬之所以能取得如此灿烂的为世人称道的艺术成就，一方面离不开他长期以来在创作实践领域的辛勤耕耘，另一方面也与他对文艺理论问题的认真思考密不可分。"② 杨志今在评论《贺敬之谈诗》一书时也说："诗人与领导者的双重角色，使他的诗论既富于浓郁的理论色彩，也具有鲜活的实践特点，是我国社会主义文艺理论宝库中的重要财富。"③ 梁胜明认为："贺敬之同志的文艺论著既有鲜明的继承

① 贺敬之：《做坚定的、清醒的、有作为的马克思主义文艺评论家——在中宣部召开的文艺评论工作座谈会上的讲话》，《贺敬之文艺论集》，红旗出版社，1986，第252～253页。
② 董学文：《别一种意义的浪漫——略谈贺敬之的文艺思想》，《高校理论战线》2005年第8期。
③ 杨志今：《闪烁着辩证法光芒的精彩诗论》，陆华、祝东力编《回首征程》，文化艺术出版社，2005，第414页。

性又有突出的开创性，既有完整的系统性又有严密的辩证性，既有强烈的针对性又有显著的指导性，既有高深的理论性又有具体的操作性。他的文艺论著对于促进和推动我国社会主义文艺事业的发展和繁荣，具有重要的现实意义和深远的历史意义。"他强调指出："这种对于人类文艺发展的共同规律特别是社会主义文艺的特殊规律的全面而辩证的论述，在马克思主义文艺理论发展史上尚属首次。"值得注意的是，他对贺敬之文艺理论的特点有自己独到的见解和真切的感受。他说："贺敬之的理论思维充满了辩证法，他在论述文艺领域各种关系问题时，既坚持重点论，又坚持两点论，也不搞调和折中。"还说："他的文艺论述不摆故弄玄虚的花架子，也不堆砌晦涩难懂的名词术语，有的只是根据实际情况和具体问题而说出的朴实无华、通俗易懂的实在话语，因而给人以乐于接受的亲切感和认同感。"①马蓥伯更是透辟地指出："贺敬之是成就卓著的诗人，他的众多评论文章也持之有故，言之有理，具有一定的理论深度。他曾经号召文艺评论工作者做坚定的、清醒的、有作为的马克思主义文艺评论家。虽然他自己声明：'我不是理论家，在很多问题上我不能说得很科学，很透彻'，但我认为，从他的文论集看，他本人就称得上是一位坚定的、清醒的、有作为的马克思主义文艺评论家。"②应该说，这些对作为马克思主义文艺理论家的贺敬之文论的成就、意义、价值和特点的评论，都是切中肯綮的，经得住时间和历史的检验。

---

① 梁胜明：《作为马克思主义文艺理论批评家的贺敬之》，陆华、祝东力编《回首征程》，文化艺术出版社，2005，第 85、89、93 ~ 94 页。

② 马蓥伯：《集诗人和文艺评论家于一身——读〈贺敬之文集·文论集〉》，陆华、祝东力编《回首征程》，文化艺术出版社，2005，第 65 ~ 66 页。

第十章　新时期党政部门文艺战线
卓越的领导人

一　坚持正确方向，与时俱进，衷心拥护并积极
参与文艺总口号的调整

　　进入社会主义新时期后，贺敬之的人生道路和文学事业发生了重大的变化。他由一名享誉海内外的杰出作家逐步成为一位党政部门文艺战线卓越的领导人。粉碎"四人帮"不久，1976 年 11 月，他被调回文化部参加部核心组工作，分管艺术局、艺术教育司和政策研究室。1977 年 8 月，他当选党代会代表出席中国共产党第十一次全国代表大会。同年 12 月，胡耀邦出任中共中央组织部部长，中央决定撤销文化部原核心组，成立部党组。12月 6 日，中央正式发文任命黄镇为中宣部副部长、文化部部长兼党组书记，刘复之为文化部常务副部长兼党组副书记，周巍峙、林默涵、王阑西、贺敬之为文化部副部长兼党组成员。1978 年 1 月，贺敬之开始走上文化部副部长的领导岗位，仍然分管艺术局和政策研究室，兼任稍后成立的文艺研究院院长。1979 年 10 月 30 日至 11 月 6 日，他出席中国文学艺术工作者第四次代表大会和第三次作家代表大会，当选为全国文联委员、中国作家协会副主席。1980 年 2 月他还兼任中宣部文艺局局长，7 月被任命为中宣部副部长。

　　就在此期间，贺敬之参与了一项由党中央直接领导的关系新时期文艺

战线全局的最重要的工作，那就是关于党和国家文艺工作总口号的调整。1979 年 10 月第四次全国文代会前，在邓小平为大会准备的祝词草稿征求意见的过程中，贺敬之得知中央政治局讨论周扬大会报告送审稿时，胡乔木提出，不要再提"文艺为政治服务"作为方向性的口号。这个意见得到邓小平同意，并经政治局讨论通过。于是，1979 年 10 月 30 日，邓小平在第四次文代会的祝词中，没有再提"文艺为无产阶级政治服务"这个新中国成立后长期沿用的口号，而是表述为"我们要继续坚持毛泽东同志提出的文艺为最广大的人民群众、首先为工农兵服务的方向"①。贺敬之同许多人一样，十分拥护这个意见。与此同时，周扬在文代会的报告中也把原来草稿中沿用的"文艺为政治服务"删去了。然而，在文代会中和文代会之后，对这个口号的调整，意见并不一致。有人表示还是应该坚持"文艺为政治服务"的提法；另外也有人认为只要提"百花齐放，百家争鸣"就可以了，没有必要再提出文艺为什么服务的问题。1980 年 1 月 16 日，邓小平在中共中央召集的干部会议讲话中强调指出："我们坚持'双百'方针和'三不主义'，不继续提文艺从属于政治这样的口号，因为这个口号容易成为对文艺横加干涉的理论根据，长期的实践证明它对文艺的发展利少害多。但是，这当然不是说文艺可以脱离政治。文艺是不可能脱离政治的。"② 此后，胡耀邦、胡乔木同中宣部部长王任重等领导研究新时期文艺工作总口号的提法问题，决定通过座谈会、个别交谈等多种形式广泛征求各方面的意见。王任重部长在中宣部主持召开了几次有思想战线各方面负责人参加的座谈会讨论文艺总口号调整问题。同时，中宣部文艺局多次主持召开了关于"文艺与政治"关系问题研讨会，从政治和理论层面进行了较为深入的探讨。1 月 23 日，贺敬之在中宣部第三次理论座谈会上发言中对"文艺不能脱离政治"的客观规律和"文艺从属于政治"的种种弊端表明了自己的看法："一方面要求一切文艺现象完全从属于政治，甚至具体到从属于某个具体路线，是不适当的；但另一方面，对无产阶级文艺家来说，要求他自觉

①　邓小平：《在中国文学艺术工作者第四次代表大会上的祝词》，《邓小平文选》第二卷，人民出版社，1983，第 210 页。

②　邓小平：《目前的形势和任务》，《邓小平文选》第二卷，人民出版社，1983，第 255～256 页。

地、能动地为无产阶级政治服务并没有错。"重要之处在于，他对新时期文艺工作总口号如何表述提出了自己的建议："我想提一个不成熟的想法：对我们的文艺方向的概括性的表述，是不是可以在'我们的文艺要为广大人民群众，首先是为工农兵服务'之下，加一句'为社会主义服务'？光提前一句，可能使有些人误解为只是一个服务对象问题。加上后一句，可以简明地指出时代特点，指出对文艺的思想内容和社会功能的要求。"① 同年 2月，他在主持剧本座谈会期间向胡耀邦汇报文艺总口号提法问题时，胡耀邦插话说是不是可以简化为"文艺为人民服务"就可以了？他表示同意这样的简化，但同时建议可否考虑再加上"文艺为社会主义服务"。他被调到中宣部工作后又向王任重提出了同样的建议。不久，王任重在全国出版工作会议上的讲话中，首先正式宣布中央把文艺工作总口号调整为"文艺为人民服务，为社会主义服务"的决定。

该年 5 月，中宣部转发文化部长黄镇在全国文化厅局长会议上讲话的前面有一段由贺敬之起草，经王任重、周扬同意发出的"通知"中，第一次用内部正式文件的形式发布在新的历史时期党对文艺工作的总口号是"文艺为人民服务，为社会主义服务"，并对此界定为："文艺为人民服务的涵义是：为最广大的人民群众，首先是为工农兵服务。文艺为社会主义服务的涵义是：为社会主义的经济、政治、文化、军事等各方面的根本需要服务。"②

这年 7 月 26 日，《人民日报》发表题为《文艺为人民服务、为社会主义服务》的社论，指出："为人民服务、为社会主义服务，这个口号概括了文艺工作的总任务和根本目的，它包括了为政治服务，但比孤立地提为政治服务更全面，更科学。它不仅能更完整地反映社会主义时代对文艺的历史要求，而且更符合文艺规律。"这是第一次用中央党报社论的方式宣布并简明精当地论述了党在新的历史时期领导文艺工作的总口号，指明了社会主义文艺繁荣发展的正确方向。该社论是根据党中央确定的精神，由贺敬之主持，郑伯农、徐非光等执笔撰写，征求有关部门和周扬的意见，在中

---

① 贺敬之：《谈谈文艺和政治的关系——在中宣部第三次理论座谈会上的发言》，《贺敬之文艺论集》，红旗出版社，1986，第 131 页。

② 贾漫：《诗人贺敬之》，大众文艺出版社，2000，第 262~263 页。

宣部部务会议上正式讨论，再由贺敬之修改，最后经王任重、朱穆之改定，经中央领导审定后发表的。

此后，贺敬之在自己的讲话和文章中对这个总口号不断地进行多角度、多层次的阐释和论述。这一年12月，他在电影局召开的创作人员影片观摩学习会上的讲话中说："在新的历史条件下，提为人民服务，具体的涵义是为广大人民、首先是为工农兵服务，而不提只是为工农兵服务，这是更科学的。文艺反映政治生活，对政治起重大作用，但文艺并不是只反映政治生活，只对政治起作用。它同时要反映更广阔的社会生活，反映人的物质生活和人的精神生活，并且对所有这些方面都发生影响。因此，孤立地提为政治服务，是不能完整地反映文艺的客观规律的。提为社会主义服务，却可以包括文艺反映生活和文艺社会功能的各个方面，又表述了文艺的时代性和阶级性质，因此是正确的，科学的。"① 1981年6月18日，他在中国作协文学讲习所对学员所做的以《文艺为人民服务，为社会主义服务》为题的讲话中，对这个文艺总口号提法的调整过程及其理由进行了具体而精当的说明。他强调指出："从这几年文艺工作的实践来看，中央这次对文艺口号作这样的改变是完全正确的，是对文艺政策的重大调整，是在三中全会以后文艺战线上解放思想、拨乱反正的一个重要表现。它在我们的文艺发展史上是有重大意义的。"②

就在这篇讲话中，贺敬之对新时期党和国家文艺总方针、总政策进行了概括性说明："党的文艺方针，也就是我们社会主义国家的文艺方针。现在我们通常习惯叫文艺方向，就是'文艺为人民服务，为社会主义服务'的方向。至于方针，具体讲就是'双百'方针，'百花齐放，百家争鸣'。一个'二为'，一个'双百'，作为党和国家在社会主义时期的文艺总方针来说，大致上可以用这两个'二'来表述。'二为'的方向，'双百'的方针，方向和方针加在一起，就是我们国家的文艺总方针、总政策。"他认为，这两个"二"是互相联系、缺一不可的。对于"二百"方针他也有自

---

① 贺敬之:《对当前文艺工作的几点看法》,《贺敬之文艺论集》, 红旗出版社, 1986, 第163页。
② 贺敬之:《文艺为人民服务, 为社会主义服务》,《贺敬之文集》第3卷, 作家出版社, 2005, 第321页。

己独到的阐述和精辟的见解。他说:"关于'双百'方针,实际上也有调整。不是文字上的调整,'百花齐放,百家争鸣'这八个字一个字也没有动。它的调整和发展,表现在把'双百'方针跟艺术民主联系起来。"他强调指出,"用艺术民主去理解'双百'方针,是一个很重要、很深刻的思想","社会主义的艺术民主就是社会主义的政治民主在艺术领域的表现","是艺术家运用艺术方式来体现的社会主义民主"。他还明确表示:"真正的艺术民主,不仅允许和鼓励形式、题材、风格的多样化,也允许和鼓励思想内容的百花齐放。"① 显然,贺敬之及他的同行们对"二为"方向和"双百"方针丰富意蕴的深刻阐发,有益于新时期社会主义文艺事业的日渐繁荣和健康发展。

事实正是这样,文艺工作总方针、总政策的调整,对于文艺战线落实党的十一届三中全会精神,拨乱反正,解放思想,统一认识,起了重要的作用。大多数文艺工作者心情愉悦,精神振奋,视野更为开阔,文艺创作和文艺理论批评欣欣向荣,优秀作品不断涌现。但是也有另一方面情况存在,有的人仍从"左"的方面继续坚持"文艺从属于政治"的观点,更有一些人始终从右的方面不接受调整后的口号,正如贺敬之所指出:"他们在理论研究和创作实践中,主张文艺不为任何主义服务,不为任何人服务,实际上主要是不为社会主义服务,不为人民服务。他们排斥一切政治,实际上主要是排斥无产阶级政治,提倡只要'表现自我','只对自己负责',提倡所谓的'纯文学',和各种名目的所谓'个人化''私人化'写作等等。"② 然而党中央始终坚持这个文艺总口号、总方针、总政策不动摇。

随着思想文化战线形势的不断变化,文艺理论和创作实践中"主旋律和多样化"的问题凸显出来。这也是一个关于指导新时期文艺工作的方针性的问题。"主旋律"本是音乐术语,为文艺评论所借用;"多样化"是文艺评论家们在谈论"主旋律"时提出的与之相对应的概念。其实,关于文艺创作中"主旋律"的提法,"文革"之前就已出现,但未展开论述,也就

---

① 贺敬之:《文艺为人民服务,为社会主义服务》,《贺敬之文集》第 3 卷,作家出版社,1986,第 317、322~323 页。

② 贺敬之:《风雨答问录》,《贺敬之文集》第 6 卷,作家出版社,2005,第 378 页。

未引起注意。进入 20 世纪 80 年代中期，西风东渐，资产阶级现代主义、后现代主义思潮接踵而来，什么"远离政治""躲避崇高""告别革命""消解主流意识形态"等主张甚嚣尘上，搅得文坛思想混乱，乌烟瘴气。于是，伴随着文艺创作要不要有主调、主潮以及应有什么样的主调、主潮的争论的展开，文艺评论中关于"主旋律与多样化"的提法逐渐多了起来，引起了文艺界普遍的关注。据说，电影局在规划创作题材时曾使用过"主旋律影片"这一术语。

作为中央党政部门文艺战线领导人，贺敬之首先从文艺工作全局和文艺创作发展角度发表了对"主旋律和多样化"问题深刻而独到的见解。1984 年 5 月 5 日，他在全国城市雕塑第二次规划会议上讲话中就"一"和"多"的辩证关系进行了精辟的阐述。他说：

> "多"是指多样化，"一"是指要有重点、有主调、有主旋律。这两者的关系要处理好。毫无疑问，我们要的社会主义文艺，不能是多种思想倾向不分是非，多种艺术表现不分优劣和主次，一概兼收并蓄的大杂烩。我们要以革命的思想内容和更能表现这种内容的主题和题材作为主旋律，以民族风格为主调，以能为更广大的人民群众喜闻乐见为重点。只有坚持这样的"一"，才能体现我们的社会主义城市和具有我们民族特色的社会主义文艺的本质特征。

他并指出，文艺具有教育作用、认识作用、美感作用以及娱悦作用等多种社会功能，然而，"我们的文艺应义不容辞地起到爱国主义、集体主义、社会主义和共产主义的思想教育作用"，也必须坚持这个"一"。与此同时，他强调说：

> 但这个"一"决不是唯一。这个"一"决不能离开"多"。这就是说，还必须有多样化。不仅在形式风格方面要有多样化，在思想内容上也要有多样化。不仅在革命化的思想内容的表现上要有主题、题材的多样化，还要有思想内容本身的不同层次、不同高度，例如共产

主义、社会主义、爱国主义、民主主义,以及一般性的健康有益等等的多样化。不仅在民族化、群众化的统一要求下,应当有实现这个要求的不同途径、不同地方特色、不同的艺术流派和艺术家个人独创性等等内部的各个层次上的多样化,还应当允许在政治方向一致的前提之下,在艺术民族化要求之外的某些艺术现象的存在和发展,因而形成的更大范围的多样化。

这样许多方面的多样化,是社会生活多样化和读者、观众艺术爱好多样化的必然反映,是由艺术发展的客观规律所决定的。这样的"多"和"一"是相一致的。二者是相辅相成的辩证统一关系。坚持"一",就是为"多"的发展而加强主体和核心的力量。坚持"多",就是为了"一"的壮大而提供实际可能和促进的力量。①

此后,关于"主旋律和多样化"的提法,虽然历经曲折甚至一度被歪曲、否定和攻击,但日渐受到高度重视,最后被党中央正式采纳。1989 年初,广电部召开电影工作会议,从指导电影创作的角度强调了"突出主旋律,坚持多样化"的提法。2 月 17 日,中发 2 号文件《中共中央关于进一步繁荣文艺的若干意见》中明确使用了"主旋律和多样化"的提法。到 11 月,中宣部文艺局和湖南省委宣传部在长沙联合召开"在多样化发展中强化主旋律"的研讨会,对"主旋律"与"多样化"的含义及其相互关系进行了专题讨论和不同意见的争鸣。新华社和有关大报都对这次研讨会的讨论情况作了显著报道,会上的一批发言作为文章陆续在报刊上发表,形成了引人注目的舆论气候。1991 年 3 月,由贺敬之牵头,中宣部、文化部和广电部联合制订发布的《关于当前繁荣文艺创作的意见》中重申"主旋律和多样化"的主张并对"主旋律"加以强调。同年 7 月 1 日,江泽民总书记在庆祝建党七十周年大会上的讲话中态度鲜明地指出"反映社会主义时代精神应当成为主旋律"。后来由于有人在报刊上发表谈话、文章,公开反对"主旋律"的提法。贺敬之回忆说:"1991 年底,文艺界有人歪曲邓小平

---

① 贺敬之:《迎接我国城市雕塑事业的黄金时代——在全国城市雕塑第二次规划会议上的讲话》,《贺敬之文艺论集》,红旗出版社,1986,第 417、419 页。

同志南巡讲话精神，要发动一个所谓反'左'大行动，就把'主旋律'和'多样化'这个提法当做'文艺新形势下的极左表现'加以批判，在一些半公开的场合歪曲事实，直接点出：'贺敬之搞出这个口号，就是要否定双百方针'。"① 这种噪声确曾将"主旋律和多样化"的口号淹没。1992 年 9 月 3 日，中央发出 9 号文件《中共中央关于加强和改进宣传思想工作，更好地为经济建设和改革开放服务的意见》中虽然写了要"努力反映时代精神"，但未再使用"主旋律"的提法。然而，党和国家领导人对"主旋律和多样化"的主张仍然赞同和支持。同年 11 月，江泽民在上海考察工作时，又响亮地提出爱国主义、社会主义和集体主义应当成为"我们社会的主旋律"。到 1994 年 1 月，江泽民在全国宣传思想工作会议上的讲话中明确指出："弘扬主旋律、提倡多样化是坚持'二为'方向和'双百'方针的具体体现。"两年半后，1996 年 10 月中共十四届六中全会《关于加强社会主义精神文明建设若干重要问题的决议》中正式使用了"弘扬主旋律，提倡多样化"这一规范性的提法。1997 年 9 月，在中共十五大报告中，这一提法再次得到肯定。

　　从"二为"方向和"双百"方针这个新时期文艺总口号的调整到"弘扬主旋律，提倡多样化"这一重要方针的确立，加之原本曾长期实行、今后仍然要继续实行的"推陈出新"和被贺敬之称为"小二为"的"古为今用，洋为中用"等文艺方针充分表明，随着历史的前进，时代的变化，党和国家的文艺方针、政策，不断地展现出新的认识，增添新的内容，特别是进入新时期后，使其更为科学、丰富和完善，不断地给社会主义文艺事业注入新的活力和生命力。这些都是对马克思主义文艺理论、毛泽东文艺思想的坚持和发展。应该说，在新时期文艺方针、政策调整和完善的进程中，贺敬之是做出了重要贡献的。他勤于思考，勇于创新，努力践行党的路线，发表符合时代精神和人民意愿的独到见解。他曾说："艺术是精神世界的东西，人的精神世界是非常复杂的。在这个问题上，没有高度的政治水平，没有高度的马克思列宁主义的科学态度，很容易处理不当。"② 作为

①　贺敬之：《风雨答问录》，《贺敬之文集》第 6 卷，作家出版社，2005，第 488 页。

②　贺敬之：《文艺为人民服务，为社会主义服务》，《贺敬之文集》第 3 卷，作家出版社，2005，第 327 页。

一名老革命文艺战士，贺敬之确实具有相当高的政治水平，对事业常能坚持马列主义的科学态度。诚如黄力之所说："敬之同志作为一位著名诗人、作家，能够在文学创作之外作出这样的贡献，实在是不容易的，我相信，共和国的历史将永远记住这一切。"①

二 拨乱反正，落实政策，解放文艺生产力

贺敬之曾说："由于'文革'中'四人帮'在文化系统制造了大量冤、假、错案，大批文艺工作者被打击迫害，而且有许多案情复杂；还由于文化部曾由'四人帮'亲信直接控制，江青在下属有些单位长期插手，思想上、组织上受其毒害和影响，因此，不论进一步深入揭批'四人帮'还是彻底解放干部，都是任务艰巨、工作繁重的。应当说，在以黄镇同志为首的部党组领导下，这些工作是做得卓有成效的。我个人也和所有参加这些工作的同志一样，满腔热情地付出了努力的。"② 1978 年 4 月 20 日，由贺敬之主持，文化部召开了一个声势浩大影响深远的声讨"四人帮"、落实干部政策的万人大会。第二天《人民日报》头版刊登了新华社的长篇电讯，其中写道：

> 在文化部最近举行的揭批"四人帮"的万人大会上，贺敬之副部长代表部党组宣布为被"四人帮"迫害的张海默、罗静予、王昆、齐致翔、杨秉荪等同志平反。顿时，会场群情激动，爆发出长时间的热情掌声。许多人含泪高呼：打倒王张江姚"四人帮"反党集团！彻底清算"四人帮"迫害文艺工作者的滔天罪行！……
> ……
> 认真落实毛主席的干部政策，大得人心，大快人心……一位得到政策落实的老画家眼含热泪说："我们全家都感到党的政策的伟大和温

---

① 黄力之：《在意识形态领域坚持和发展马克思主义》，陆华编《贺敬之研究文选》，文化艺术出版社，2008，第 1055 页。

② 贺敬之：《风雨答问录》，《贺敬之文集》第 6 卷，作家出版社，2005，第 355 页。

暖。当我走到街上，似乎感到太阳比平时明亮，党的光辉照到了我的身上，我愿全力以赴，将有生之年贡献给党的文化教育事业。"广大文艺工作者亲眼看到党的优良作风得到发扬了，党的实事求是的优良传统恢复了，打心眼里高兴，个个扬眉吐气。

　　贺敬之在揭批"四人帮"和平反冤、假、错案中态度坚决，是非分明，在清查与"四人帮"有牵连的人和事时也表现了严格的政策界线和实事求是的精神。比如，有一位"样板戏"剧团中的知名女演员，由于受"四人帮"亲信蒙蔽，在"四人帮"倒台前几天曾在会上发言说："不怕舍上孩子，也要誓死保卫江青同志！"在清查中曾引起公愤，被认为问题严重。贺敬之了解情况后明确指出这是属于被蒙蔽，及时予以解脱，并鼓励她放心大胆地投入艺术实践中去①。再比如，据贺敬之回忆："'文革'中后期，江青为了她的政治目的，突然就《红楼梦》问题讲了几次话。北京市的一个写作班子约了当时文化部文研院（当时还不叫这个名字）的几位红学家写了几篇文章。粉碎'四人帮'后，文化部收到了对他们很厉害的检举信，清查组就把他们列入了清查对象。我听了汇报作了调查了解之后，认为这不属于政治上或组织上与'四人帮'有牵连，即使文章中有某些观点不妥，也属于学术讨论问题。因此，经部党组批准，很快解脱了。解脱后不久，又以这几位专家为骨干，扩充人员成立了一个《红楼梦》研究所，隶属于文研院。这倒是我极力支持的，并且还支持这个所出版《红楼梦研究学刊》，一直延续到现在。经过这批专家不断的努力，做出了显著成绩，在海内外都产生了不小的影响。可见当时部党组的决定是对的。"②

　　同为"文革"中的冤、假、错案平反相比，给在历次政治运动中的错案，特别是 1957 年反右运动中被错划的"右派"平反问题更为复杂，难度更大。比如中央美术学院附中黄因聪等一批中学生那时还都是十几岁的孩子，也都被划为右派，肯定是根本错了，即使按照 1957 年的文件规定，中学生也是不应该划为右派的。在文化部党组讨论时，他提出了这个问题，

① 参见贾漫《诗人贺敬之》，大众文艺出版社，2000，第 236 页。
② 贺敬之：《风雨答问录》，《贺敬之文集》第 6 卷，作家出版社，2005，第 357 页。

立即得到黄镇、刘复之的支持。为此，他还专门找过中组部副部长杨士杰，他也支持他们的看法。这中间还发现这样一件怪事：反右时文化部系统有的人被当作右派分子弄到边远地区去劳动了十几年，现在要落实政策了，可是查他们的档案里竟然没有划右派的正式审批手续，就不能享受右派改正的相关政策，回不了北京。他觉得这太不公平了，汇报给党组，黄镇、刘复之也认为这太不可思议了。他们就据理力争，得到了复查办公室的大力支持，这些人的问题最后都得到解决。丁宁回忆说："粉碎'四人帮'之初，敬之同志担任文化部副部长，拨乱反正，落实政策，忙得很，不可能写作、写诗，工作便是他心中的诗。为给一批文化艺术人士落实政策，他全神贯注，花费了不少心血。……根据敬之同志的指示，我们登门访问因为写小说《刘志丹》而蒙冤十几年的老同志李建彤，和她亲切交谈，了解情况，终于给她卸下了苦难的包袱，落实了政策。已萧萧白发的李建彤感激涕零，她说，她心中永远是相信党的。"丁宁同时回忆："敬之同志还特地交代我一个任务，托关系把老舍的女儿舒济从河北调来北京。老舍在'文革'中死得屈，敬之痛惜在心，把舒济调到人民文学出版社，搜集整理其父的书稿，宽慰了她的全家，老舍夫人胡絜青老人拉着我的手，再三感谢党的关怀。"丁宁强调说："贺敬之还与文化部其他几位副部长，如刘复之同志等，为美术、戏剧、音乐、电影、戏曲等一批名家落实了政策。至今想来，功德无量。"①

在解放思想、拨乱反正、落实政策的历史进程中，话剧《于无声处》的诞生和晋京演出，成为当时在国内外引起轰动的一件大事。1978 年 10 月，上海青年剧作家宗福先创作的歌颂 1976 年"天安门事件"英雄人物的 4 幕话剧《于无声处》演出一个多月并在《文汇报》连载 3 天发表。贺敬之看过剧本后深感震动，立即向刘复之提出应该调该剧来京演出并予以表扬。刘复之、黄镇当即拍板，并很快同全国总工会联系，邀请作者随剧组来京演出。11 月 7 日，中央电视台转播了上海电视台向全国播出的该剧的演出实况。11 月 16 日该剧在北京首演。当天《人民日报》头版头条的大标

---

① 丁宁：《智慧的风采——读〈贺敬之文集〉有感》，《文艺报》2004 年 12 月 28 日。

题是《中共北京市委宣布：天安门事件完全是革命行动》。11 月 21 日，文化部和全国总工会在京联合召开《于无声处》演出座谈会。贺敬之出席会议并作了鼓舞人心而又引人深思的精短发言。他说："《于无声处》的确是一声惊雷！它不仅让我们流下了热泪，激起了我们感情的暴风雨，更重要的是给了我们雷电般的思想力量。……这个作品在今天出现，对于我们吸取历史经验，解放思想，发扬天安门广场上英雄们的革命精神，向一切敌人作斗争，向四个现代化进军，会起到很大的鼓舞和教育作用。"尤为可贵的是，他提醒我们不要"于有声处怕惊雷"。这就是说，现在我们被迫害、被压制的地位改变了，是不是还能跟群众一道前进呢？有没有"怕惊雷"的现象呢？有没有不相信群众，害怕群众"闯祸"，不愿听群众批评，因而疏远群众、束缚群众手脚、伤害群众革命积极性的现象呢？有没有"心有余悸""身有余毒"的问题呢？他强调绝不能在"于无声处听惊雷"之后变成了"于有声处怕惊雷"。他特别指出："这是马列主义、毛泽东思想的惊雷，是完整地、准确地掌握毛泽东思想的惊雷，我们不仅不应该怕，还应该投身进去，把我们自己的光和热化进去，和人民一起前进，和革命一起前进。"[①] 新时期文艺创作实践很快证明了贺敬之的远见卓识。1980 年春天，北京人民艺术剧院编剧梁秉堃下到京棉三厂体验生活，搜集素材。在那里他发现许多新型的社会问题和矛盾，酝酿创作了话剧《谁是强者》。该剧描写棉纺厂厂长袁志成在扩建新车间过程中遭受到相关单位的要挟和盘剥，逼迫他向不正之风就范。面对"关系学"的重重包围，他也一度动摇做了让步和妥协。可是，当他违心地去给"关系户"供电局上供一条毛毯时，又实在容忍不了对方的胡作非为，终于拍案而起，痛加指责，扬长而去。结果是纺织厂得不到增加供电，新车间开不了工。剧里批评的最大的对立面人物只不过是市轻工业局党组副书记，但在当时看来仿佛是"离经叛道"的。应该说这是新中国成立后首部以反腐倡廉为主题的话剧。1981 年 11 月25 日首场试演开始，观众踊跃，反应热烈。然而有人对此剧提出了批评，认为它破坏了干部的形象，同"四化"唱反调。中央各家报刊对该剧的试

---

① 贺敬之：《关于〈于无声处〉》，《贺敬之文集》第 3 卷，作家出版社，2005，第 206～208 页。

演未作任何报道。剧作家们还处于一种"帽子很多，胆子很小，不求有功，但求无过"的消极被动状态。看来没有中央领导的表态，该剧就不能正式开演。12月16日夜，他们邀请中央政治局委员、书记处书记习仲勋来剧院看《谁是强者》演出，演完后他到后台看望大家，拍拍编剧的肩膀说："这个戏很好，真实，深刻，现在很需要这样的戏。党风问题不解决社会风气问题也解决不了，'四化'还怎么搞？"他紧接着说："我们的党已经有60年的历史，有光荣的传统，有力量战胜不正之风……你们的胆子要大一点，不要怕。对于不正之风就是要暴露。暴露它是为了纠正它。现在这方面的问题很严重，一定要解决。当然，也可能有人对这个戏有意见，那也没什么。"编剧听习老这一席话心里踏实了不少，感觉暖暖的。他还回忆说："差不多同时，时任中宣部副部长，文化部副部长的贺敬之也来看戏，他的意见与习老一致。"① 就这样，《谁是强者》的命运峰回路转。《人民日报》和《文艺报》联合召开了数十人参加的首都文艺界人士座谈会，连续畅谈12个小时，《人民日报》全文刊登了"座谈会纪要"，随后掀起了巨大的观戏热潮。据不完全统计，仅1982年上半年，在全国范围内就有1000多个剧团演出了这部戏，成为名副其实的文艺"热点"。其后该剧又接连获得"全国优秀剧本奖"、北京市优秀剧本一等奖和优秀演出一等奖。

全国诗歌座谈会的成功举行，在文艺界影响巨大。这是粉碎"四人帮"后规模最大的一次全国性的诗坛盛会，更是一个诗歌诗人大解放的空前盛会，也是诗歌界平反冤假错案、落实政策的鼓舞人心的盛会。党的十一届三中全会后不久，贺敬之问时任《诗刊》副主编的柯岩，能不能由《诗刊》召开一个座谈会，以促进诗人的进一步平反复出，也促进诗歌创作更快地走向繁荣。柯岩非常赞同并立即请示作协负责人李季，李季完全支持。之后，柯岩、邹荻帆请示了胡乔木，胡乔木、贺敬之又请示了胡耀邦、王震。胡耀邦表示大力支持，王震激动地说："好嘛！我就是个专门平反的副总理！"于是，1979年1月，全国诗歌座谈会在北京西苑饭店5号楼隆重举行。应邀参加这次盛会的有来自全国各地的老中青几代诗人200多人，例如

---

① 梁秉堃：《习仲勋拍板中国首部反腐话剧》，《报刊文摘》2014年8月15日，原载《廉政瞭望》2014年第15期。

艾青、臧克家、冯至、卞之琳、田间、赵朴初、公木、徐迟、严辰、李季、阮章竞、邹荻帆、蔡其娇、方冰、绿原、徐放、牛汉、吕剑、张志民、李瑛、公刘、白桦、雁翼、苗得雨、梁上泉、陆棨、未央、邵燕祥、贾漫、胡昭、柯岩等难以一一列举的诗坛名家，还有工人诗人黄声孝、民歌手姜秀珍，以及年轻诗人舒婷、顾城、梁小斌等和曾编印《天安门诗抄》的童怀周（几位共同怀念周总理的青年）。可以说，几乎把历次运动中被罗织各种罪名戴过"帽子"或遭流放或蹲监狱或关"牛棚"的诗人们尽可能地都请来了。其中如周良沛就是由云南省公安厅下令从监狱里放出挂着拐杖直接走进会场的，童怀周也是刚刚从监狱中出来。还有如流沙河、梁南、王辽生、赵恺等一批被错划为右派的诗人，在1978年55号文件之后仍然没有得到或没有完全得到改正和落实政策，由于这次诗歌座谈会和在此前后《诗刊》一再约他们写稿，或借调他们来《诗刊》改稿、帮助工作，促使他们所在的单位加快解决了他们的问题。特别是，四川诗刊《星星》被查禁，曾因发表《草木篇》（被批大毒草）被查禁，作者流沙河被打成右派，此次座谈会期间和会后，经过会议主持者之一的柯岩等人的努力，正式给四川省委打报告，并直接找到当时的省委书记，致使四川省委很快就为《星星》平反复刊。

出席这次座谈会的中央领导的精辟讲话和许多著名老诗人的精彩发言，更是给人以巨大的鼓舞、深刻的教育和启迪。身兼中宣部部长的胡耀邦在会上慷慨激昂、满怀深情地做了长篇讲话，他说："毛主席、周总理、朱委员长和千千万万英雄，一切为人民的事业舍身奋斗的人，他们是永生的，与党和人民的命运紧密连在一起的，他们的作品是不朽的。有的东西一天即朽，有些是十年即朽，有的是百年，有的是永垂不朽的。"他强调"要讲真话""艺术要有艺术的真话"。他深刻分析了民主问题，指出我们搞的是社会主义民主，有的人想照抄西方资本主义那一套来修改我国宪法，上街闹事，要找美国总统卡特帮助，"这很危险，是绝对不行的"。王震将军以爱护和保护知识分子为己任，声望早已远播四方。他在会上做了简短而热情的讲话，第一句就用拐杖点着地面热忱地询问："艾青同志来了没有？"身材魁伟的艾青脱帽徐徐站立起来，令在场的诗人们无不深受感动，特别是那些了解内情和饱经沧桑的诗人都忍不住热泪盈眶。艾青激动地说:"阳光是大家的,一个人垄断了,别人就没有阳光了,要有政治敏感,但有的人根据天气预报,谁上捧谁,谁下打谁? 要有和人民站在一起的坚定性,大体是不会错的。"在发言结尾时,他以激情满怀的诗意语言说:"春天来了,还有翻浆潮,还有沼泽地带。最后还是提出向总理学习,敬他,爱他,因为他和人民在一起。周总理啊,你在哪里!"会场上掌声雷动。老诗人臧克家在会上朗诵出"五世同堂共论诗"的心声并详细陈述了"五世"所包含的五代诗人的历史。贺敬之因文化部公务缠身不能天天到会,却多次抽身来会见与会诗人。他在会上做了充满激情的长篇发言,为诗人呼吁,为诗歌呼吁,从"双百方针"谈到"艺术民主",从"解放思想"谈到"繁荣创作",从"反右与反'左'"谈到"歌颂和暴露",无不真诚坦率,言简意赅。他强调说:"没有一个作家只是歌颂,一味地歌颂。歌颂什么,反对什么,以我看不要伤害社会主义制度。我们讲的制度是根本制度,而不是具体制度。我们的制度还有很多不完善的地方,出现这样大的浩劫,很重要的原因,就是因为制度还不完善。"他更语重心长地说:"我们是真正爱我们党的,所以对黑暗的东西要大胆揭露,不要睁一只眼,闭一只眼,不要歌颂的眼睁着,批判的眼闭着,只有两只眼都睁着,才是健全的。"①他的发言诚恳深刻,掷地有声,政治原则性强,充满唯物辩证思想。在座谈会上,胡乔木、周扬、赵朴初等领导人都讲了话,批判极"左",反思"文革",总结以往的成功经验,展望未来新的愿景,阐述中国诗歌发展的方向和道路,激发诗人们同心同德,奋发图强,努力开创中国诗歌繁荣的新时代。

贺敬之在文化部、中宣部担任文艺战线领导工作期间,为胡风、冯雪峰、丁玲平反,特别是为胡风案平反做了大量具体工作,是在党中央领导下解放思想、拨乱反正的大举动,对于贯彻党的十一届三中全会的路线、方针、政策意义重大,影响深远。在这项工作中,他始终严肃认真地落实中央精神,执行党的决议,为此呕心沥血,不遗余力,付出了大量时间、

---

① 本段中的引文均出自贾漫著《诗人贺敬之》(大众文艺出版社,2000,第247~253页)。

精力和心血，充分表现了一位党的文艺领导工作者的真诚品格和高风亮节。

　　"胡风反革命集团"案是发生在 20 世纪 50 年代中国文艺界的一桩影响面之广、牵连人数之多、蒙冤时间之长都是首屈一指的大错案。进入新时期后，党中央对这一冤案非常重视，严肃认真地展开了平反工作。1980 年秋，贺敬之调任中宣部副部长不到一个月就承担了为胡风错案平反的重任。当时中央书记处责成中组部、中宣部和公安部分头提出平反决定的草案，最后由中央统一形成正式文件下发。中宣部这边指定由贺敬之负责。他当面听取了胡乔木的具体指示后，召集中宣部文艺局同事进行研究，落实胡乔木的指示精神，由他主持，李英敏、荣天屿等人起草了为胡风平反的决定，又经他改定后报送胡乔木。这期间，他多次参加了由胡乔木主持的为胡风平反的讨论。大约 8 月间，胡乔木召集有关部委负责人开会，代表中央书记处提出首先从政治上为"胡风反革命集团"平反的意见。会上，周扬等几位当年参与搞这个错案的负责人一致同意中央书记处的意见，给他留下了深刻的印象。尤为令他感动的是，公安部人员介绍了所谓"胡风反革命集团骨干分子"阿垅（陈亦门）在狱中的表现。公安部和中组部已查清，阿垅曾不止一次向我地下党提供情况，他给胡风的信是经胡风转给党的内部情报。这样一位为党做出过重要贡献的党的外围组织的同志却长期遭受巨大委屈而冤死于狱中。就在他奄奄一息时要求见监狱负责人并给党留下这样的话：

　　　　我不久于人世了，我看不到真相大白的一天，很痛苦……我是革命者，不是反革命，我是冤屈的。但我还要说，党是伟大的，革命事业是伟大的，我个人的委屈，不算啥。只希望以后这样的事不要再发生了……（大意）①

阿垅的表现使许多与会者为之动容，贺敬之也被感动得流下了热泪，大大增强了他积极参与为胡风及所谓"胡风分子"平反的决心。

---

① 贾漫：《诗人贺敬之》，大众文艺出版社，2000，第 280 页。

贺敬之不断听到各方面反映的意见,认为胡风这次平反不彻底。这期间,他同不少在该案中受过委屈以及与案件有关或无关的人员接触过,了解到不少过去不了解的情况,对胡风第一次平反不彻底有了新的认识。1985年,胡风的夫人梅志及其子女向中央提出申诉,要求进一步复查胡风政治历史上的几个问题和文艺思想、宗派小集团的定性问题。习仲勋和胡乔木指示,胡风的政治历史问题由公安部复查,文艺思想和宗派问题由中宣部复查并仍然由贺敬之负责。贺敬之同文艺局的同事重新阅读和研究了胡风的"三十万言书"及有关的批判文章,提出了在文艺思想问题和宗派小集团问题上进一步复查的看法,由梁光弟、李文俣起草了就这两个问题复查的文字报告草稿,由他改定,报中宣部领导批发成文,发送各有关单位征求意见,得到了基本同意的反馈,定稿后报送中央。

应当说,胡风案的两次平反进展都比较顺利,总的看在社会上和文艺界基本上没有引起什么大的波动,没有成为文艺战线分歧和争论的难题。之所以会这样,首先由于这是党中央的正式决定,而决定里没有涉及当年曾经参与胡风案件的有关人员的个人责任问题。他们都能出以公心,尊重事实,在思想上和行动上同中央精神保持一致,比如周扬,始终抱着积极的态度,支持中央的决定,起了重要的作用。还有就是承担这项平反任务的有关部委的负责人,在中央统一领导和部署下,同心协力,积极主动,表现了高度的责任感和担当精神。

我们知道,贺敬之与胡风之间是有一段历史渊源的。早在新中国成立前后,贺敬之的诗歌创作、发表和出版曾得到胡风的支持与帮助,并获得过肯定的评价和称赞;贺敬之也很敬重胡风为革命文学事业所做出的独特贡献。正因为如此,在 20 世纪 50 年代反胡风运动中他受到牵连,虽然未定他为"胡风分子",但对他也进行了严厉的政治上的隔离审查和思想上的反复批判,造成他不小的精神压力和痛苦。所以,当他得知党中央决定为胡风和所谓"集团"平反,心情是格外高兴的,对他承担的这项工作任务始终尽职尽责,做得非常深入细致。胡风之子晓谷曾回忆,1980 年下半年他父亲在北医三院精神病房住了较长时间,周扬去医院看望了他父亲,并在友好的气氛中进行了交谈。晓谷说:"贺敬之同志也去医院看望了父亲。父亲大概听说过当时他所负的责任，就说起要爱护作家：'一个作家成长起来不容易啊！要花费多少心血！要经过多少磨练！不容易啊！要爱护他们！不要摧残他们！'父亲气喘喘地断断续续艰难地说出了这些话。他动了情，一面哭着一面说，眼泪直往下掉。贺敬之同志手足无措，连连答应着。"①显然，贺敬之被胡风的真情深深感动了。贺敬之是一位党性很强的老革命战士，对为胡风案平反当然很激动，始终饱含着感情，然而诚如他自己所说："确实很激动，但是我要求自己谨慎从事，不带个人情绪，严格按中央指示精神办事。"② 这就是贺敬之的政治品质和行事风格。

冯雪峰错案的平反，是新时期文艺战线又一件意义重大的事件。冯雪峰是中国现当代著名革命文化活动家、马克思主义文艺理论批评家、文学编辑出版家。他于 1927 年在北平加入中国共产党，1931 年起在上海任"左联"党团书记、中共上海中央局文委书记和江苏省委宣传部长，1933 年进入中央革命根据地江西瑞金任中共中央党校副校长，后随中央红军长征，1936 年受党中央委派由陕北到上海协助鲁迅从事文化界统一战线工作；新中国成立后，他曾任中国作家协会副主席、党组书记、《文艺报》主编、人民文学出版社第一任社长兼总编辑等职。这样一位资深的卓有成就和贡献的老革命文艺家，1958 年初，在反右斗争扩大化中，被错划为"右派"，受到严厉批判。该年 2 月 28 日《人民日报》发表周扬对这场反右斗争总结性的长文《文艺战线上的一场大辩论》，指斥"冯雪峰和胡风的思想是一脉相通，代表一条修正主义的资产阶级路线"。"文革"中冯雪峰横遭迫害，于1976 年 1 月含冤病逝。1979 年 4 月，经党中央批准，冯雪峰的错案得以平反，恢复了他的党籍和政治名誉。

贺敬之主张从大局出发，从团结的愿望出发，不要公开论战，应在内部沟通思想，采取稳妥办法来消除影响。他首先征求周扬的意见，请周出面开一个小范围的座谈会。周扬态度友善。为了从内部沟通思想，在周扬家里开了一个有阳翰笙、夏衍、陈荒煤和贺敬之参加的小型座谈会。周扬

---

① 晓谷：《回忆我的父亲胡风》，《作家报》1996 年 6 月 15 日（摘自《新文学史料》1996 年第 1 期）。

② 贺敬之：《风雨答问录》，《贺敬之文集》第 6 卷，作家出版社，2005，第 379 页。

首先发言，说他们在上海左联时期还是有缺点的，阳翰笙也说"四条汉子"问题他们还是有缺点的，关于冯雪峰这篇文章还是不发表为好。夏衍把他们的意见顶了回去，说："应该说的话难道不说吗？……我们那时，左联没有错误，冯雪峰就是很坏！"周扬没有改变自己的态度，但也无可奈何，小会只好不欢而散。会后贺敬之问周扬怎么办，周扬先问他的看法，他表示还是要爱护两位老前辈的声望，不要公开论战，是否内部发一些文章缓解一下，或用座谈会、书信的方式解决。

贾漫在《诗人贺敬之》一书中还写道："鉴于党中央作出了《关于建国以来党的若干历史问题决议》，陈云同志建议为了对文艺界历史遗留问题取得共识，趁着这些当事的老人们还健在，可否作些调查，召开一些座谈会，代中央起草一个关于30年代以来文艺战线若干历史问题的看法的文件，以促进团结。""贺敬之为此事作了布置并召开了座谈会，他也讲了话。由于种种复杂的原因，使此事搁置起来没有办成。中央领导再也没有过问这事。"① 应当说，贺敬之为冯雪峰错案平反同样尽职尽责，表现出很强的党性。

丁玲错案的平反更为曲折，阻力更大，贺敬之花费的精力和心血更多。其实，丁玲错案的彻底平反由于种种复杂的原因在贺敬之的内心深处也经历过曲折。早在他少年时代与3位同学一起从四川梓潼奔赴延安途中，就从随身携带的抄在小本上的田间诗集《呈在大风砂里奔走的冈卫们》中读到一首称颂丁玲领导西北战地服务团奔走在山西前线的诗。他到延安在鲁艺学习期间，丁玲在《解放日报》副刊上发表过他投稿的一篇短篇小说《情绪》，并曾收到她写的一封只有两三行字的鼓励信，但从没有个人来往。延安整风中她的杂文《三八节有感》受到批评，但又听说毛主席保了她。他在延安学习和工作的整个期间，除了在鲁艺课堂上听过她一次简短的讲话之外，其他就没有什么印象。直到1950年，她在中宣部任文艺处长，他在中央戏剧学院创作室工作，有一次他因为头天晚上熬夜写东西，第二天早晨还未起床，传达室人来叫，说丁玲打电话找他，他起来去接电话迟了一点，她在电话里就很不客气地批评说："怎么搞的？一进城就变成这个样子？懒散起来了？"

① 贾漫：《诗人贺敬之》，大众文艺出版社，2000，第283页。

接着她说要开展文艺整风了，希望从解放区来的同志有好的表现。几天后，在文艺界动员整风的会上，她讲话中举了一些例子，其中不点名地说道："我们一些同志应当注意，不要胜利了，进城就懒散起来。"当时丁玲的批评和告诫给他留下了深刻的印象，也留下了她既很严肃又还亲切的感觉，不是听风就来雨、不分青红皂白随便就点名的那种领导。这以后不久，他去报到参加赴朝访问团学习没几天，丁玲知道他身体不好怕他到朝鲜前线支撑不下来，就改变了决定，让他先不要急着赴朝而下农村。果然他到河北大名县不几天就开始大吐血，回北京检查诊断为"两侧开放性肺结核"，住进医院一病就是好几年。《白毛女》获得斯大林文艺奖金，由丁毅代表他们俩去领奖，学习丁玲《太阳照在桑干河上》获此奖后的做法，将奖金捐给了国家。

据贺敬之回忆，在1953~1954年期间，有一次丁玲在多福巷家中接待国际著名作家聂鲁达和爱伦堡访华，请李季、严辰、徐光耀和贺敬之作陪。她对这几个青年作家说："把你们请来招待两位大作家，我就不找他们，我攀不上他们，我也就不愿意找他们。"① 贺敬之当时不明究竟。

丁玲于1986年春逝世。她辞世不久，5月30日，贺敬之给在湖南举行的丁玲作品讨论会写去了一封长信（后发表于《光明日报》），对丁玲的为人为文进行了高度评价，本书第九章第二节"独放异彩的文学评论"中作过重要引述，在此不赘。

从文化部揭批"四人帮"、落实干部政策万人大会和全国诗歌座谈会的举行到为胡风、冯雪峰、丁玲等错案的平反，党中央都非常重视。贺敬之作为先后在文化部、中宣部担任文艺战线领导工作的副部长，一直尽职尽责、积极谨慎、任劳任怨地贯彻执行党中央的路线、方针和政策，做出了重要贡献。他始终认为，应自觉地把繁荣文艺创作、发展文艺生产看作整个文艺事业的中心环节和根本目的，必须更好地调动广大文艺工作者特别是作家、艺术家的积极性和创造性，进一步解放"文艺生产力"，这就首先要解放思想，拨乱反正，平反冤假错案，真正落实政策，把广大作家、艺术家、文艺工作者从林彪、"四人帮"及其长期推行的极"左"路线的束缚

① 贺敬之：《风雨答问录》，《贺敬之文集》第6卷，作家出版社，2005，第443页。

下彻底解放出来;与此同时,必须刻不容缓地改革我国现行的文艺体制,把这些作为新时期文艺工作的根本任务之一。

在改革文艺体制、加强各文艺单位领导班子建设工作方面,贺敬之先后在文化部、中宣部党组的领导下积极主动、紧锣密鼓地进行着。除前面所谈他到文化部任职之初曾积极支持成立了一个长期性正规研究机构"《红楼梦》研究所"并出版《红楼梦研究学刊》外,文化部长黄镇和部党组决定从组织上加强部政策研究室,继续任命贺敬之兼任主任,同意他提出冯牧任实际主管全面工作的副主任(后为主任),随后由他和冯牧商量增调丁宁为副主任并扩充了新的人员。研究室在文化政策和文艺理论研究上,在组织文艺理论队伍和推动文艺理论批评活动上,特别是在深入批判"四人帮"种种谬论的重点文章的写作上,都做出了成绩,在全国思想文化战线和文艺战线上产生了重要影响。这期间,黄镇在担任文化部部长和党组书记同时兼任中宣部副部长,领导工作得力而且顺畅。文化部党组相继宣布撤销"四人帮"搞的"中央五七红色艺术大学"(简称"红艺大")和长期经营的"样板团",恢复"文革"前文化部领导的所有艺术院校与艺术院团的原建制和原名称。这些工作都是在贺敬之分管的范围之内,从接受党组讨论和研究决定到具体落实,他都参与其中。黄镇还指示他提出一份恢复全国文联和作家协会等各协会筹备小组的建议名单。他提出后经部党组研究基本同意由黄镇批准。这份名单是:组长林默涵(文化部副部长兼),副组长张光年、冯牧(兼秘书长),其他成员还有赵寻、张僖等各协会原来的负责人。筹备小组成立后,1978 年 5 月,召开了中国文联第二届全委扩大会,宣布全国文联和中国作协等各个协会中断 10 年之久后正式恢复工作。与此同时,《文艺报》宣布复刊,还由贺敬之提议并得到部党组批准文化部主办一个大型文艺理论刊物《文艺研究》。贺敬之到中宣部任职初期,建议增加中国书法家协会并将原来的中国民间文学研究会、中国摄影学会、杂技工作者协会分别升格为中国民间艺术家协会、中国摄影家协会、中国杂技家协会,这些建议都得到黄镇、周扬的同意批准。按规定,全国文联、中国作协和其他文艺家协会的党组都归中宣部领导。

大张旗鼓地平反大批冤假错案,全面恢复和加强各文艺单位领导班子建设，都是为了贯彻十一届三中全会方针，拨乱反正，不断解放文艺生产力，繁荣和发展新时期社会主义文艺事业。事实正是如此，全国文联、中国作协与各文艺家协会的工作恢复和加强后，通过各协会召开理事会和同文化部各艺术部门联合召开各种创作座谈会、理论批评讨论会等，为小说《刘志丹》和戏剧《李慧娘》《谢瑶环》以及影片《早春二月》《红河激浪》等一系列被打成毒草的作品平反。与此同时，首都舞台相继出现《丹心谱》《报春花》《报童》《星光啊星光》等大批受欢迎的新剧目，在文学阵地上发表和奖励了《班主任》《伤痕》《一月的哀思》《周总理，你在哪里?》《在浪尖上》《小草在歌唱》等一批又一批成功的新作品。总之，新时期文艺园地上呈现出一派生机勃勃、欣欣向荣、繁花似锦、百鸟齐鸣的繁荣景象。

第十一章　满目青山夕照明

——贺敬之与"新古体诗"

一　崇高的精神世界

1977年5月14日，正值叶剑英元帅八十诞辰。他回顾自己跟随领袖戎马倥偬走过漫长的革命人生征程，喜看粉碎"四人帮"后的大好形势，展望祖国光辉美好的未来，心潮澎湃，豪情满怀，奋笔创作了七律《八十书怀》这篇名诗。诗中一反唐代诗人李商隐"夕阳无限好，只是近黄昏"的消沉情调，抒写出"老夫喜作黄昏颂，满目青山夕照明"这样豪迈乐观的老一辈无产阶级革命家的壮美情怀。

贺敬之正是由以毛泽东为代表的老一辈无产阶级革命家的思想和精神的乳汁哺育成长起来的一名杰出的革命作家。进入社会主义新时期后，直至步入古稀之年，他陆续创作了数百首"新古体诗"，生动而深刻地展现了他那崇高的精神世界，受到诗坛和出版界的格外重视。1996年3月中国文联出版公司出版《贺敬之诗书集》，收入他1962～1992年31年间创作的新古体诗241首，此集还收入他毛笔自书原诗44篇。2005年1月作家出版社出版的《贺敬之文集》第二集即"新古体诗书卷"中辑入《贺敬之诗书二集》，是前集的续集，收入他的新古体诗93首，其中除一小部分是1994年以前未收入上一集的以外，大部分是1994～2002年间所创作，该集亦收入他毛笔自书原诗3篇。2011年8月线装书局出版《心船歌集》《贺敬之新古体诗选》，是从这两部集子中删除书法后选出的作品。2013 年 10 月，中国书籍出版社出版"贺敬之新古体诗选（增补本）"《心船歌集》，是该社出版的"中国当代名家诗词雕版线装丛书"的第一本，相当于线装书局编辑出版的《心船歌集》补充若干新作的全新再版本，2015 年 1 月第二次印刷。

事实正是这样，新时期贺敬之除在粉碎"四人帮"之初连续创作《中国的十月》《"八一"之歌》两首长篇政治抒情诗和 20 世纪 80 年代创作《献给聂耳墓》《索菲亚盛夏》等几首短篇政治抒情诗外，就几乎再也没有写自由体政治抒情诗了，而转入创作大量新古体诗，从而进入他诗歌创作一个崭新的阶段，攀登上了当代诗歌史上又一座奇峰。

《富春江散歌》是贺敬之新时期正式公开发表的新古体诗作品，创作于 1992 年，发表于《诗刊》1993 年第 6 期。诗人在这组由 26 首组成的诗章前小序中写道："我于去冬体检发现重疾入医院治疗，今春出院赴杭州疗养。四月底病情稍苏，应邀试作富春江游。……余此行往返千里，畅览水光山色，饱见昔奇新胜。目接心会，感奋不已，不禁乘兴有作。行笔仍如以往，不拘旧律，因以'散歌'名之。待向方家求教前，姑自书、自诵之，抑疗病之一法耶？"我们知道，贺敬之已历经"十年风雨"的磨砺，历经资产阶级自由化思潮反复泛滥的折腾，已经精疲力竭，心力交瘁。1992 年 2 月 25 日，他再次致信党中央领导，请求组织批准他不再担任中宣部副部长、文化部代部长和党组书记的职务。这次他得以能赴杭州疗养并作富春江游，真是幸事。诗人沿富春江、新安江至千岛湖、西湖、钱塘江作"三江两湖"游，或咏怀写景，或怀古感今，一路悲欢一路诗，首首情真意切，感人肺腑。该诗发表后，好评如潮，反响热烈。刘征评论道："如今，《富春江散歌》问世了。依然豪迈酣畅，富于浪漫主义神采，却又增添了深沉。这，我想固然与诗人重病初苏不无关系，却主要由于深味社会与人生所致。"①杨金亭也称赞《富春江散歌》"或即景抒情，或借事寄慨，融历史、现实、理想于一炉，隐情志倾向于意境，是一组富于历史感和现实感的佳作"②。

---

① 刘征：《"情动绳墨外，笔端起波澜"——读贺敬之〈富春江散歌〉》，《诗刊》1994 年第 2 期。
② 杨金亭：《一个飞行员的新古体诗——读〈苇可诗选〉》，《诗刊》1994 年第 2 期。

《富春江散歌》发表不久，贾漫在谈自己读后感的文章中说："早年，我爱贺敬之的诗，爱他真诚而忘我的炽烈之情，炽烈得恨不得把自己烧成灰烬，以此来表达对祖国、对人民、对未来的挚爱之情。这种崇高的感情，经过了反复的烧炼，反复的冷却，反复的回炉，又反复的融化与凝固，终于形成了对事业对信仰的铁石一般的心肠。"① 杨子敏关注到贺敬之"诗风"的变化，他说："我的所谓变化，一指气韵，少了些激扬、亢奋，多了些凝重、深沉。二指体制，不是作者以往使用过的自由体、民歌体、楼梯式、半格律等等，而是着意于传统的古风与民歌韵味的溶融汇合。"他强调，读《富春江散歌》感触颇多："耳目间，时而有山光水色的灵秀奇丽，时而有历史长流的回声遗响，时而有阴晴变幻的时代风景，时而有心仪神往、梦寐以求的虹霓云霞……"② 确实如此，这组别开生面的新古体诗，以"富春江上严陵濑，东钓台旁西钓台。我来观鱼鱼观我，子非柳子缘何来？"中借"鱼"的设问开篇，引出一串串诗情与诗思，如同奔腾不息的富春江水，波涛滚滚，层澜叠进。诗人想到自己名字"敬之"与浙江又名"之江"特别是近几年自己履职之路上两任两退也走了一个"之"字巧合感慨不已，"名之行之思之江，绝信折水富春光"，不管人生路上多么艰难曲折，心灵世界里总是阳光灿烂，春光明媚，令人感奋。在诗人眼中，"西湖波摇连梦寐，千里秀美复壮美"，比起"神姿仙态桂林的山""如情似梦漓江的水"的"秀美"又多了一层"壮美"，更加令人神往。诗人一再发问"请教再问'甲申祭'，黄河渡后今何夕""方腊碧血腾碧浪，梁山易帜后何如"，回想新时期资产阶级自由化势力一再猖獗，苏东易帜致使国际共运跌入低潮，令人警醒。组诗结尾，诗人更以高瞻远瞩之势、黄钟大吕之音尽显革命者的初衷与本色："壮哉此行偕入海，钱江怒涛抒我怀。一滴敢报江海信，百折再看高湖来。""壮""偕""怒""敢""看"五字含意极深，让人思之不尽，豪情满怀。这一大型组诗，名曰"散歌"，实则形散神不散，构思缜密，结构严谨，放得开，收得拢，自古至今，真可谓"笼天地于形内，挫

---

① 贾漫：《烈士暮年，壮心不已——贺敬之〈富春江散歌〉读后》，《光明日报》1993 年 9月 1 日。

② 杨子敏：《喜听老凤发新声——读〈富春江散歌〉》，《人民日报》1994 年 4 月 4 日。

万物于笔端"（陆机《文赋》）、"寂然凝虑，思接千载；悄然动容，视通万里"（刘勰《文心雕龙·神思》）。据杨柄统计，组诗中所论及的历史名人从范蠡、伍子胥、李白、辛弃疾、方腊、岳飞、文天祥到毛泽东、朱德、鲁迅、郭沫若等共计20余人。他说："上下两千年各个方面的伟大人物和杰出人物集论于一篇，将山河的秀美和壮美，历史的感奋和悲怆，现实的鼓舞和思考，融成水乳，汇入胸中，流注笔下，成此佳篇。"① 诚如丁正梁所言："在写法上似沿江而游且行且歌，左一首，右一首，似无统筹考虑，有如高段棋手落子似漫不经心并无严格章法，最后视之则如铜墙铁壁无懈可击！"②

《富春江散歌》和《〈贺敬之诗书集〉自序》在《诗刊》同期发表后，引起人们越来越密切的关注，于是关于"新古体诗"的创作和评论，成为诗坛上一个热门话题。《诗刊》1994年第2期又开辟"新古诗"专栏，刊发台湾诗人范光陵的《新古诗二十首》和大陆诗人苇可的"新古诗"《海潮赋》3首。接着，《诗刊》1994年第5期又发表贺敬之的"新古诗"《川北行》15题30首；同年7月18日《光明日报》发表诗人自称"新古体"《延边老人节》8首；8月6日《文艺报》刊发诗人《文情艺事杂诗》25题29首，他在诗前小序中称近来诗评家对此类诗正式以"新古体诗"名之明确表示首肯。近3年来刊物和报纸如此密集发表贺敬之的"新古体诗"格外引人瞩目，令人惊喜。

随着《贺敬之诗书集》及其"二集"相继问世，特别是进入21世纪《心船歌集——贺敬之新古体诗选》一版再版，他的新古体诗创作全貌基本上展现在了读者面前。这近400首新古体诗中，除《南国春早》2首和《访崖山》5首写于1962年3月，其他诗均写于1976年10月"文革"结束后的社会主义新时期，而大部分是诗人进入老年以后创作的。我们知道，作为一名老革命文学家、战士诗人的贺敬之，革命生涯漫长，人生阅历非常丰富，这就孕育出他那独特浩阔的精神世界。他的精神世界既是丰富的，

① 杨柄：《江山·历史·诗情——读贺敬之同志组诗〈富春江散歌〉》，《文艺理论与批评》1993年第6期。
② 丁正梁：《贺敬之新古体诗选释》，中央文献出版社，2008，第162页。

更是崇高的。这些精神特质所凝集成的人格力量和思想艺术魅力，在他新时期特别是晚年的新古体诗创作中得到了深刻、质朴而生动感人的充分表现，因而启人心智，沁人心脾，动人心魄，其中有的精品力作堪称新时期新古体诗作品的经典名篇。

故乡情怀是贺敬之新古体诗中挥之不去的情结。热爱故乡、怀念故乡、歌颂故乡是中国历代许多诗人常写不衰的永恒主题。在古代征战频仍、田园荒芜的岁月里，家乡往往破败不堪，在诗歌中呈现出一派悲怆的情景，比如东汉后期有一首乐府民歌《十五从军征》的叙事诗，描写一位十五岁应征从军、八十岁才回到家乡的几乎是终身服役的老兵，还乡后才知道亲属已经死尽、家园成了废墟只能"出门东向望，泪落沾我衣"的凄惨景象。唐代诗人贺知章一生为官到 80 多岁经唐玄宗批准告老还乡，他在《回乡偶书》诗中写道："少小离家老大回，乡音无改鬓毛衰。儿童相见不相识，笑问客从何处来。"诗人对故乡的失落感和惆怅的心绪溢于言表。可以说，由于时代和经历的不同，历代诗人回归故里的心境千姿百态，然而"家乡美""月是故乡明"的感受是相同的，常常引起诗人对故乡的无限怀念和美妙的神思，李白在《静夜思》里就深情吟唱："床前明月光，疑是地上霜。举头望明月，低头思故乡。"贺敬之作为社会主义新时代的大诗人，他的故乡情怀具有独特的历史意蕴和鲜明的时代特色。《山东文学》2013 年第 3 期下半月刊辑集刊发了他于 1976 年至 20 世纪末抒写故乡的《青岛吟》《胶东行》《故乡行》《再访胶东》《枣庄行》等 62 首新古体诗，他的足迹几乎刻印在山东老家的山山水水间。诗人桑恒昌在《贺敬之归故里》中赞道："乡路是根长长的引信/风中没有损/雨中没有潮/你的双脚一踏上/便爆响/劈劈啪啪的乡恋。"1976 年 10 月"文革"结束，11 月他获得解放，解除"监督劳动"归来后，满怀着欣喜的心情回到故乡，得饮家乡兰陵美酒，借酒抒怀，在醉乡中与李白同饮："太白何处访？兰陵入醉乡。我来千年后，与君共此觞。崎岖忆蜀道，风涛说夜郎。时殊酒味似，慷慨赋新章。"（《饮兰陵酒》）诗中以"蜀道""夜郎"的经历概述李白一生的艰难坎坷，其实也深蕴诗人自己"文革"十年中遭受的磨难和痛苦，"酒味似"道尽了相距千年的两位诗人相似的人生况味，然而，毕竟时代不同，贺敬之心潮激荡，直抒胸臆要"慷慨赋新章",于是新时期伊始他很快写出《中国的十月》《"八一"之歌》长篇政治抒情诗后,紧接着一批又一批新古体诗流注笔端。正如丁正梁所言:"这首诗可以看做为诗人进入新时期后的诗歌宣言。"① 1984～1985 年,在党的领导下,我国改革开放事业不断取得令人瞩目的发展,而在思想文化战线精神污染现象却日趋严重,处在文艺战线领导岗位上的贺敬之一直坚决反对这些错误思潮,也因此遭到党内外坚持资产阶级自由化立场的势力的毁谤和攻击。1985 年 4 月下旬至 7 月上旬,他先后在山东访问,创作了《青岛吟》《胶东行》两组新古体诗,热情赞颂改革开放给家乡带来的巨大变化,如在《胶东行·咏长岛》中他兴奋地高歌:"五载创业惊大步,十年飞鸟信凌云。朝见海田展画卷,夜听涛声数足音。此景此情不须酒,长岛醉我动歌吟。"与此同时,他愤怒鞭挞精神污染和自由化思潮给党和人民造成的严重伤害,抒写出自己不惧风雨、永不停息的战斗情怀。诗中唱道:"青山几番复完璧,黄岛一瞬增明珠。开怀尽饮五洋水,炯目长龙善澄污。"(《青岛吟·访黄岛开发区》)"关山花如云,海天壮客心。居庸岂庸居?老骥洗征尘。"(《青岛吟·应题居庸关路居处》)"观海喜见潮,听松乐闻涛。风雨寻常事,石老解逍遥。"(《青岛吟·望石老人礁岩》)"不令儿辈朱颜改,还向红旗写壮怀。明日飞过三山去,犹带昆嵛歌声来。"(《胶东行·咏烟台之三》)诗人在《胶东行》中还高唱"文明两花信可摘"(《访胶县》)、"中华千秋浩气存"(《题田横岛》)、"海涌英雄血,山铸民族魂"(《访刘公岛》)。真可谓诗人胸中存正气,笔下有豪情。1987 年 10 月 3～7 日,贺敬之又回山东访问,创作了《故乡行》15 首,在这组诗前小序中他说:"1987 年秋,心载京中数月所感而偶有故乡山东之行。几年来见喜、见忧,心绪繁纷,尤以此番为最。……因反资产阶级自由化又一次夭折,身处当时境遇,不得不避免又送'辫子',再遭谣诼,以致又牵连其他同志也。"因此,这组诗直到 1990 年 2 月 22 日才在《光明日报》上发表。我们知道,1987 年秋,资产阶级自由化倾向在思想文化战线越发严重,贺敬之深感在文艺界坚持党的正确路线十分困难,于是深怀忧国忧民之心回

---

① 丁正梁:《贺敬之新古体诗选释》,中央文献出版社,2008,第 3 页。

到山东，一踏上家乡土地便倍感亲切："泉城多真水，历下少虚情。故人故心在，故乡问征程。"(《济南会友》)"今寻幼安擒叛地，午梦点兵呼我来。"(《寻辛弃疾旧踪》) 显然，诗人从故乡大地和老朋友心中感受到了革命真情，继续征战的强烈愿望油然而生。他这次回乡的主要活动是登泰山，因为他视泰山为强大的精神支柱，能升华自己的思想境界，增强自己高尚的人格力量。他纵情高唱："暗云何能损岱岳，到此亲眼见泰山。"(《天街即事》)"几番沉海底，万古立不移。岱宗自挥毫，顶天写真诗。"(《登岱顶赞泰山》)"望岳偏遇望人松，观日却上日观峰。青松红日对我望，齐报骨坚心透明。"(《日观峰上》) 这些正是他作为革命文学家、战士诗人崇高的精神世界的生动写照。1987 年 11 月贺敬之连续当选为中共十三届中央委员，12 月 17 日中央通知免去他中宣部副部长职务。1988 年 10 月他再次回到家乡，创作了《再访胶东》《枣庄行》两组新古体诗，将诗人崇高的精神世界进一步鲜明地展现在我们面前。他面对新形势下出现在党和人民面前的严峻问题忧心忡忡、思绪万千："事烦久难成此行，但期无官一身轻。今来身轻心反重，又添千山万种情。"(《再访胶东·访平度》)"身轻心反重"，正是一位坚定革命者的强烈责任感和担当精神。可见，故乡乃诗人贺敬之生命的源泉、精神的家园。因此，马启代说："我更愿意把贺敬之先生的'故乡'诗作看成他修复灵魂和精神的返乡之旅，看成他寻求心灵救赎的寻根之行。"[1] 其实，从更高处和更深层去看，贺敬之的故乡情怀正表明故乡的山山水水、人文景观、人情世态滋养了他的生命之根，升华了他的精神世界。

抒写革命情怀是贺敬之新古体诗中开放在他漫长革命人生道路上闪耀着特异光彩的诗歌艺术花朵。1938 年 4 月，在台儿庄大战炮声中，他与几位同学一起离开家乡，扒火车，乘汽船，流浪到湖北均县，进入流亡到此的山东母校新组建的"国立湖北中学"简师部就读，同时积极投身于抗日救亡宣传活动。1939 年 2 月，又随学校迁往四川绵阳，学校更名为"国立第六中学"，他入设立在梓潼分校的简师部学习。湖北均县特别是四川梓潼同他的少年时代结下不解之缘。1999 年 6 月，他访问湖北丹江口等地，创

---

① 马启代：《一滴敢报江海信　百折再看高潮来——读贺敬之写给山东的新古体诗》，《山东文学》2013 年第 3 期下半月刊。

作新古体诗《散歌纪行》5 首，其中《访丹江口》中感叹道："问我少年烽火路，寻指水下忆均州。"至于梓潼，更是刻骨铭心，他曾说"四川人民和山东人民都是我的母亲，梓潼是我的第二故乡"。1993 年 10 月 3 日至 11 月 5 日贺敬之创作新古体诗《川北行》15 题 30 首，在诗前序中他回忆说："抗日战争初期，我离开家乡山东流亡大后方，于 1938 年底进入四川，沿川北古金牛蜀道，经广元、剑门关、剑阁到达梓潼止留。1940 年由此北上，经原路奔赴延安。53 年后的 1993 年秋，沿此线重访川北故地，并顺游九寨沟，又访江油李白故里。"诗人在组诗开篇《咏广元》中深情写道："北去过此已半世，广元新颜惊不识。红军碑林红军渡，巴山泪雨诉情思。""千山开放万壑改，长街远出旧关隘。五丁开道励新世，负力失国警后来。""南江新岸楼外楼，红颜红心慰白头。共话文明双飞翼，喜望利州亦义州。"面对改革开放以来广元市呈现的惊人新貌，两个文明建设双翼齐飞，诗人欣喜不已、感慨万千，并以古"五丁开道"精神激励来者，以蜀王"负力失国"的沉痛教训警策后人。诗人为阿斗投降作俘后"乐不思蜀"、诸葛亮"出师未捷身先死"而痛心疾首，嗟叹"蜀道遥想神州路，新喜新忧感非昨"（《翠云廊古柏蜀道》），引人深思。组诗中《咏梓潼》《两赠梓潼》2 题 4 首，集中抒写了诗人少年流亡岁月在梓潼难忘的记忆和对梓潼今夕巨变的深切感受。《咏梓潼》追忆传说唐明皇梦见张亚子"应梦仙台"典故和"文昌帝君"施医有愧神功，长卿山上司马相如读书处与其妻卓文君裁制新衣的联想而如今在山下新建梓潼服装厂，所产"川思"牌等丝料优质服装畅销海内外，称赞"蜀道开新天，刮目看梓潼""四海识潼水，思川喜川丝"。《两赠梓潼》更抒发出埋在诗人心灵深处的革命情怀。其一《一九八五年寄赠》写道："夜笼大庙传火种，依稀晓雾离梓潼。北上少年今白发，万里长思送险亭。"其二《一九九三年留赠》进一步写道："华发归来寻旧迹，心回北上少年时。锦屋夜梦数草履，史途多险岂无思。"两诗都提到"北上少年"，是指 1940 年 4 月底一天清晨，在雾气蒙蒙中，贺敬之等 4 位同学结伴从梓潼县城出发奔赴延安，是他真正踏上革命人生道路的第一步。如今他白发浸染双鬓，可"大庙传火种"的精神永驻心中，虽历经艰险与坎坷仍"梦数草履"备行远路。"万里长思送险亭""史途多险岂无思"，有"险"必有"思"，这正是他在漫长革命人生道路上深刻体验的诗意表达。接着，诗人访昭化古城和武平、游九寨沟并访江油李白故里，一路思潮起伏，感奋不已。在《访昭化古城》中，他写道："古城昭化葭萌关，满目风云思万千。底事千年远若近，何情万里鼓征帆？""史家竞论蜀起止，老农喜说红区年，南退见降一庸主，北上推倒三座山。"诗中痛斥"庸主"刘禅南退丧国的可耻行径，歌颂红军北上抗日、推倒"三座大山"的不朽历史功勋。诗人在《访武平》一诗中更展示出自己的复杂心境："豪情展锦绣，坦诚计贫荒。万户开颜笑，百端结愁肠。"并唱出惊世骇俗的心声："风云三世界，悲欢两红墙。君心牵四海，腾飞警迷航。"这是对我们多么振聋发聩的警醒呵！诗人游九寨沟被其旖旎风光深深吸引，自感"我行步步白发减，彩池一照少年身""何境尽消魂中垢？何域遍呈心内幽？"因为他心往神驰："西望未远红军过，曾如九寨缚妖魔。诺日朗念'千里雪'，万瀑竞和长征歌！"（《游九寨沟》）可见，正是革命理想曾引导少年贺敬之义无反顾地走上革命人生道路，也正是革命情怀使得老年贺敬之心灵纯洁无瑕、永葆革命青春。在访李白故里时，诗人神思飞扬，深感自己与李白心灵相通、理想与共，高歌"东路初平西路险，向天有问学君飞""青莲、兰陵谁为客，千载共飞大同乡"（《访江油太白故里》），暗喻自己决不走全盘西化的"险"路而坚决走中国特色社会主义"平"路，并遐想与李白共同飞向共产主义社会（"大同乡"）的美好未来。1994年10月，贺敬之重访德阳市罗江国立六中四分校旧址，又访二分校原址上新建的德阳中学，再访国立六中总校所在地绵阳市，写下了《访德阳、绵阳三题并序》。序中追忆了他抗战初期流亡到四川梓潼求学，特别是1939年夏未满15岁的他曾只身冒雨从梓潼一分校徒步奔赴罗江四分校请求转学未果的经历，不胜今夕之感，难禁"蜀道之思"，于是赋诗抒怀。他在《德阳二章》中情深意挚地写道："五十五载求学望，当年罗江今德阳。解我天问又地问，心刻正道智慧墙。""暮年不改少年望，依然朝阳岂落阳？忆昔南愁山城雾，未枉北心唱铜墙。"诗人永志不忘少年时代的志向，心存"正道"和"朝阳"，烈士暮年，壮心不已！《登绵阳富乐山》一诗，更集中抒写了诗人70年来所经历的艰难革命人生道路引发的深沉爱国之情和忧国之思："七秩回首望征程，蜀道重来万感升。少踏巴山生死路，老耽剑栈兴亡情。阁起'富乐'乐初见，亭复'送险'险未终。西北目坠赤星座，东南必撼翠云松。曾识金牛五丁悟，还念铁马九州同。焉许雄关竟坐付，斗城夜看南湖灯。"诗人回顾自己少年时代由蜀道投奔延安的艰险历程，联想进入老年后国家改革发展国富民乐形势喜人，但目睹苏东易帜亡国、台湾仍未回归，警示世人莫忘五丁开道的初衷和蜀王淫靡丧国、坐失江山的深刻教训，须牢记陆游铁马金戈战斗到底以实现"九州同"的爱国情怀。尤为可贵的是，诗人巧借绵阳城南一湖与浙江嘉兴"南湖"同名，表达了自己心灵深处对党的一往情深。

应该说，贺敬之在延安生活的 6 年，是他从少年到青年的一段最为宝贵的时光。1940 年 4 月底，他与 3 位同学结伴从梓潼出发，跋山涉水，历经艰险奔赴西安八路军办事处，7 月随同董必武、徐特立、林伯渠等老一辈革命家结集约 200 人分乘 5 辆八路军军用卡车终于到达延安，掀开了他青年革命时代最为重要的一页。1982 年 9 月他出席党的第十二次全国代表大会并当选为十二届中央委员。11 月他赴西安出席中宣部召开的西北文艺工作座谈会，调查研究陕西省文艺状况，重访延安，创作新古体诗《陕西行》11 题 12 首。在《访西安八路军办事处》中他深有感慨地追忆道："死生一决投八路，阴阳两分七贤庄。四十二载访旧址，少年争问路短长。"特别是在延安，联系现实生活经历，他更加感触良深："我心久印月，万里千回肠。劫后定痂水，一饮更清凉。"（《登延安清凉山》）少年时代冒着生命危险投奔八路军、选择了革命人生道路，历经 42 年无数劫难后重返旧址，特别是革命圣地延安，他那颗赤诚的心虽伤痕累累却始终同延安心心相印，现又受到清凉山泉水的再一次洗礼，精神世界升华到一个更高的境界。他在《谒黄陵》中写道："风云四十载，几度谒黄陵。古柏今犹绿，战士白发生。不问挂甲树，但听征马鸣。指南车又发，心逐万里程！"诗人回顾自己 40 多年革命征程，由黑发少年变为白发老人，但人老心不老，"不问挂甲树，但听征马鸣"，革命者的革命意志老而弥坚，党的十一届三中全会拨正了革命航向，他更加意气风发地"心逐万里程"。《陆疗小住》一诗又别开生面地抒写出诗人的战斗豪情和革命情怀："挥泪别张垣，高歌进沧州。醒来骊山下，梅花开床头。情亲梦中现，泉暖心上流。老兵登程去，回望白云楼。"诗中将梦回解放战争时期撤出张家口和解放沧州战役的经历,同现实生活中在陆军疗养院与医务人员的深情厚谊联系起来抒写尤为感人肺腑,表达了诗人作为一名"老兵"当年和当下同人民群众依依惜别的动人情景,激励起他积极投入下一阶段革命工作的决心和豪情。

1947 年初,贺敬之随华北联大转移到冀中解放区,6 月被派到华北野战军第二纵队十六旅十六团一营三连任"文书",同指战员一道亲身投入"青沧战役"解放沧州的战斗并立功受奖,在枪林弹雨中留下了他革命人生道路上一串闪光的足迹。1992 年 5 月 12 日,他在新古体诗《题刘政回忆录》前序说:"原六十六军军长刘政同志,解放战争中青沧战役时任营长。此役中作者随他强渡运河军桥,继而在他指挥下随突击队登城。"该诗写道:"沧州军桥上,浴血刘营长。至今忆相呼,犹见战旗扬!"区区 20 字的一首短诗,以简约质朴的语言生动抒写出一场血雨腥风、惊天动地的战役,非诗艺高超且亲历战火的大手笔诗人不可为。诗人曾在长篇政治抒情诗《放声歌唱》中写道:"啊,华北战场的/枪林弹雨,/是怎样地/撕碎/我层层的军衣!……"在另一首《"八一"之歌》中又写道:"平津战场,/烟里火里——/老团长啊,/在前沿阵地/你将我扶起,/你胸口的鲜血啊/洒满我全身军衣……"这些诗句虽并非直接描写"青沧战役",但其中无疑也闪动着刘政等指战员和诗人贺敬之的身影,只不过短小凝练的新古体诗的意蕴更加深沉而丰厚,其革命情怀更加浓郁强烈。事实上,被新歌剧《白毛女》激励着奔赴战场的指战员们同作者贺敬之的感情之深是难以言表的,诗人就用"浴血""相呼""战旗扬"这三个心血凝成的词语展现出当时惊心动魄的战斗场景,真是字字千钧,落笔发金石之声!

贺敬之新古体诗中革命情怀的抒写,不仅充分体现在他长期革命人生道路上的重大节点上,更强烈体现在他以世界视野和历史眼光对世界前途与人类命运坚持不渝的热切关注中。1979 年他任文化部副部长期间,于 8~10 月率中国京剧团 100 余人赴日本演出和访问,其间创作新古体诗《访日杂咏》3 辑 19 题 22 首。诗中热情赞颂中日人民自古至今的深情厚谊:"千载诗魂在,扶桑知新音""万代友好约,价高《兰亭序》"(《抵东京》);"真山有青果,我爱《新制作》。一声周总理,相见泪滂沱"(《与新制作座联欢》);

"苍梧风狂日，扶桑伤花枝。友谊花不谢，知根坚如石"（《访文学座》）；
"飞车云中路，泛舟'芦之湖'。战友输肝胆，早解闷葫芦"（《游箱根》）；
"知情祖国心，知味家乡酒。隔海长相忆，'神户第一楼'"（《访神户》）；
"情通千里涛，心共一海水。"（《访大阪》）"晁衡忆灞上，鉴真话奈良。李
白望今月，万里皆故乡""牵衣扬州树，挥泪洛阳花。海外草木心，朝朝望
中华"（《奈良吟》）。诗人对中日人民悠久深厚的友情可谓表现得淋漓尽致，
同时对日本军国主义侵略者戕害中国人民的滔天罪恶刻骨铭心、憎恨至极：
"祸兮缘自大，伤哉流迁客。夜郎不知汉，汉知倭奴国。千年各沧桑，几度
惊梦噩。东魔留恨深，同仇友更多。"他更抒发了如今中国人民继承并发扬
当年红军长征勇于战斗、敢于胜利的革命精神在改革开放中奋发图强、继
续新长征的壮志豪情："赤水通四海，再响长征歌。志贺为我贺，博多望眼
多。即此扬帆去，请君看如何！"（《志贺岛感怀》）诗人在访问中既看到并
称赞日本这个国家经济发达的一面，也指出并鞭挞了它造成两极分化、物
价飞涨、下层人民贫穷落后的一面："'阳光城'可羡，山谷见饥寒。阿崎
归乡后，应怕到吉原。"（《浅草行》）一边是东京新建的"阳光城"这样的
现代化巨型商业大厦，另一边是如同电影《望乡》中随军妓女阿崎归乡后
害怕去建有妓院区的吉原，这是对腐朽的资本主义制度的血泪控诉啊！革
命家老诗人贺敬之当然有自己崇高理想的追求。1997 年 9 月他创作新古体
诗《怀海涅——纪念海涅诞生 200 周年》，抒发了诗人心中坚定的革命信
念、浩阔的战士胸怀。当时正是苏联东欧易帜后国内"告别革命"论和
"社会主义历史终结"论甚嚣尘上的时候，贺敬之挺身而出，满怀热情歌颂
19 世纪德国杰出革命诗人海涅"青史展新卷，诗史揭新页"。海涅诞生于
1797 年 11 月 13 日，在马克思的直接影响下，他从一名资产阶级民主派革
命家成长为一位向往社会主义甚至临终前抱有"未来是属于共产主义的"
这样崇高信仰的、为无产阶级解放事业创作诗歌的革命诗人先驱。贺敬之
称赞他创作的《西里西亚纺织工人之歌》与《国际歌》遥相呼应，带动起
一支又一支革命文艺大军浩浩荡荡地阔步前进。诗人义愤填膺地痛斥种种
谬论并义正辞严地伸张正义："曾闻狂言'终结'，/咒语'告别'——/堪
笑一丘愚劣。/扶天倾，/补地裂。/导洪流，/警覆辙——/自有人心、诗心

坚胜铁!"创作此诗不久他在致诗友朱子奇信中说:"现在,'革命'这个字眼在文坛上已不大被提起了。有些人想的和做的是'告别'即否定革命。但是,革命是永存的,革命诗人是永存的。……作为社会主义的文艺工作者,特别是党员作家和诗人,革命精神决不能丢,革命的世界观、人生观和艺术观决不能丢。"① 纪念海涅诞生 200 周年恰好与俄国十月革命 80 周年同月,贺敬之感慨万千:"望红旗落处忆举时,／往事又重阅。此情此心,／能不问海燕,／思海涅?!"他坚信:"观潮起潮落,／数星明星灭,／正道沧桑固曲折。信有相逢处,／江山不负约。""唤莱茵春水,／踏昆仑溶雪,／且看新队列。"他深知此时"云尚遮",也非常庆幸能"与诸君同诵先辈华章,／再学赋新阕",深信自己同海涅一样永葆"革命情怀战士心"。

贺敬之新古体诗常常围绕祖国的大好河山、名胜古迹、人文景观抒写自己深挚而强烈的爱国情怀,这种爱国情怀又往往同他的革命情怀、人生感悟、审美情趣水乳交融,深蕴他的理想信念、人格品性和革命人生哲理,因而引人入胜,启人深思,既陶冶人的情致,又升华人的境界。早在 1959年,他创作的颇具"新古体诗"韵味的经典名篇《桂林山水歌》饮誉海内外,滋养了一代又一代读者的美好心灵。1986 年 10 月,诗人应邀赴漓江诗会,创作新古体诗《重访桂林》6 首。组诗开篇诗人就深情写道:"青山久违诉别意,碧水重逢话逝波。几经风雨知情重,犹念《桂林山水歌》。"(《漓江诗会席间》)是桂林山水之情将诗友们的爱国之心紧密连接在一起。《访灵渠》一诗,热情歌颂中华祖先开创伟业的壮举和炎黄子孙创造美好未来的飒爽英姿:"灵渠奇迹两千载,堪与长城共壮怀。振我腾飞十亿翅,马嘶万里踏波来。"在《重游九马画山》中诗人联想复杂历史与现实生活,生发出对社会规律的把握和人生真谛的认知:"迷雾再遮诚可虑,终经万目辨真颜。"《游七星岩、月牙楼述怀》一诗,更集中抒写诗人一生的坎坷经历和对光明的不懈追求,表示自己"千书无悔字,万里心可剖","我生历忧患,沧海见横流。未折夸父志,老梦仍壮游。"他坚信:"莫叹路漫漫,难险固必由。杖弃渴未死,追日有飞舟。"的确,在诗人的心目中,历史在发

① 《贺敬之谈诗》,人民文学出版社,2004,第 237~238 页。

展，社会在前进，人类的美好理想一定会实现。1988年4月，诗人再次应邀赴桂林参加诗配乐电视风光片《桂林山水歌》的拍摄工作，又创作新古体诗《再访桂林》6首。诗人高唱："桂林千编史，漓江万卷诗。登高望新境，日出升我思。"(《独秀峰登览》)他"思"什么呢？比如："看尽乱云数尽山，洞天终信在人间。芦笛声唤寻者入，逐水桃花自无缘。"(《再游芦笛岩》)这就是说，追求光明、坚持真理的人必会到达人间别有洞天的胜境，而如随波逐流的桃花一样毫无信仰骨气的人自然与胜境无缘。再比如："漓江醉我，对景当歌。水思分湘，山忆伏波。江山再画，巨笔重握。往矣昔人，壮哉来者！"(《登伏波山》)诗人陶醉于漓江美景，遥想古人修建沟通湘、漓二水联系长江与珠江两大水系的灵渠这样的大型水利工程，不禁纵情高歌如今中国人民"江山再画，巨笔重握"建设现代化强国的壮志豪情。1985年10月中下旬他赴湖北访问并检查宣传文化工作，创作新古体诗《荆州行》5首。其中《去荆州、洪湖道中》写道："身游云梦千年境，思涌洪湖浪打中。访古问今增豪气，不虚此日荆州行。"在《题荆州博物馆》中又写道："灿烂中华史，万代足自豪。须识楚文化，始能全风骚。"前首不仅描写了古云梦泽、今洪湖自然景色的壮美，也通过对革命歌剧《洪湖赤卫队》歌曲旋律的倾听表达诗人的战斗豪情；后首更直接抒写了诗人对悠久灿烂的中华历史和文化的强烈自豪感。诗人在湖北访问后接着乘船上溯入四川作三峡之游，创作新古体诗《三峡行》9首。其中《游小三峡》生动描绘了小三峡绝佳的风景："轻舟如云入梦幻，归来还梦舟再发。峰峦滴翠润红颜，天泉飞雨消白发。一重景色一声叹：美到何处是天涯？"诗中描写并赞叹祖国山水之美，是贺敬之诗歌创作的一大亮点。只有深深热爱祖国大好河山的诗人，才会深情关注祖国历史和现实社会生活。我们知道，贺敬之早期饱经忧患，参加革命后也历尽坎坷，在新时期处于党政文艺领导岗位上仍然一再遭逢党内外错误思潮泛滥，他因坚持正确路线不断受到境内外别有用心者的造谣诽谤，但这些始终动摇不了他同邪恶势力战斗到底的决心。《登白帝城答友人问候》一诗中他写道："列阵群峰激壮心，高城千尺竞登临。目送杜甫长江浪，袖扫宋玉巫山云。但倚赤甲呼征鼓，岂对白帝输病身？夔门又雨何足畏，滟滪千堆过来人。"诗人眼前群峰耸立如同战阵排列激起内心征战豪情，又借杜甫、宋玉诗意表明自己爱憎分明、不畏难险、奋战终身的雄心。1986 年 6 月，他赴广东考察文化工作，创作《南粤行》13 首。组诗中热情歌颂广州改革开放带来的令人惊喜的巨大变化："百业一心两文明，羊城取得南华经。南风吹人醒非醉，繁花更映木棉红。"（《访广州南华西街先进文明单位》）"南风吹人醒非醉"意蕴丰富而深刻。宋代诗人林昇有"暖风熏得游人醉，直把杭州作汴州"诗句，满含悲愤地痛斥南宋统治者不顾国难、过着醉生梦死腐朽生活的罪恶。我们的革命老诗人贺敬之盛赞如今广州人民沐浴在改革开放的"南风"中"醒非醉"，确实令人欣慰。诗人自己非常清醒，明白今天的大好局面正是无数革命先烈用鲜血换来的，因此两个文明必须同时发展。他的《访桂山岛》一诗赞叹道："宝岛无觅垃圾尾，桂山史留英雄碑。情蘸南海如泼墨，写我百年两腾飞！"只有"两腾飞"，才能确保祖国社会主义江山永不变色啊！同年 7 月上旬，诗人到内蒙古哲里木盟访问并参加民族文学杂志社在此举办的"草原笔会"，创作《哲盟行》组诗 8 首，热情歌颂内蒙古人民在党的领导下所取得的物质文明和精神文明建设的丰硕成果。诗中赞道："沙漠建楼奇，草原银河新。天骄今回目，腾飞信如神。"（《参观通辽发电厂》）诗人还称赞兄弟民族心心相印："重稀土无价，麦饭石有神。更见可贵者，哲盟兄弟心。"（《谢赠麦饭石样品》）他也赋诗赞颂著名歌曲作家、延安时期战友麦新的革命精神："碧血塞上几经春？大刀一曲忆战云。岁岁清明碑前祭，蒙汉万口念麦新。此行未到麦新镇，梦中呼名会故人。老友新姿可告慰：什九未改战士心。"（《参观哲盟博物馆麦新烈士史迹》）诗人崇敬、怀念老战友之情动人心弦。1986 年 8 月，贺敬之应邀赴延边参加"'八一五'老人节"，创作新古体诗《老人节访延边》9 题 18 首。诗人面对丛山林海心潮澎湃、感慨万千："山山金黛莱，村村烈士碑。红心振双翼，延边正起飞！"（《题赠延边州委》）"边防卫边任，珲春护春神。战士千里目，祖国十亿心。"（《珲春国境线上题赠边防战士》）"谁道林海新绿生，风景从此不言红？来看万松根到籽，抗联血沃色赤诚。"（《车行长白林区》）诗人将延边人民代代相传的革命精神同祖国的现在和未来联系起来歌颂，既深沉，又热烈，赤胆忠心跃然纸上。组诗中《长白山天池短歌》10 首尤为出色，诗人不仅生动描绘长白山天池那神峰仙岭、异雾奇霞的壮观美景，也热情赞颂岳华林那"烈风酷寒百战身"刑天般的英姿，更抒写出自己内心深处那"大小天池俱神异，豪情柔情皆诗情"的真切感受："唯有此等好河山，堪为中华写容颜。灿烂往昔千山后，光辉来日万水前。""仰观悬河来远天，滔滔史卷并诗篇。几经炎凉解深意，读瀑凝思天豁前。"诗人"凝思"什么，所解"深意"又是什么？诚如丁正梁所说："长白山天池神奇之美激发起诗人热爱祖国之情，引发出歌唱祖国诗情。"[①] 其实，正是诗人由赞美自然世界的山川之美升华到赞美精神世界的理想之美，他的爱国情怀才富有精神美的崇高感，于是他引吭高歌："半生常饮未深醉，纵有千喜与万悲。为筹环球大同宴，来倾天池试醉归。"显然，他所讴歌的"大同"理想，不是中国东晋陶渊明所描写的"桃花源"式的农业社会主义，也不是 19 世纪初英国欧文所试建的"新和谐村"式的空想社会主义，而是马克思、恩格斯所揭示的经由科学社会主义之路所必然到达的共产主义社会。贺敬之历经漫长的艰难曲折的革命人生道路终于树立起历史的辩证唯物主义世界观，这使得他在踏访祖国名山秀水中，随时生发出富含哲理的诗情画意。1989 年 3 月，贺敬之赴云南访问，创作新古体诗《云南行》4 首。诗人在《访大理》一诗自注中说："作者少时初知大理之名时，曾依己之愿，自解为'伟大真理'之意，故特喜大理之名。"的确，他一生向往光明，追求真理，如今亲访大理，不禁百感丛生："苍山惊我如山在，洱海赠我耳似海。此生念念寻大理，心泉终信万蝶来。"当时社会形势复杂，他始终身如山、耳似海，立场坚定，不改初衷。更能表现诗人的理想和信念、深蕴革命人生哲理的是长韵抒情新古体诗《游石林》。诗人游览石林，是作为一部中国革命战争史来阅读的，读出了伟大中华民族的志气和精神。在他眼中，块块巨石就是百战百胜的"千军"，他们"向天皆自立，拔地深连根"，于是他"入林识战友，叩石听友心"，明白了"石"何以成"林"的深刻道理："结群基一我，众我成大群。主、客二体合，个、群互为存。"诗人用诗的语言表达这种天运和人运正轨同轮的"小我"与"大我"的辩证统一关系，在他的许多文论中曾反

---

① 丁正梁：《贺敬之新古体诗选释》，中央文献出版社，2008，第 80 页。

复深入论述过。可贵之处在于，他正是用马克思主义的历史辩证唯物主义哲学观，审视复杂的中国革命的历史和现实。1992年5月，贺敬之游杭州西湖，创作新古体诗《大观西湖》："大观西湖识壮美，九天峰飞仰岳飞。于谦青白悬白日，千秋碧水接苍水。"这也是一首歌颂民族正气之歌。丁正梁指出诗人"看西湖中爱国志士遗迹与大自然景的壮美与崇高的关系，进一步写出自然的壮美与崇高的民族精神的统一"，他强调说："这显然不是自然景观的写实，而是高扬中华民族崇高的精神，也是诗人心目中的人生最高境界！"[1] 诗人在历游祖国锦绣山河、广袤大地时，不仅常从人文景观、名胜古迹中发掘出中华民族的崇高品格和伟大精神，也常从新的时代变迁中抒发喜怒哀乐的深切感受，其忧国忧民之心令人赞叹。2001年4月，他应邀访问河南平顶山市辖区各地，创作新古体诗《访平顶山》《歌汝州温泉》等。在《访平顶山》中，诗人称赞平顶山"千里英雄路，百代锦绣文。鹰翔三千载，今展两翼新"的辉煌历史和非凡现实，更向市领导表明心迹："程门风雪远，同君登马门（作者自注指学习马克思主义）。东向迎海日，西面蔑狂云。中州望神州，忘年共此心。"是啊，北宋哲学家程颢"如坐春风"及其弟程颐"程门立雪"的故事离今天遥远，让我们一起学习马克思主义吧，面向东方迎接海上红日升起，面对西方反社会主义的邪恶势力投以蔑视的目光，喜望神州大地日新月异的变化，我们永远心心相印。这就是我们敬佩的革命诗人贺敬之的诚挚心声。诗人在《歌汝州温泉》诗前序中介绍，此处温泉水质优异，含有54种微量元素，对人体多种病伤有显著疗效，被历代帝王辟为皇家浴池，新中国成立后收归人民所有，建河南省工人温泉疗养院，为广大工人群众和干部所欢迎。于是，诗人高歌："泉水疗我半生疾，春风减我世风愁。四方来此多劳者，早非旧时尽王侯。"面对表示要更上一层楼的白衣天使，他更加放声歌唱："生为万众生，人寿江山寿，应不负神泉滔滔万载流！"心系"万众"的诗人推心置腹地最后唱出了自己的心愿："病消再迎风雨骤，眼明更穿迷雾稠。汝州临别作长歌，神泉神思向神州！"这就是生命不息、战斗不止的战士诗人贺敬之！实践再次表

---

[1] 丁正梁：《贺敬之新古体诗选释》，中央文献出版社，2008，第164页。

明，他是这样想，也是这样做的。不久，2002 年 2 月，他与柯岩应邀赴滇西疗养，创作新古体诗《滇西三题》，其第二首《梦惊漫记》前序中写道："近来多见荧屏和舞台大加美化封建帝王，宣扬封建意识，其声势逼人至甚，致令年老嗜睡如我者噩梦频仍，日夜难安。"于是他痛心疾首、怒发冲冠地高唱："三山横断行逆道，一羽升天舞狰狞。昏昏何处问大理，灼灼此心念昆明。醒看怒江翻怒浪，气腾热海望腾冲。"可爱的祖国和人民绝不能变为帝国主义的殖民地，也绝不能再变为专制封建主义的人肉筵宴，诗人爱党敬业、忧国忧民的赤子之心跃然纸上，足见诗人的爱国情怀多么诚挚和深厚，正如梁启超所言："情感的性质是本能的，但他的力量，能引人到超本能的境界。情感的性质是现在的，但他的力量，能引人到超现在的境界。"①

尤为令人钦佩的是，贺敬之新古体诗中所抒写的领袖情怀更加动人心魄，促人奋进。显然，在他的心目中，领袖既指中国共产党的领导核心群体，也指伟大领袖个人。毛泽东在第一届全国人民代表大会第一次会议上的开幕词中就明确指出："领导我们事业的核心力量是中国共产党。"② 贺敬之始终放声歌唱共产党在中国革命、建设和改革事业中的丰功伟绩。1992年春，他因病赴杭州疗养并作"三江两湖游"。其间他创作了新古体诗《咏南湖船》初稿，至 1997 年 10 月在北京改定。《咏南湖船》一诗，他开篇就抒发出自己内心强烈的忧患意识和对党的坚定信念："极目长河，/惊骤洄巨折！/逆风狂，/浊浪恶，/百舸几沉没？/念神州，/心千结——此船应无恙：/勿迷航，/莫偏斜；/当闻警排险，/岂容自损身，/暗沉不觉？"他深知，中国共产党及其领袖核心群体已经长期接受了并将继续接受历史的检验和人民的选择。他更清醒认识到："而今寰宇更待——/再拨疑云迷雾，/净淘断戈败叶。/志无移，/步无懈；/信河清有日，/归燕终报捷。"这就是说，世界人民更期待再次拨开疑云迷雾，将戈、叶等的反马克思主义的反动货色淘洗干净，共产党人革命志向不改变，前进的步伐不懈怠，深信全世界河清海晏的时候，春燕定会衔着共产主义胜利的捷报飞回。至

① 梁启超：《中国韵文里头所表现的情感》，《饮冰室合集》文集第 13 册，中华书局，1936。
② 毛泽东：《为建设一个伟大的社会主义国家而奋斗》，《毛泽东选集》第五卷，人民出版社，1977，第 152 页。

于诗人自己，他写道："无须问我——/鬓侵雪、/岁几何？/料相知——/不计余年/此心如昨。"从他入党那天起，为共产主义理想奋斗终生的赤胆忠心永远不会改变，他决心紧挽少先队员们的臂"登船同看：/电光闪处当年舵；/烟雨楼上——/听万里涛声/共唱/心船歌"。这首新古体诗是一篇充分表现诗人爱党敬党情怀的优秀的心血之作。

我们知道，贫苦农民家庭出身的贺敬之，少年时代投奔延安，是在毛泽东主席身边，在马列主义、毛泽东思想阳光雨露沐浴下成长起来的一名革命作家、杰出诗人，他对党和人民的领袖毛泽东满怀崇敬和热爱之情。他经常强调，作为一名革命文艺工作者，他是《在延安文艺座谈会上的讲话》精神哺育下成长的。他说："《讲话》作为马克思主义和中国文艺实践相结合的产物，作为马克思主义文艺观和社会主义宏观文艺学的经典文献，作为中国革命文艺和社会主义文艺的理论纲领和行动指南，一直是我生活实践和创作实践的最重要的教科书。"他还说："至于我在新时期以来写的一些新古体诗，并不是自己要创造什么新品种，而是表达自己的心声。其中不仅仍然是贯穿着《讲话》的血脉，还有直接怀念《讲话》的篇章。我歌颂改革开放的同时也有忧患之思，但是信念绝不动摇。"① 这"信念"就包括真诚崇敬和热爱伟大领袖毛泽东。2009 年 6 月 2 日，诗人登河南嵩县境内白云山，于归途中创作新古体诗《登白云山述怀》。据诗前小序中记述，白云山主峰海拔 2216 米，比泰山岱顶高出 671 米，"天池山与其连体并立，山顶天池旁有巨石，酷似伟人毛泽东卧像。像旁林海隆起处有裸露岩体天然构成'公心'二字，形若毛公手书笔迹。"贺敬之观此，心潮激荡，浮想联翩。他登高振臂抒写道："足踏超岱顶，目骋越苍穹。今登白云山，千载一览中。"面对苦难深重的祖国"兴亡云漫漫，安危雾重重"，他从毛泽东气魄雄伟的"俱往矣"词中兴奋而骄傲地看到中华民族光辉灿烂的未来，满怀激情地赞颂伟人"大道启新程"。我们注意到，一个时期来祖国大地上展现出许多由山形地貌或岩石形态构成的毛泽东种种卧姿的大自然景观，如海南的"毛公山"、庐山的"领袖峰"、新疆的"毛泽东岭"等。对

---

① 高昌：《贺敬之看〈1942 年延安文艺座谈会上的讲话〉》，山东诗词学会毛泽东诗词研究专业委员会编《东方诗讯》2012 年第 1 期。

这种奇异现象，笔者曾分析道："如果说毛泽东生前人民把他比作天上的'红太阳'、'北斗星'，那么现在人们心目中的毛泽东却回到了人间，回到了祖国母亲的怀抱，同中华大地融为一体。炎黄子孙这种神奇而丰富的想象，生动表明毛泽东的光辉形象和伟大精神永远活在人民的心中。"[①] 在老共产党人、革命诗人贺敬之的眼中和心中，白云山顶天池旁酷似伟人毛泽东卧像的巨石和像旁林海隆起处裸露岩体天然构成的形若毛公手书笔迹的"公心"二字，充分而生动地体现了毛泽东的伟大形象和崇高精神，于是诗人以他独有的情怀与独到的视角妙笔生辉、出神入化地描绘了伟人博大的胸怀、浩阔的思想境界和人民对自己领袖的崇敬和怀念深情："中华顶天立，世代念毛公。千山想身影，万水思面容。天池张天镜，栩栩见永生。枕石醒若寐，心事耸眉峰。手书付林海，展卷碧涛中。'公心'二字出，天光照分明。远客惊奇迹，万民心相应。"像这样神情毕肖、情真意切地描写毛泽东形象、讴歌毛泽东精神的诗作确不多见，实乃精品。其所以能这样，就是因为诗人贺敬之与领袖毛泽东始终心心相印、"心事"相通。他深情写道："临此非幻境，我来路有踪。观字思如瀑，检点忆平生。扶我初学步，导我晚霞行。西天风暴起，五洲望日升。壮我老兵怀，听唤继长征。路遥信必达，心驰向大同。"确实如此，正是毛主席和共产党让他从"初学步"到"心驰向大同"，坚信人类最美好的共产主义理想一定能实现。读着这样一位饱经风霜的老革命诗人如此感天动地的诗句怎能不令人心潮澎湃、精神振奋？张器友就贺敬之晚年新古体诗《近年偶作诗抄》评论说："八九十年代从国际到国内剧烈的社会动荡，社会上下错综复杂的冲突纠结，把贺敬之投放到党内外各种矛盾的漩涡当中。他背负了一般诗人难以获得的高端体验和空前的时代苦闷。形之于诗歌，便是新古体诗的创作。"他强调，贺敬之晚年的新古体诗"寄情、言志、抒愤，成功书写了一个来自延安、为毛泽东思想所培育的中国共产党人的精神境界和不屈不挠的英雄气概，呈现出以崇高为特征的美学风格"[②]。

　　总之，贺敬之新古体诗中抒写的故乡情怀、革命情怀、爱国情怀、领

---

① 何火任：《毛泽东颂诗大典·序》，《毛泽东颂诗大典》，中央文献出版社，2003，第8页。
② 张器友：《晚岁微型见大义——读贺敬之〈近年偶作诗抄〉》，《中华诗词》2014年第1期。

袖情怀等，分别从不同侧面共同描绘出诗人丰富而崇高的精神世界。在这个世界里，诗人始终心系祖国和人民，情系党和领袖，足立神州大地，面对世界风云，心向人类未来，其气魄之宏大、境界之高远在新时期新古体诗创作中无与伦比。1997 年 10 月他创作的《咏黄果树大瀑布》就是难得的一首他的崇高精神世界艺术写照的佳作："为天申永志，为地吐豪情。我观黄果瀑，浩荡共心声。怒水千丈下，破险万里征。谁悲失前路，长流终向东。"这是诗人一生理想信念、人格精神的艺术升华，也是炎黄子孙共同的"心声"。丁正梁认为："完全可以说贺敬之的新古体诗是中国四分之一世纪的史诗。"① 该史诗真实记录了中国人民在党的领导下走过的曲折而漫长的革命、建设、改革之路，折射出他们奋勇前进的精神光芒。

二 不懈的诗艺追求

贺敬之于 1993 年 4 月 8 日为《贺敬之诗书集》所撰写的《自序》中开宗明义写道："我从学写新诗以来，在形式方面曾作过各种尝试和探索，其中包括对我国旧体诗词的某些因素和特点的借鉴与吸收。20 世纪 60 年代以后，特别是近十多年以来，除在新诗写作中继续这样做以外，我还直接采用长、短五、七言形式写了一些古体诗。"这里所谓"古体诗"，就是后来所说的"新古体诗"。

从这篇《自序》中，我们可以比较清晰、深刻地看出贺敬之关于"新古体诗"思路的来龙去脉、基本构想及其学理依据。其一，他强调自己从事新体诗创作的历程同中国悠久的旧体诗词结下不解之缘，认为旧体诗之所以有吸引力，除去内容的因素之外，还在于形式上和表现方法上的优长之处，使这种诗体具有"高度艺术表现力和高度形式美"。其二，作为一个原本写自由体新诗的诗人，他为何要做这种高难度的尝试呢？因为他从这种尝试中体会到"旧体诗固然有文字过雅、格律过严，致使形式束缚内容

① 丁正梁：《贺敬之新古体诗选释·前言》，中央文献出版社，2008，第 13 页。

的一面；但如果不过分拘泥于旧律而略有放宽的话，它对表现新的生活内容还是有一定适应性的"。其三，他还指出，就平仄声律和格律从严要求的本身来说，也是需要并可能根据生活和语言的变化而加以发展的，而不应永远一成不变。其四，他更强调首要的问题还是在于内容，在于形式和内容的协调一致，不能只是形式方面所要求的诗律，还必须有从思想内容方面所要求的诗思、诗情，更必须有使这种诗思、诗情得以艺术地显现的诗意，这才有可能从内容到形式做到整体表现的诗味。其五，他回顾自己新时期以来所创作的新古体诗"从某一侧面、某一片段多少反映了若干年来、特别是这十多年来我的某些经历，多少记录了我在这段历史大变革时期某些方面的所见、所感、所思，从而多少显现了一丝半缕的时代折光"，而且这些都是"来自真实、出自真心的"，现在回想"尚觉思无甚谬，信无稍移"①。显然，贺敬之遵循马克思主义唯物辩证的文艺观从事关于新古体诗的创作实践和理论探寻，不仅获得了具有独特价值的丰硕的创作成果，也提出了不少引人深思的真知灼见。

贺敬之自少年时代步入诗坛开始就没有停止过对诗歌艺术的追求，不断地对诗体形式进行与时俱进的探索。直至晚年他在尝试新古体诗创作的过程中，仍然进行阶段性的思考和总结，以求适应思想内容的要求而作形式的变化。2004 年 2 月 17 日他在撰写《贺敬之诗书二集·自序》中写道，前一本"诗书集"中所收各篇诗作都是"采用整齐的五、七言（个别有四言）句式，按传统说法是归于'诗'的体裁范围"，而这一本有几篇是"采用长短句，即按传统说法应属于'词'或'曲'的一类"，其中如《访南湖船》《怀海涅》两首篇幅较长，接近古之所谓"长调"。他指出："不过，不论篇幅大小，都不是'填词'即按古词牌或曲牌的格式填写，而是仿效古人'自度曲'（词）和今人'自度曲'（词）的写法，即自由地变换字数、灵活地运用长短句式，同时也不受篇幅长短的限制。"对此，他强调说："我之所以想这样写，主要还是内容的需要。由于感到词、曲这一形式，除去它的自由度较大外，还在于它易于造成某种特殊的语感、节奏、

---

① 以上引文均见《贺敬之诗书集·自序》（《贺敬之文集》第 2 卷，作家出版社，2005，第 1～4 页）。

气氛和情势，有利于表现具有某种特殊意味的某些特定的内容。"① 可见，他对诗歌形式的探索，从来不止于对形式美的追求，而是立足于对形式与内容协调一致、辩证统一的艺术美的创新。

我们只有将贺敬之关于新古体诗的创作实践和理论探寻，提升到毛泽东论中国诗歌发展道路的高度来思考，才可能对其意义和价值有比较深刻的认识。自"五四"新文化运动以来，诗歌界对中国诗歌发展道路和方向不断地进行探索。1958 年 3 月，毛泽东在成都中央工作会议上的讲话中指出："我看中国诗的出路恐怕是两条：第一条是民歌，第二条是古典，这两面都提倡学习，结果要产生一个新诗。现在的新诗不成型，不引人注意，谁去读那个新诗。将来我看是古典同民歌这两个东西结婚，产生第三个东西。形式是民族的形式，内容应该是现实主义与浪漫主义的对立统一。"② 1965 年 7 月 21 日毛泽东在《致陈毅》信中进一步说："将来趋势，很可能从民歌中吸收养料和形式，发展成为一套吸引广大读者的新体诗歌。"③ 这里毛泽东特别加了着重号所强调的"新体诗歌"同他原来所说的"新诗"显然不是一个概念。虽然"古典同民歌"交融是他诗歌观的核心内容，但随着他多种阐释的出现，他的"新体诗歌"观的包容性、开放性显而易见，比如，他曾说要继承的优良传统中还包括"五四以来革命诗歌的传统""要从外国语言中吸收我们需要的成分""民歌与古典的统一，以外国诗作参考"等。可见，"新体诗歌"观是毛泽东从"内容和形式的统一"的原则出发，顺应历史发展潮流和时代的要求，遵循古今中外诗歌发展的内在规律而建立的崭新的诗歌观。中国诗歌发展的历史充分证明，一个大的历史时代往往会出现一种体现其时代精神、适应时代需要而又符合诗歌艺术自身发展规律的新的诗体，如诗经、楚辞、汉魏乐府、唐诗、宋词、元曲等均是如此。那么，中国在新民主主义、社会主义乃至将来的共产主义时代这样一个漫长的历史进程中就不会出现一种独特的诗体吗？无疑会出现的。这当然要经历一个漫长的探索、实践过程。由此观之，贺敬之关于新古体

---

① 参见《贺敬之诗书二集·自序》，《贺敬之文集》第 2 卷，作家出版社，2005，第 1 ~ 2 页。
② 《建国以来毛泽东文稿》第七册，中央文献出版社，1992，第 124 页。
③ 毛泽东：《致陈毅》，《毛泽东文艺论集》，中央文献出版社，2002，第 334 页。

诗的创作实践和理论探寻虽然不能等同于毛泽东的"新体诗歌"观,但同毛泽东所揭示的中国诗歌发展道路和方向是一致的。

毛泽东的"新体诗歌"观对中国诗歌沿着正确方向健康发展的影响是巨大而深远的。1962 年春节,元帅诗人陈毅在诗刊社举行的诗歌座谈会上发言中说:"我写诗,就想在中国旧体诗和新诗中取其所长,弃其所短,使自己写的诗能有些进步。"他还说:"'五四'以来的新文学革命运动,提倡诗文口语化,要写白话文,作白话诗,这条路是正确的。但是不是还有一条路?即:不按照近体诗五律七律,而写五古七古,四言五言六言,又参照民歌来写,完全用口语,但又加韵脚,写这样的自由诗、白话诗,跟民歌差不多,也有些不同,这条路是否走得通?"① 其实,他的五言古体诗《冬夜杂咏·青松》就是这条诗歌创作道路上开放的一朵流芳千古的奇葩。就在该年春节诗歌座谈会陈毅提出写五古七古主张后一个月,贺敬之于 1962 年 3 月在广州歌剧话剧儿童剧座谈会后写出了五古《南国春早》2 首和七古《访崖山》5 首,是迄今所见到的他最早创作的新古体诗。真是心有灵犀一点通。但这并不表明他们当时已经有"新古体诗"作为一种新诗体的艺术追求。直到 1993~1994 年"新古体诗"成为诗坛上一个热门话题,引人注目,也引起贺敬之的重视。于是,他就从创作实践与理论探寻相结合的层面上日渐深入地对"新古体诗"作为一种"诗体"有了自觉的艺术追求。他认为,"这种或长或短、或五言或七言的近于古体歌行的体式"是"不同于近体诗的严律而属于宽律"的古风诗体,是一种能够"发挥形式的反作用"以便"较易地凝聚诗情并较快地出句成章"的"合适的较固定的体式",这样就可以更好地体现中国旧体诗的"高度凝练和适应民族语言规律的特点",有利于"进一步发现新的规律"②。

对中国诗歌发展规律的探索和认识是没有止境的。毛泽东的"新体诗歌"观指明了中国诗歌发展的正确道路和方向,为中国民族新体诗歌的繁荣发展开辟了一条阳光灿烂、花团锦簇的新路。贺敬之关于新古体诗的创作实践和理论探寻正是在这条道路上摸索前进的各种试验中取得突出成就、

① 《诗座谈记盛》,《诗刊》1962 年第 3 期。
② 参见《贺敬之诗书集·自序》,《贺敬之文集》第 2 卷,作家出版社,2005,第 1~3 页。

产生重大影响的一种。他对中国诗歌艺术的继承、发展和创新不懈追求的可贵精神受到诗坛和各界的高度称赞，特别是对其"诗体"建设的重要贡献和独特意义给予了充分的肯定。翟泰丰评论贺敬之新古体诗创新价值说："上世纪 80 年代以来，他创作了大量新古体诗，这是他在中国诗坛跨世纪诗歌美学探索创新的历史必然。这个创新的历史价值在于，他创建了中国诗体的又一个新形式，为中国诗歌发展开创了新道路，使两类千万计的自由体现代诗与中国传统古典近体诗创作者相融合，给了中国诗坛以新的活力。"① 顾浩也说："创建有中国特色新诗体，是我们十分尊敬的老诗人贺敬之同志提出来的。"② 董学文认为："毛泽东在几封信和许多谈话中提出要创造'新体诗歌'，贺敬之的新古体诗就是这种新体诗歌的一种，其最具突破意义、最有个性的是表现新时代、新内容的'古体歌行'，这是贺敬之探索和践行毛泽东文艺思想的重要贡献。"③ 还有一些诗人和诗评家对贺敬之新古体诗作品的体式特征及其美学价值进行了相当独到的品赏与论析。刘征分析《富春江散歌》时赞赏说这里面有些诗具有这样的意趣："平仄的搭配不是遵循固定的程式，而是遵循情绪的起伏，如同山泉依涧势而流转，落花依风势而飘飞。"④ 杨金亭在论及该诗时也说："在形式上，非绝似绝，非律似律，非古似古，也可以说吸收了律、绝、词、曲、民歌、古风的形式精华，化而用之，创造出的一种新的诗体。"⑤ 易行称赞说："贺敬之绝对是一位创新型诗人，而且是一位永不停步的创新型诗人。"并指出："他在上世纪六十年代，又开始了新古体诗的创新尝试，成为当之无愧的新古体诗创作的领跑者和举旗人。"⑥ 文小平也称赞贺敬之"明确地把这种新诗体定位为新古体诗，其写作篇数之多，影响之大，成就之突出，使贺敬之成

---

① 翟泰丰：《新古体诗的实践与创作——谈贺敬之诗歌创作的再探索》，《文艺报》2013 年 11 月 27 日。
② 顾浩：《创建有中国特色新诗体》，《文艺报》2012 年 7 月 13 日。
③ 参见孙东升《老骥仍伏枥 犹唱"心船歌"——贺敬之新古体诗创作研讨》，《中国社会科学报·文学》2013 年 11 月 15 日。
④ 刘征：《"情动绳墨外，笔端起波澜"——读贺敬之〈富春江散歌〉》，《诗刊》1994 年第 2 期。
⑤ 杨金亭：《一个飞行员的新古体诗——读〈苇可诗选〉》，《诗刊》1994 年第 2 期。
⑥ 易行：《〈心船歌集〉·编后》，贺敬之《心船歌集》，中国书籍出版社，2013，第 62~63 页。

为新古体诗的领军人"①。诗歌艺术创新是诗体变革的源头活水。贺敬之在
这条创新变革的道路上不断开拓前进，既大胆又细心，步履稳健而扎实。
他对"新古体诗"创作实验甚至这个诗体名称的确认非常严肃认真，正
如他所说"并不是自己要创造什么新品种，而是表达自己的心声"，他的
心声向来同时代的心声和人民的心声一致。他始终主张"形式服从内容，
形式与内容协调统一"，从来不为"创新"而"创新"、为"形式"而
"形式"。起始，他并未称自己以七言古体形式创作的《富春江散歌》为
"新古体诗"，而是说"行笔仍如以往，不拘旧律，因以'散歌'名之"。
2007 年 11 月 10 日《人民日报》发表他写的《台儿庄散歌》小序中也说：
"因不拘平仄，不避重字、重词以及重句，故援己之旧例，仍以'散歌'
名之。"对此，孙景超评论说："'散歌'注重押韵，继承了绝律诗语言凝
练的优点。由于突破了格律的种种束缚，'散歌'用语自然，清新晓畅，
使人读后犹如徜徉在森林氧吧一般。'散歌'形式不就是诗歌形式的一种
创新吗?"②

　　其实，贺敬之新古体诗的创新并不只是"诗体"本身的创新，而是对
诗歌艺术元素多方面采聚，像蜜蜂采聚花粉酿蜜一样，造出新的艺术营养
素，然后进行创造性运用而作整体性创新，如吴奔星所指出："他向古代诗
歌和民谣汲取了哪些营养呢？单从他的'新古体诗'看，也有艺术构思的
紧凑、诗歌语言的精炼、艺术境界的引人入胜、联想和想象力的丰富，以
及节奏鲜明、音韵和谐等等方面。"③ 吕进也说："现代汉语，现代音韵，对
仗，排比，构成一体。民歌的诗体消失了，中国古诗的诗体消失了，外国
的诗体消失了，其实，它们都在，只不过经过分解、消化，被吸取了精华
而已。作为诗体探索者的贺敬之的意义正在于此。"④ 这是针对长篇政治抒
情诗《中国的十月》的评论，用来解读贺敬之新古体诗创作及其诗体艺术
创新也很有启示意义。贺敬之的新古体诗正是这样创作出来的，其思想内

① 文小平：《从陈毅元帅的〈咏松〉说到新古体诗》，《诗词百家》2015 年第 2 期。
② 孙景超：《放宽格律创新诗歌形式》，《中国社会科学报·家园》2013 年 4 月 12 日。
③ 吴奔星：《江山留韵律　日月寄诗魂——贺敬之"新古体诗"印象记》，《文艺报》1994 年 9 月 3 日。
④ 吕进：《作为诗体探索者的贺敬之》，《诗刊》1998 年第 7 期。

容既深沉又洒脱，其艺术形式既不是"无律"又"不拘旧律"。由于内容和形式协调统一，他的诗作总能诗思深邃、诗情诚挚、诗意新颖、诗味醇浓，富有独特的思想艺术魅力。例如，《皇甫村怀柳青》一诗中被丁正梁称为"千古名句"的"父老心中根千尺，春风到处说柳青"确为经典名句，诗人将创作了歌颂新中国农民坚决走社会主义道路的长篇小说《创业史》的著名作家柳青的名字同大自然界的青翠柳树化为一体，巧妙地将作家柳青深深扎根于农民生活中而深受广大农民爱戴的动人情景艺术地活灵活现地表现了出来。这样的诗句确实让人过目难忘，百读不厌。就是这样，贺敬之长期认真向旧体诗词、民歌特别是毛泽东诗词学习，从中汲取丰富的思想艺术营养，运用古风诗体形式表现新的时代生活体验和思想感情，创作了大批动人心弦的新古体诗，佳作迭出，硕果累累。

世上大凡创新总会遇到种种困难，作为具有独特形象思维特征的诗歌创新尤其如此。贺敬之新古体诗创作探索进程中同样常遇难点。由于他是创作经验丰富的老诗人，又勤于学习，敏于思考，勇于试验，总能攻坚克难，解决一个个难题，而且谦虚谨慎，永不止步。关于他的新古体诗，有的评论者和诗友早就指出其缺点之一是"用典过多和注释太繁"，这"会使读者感到吃力甚至会厌烦"。对此，他曾谈过自己的思考和认识过程。他说，20世纪80年代初，他看到有的作者在作品中常用很多典故甚至僻典却不能使自己在内容上有深切感受，因而颇不以为然，有时竟情绪化地表示对用典一概不能接受。他强调说："但是，在随后的几年中，经过进一步学习，特别是结合自己尝试写古体诗的实践，才感到不应如此，而当取深入研读、加以分析的科学态度。"他认为，对于表现新生活内容的诗歌当然应当以现实生活为主，但现实生活是由历史生活发展变化而来的，感受现实不可避免地有时也会因感今而忆往，由抚今而追昔，以古往的历史轨迹、经验教训、精神和智慧等作为感今、鉴今的重要资源之一，作为激发诗情诗思的重要触媒之一，特别是在历史悠久的中国大地上，不仅留有丰富的典籍和口碑，还有着无数珍贵的历史文化的实物遗存（古迹、名胜、馆藏等），它们发挥着唤起民族记忆以推动现实发展的作用，一定意义上也成为现实生活的一个组成部分，因而诗词创作中运用典故成为一个优秀传统。

他更清醒地意识到"认识有所提高之后如何落实到创作上却绝非易事"，于是多年来"在这个问题上总是感到把握不大，心自存疑"，直到2011年他写《访平顶山》组诗，其第一首中一连引用和化用了七八个出于当地的历史掌故，他觉得就写作当时的所感所思而言是不能不如此的，但发表后"感到十分惶恐，不知道这样做是否妥当"，虽然他曾就"注释条目过多或注释文字过繁"的问题考虑过大加删削甚至绝大部分根本不加注释，可又虑及这样做对于文史知识和鉴赏水平不高的读者来说则未必适当。因此，他恳切地说："总之，究竟如何是好，还是期待方家和读者在各方面给予指点。"①

中国是一个历史文化悠久的文明古国、大国，典故蕴藏量巨大，意蕴丰厚，诗作中运用得当、巧妙，可以收到词约义丰、言简意赅、引人回味深思的效果。晚年贺敬之或回乡，或访友，或赴会，或参观，足迹遍及各地，加之他饱读诗书，人生阅历丰富，特别是长期担任思想文化战线领导工作，历经风雨且处于风口浪尖上，不断遭受种种打击和委屈，感受颇深，见多识广，这就使他在接触历史古迹时极易产生联想，引发深思和感情波澜，必然借典故予以抒发，可见在他的新古体诗中用典较多、注释较繁是很自然的事，正如明代李贽所说："其胸中有如许无状可状之事，其喉间有如许欲吐而不敢吐之物，其口头又时时有许多欲语而莫可所以告语之处，蓄极积久，势不能遏。一旦见景生情，触目兴叹；夺他人之酒杯，浇自己之垒块；诉心中之不平，感数奇于千载。"②贺敬之是坚定的马克思主义文人，自有其独特的品格和气质，但"诉心中之不平"还是古今相通的。由此可知，他诗中的用典都有着积极的意义。可见，用典不在多少，注释也不在繁简，而要观察其表达的生活内容和思想感情。更为重要的是，从诗艺角度审视，要看诗人是否善于将典故语言转化为诗的艺术语言。所谓诗的艺术语言，除其思想性外，主要就在于它的情感性和形象性，因为写诗和欣赏诗都是要靠富于感情的形象思维进行。如前面所举《皇甫村怀柳青》

① 本段中引文均见《贺敬之诗书二集·自序》（《贺敬之文集》第2卷，作家出版社，2005，第2~4页）。
② 李贽：《杂说》，《中国历代文论选》中册，中华书局，1962，第336页。

中将作家名字化为自然界中柳树的形象，都是将典故语言转化为诗的艺术语言，于是诗情诗境活灵活现，诗意深刻，韵味浓郁。再例如，《灵渠"三将军墓"前有感》一诗写道："演义近闻观念新，唯私旗下重封神。奉公愧奖如君者，贬为左家庄里人。"诗前带注释性的小序介绍说，秦始皇时有二匠师被征先后负责修建灵渠，均因采石运料等困难延误工期被斩，李匠师继之，接受教训，在前人基础上按期完成而被封赏，但他不愿掠功受赏，当众自刎以明心迹，后人感之，在灵渠畔为之建墓、立像、修祠以祀，明代重修，朝廷悉封三人为"将军"，遂有"三将军墓"遗存至今。诗末有注："北京东郊有左家庄。在文化圈一部分人中，流传着借用此地名代指被他们认为的'左'的观点或人物。"此诗内容与诗前序、诗末注的注释文字互为表里，借古讽今，正话反说，尖锐泼辣，幽默诙谐而意蕴深沉厚重，让人思之心痛。这也是将典故语言和注释语言转化为诗文艺术语言的一个生动例证。这样的诗篇在贺敬之新古体诗中并不少见。然而，毋庸讳言，他的诗作如《访日杂咏》组诗中确实一定程度上存在"用典过多和注释太繁"的问题，这当然与诗人所写异国题材也有关。但无论如何，读者在赏读诗作时频繁被陌生而枯燥的典故所阻断不得不看同样枯燥的注释文字方能卒读，这就在其诗艺欣赏审美心理流程中不断产生"隔"的感觉，感到"吃力甚至会厌烦"，有损诗的美感教育作用。

毛泽东诗词是我们学习的光辉典范。伟大诗人运用旧体诗词形式表现全新的社会生活、思想感情和精神世界，成为诗坛巨匠，举世无双。在诗词创作中，毛泽东也常用典故并在关键处进行自注，又最善于将典故语言转化为诗的艺术语言，让读者受到强烈的思想熏陶和艺术感染，在愉悦的心境中得到美的享受。《渔家傲·反第一次大"围剿"》中诗人就用了人名"张辉瓒"和地名"不周山"两个典故并在原注中加引了 4 种文献所说关于共工头触不周山的曲折故事后取其一种说明"共工是胜利的英雄"的长注，词中并未止于典故本身，而是在典故前后描写了敌我双方战争的紧张气氛，再写"前头捉了张辉瓒"欢乐的胜利场景，"不周山下红旗乱"生动的战斗画面，这就抒写出情、景、意酿造出的浓厚的诗味，读者怎么会因产生审美欣赏流程中的"隔"而厌烦呢？同样，《七律·答友人》中，诗人所写

"九嶷山"、"帝子"（指尧帝女娥皇、女英）、"斑竹"等均为故事动人的地名、人名、物名典故，注释中都做了感人的解说。刘征评论该诗说："古代传说舜帝死于苍梧，娥皇、女英二妃相从亦死，泪洒竹枝，成为斑竹。帝子是运用这个传说塑造出的新形象。写她乘着白云重返人间，'斑竹一枝千滴泪，红霞万朵百重衣'，那形象，那色彩，那光辉，那风韵，美到了极点。而其背后隐含着一部中国现代史，一个汹涌着百年悲欢的巨海。"① 事实上，像这样将陌生的典故语言和注释语言转化为生动的富有鲜活生命力的诗的艺术语言，在毛泽东诗词中随处可见，比比皆是，其中不少经典名篇，堪称千古绝唱，饮誉世界。当然，毛泽东诗词思想艺术闪光点并不只是这种"艺术转化"的亮色，而是政治思想性和艺术性完美统一的必然结果。

　　贺敬之新古体诗的创作实践和理论探寻无疑受到毛泽东文艺思想和诗词作品的深刻影响，其不懈的艺术追求的创新精神正是来源于此。对他的诗艺创新追求的意义和价值丁正梁作了这样的评价："可以这样说，在现代诗史上，写新古体诗是陈毅开其端，贺敬之继其后，他们是在郭沫若、毛泽东外走诗歌创作的第三条道路。"当然，郭沫若登上了"五四"时代开创的"新体诗"的高峰，毛泽东独居中国现当代"旧体诗词"创作的高峰，而毛泽东倡导的"新体诗歌"则指明了中国诗歌创作的"第三条道路"。应该说，"新古体诗"是通向"新体诗歌"道路上探索的诸多道路中的一条。这一条路的创新价值诚如丁正梁所说："总之，贺敬之是在试图创造一种以要求宽松古体体式为主而又能够容纳古今中外诗歌之长的诗歌样式，这是适应现代生活节奏极富弹性的诗体，这也是新古体诗不同于旧古体之处。"② 令人崇敬和钦佩的是，贺敬之所取得的新古体诗创作的突出成就，是他继攀登上新中国政治抒情诗第一座高峰之后在新时期攀登上的第二座高峰。

① 刘征：《形象·意境·韵味——毛泽东诗词与当代诗词的革新》，《毛泽东诗词研究丛刊》第一辑，中央文献出版社，2000，第89～90页。

② 丁正梁：《贺敬之新古体诗选释·前言》，中央文献出版社，2008，第6～7、2页。

三　诗意人生

进入本节撰写，先陈述贺敬之两件事：一件大事和一件小事。

一件大事是贺敬之担任中国毛泽东诗词研究会创会会长，为毛泽东诗词研究事业的发展做出杰出贡献。1993 年在举国上下隆重纪念毛泽东主席诞辰一百周年的热潮中，一些毛泽东诗词研究学者积极筹划组建毛泽东诗词研究会，得到诗坛泰斗臧克家和贺敬之两位老前辈热情、诚恳的支持。经过臧克家动员和筹备组恳请，贺敬之毅然同意作为会长候选人，并对筹备组负责人高兴地说："将我同毛泽东连在一起，我感到无上光荣！" 1994 年 12 月 26 日毛泽东诞辰 101 周年那天上午，由中国社会科学院文学研究所、中共中央文献研究室毛泽东研究组、中国作家协会诗刊社、北京师范大学等单位共同发起成立，由中国社科院主管，在民政部注册登记作为独立法人团体的全国性一级学会中国毛泽东诗词研究会成立大会在庄严的人民大会堂隆重举行，贺敬之当选创会会长。他以《中华文化的瑰宝　诗歌史上的丰碑》为题致开幕词，对毛泽东诗词的重要历史地位、独特的思想艺术价值和毛泽东诗词研究的正确方向等方面进行了精辟的、具有指导意义的阐述，12 月 29 日《人民日报》摘要发表，产生了广泛影响。他在开幕词最后强调说："我相信，我们只要坚持以马列主义、毛泽东思想和邓小平建设有中国特色社会主义理论为指导，保持与日新月异的现实生活的密切联系，发扬实事求是、严谨细致的科学学风，群策群力，不断开拓研究视野，就一定能把毛泽东诗词的研究工作提高到一个新的水平，为推动具有中国特色的社会主义文学艺术事业的发展与繁荣，提高整个中华民族的文化素质，建设社会主义的物质文明与精神文明作出积极的贡献。"①

从此开始，贺敬之领导着中国毛泽东诗词研究会（以下简称"毛诗会"）筚路蓝缕，开拓进取，不断拓展和深化新的研究课题，取得了可喜的

---

① 贺敬之：《中华文化的瑰宝　诗歌史上的丰碑》，《毛泽东诗词研究丛刊》第一辑，中央文献出版社，2000，第 7 页。

成就。1995～2010 年十几年间毛诗会先后在韶山、荆州、济南、伊春、成都、重庆、合肥、武汉、银川、大庆举行了 10 届学术年会，并先后在北京、南京、井冈山举行 3 届国际学术研讨会，这系列年会和研讨会都分别确立了学术主题。贺敬之除个别会因事未能赴会外，基本上亲临会议，并几乎每次会议他都致开幕词，阐述自己独到的见解，给与会者以巨大鼓舞和深刻启示。毛诗会平时组织召开的中、小型学术讨论会，他也都尽可能参加给予指导。有强烈责任感和敬业精神的他一直受到广大会员、理事和领导班子成员的崇敬和爱戴。2000 年 10 月在济南举行第二次会员代表大会他再次当选为会长，2005 年 10 月在重庆举行第三次会员大会他被聘任为名誉会长，2010 年 9 月在大庆举行第四次会员代表大会时他继续被聘任为名誉会长。这十几年中，毛泽东诗词研究事业蓬勃发展，取得了丰硕学术成果。中国毛诗会将这些学术会议的论文及有关资料先后编辑出《毛泽东诗词研究丛刊》第一辑 42 万字、第二辑（上、下册）93 万字，《井冈山道路与毛泽东诗词》56 万字，共计 191 万字，由中央文献出版社于 2000 年、2005年、2008 年出版。其间 2003 年 12 月，为纪念毛泽东诞辰 110 周年，在贺敬之和孙家正的热情支持下，中国毛诗会和文化部艺术司联合在人民大会堂举办了"数风流人物，还看今朝——毛泽东诗词组歌演唱会"，在中华世纪坛举办了"毛泽东诗词书画展"和"毛主席走过的地方摄影展"。与此同时，中国毛诗会主持编撰了《毛泽东颂诗大典》（上、下卷）380 万字和《老一辈革命家颂诗大典》270 万字，共计 650 万字，由中央文献出版社于 2003 年、2004 年先后出版。这些学术活动和成果引起中央及地方众多新闻媒体的广泛关注，进行了充分的宣传报道，受到普遍赞誉，产生了积极的社会影响。由于中国毛诗会长期致力于研究和宣传毛泽东诗词，激发起广大毛诗爱好者的热情和兴趣，于是全国十多个省市以及一些地县也纷纷成立毛泽东诗词研究会，日渐形成学习、研究和宣传毛诗的热潮。贺敬之高高举起的毛泽东诗词研究这面耀眼的旗帜，具有强大的凝聚力和感召力。

　　贺敬之始终牢牢把握毛诗会工作和毛诗研究事业正确的政治方向和学术方向，同时非常重视毛诗会会风建设和工作作风建设。创会初，"筹备组"负责人总结中国毛诗会为何能比较顺利组建起来，重要原因就在于领导成员都有"奉献精神、实干精神和协作精神"，如果是"挂起名来一大串，干起事来没人干；主席台上坐一片，散会以后没人干"，那么研究会断然难以顺利建成，建成后也很难开展工作。贺敬之同意这样的总结，特别肯定这"三个精神"应成为毛诗会今后工作作风的优良传统。他强调领导班子成员必须着眼全局，心系群众，时时处处都以党和人民的利益为重。他正是以这样的精神和原则来要求毛诗会树立起良好的会风、作风和学风。比如，1998年7月初，中国毛诗会向理事和会员发函邀请出席于8月16日在湖北荆州市举行的第二届学术年会，不料7月下旬开始长江流域连降暴雨，沿线发生历史上罕见的特大洪灾，灾情牵动着全国人民的心。于是，毛诗会于7月31日发出通知说"根据贺敬之会长'湖北荆州地区正面临严重汛情，我们去荆州开会，会增加荆州人民的负担，建议年会延期举行，以保证荆州市领导和群众集中力量防汛抗灾'的指示精神，决定年会延至10月16日举行"。国庆节前夕，毛诗会根据贺敬之的建议再次发出通知说："现在险情虽已过去，但荆州地区领导和人民群众面临严重的灾后重建家园的任务，10月份正是解决灾民移迁、防疫、越冬等重要难题的关键时期，不宜分散精力。"最后此会延至1999年6月举行。对此，杜贤荣感慨万千，他以《有感于贺敬之两改会期》为题，在《荆门日报》上刊发的文章中赞叹说："贺敬之同志两次建议年会延期举行，反映了一位共产党员实事求是的科学态度，体现了一个领导干部心系人民疾苦的高尚感情。""向关心人民疾苦的中国毛泽东诗词研究会和贺敬之同志致以崇高的敬意！"①

人生有时是富于诗意的。杰出诗人贺敬之和伟大诗人毛泽东的心灵是相通的。贺敬之与毛泽东诗词研究事业紧密相连，是他人生道路上晚年生活中浓墨重彩的一笔，最富诗意，闪射出特异的光彩。

一件小事是贺敬之拒绝收取一次小小的酬金。其实，小事不小，事小意义大，这从该事所引起的反响就可以明白。1994年1月，吉林省青少年文化研究所在北京举行了一次有500多名中小学师生参加的大型冬令营活

---

① 杜贤荣：《有感于贺敬之两改会期》，《毛泽东诗词研究丛刊》第一辑，中央文献出版社，2000，第491~493页。

动，活动中来自吉林等地的带队教师纷纷向组委会恳切而强烈要求贺敬之来同大家见见面，以满足他们长期以来的渴求。当时贺敬之的夫人柯岩刚做了肾摘除手术，病情危重，他自己身体也不好，还要在医院守护夫人。可是，当他看了组委会同志留在他家中的一封介绍师生们迫切心情的信时，毅然在一个晚上来到师生们中间，不顾肺部疾病造成的讲话困难，给师生们推心置腹地讲了半个多小时。在送他回家入门时，组委会同志悄悄将装着 300 元钱的信封塞进他的衣袋，本意是给病榻之上的柯岩买几束鲜花和一些补品以表达一点心意。谁也没想到，1 月 26 日春节刚过，他们收到贺敬之从中宣部寄出的一封亲笔信和 300 元汇单，信中表示他能在病中同师生和小朋友会面感到十分高兴，还写道："我没有给大家讲课或付出其他劳动，因此不应取任何报酬。因此，现将你们留下的三百元人民币如数寄还，请查收。"6 月 29 日《中小学生信息》报头条刊发了记者采写的《一位老战士的浩荡情怀——记贺敬之同志的一次退款》的采访记，生动报道了这次"退款"的经过，还编发了编辑部撰写的题为《我们中国的希望——有感于贺敬之的退款》的"火炬述评"，述评中写道：

贺敬之，不仅是一位文化的名人，更是一位长期身居要职的高级领导干部。在"毛泽东现象"的热潮中，人们从毛泽东简朴的生活中，品味出了他老人家为何会为一个普通的战士雷锋所感动，并号召全党全国人民向雷锋学习；现在，我们从贺敬之的退款中更是可以感悟出，一个共产主义战士应具有什么样的情怀，而我们的党，我们的国家，又是如何有着令人神思的希望！

三百元钱，并不算多，可在和平的年代中，在萎靡苟利之风日渐狂泛的今天，一位领导干部，仍能以"分外之物，概非所取"的淡薄超然，恪守着"君子爱财，取之有道"的道德准则，言行一致地履行着一位共产党员的职责，全心全意为人民作着奉献，这种金钱面前的高风亮节，真可比之于昔日面对敌人铡刀的从容与豪壮！可以令那些以人民权利谋取私利的腐败变节分子们心惊胆寒！令那些在各种社会公益活动中漫天要价的"名流"、"大腕"们汗颜！

从毛泽东到雷锋，又从雷锋到贺敬之，一批又一批的共产主义战士，不论处于何时，不管处于何位，都这样地用自己的一言一行，向世界宣告了这样一个颠扑不破的真理：共产主义的战士，是不会被任何力量所征服和打垮的。

这，便是我们伟大民族的脊梁和魂魄；这，便是我们中国迈向未来的希望所在；这，便是共产主义事业之所以壮丽的因由！①

这是一篇高屋建瓴、大义凛然、感人至深的"述评"。是的，贺敬之退款 300 元，这本身并不是什么大事，他写给研究所的一封信也非常朴实平凡，比起那些花里胡哨、自吹自擂的"大事"，这的确是一件很小的"小事"。然而，正是这样的"小事"，如同雷锋所做的许多"小事"一样，都包含着极其深刻、丰富、宏大的内容和意义。一滴水也能折射出太阳的光辉，雷锋，题写"向雷锋同志学习"的伟大领袖诗人毛泽东，创作了传世经典诗篇《雷锋之歌》的杰出诗人贺敬之，三颗"共产主义战士"的心紧密联结在一起，这本身就是人世间一部正气浩然的壮丽史诗。

许多人知道，贺敬之多才多艺，是一个文艺多面手。他的生活处处闪耀着诗意的光辉。他与诗酒、书法、歌词、楹联等都结下了不解之缘。他对艺术怀有无限的爱好。

诗酒往往是历代大诗人之友，他们常常是诗中有酒、酒中有诗。诗圣杜甫赞颂被称为"诗仙"的李白："李白一斗诗百篇，长安市上酒家眠，天子呼来不上船，自称臣是酒中仙。"（《饮中八仙歌》）他还称赞李白"敏捷诗千首，飘零酒一杯"（《不见》）。而杜甫自己则是"白日放歌须纵酒，青春做伴好还乡"（《闻官军收河南河北》）。孟浩然在农家做客时"开轩面场圃，把酒话桑麻"（《过故人庄》），一副怡然自乐的神情。苏轼面对长空发出"明月几时有？把酒问青天"的浩叹，这一问引发出"人有悲欢离合，月有阴晴圆缺，此事古难全"（《水调歌头》）这样深蕴人生哲理的千古绝唱。时代巨人毛泽东一句"把酒酹滔滔，心潮逐浪高"（《菩萨蛮·黄鹤

---

① 参见《我们中国的希望——有感于贺敬之的退款》，《中小学生信息》1994 年 6 月 29 日。

楼》），展示出伟人毛泽东志向高远、胸襟浩阔的情怀。作为山东汉子的贺敬之自青年时代就喜欢饮酒，但他在写诗时从来不以酒消愁，而是借酒言志抒情，言大志抒深情。他的新古体诗中就常抒写出这样的情怀。在《富春江散歌》中他写道："平生总为山河醉，非酒醉我万千回。三江澄碧今痛饮，不借韩囊岳家杯。"当年他是借什么呢？借祖国大好河山的壮美醉自己："云中的神啊，雾中的仙，/神姿仙态桂林的山！//情一样深啊，梦一样美，/如情似梦漓江的水！"（《桂林山水歌》）进入晚年则有所不同，他的《题茅台诗会二章》就直接吟出诗酒之美："香漫九州溢四海，依然好酒数茅台。新篇诗颂真国酒，酒魂诗魂两无猜。""酒节酒都会诗才，缘酒论诗各抒怀。深采民间源泉水，酿出诗中茅台来。"诗人不仅唱出赞颂"真国酒"的爱国之情，更揭示出诗、酒、诗人、诗论家之精神价值均来自"民间"，即人民这个源头活水的朴素真理。他的《〈中国诗酒报〉嘱题》一诗更是将"诗"与"酒"的神妙关系写活了："好诗当似酒，好酒应如诗。诗酒常相伴，妙境两相知。"谁见过有比此诗写诗酒"血缘"关系更好的诗吗？

　　贺敬之还是一名成就卓著、影响深远的歌词大家。少年时代从家乡到流亡途中，他是听着抗日救亡歌曲成长起来的，是唱着抗日救亡歌曲参加革命、投奔延安的。据他回忆，1941年他写的第一首正式的歌词叫《毛泽东之歌》（马可作曲）。延安文艺座谈会之后，在《讲话》的巨大影响下，1943年及其后的秧歌运动中，他非常活跃，创作了为数众多的歌词、秧歌唱词和大小秧歌剧，如《歌颂领袖毛泽东》《七枝花》《秋收打场》（秧歌剧《下南路》插曲）等，其中尤其是《南泥湾》和《翻身道情》最著名，影响最大，至今传唱不衰，仍然富有强烈的艺术魅力和鲜活的生命力。特别是1945年创作演出的新歌剧《白毛女》中许多动人的唱词如《北风吹》《扎红头绳》等家喻户晓，成为现代唱词的经典。解放战争时期他也创作了许多广为传唱的歌词，其中以工人的语言唱出工人阶级自己心声的《平汉路小唱》脍炙人口，影响深广。新中国成立后，他写的《咱们的领袖毛泽东》以及电影《白毛女》插曲《秋收》等歌词唱词动人心弦，久唱不衰。2006年中国文联出版社出版了《贺敬之词作歌曲集》，据编者统计，20世纪40~90年代，收集到的贺敬之的词作歌曲的绝大部分作品，共计246首。纵观贺敬之的歌词创作，其独特的风格非常鲜明，所具有的思想艺术价值在中国现当代歌词史上独标一格，光彩夺目。他的歌词成为"催征的战鼓、响亮的号角"，唱出了时代和人民的心声，语言清新朴实、流畅自然，既接地气又接民气，既富有思想的深度又富有情感的浓度，品高味足，雅俗共赏。陈志昂强调贺敬之的歌词作品"开辟了一个歌词创作的新阶段，为这一文学题材树立了新的标杆"，成为"五四"以来"第三代歌词作家的杰出代表"，而且"对歌曲音乐的创作走向产生了深刻的影响"[①]。不难看出，贺敬之的歌词创作最突出的特征是富有诗性，被称为"歌诗"，即具有诗的语言，诗的节奏，诗的旋律，诗的意味，诗的美感。

诗书合璧也是历代大文人特别是诗人所热爱和追求的艺术形式，苏轼、毛泽东就是登峰造极的杰出代表。贺敬之堪称当代诗书合璧、双峰并秀的突出人物之一。他自幼天资聪慧，酷爱书法，且勤奋好学，从七八岁开始临池学书至晚年，锲而不舍，从未间断。中国历代的行草书法作品，他最喜爱的是王羲之、王献之、黄庭坚、米芾、王铎、郑板桥等，狂草作品他最喜欢的是毛泽东和怀素。赵铁信称赞他的书法艺术"精美独到，多姿多彩，独具一格，别出心裁，犹如朝霞一片，满目生辉"，并说："他的字当属文人字，秀丽遒劲。秀丽中含着高度的修养；遒劲中充满着民族精神。其书法艺术品位之高，书卷气之浓，文化内涵之深，笔墨之精巧，特色之鲜明，魅力无穷，雅俗共赏，为广大人民所喜爱。"尤其称赞他的行草书法："贺敬之同志的行草作品大都是书写的他自己的诗作。他的学养、才华和全部思想感情也都融进诗作和书法中了。因此，他的行草作品非同寻常，独具特色，既放得开，又收得拢，既沉稳扎实，又神采飞扬，感情奔放，线条流畅，挥洒自如，柔中有刚，气韵生动，变化无穷，笔墨活脱，妙趣横生。时而江河奔腾，潮升潮降，时而行云流水，一片妩媚景象，时而鹰击长空，时而虎卧林丛，此可谓纵横捭阖，汪洋恣肆，游刃有余，心手双畅。"[②] 总

---

① 陈志昂：《大树长青》，陈志昂、黄大岗、陆华编《贺敬之词作歌曲集》，中国文联出版社，2006，第3页。

② 赵铁信、佟韦：《巨匠的手笔　才华的挥洒——谈贺敬之同志书法艺术》，《中华文化的传承与发展》，文物出版社，2010，第127~128页。

之，贺敬之的书法艺术作品博采众家之长，形成了自己独特的风格，熔铸古今又重在创新，因此既是文学佳作又是书法精品，深受广泛欢迎和好评。由于他声望高，书法好，又平易近人颇富亲和力，新时期开始以来，全国各地向他求字，请他题写书名、题词、写楹联或匾额的多不胜计，有数百次之多，他从不"惜墨如金"，尽量满足。他更从不以"书法家"自称，也不赞成别人称他为"书法家"。其实，贺敬之的书法有其独特的体式，自成一家。袁学骏称他的字是："诗人书法，文人书法，不同于书法专门家、也不同于一般党政官员的所谓'名人字'。这是诗人气质的自成一家的贺氏书法，是贺体。"他还对贺敬之诗和书法不同的美学特征及其相通的气脉与气韵进行了比较评论："他的诗在总体上是阳刚的诗，雄健而亮丽的诗；他的书法，则线条流畅，是以阴柔为主要美学特征的。如果说他的诗是高山大川，那么他的字则是不尽的流水，飘动的云霓。他在运笔上的特点是少顿挫，多旋转，少棱角，多逶迤，给人一种笔走龙蛇的连续运动感。虽然他写的基本是行草，不是怀素的狂草，每个字都是独立的，一般没有连接，但是气韵天成，精神贯一。他很少用繁体字、异体字，而是大量使用规范的简化字，所以易读易懂，妇孺可认。"他强调说："贺老的诗品、文品和书道同他的人品一样，都是值得我们称道和学习研究的。他的内心世界宽阔而纯净，坦然而大度，我们完全可以用李白的'清水出芙蓉，天然去雕饰'来形容。"①

楹联创作同样是历代文人、诗人所喜爱和擅长的艺术表现方式。庙宇、道观常常是楹联集中的地方。至于诗人作品中的对仗句有许多便是出色的对联，现当代鲁迅、毛泽东的诗词里有些对仗句即是绝妙的对联，如鲁迅的"横眉冷对千夫指，俯首甘为孺子牛"，毛泽东的"牢骚太盛防肠断，风物长宜放眼量""红雨随心翻作浪，青山着意化为桥""为有牺牲多壮志，敢教日月换新天""云横九派浮黄鹤，浪下三吴起白烟""四海翻腾云水怒，五洲震荡风雷激"，等等，都是意蕴丰厚、对仗工整的楹联，千古流芳。贺敬之书写楹联很少，并未引人重视，但实际上他的楹联也颇具特色，富含诗意。一次在西安，陕西省领导请他在德发长饺子馆进晚餐，老板拿来一本册页请他题

① 袁学骏：《一位著名诗人的书法艺术——为贺敬之从艺65周年而作》，陆华、祝东力编《回首征程》，文化艺术出版社，2005，第324~325页。

词，他挥笔写下"宴文宴友饺子宴，长忆长安德发长"，大家热烈鼓掌喝彩，此联已成为中国名联，曾荣获陕西省楹联金奖；20世纪80年代中期夏季一个晚会上他观看长春京剧团演出，结束后接见演员，刚走出剧场时剧团领导请他进旁边一间休息室为剧院题词，他即兴题诗一首，末两句是"长春有京剧，京剧能长春"，大家欣喜若狂，倍受鼓舞①。2003年7月1日，他致徐光耀信中谈到，前年他曾两次去白洋淀，参观新建的白洋淀历史陈列馆后触发了多年来心中所感，突然涌出一副楹联："百里芦苇塘常思小兵张嘎，千顷荷花淀永怀巨笔孙犁"；2004年5月10日，他致刘章信中也谈到，联想在群众中流传的新民谚"金奖银奖，不如人民的夸奖；这杯那杯，比不上老百姓的口碑"，他仿此写出两句祝愿："走向、面向，不偏移坚定的方向，华章、天章，盼望出更多的刘章。"② 可以说，现场题诗题联是贺敬之的长项，他的楹联创作同样表现出他独有的诗意和才华。

贺敬之与柯岩的爱情生活有如一座色彩斑斓、芳香四溢的美丽花园：春天"春风杨柳万千条，六亿神州尽舜尧"，夏天"接天莲叶无穷碧，映日荷花别样红"，秋天"水晶帘动微风起，满架蔷薇一院香"，冬天"荷尽已无擎雨盖，菊残犹有傲霜枝"。他们从青年时代相恋相爱，中晚年始终相濡以沫、矢志不移。从性格上讲，贺敬之是外柔内刚，柯岩则是外刚内柔，两人正好互补。他们相互依存、患难与共，是志同道合的战友也是志趣相投的诗友文友，是相互支持和帮助的知心挚友也是比翼齐飞的文坛佳偶，真可谓珠联璧合、双璧生辉。他们是天上的"双子星座"，从蔚蓝的夜空能望到这星座闪射的光芒。未见抒情诗大诗人贺敬之抒写他与柯岩的"爱情诗"。唯一的例外是1989年3月12日在云南大理他居然创作了一首《洞房留影》，诗前小序写道："参观大理民俗博物馆，主人坚持请柯岩和我留影于白族民婚洞房展室。因之忆及三十六年前婚事草草，征路匆匆，远非今日景象。不禁相对慨然有风雨计程之思。"该诗为："老来并坐洞房中，笑声遥连风雨声。三十六载紧挽手，再向大理前路行。"没有"花好月圆"的

---

① 赵铁信、佟韦：《巨匠的手笔　才华的挥洒——谈贺敬之同志书法艺术》，《中华文化的传承与发展》，文物出版社，2010，第129页。

② 参见《贺敬之文集》第6卷，作家出版社，2005，第290、295~296页。

回想，没有"甜甜蜜蜜"的陶醉。"风雨声"即革命人生的坎坷艰难，"大理"即真理，他们是"紧挽手"走过了 36 年的"征路"，今后仍将"紧挽手"继续奔赴追求真理的征途。可是，贺敬之怎么会想到，2011 年 12 月 11 日，他所崇敬和心爱的柯岩竟然在京与世长辞，享年 82 岁。柯岩的逝世，对贺敬之心灵和感情是多么沉重的打击啊！然而，贺敬之毕竟是一名久经考验的老革命、老党员，是一位坚强的共产主义战士，他深知柯岩将永远活在爱戴她的千百万读者心中，活在她的亲朋好友的心中，更活在她的战友和爱人贺敬之的心中。2011 年 12 月 19 日，贺敬之强忍着内心的悲痛写了一首情深意切的悼念柯岩的诗：

写在小柯灵前

小柯，你在哪里？

谁说你已离我而去？

不，你我的同一个生命永在！

永在这里——

在战士队列，

在祖国大地，

在昨天、今天和明天

永远前进的足迹里……

是啊，贺敬之与柯岩的爱情就是一首优美动人的诗，这诗将永久镌刻在祖国广袤的大地上，镌刻在千百万读者的心中。

是啊，贺敬之漫漫人生道路上开满鲜艳的诗花，香气扑鼻，诗意盎然，诚如石祥在《贺敬之是一首诗》中所抒写：

贺敬之是一首诗。

一首读着读着就站起来的诗，一首吟着吟着就吼起来的诗，一首品着品着就蹦起来的诗，一首一口气读完自己也成了诗的诗。

贺敬之是一首诗。

一首蘸着泪与火写出来的诗，一首咬着爱与恨迸出来的诗，一首从骨子里冒出来的诗，一首从血管里流出来的诗。

贺敬之是一首诗。

一首为人民鼓与呼的诗，一首为时代吟而唱的诗，一首与民族同呼吸共命运的诗，一首与祖国同忧患共苦乐的诗。

贺敬之是一首诗。

一首从小八路到诗帅的诗，一首跨越两个世纪的诗，一首从领袖到百姓都爱读的诗，一首从国内到国外均闻名的诗。

贺敬之是一首诗。

他的诗和战斗融在一起，就成了冲锋的号角；他的诗和祖国融在一起，就成了放声歌唱的人民的儿子；他的诗和雷锋融在一起，就成了一代楷模；他的诗和桂林山水融在一起，就成了甲天下的一道景致。

贺敬之是一首诗。

他的诗和锦绣山河连在一起，就有了庄严的分量；他的诗和这块土地连在一起，就有了永恒的价值；他的诗和革命历史连在一起，谁也抹煞不了；他的诗和最广大的人民群众连在一起，将惠及千秋，流传百世。①

---

① 石祥：《贺敬之是一首诗》，陆华、祝东力编《回首征程》，文化艺术出版社，2005，第353～354页。

结　语

　　著名的马克思主义文艺理论家、中国新文学研究资深专家陈涌在《关于中国现代文学——〈中国现代作家评传丛书〉序》中明确指出:"从'五四'开始,到1942年延安文艺座谈会期间,中国革命文学已经走过20多年的路程",他强调说:"从'五四'开始,文学革命便是整个思想文化革命的突出的部分,在长时期的整个革命斗争过程中,革命文学始终站在思想文化斗争的第一线,革命文学在整个思想文化战线上一直处于显要的地位,国民党蒋介石反革命的文化围剿,很大程度是针对革命文学的。"①

　　正是在延安文艺座谈会上毛泽东《讲话》的春风吹拂中,在党和人民的精心培育下,贺敬之很快由一名追求光明和进步的文学青年成长为成就越来越突出、影响越来越大的年轻的革命作家。1938年3月,在台儿庄大战的炮火声中,年仅13岁的贺敬之随几位同学一起先后流亡到湖北均县、四川梓潼一边求学一边参加抗日救亡宣传活动,同时开始学习诗歌、散文写作。1940年7月,他又同3位同学结伴历经艰险长途跋涉到西安八路军办事处再投奔到延安。到延安后经何其芳亲自面试于1940年8月进入鲁迅艺术文学院,成为文学系里年纪最小的一名学员。然而,正是这名最小的学员表现出非凡的文学才华,创作发表不少别具一格的诗歌。1941年6月23日,他光荣地加入了中国共产党,逐渐成长为一名坚定的共产主义战士。1942年延安文艺整风运动的开展和文艺座谈会的召开,特别是毛泽东《讲

---

　　① 　陈涌:《关于中国现代文学——〈中国现代作家评传丛书〉序》,陈早春、万家骥著《冯雪峰评传》,重庆出版社,1993,第28～29页。

话》的发表，使他的世界观、人生观和文艺观发生了质的飞跃，成为延安新秧歌运动中非常活跃的年轻人，创作了深受老百姓喜爱的大型秧歌剧《惯匪周子山》及一些小型新秧歌剧和不少著名歌词，其中如《南泥湾》《翻身道情》等至今仍传唱不衰。1944 年，由于他在新秧歌运动中的突出表现被陕甘宁边区文教大会授予"乙级文教英雄"称号。尤为重要的是，1945 年他主笔创作的中国现代歌剧史上具有划时代意义的新歌剧里程碑式的奠基之作《白毛女》（1951 年荣获斯大林文学奖二等奖），标志着他在文学道路上攀登上了第一座新的高峰。

1945 年 8 月，抗日战争胜利结束，解放战争即将爆发。贺敬之作为华北文艺工作团文学组成员，随同鲁艺赴华北的干部们一起先后奔赴张家口、冀中、晋东北解放区，参加土改、反霸、参军等群众运动。这期间他创作了《行军散歌》组诗、许多歌唱解放区斗争生活的歌词和秧歌剧《秦洛正》等，对动员广大群众积极支援解放战争发挥了重要作用。其中 1949 年 1 月创作的一首长歌词《平汉路小唱》唱出了工人阶级的心声，影响最大、流传最广。更为值得称赞的是，1947 年 6 月他亲身参加了青沧战役解放沧州的战斗并立功受奖，经受了解放战争炮火的洗礼。

新中国成立后，贺敬之主要从事人民戏剧事业的开拓工作。他除自己创作《节正国》《画中人》等新歌剧的实践外，还对社会主义新歌剧的理论不断地进行探索，特别是在扶植剧本创作、组织戏剧界学术活动方面尽职尽责，呕心沥血，有其独特的重要贡献。然而，20 世纪五六十年代贺敬之更为重要、堪称彪炳史册的杰出贡献是政治抒情诗的创作。1956 年 3 月他创作的抒情诗《回延安》在《延河》第 6 期上发表后引起热烈反响；紧接着 6 ~ 8 月，长篇政治抒情诗《放声歌唱》在《北京日报》上刊登后在全国引起轰动。这之后，一发而不可收，他的政治抒情诗，特别是长篇政治抒情诗井喷式涌出，其中 1958 年《三门峡歌》二首和《东风万里——歌八大第二次会议》、1959 年《十年颂歌》、1961 年《桂林山水歌》、1963 年《雷锋之歌》、1964 年《西去列车的窗口》、1965 年《回答今日的世界——读王杰日记》等名篇问世，不断地震撼着读者的心灵，引发诗坛和学术界的高度肯定和赞评。段宝林评论说："贺敬之同志的政治抒情诗给世人揭示了新的世界、新的人物，表现了新的美和新的感情，这是过去的文学中所没有的，这是对陈旧的诗歌艺术的超越，是一种可贵的艺术创新。"① 郭小川曾说："我比较喜欢李白、辛弃疾的一些作品，现代的，则比较喜欢贺敬之的一些作品，就是喜欢他们的抒情，而且是豪情。他们是不同时代的大诗人。"他还说贺敬之的作品"是很有思想的作品，更是有气魄的作品，在同时代诗人中，他所表现出来的天才，好像还没有"②。犁青和野曼评论贺敬之的诗歌创作特点和成就说："我们认为，可以用四个'大'，来概括他六十五年的辉煌，这就是'大胸襟、大视野、大意象、大气派'：唯有他的大胸襟才开拓了大视野，唯有他的大视野才摄取了大意象，唯有他的大意象才孕育了大气派。唯有这四个'大'，才使得他的作品具有时代的精神内蕴和穿越时空的艺术魅力，使他成就为一个光彩夺目的文学大师，令四海同饮共贺，我们也为之欢欣和自豪。"③ 金绍任着重评说了贺敬之诗歌的"气势"，他说："幸运的是，在 20 世纪的中国，有以毛泽东领军的传统诗词，有以贺敬之领军的新诗，不但诗起八百年之衰，而且写出了前人从未有过的磅礴气势。作品一经传布，诗中的气势就化为亿万人民心灵血肉中的气势，使我们这个英雄的民族更加无坚不摧，无往不胜。仅从文学创作这点来说，作为 20 世纪中国豪放派新旧体诗的领军人物，毛泽东、贺敬之对祖国乃至人类的贡献，超过一千个只会轻吟闲愁飘梦的才子。"④

对政治抒情诗，贺敬之不仅有丰富的创作经验的积累，也有相当深刻的理论思考。他在创作实践中努力践行毛泽东所要求的"革命的政治内容和尽可能完美的艺术形式的统一"。1972 年，根据周恩来总理的指示精神，人民文学出版社再版了 1961 年出版的收入贺敬之 1956～1959 年创作发表的 10 首政治抒情诗，并增收了《西去列车的窗口》、《回答今日的世界》和长

① 段宝林：《论艺术的失落与回归——从贺敬之的诗说起》，陆华、祝东力编《回首征程》，文化艺术出版社，2005，第 196 页。
② 转引自张永健《新诗浪漫主义的又一高峰——论贺敬之浪漫主义诗歌的历史地位和艺术特色》，张永健主编《挥毫顶天写真诗》，作家出版社，2006，第 210 页。
③ 犁青、野曼：《贺信》，张永健主编《挥毫顶天写真诗》，作家出版社，2006，第 32 页。
④ 金绍任：《谁更顶天写真诗——读贺心得之二》，张永健主编《挥毫顶天写真诗》，作家出版社，2006，第 122 页。

篇政治抒情诗《雷锋之歌》等名篇，集中呈现了他从 1956 年至 1965 年 10 年间的主要政治抒情诗作品，标志着他在文学道路上攀登上了第二座新的高峰。

"文革" 10 年贺敬之历经磨难，在熊熊烈火中他被冶炼得更加心明眼亮，更深刻地认识到党和人民的伟大，更兴奋地看到伟大祖国光辉灿烂的前景。

进入社会主义新时期后，在不到一年的时间里，贺敬之满怀激情地连续创作发表了《中国的十月》和《"八一"之歌》两首振奋人心的优秀长篇政治抒情诗和几首短篇政治抒情诗。这之后，他在长期担任党政部门文艺领导工作之余，主要从事新古体诗创作。对此，陈志昂评论说："进入新时期，面对国内日益猖獗的自由主义狂澜和国际共产主义运动的低潮，贺敬之在诗歌中表达了共产党人坚定不移的节操和信念。这些诗采用'新古体诗'的格律绝非偶然，也不仅仅是对诗歌民族形式的一种探索。与前期的热情奔放的'楼梯式'和'信天游体'不同，这些'新古体诗'是高度凝练的，正好适于表达在严峻的客观形势下人们严峻的心态。这里面仍有浩气郁勃，真力弥满，然而是潜气内转，锤炼以出，更显得雄深雅健。这些'新古体诗'的成就尚未得到普遍承认，甚至被少数人认为是开倒车或江郎才尽的表现，但我坚信，这些诗的历史地位绝不低于作者前期的政治抒情诗，其深刻与成熟甚或有所超越。如果说在前期的抒情诗中还有着年轻诗人的天真以至失察，那么新古体诗则更加清醒和睿智，而且面对滚滚狂潮，更突显出抒情主体的形象如中流砥柱，伟岸、坚强，正气凛然。"① 2013 年，中国书籍出版社出版了"贺敬之新古体诗选（增补本）"《心船歌集》，呈现出他的新古体诗创作的突出成就，标志着贺敬之在文学道路上攀登上了第三座新的高峰。

我们还必须看到，进入新时期后，贺敬之在文学创作思想上发生了一个重大变化，那就是他比以前有了更加深刻和清醒的认识："歌颂光明和暴露黑暗，从来是一个问题不可或缺的两个方面。这不仅在无产阶级当权以前是这样，在以后也仍然是这样。我们理应大大地歌颂光明，但同时也必

---

① 陈志昂：《大树长青》，陈志昂、黄大岗、陆华编《贺敬之词作歌曲集》，中国文联出版社，2006，第 1 页。

须勇敢地、准确地暴露和批判那些落后和黑暗的事物。"① 歌颂光明与暴露
黑暗并重，是他的新古体诗创作的一个突出特点。

我们更应该看到，在社会主义新时期，党和人民不断地将党政部门文
艺战线领导工作的重担放在了贺敬之的肩上。1978 年 1 月他出任文化部副
部长，1980 年 7 月出任中宣部副部长直到 1987 年 12 月被批准辞去此职，
1989 年 9 月中央又任命他为中宣部副部长兼文化部党组书记、代部长。他
在中宣部副部长岗位上前后工作了 10 年多，被贾漫称为"风雨十年"。如
果从在文化部工作的 3 年多算起，他担任党政部门文艺领导工作 13 年多。
这期间，他始终认真贯彻党中央的路线和方针，在党的正确领导下，批极
左，拨乱反正，平反冤假错案，解放干部，落实各项政策，努力繁荣文艺
创作，举办全国诗歌座谈会和剧本座谈会，参与文艺总口号的调整，严格
遵循党性原则、正确进行两条战线反对错误倾向的斗争，同时积极开展文
艺理论研究和文学评论工作。其实，贺敬之在文艺界多方面的杰出成就和
贡献是有目共睹、有口皆碑的。郑伯农称赞说："特别不能忽略的是，贺敬
之还是一位重要的文艺思想家。在担任党在文艺战线上的领导职务之后，
贺敬之用大量精力研究文艺思想理论问题，为宣传和捍卫马克思主义的文艺
观，为完善和贯彻党在新时期的文艺方针，做了大量工作，发表了大量具有
深远影响的言论和著作。可以说，贺敬之作为革命文艺家，他的创作面、活
动面是十分宽广的，活动时间是很长的。"他还赞扬说："到底什么叫与时俱
进，什么是真正的前进，与时俱进只能是不断地用实事求是的态度研究新情
况、新问题，这样才能不断地有科学的新发现。也就是说，要不断地从文艺
事业的新发展中总结出带有普遍性和规律性的东西来，提出带有前瞻性的新
见解和新方案以推动文艺事业不断前进。在这方面，贺敬之的文艺实践同样
可以给我们有益的启发。"②

对于贺敬之在这期间的艰难处境和他作为一名老革命、老党员作家所
采取的正确态度，徐非光作为当事人进行了比较具体、公正的述评，他说：

① 《贺敬之诗选·序》，《贺敬之文集》第 3 卷，作家出版社，2005，第 229 页。
② 郑伯农：《在"贺敬之文学创作国际学术研讨会"上的致辞》，陆华编《贺敬之研究文选》
上册，文化艺术出版社，2008，第 21、24 页。

"我亲眼看到、深深感到，在他担负思想战线领导工作的那一段极端复杂、变化万端的情况下，处在他当时的位置上，确实是十分不容易的。那段时间，他往往会听到来自上、下、内、外、左、右各个方面的不同、有时是十分尖锐对立的意见，甚至常常遭遇到'左右夹击'、'上下指责'、'进退两难'的困境。在这种严峻的情况下，他从来不是对某些上层领导的明显错误的压力，盲目地'言听计从'或'迎合'，更谈不到'看风使舵'、'媚上欺下'；也没有对来自'左'、右方面的指责和刁难，采取'朝三暮四'、'左右逢源'、'四面讨好'；更没有在复杂的情况面前愁眉苦脸，牢骚满腹、怨天尤人、盲目急躁、简单粗暴、以势压人；更没有搞背后的'权谋'和'算计'。而是不管是在'顺境'或'逆境'下，都自觉地根据马克思主义的理论基础，根据党、国家、社会主义的整体、根本的利益，认真进行深入调查、耐心听取来自各方面的意见，特别是来自人民大众的反映，冷静分析，作出自己独立的思考判断，采取自认为符合革命、人民利益和原则，而不是个人利益的选择、态度和立场。尽管不能说，他当时的言行完全是十全十美（这也是任何人都不可能做到的），但他的基本立足点、出发点和基本的态度，却是十分值得我尊敬的。"①

这里涉及一个长期纠缠不清的问题，即贺敬之到底是右还是"左"抑或兼而有之。说实话，这个问题既复杂也简单。说复杂，因为人生活在复杂的社会中，必然会受到各种影响，看人看事的角度和方法必有不同，以"左"的眼光看是右而以右的眼光看却是"左"。这一般是认识问题。说简单，因为确有少数别有用心的人，故意造谣中伤，颠倒黑白，混淆视听，把水搅浑，以售其奸。复杂就复杂在这种"复杂"和"简单"绞缠在一起，让人难以分辨。然而公理自在人心，只要尊重历史、尊重事实、出以公心就能辨明是非、分清善恶。

贺敬之本人对这个问题是有着清醒认识的。他在文化部、中宣部长期担任文艺战线领导工作期间，在反倾向问题上，始终坚持实事求是原则，既防止以"左"反右，也防止以右反"左"，防止一种倾向掩盖另一种倾向。他

---

① 徐非光：《我心目中的贺敬之》，陆华、祝东力编《回首征程》，文化艺术出版社，2005，第232～233页。

强调说："一切从实际情况出发，不带任何主观偏见，有'左'反'左'，有右反右，有什么错误倾向就反对什么错误倾向，这才是真正的实事求是，这才是彻底的唯物主义。"① 他特别分析过这样一种奇怪现象："在同一个人身上，既有右也有'左'，时而右时而'左'，既可以极左也可以极右；表面看没有逻辑性，其实逻辑性是很强的，它不是一般性的认识水平问题，而是始终贯穿着一个'我'字。决定这种人忽而极右忽而极左的主要原因就是一个'极我'。这就是说，用极端个人主义对待原则问题，在不同风向下，一切从个人利益或派性利益出发决定其'左'右的转移。这样，就使得客观事实和原则是非被歪曲，给纠正错误倾向、统一认识和实现团结造成极大困难。"② 他曾经提出"对'左'右同处一身的复杂性应当重新认识"，说："右的内容可以运用'左'的形式和手段。某些'左'的文艺观点可以见容于或服务于右的政治意向。对人压制或打击，虽然对象不变，而所据的阵地却可以从过去的'左'转到今天的右。从总体上如何判断是'左'还是右？恐怕应当主要看现实表现，主要看政治方面的内容和实质。"③ 可以说，20 世纪 50 ~ 90 年代，贺敬之不断地遭受"左"或右的打击，对此感受格外深切，因此看得特别深透和中肯。

其实，贺敬之的这种遭遇并不是个例。丁玲更为典型，"文革"前定她"丁玲右派""丁陈反党集团"罪名，新时期又污称她"红衣主教"。对此她曾语重心长地说："我觉得，这不是我个人的问题，那时候打我是'右派集团'的头子，现在反'左'又把我说成了'左'派集团的头子。其实，我丁玲并没有变，整我的主要还是那些人，是他们在来回转。我看，这件事倒是值得我们党注意的。"④

贺敬之对这种怪现象有更深刻的认识："新时期以来，在国内外风云变幻的大背景下，在拨乱反正的进程中，有些人借纠正已往确有的错误之机，

---

① 贺敬之:《正确地进行反对错误倾向的斗争》，《贺敬之文艺论集》，红旗出版社，1986，第338 页。

② 贺敬之:《三句话和十个"要"——在中国作家协会工作会议上的讲话》，《贺敬之文集》第 4 卷，作家出版社，2005，第 75 ~ 76 页。

③ 贾漫:《诗人贺敬之》，大众文艺出版社，2000，第 308 ~ 309 页。

④ 贾漫:《诗人贺敬之》，大众文艺出版社，2000，第 308 ~ 309 页。

一步步改变成对革命文艺的全盘否定和彻底颠覆。为此，他们需要用丑化、妖魔化的手段对付的不只是哪一个人，也不单是革命文艺本身，而是整个革命历史和现实的社会主义选择。"①

贺敬之从来不认为自己"一贯正确"，而是对"左"或右错误思潮影响下自己这样那样的错失一再反省和检讨，绝不文过饰非。他非常清醒，心知肚明，他是祖国忠诚的儿子，是党和人民忠诚的儿子，始终视祖国、党和人民为自己的"母亲"。他深知，17 年历次运动中他屡受冲击，但并未定他为"胡风分子""右派分子""右倾分子"，反而在党和人民的哺育、扶持下攀登上了第二座文学高峰；新时期资产阶级自由化势力反复猖獗，他也吃过不少苦头，然而党和人民对他总是理解、信任和重视的：他曾当选为党的十二届、十三届中央委员，长期担任文化部副部长、中宣部副部长、文化部代部长等要职，还曾担任过中国艺术研究院院长、中国作家协会副主席、鲁迅文学院院长等职务。贺敬之从来认为无论文学界或文艺界对他是过于重用甚至是"肿用"了。在长期将主要时间和精力放在文艺领导工作方面的同时，他在新古体诗创作方面攀登上了第三座文学高峰。他的文学成就受到社会各界的高度评价和重视，被授予三门峡市"荣誉市民"称号，接受世界诗人大会和世界艺术文化学院授予的"荣誉文学博士"学位、国际诗人笔会授予的"中国当代诗魂金奖"以及由中国艺术研究院主办的第二届"中华艺文奖"终身成就奖。

贾漫曾这样评论贺敬之的晚年："烈士暮年，不以安适为本，不以苟活为安，不以私怨为垒，不以冷暖为念，而把目光转向时代的大气候，转向整个民族的忧乐，转向历史的风云。"② 陈玉福对贺敬之的诗歌创作的成就和历史地位进行了高度概括："在新诗百年的发展历程中，先后涌现出了'五四'前后、抗战前后以及新中国成立前后三代诗人群体。而郭沫若、艾青、贺敬之，无疑是崛起在三代新诗高原上三座巍峨的高峰，闪耀在三代新诗星群中的三颗璀璨的明珠。"他强调，尤其要研究和总结"贺敬之为代表的新诗发展道路和创作经验，继承和发扬新诗的光荣革命传统，重振新

---

① 贺敬之：《答谢词》，张永健主编《挥毫顶天写真诗》，作家出版社，2006，第 36 页。

② 贾漫：《之江报潮汛　壮怀读贺诗——读〈贺敬之诗书集〉》，《诗刊》1994 年第 8 期。

诗雄风，再造新诗辉煌"①。卢伟宗发出了肺腑之声："贺敬之，一个已经被深深镌刻在祖国辽阔大地、镌刻在亿万人民心中的光荣的名字，任何心理阴暗、手段卑劣的人都无法将他抹去，无法将他诋毁，无论今天还是明天。"②

2004年12月15日，中国作家协会在中国现代文学馆举行"贺敬之文学生涯65周年暨《贺敬之文集》出版研讨会"。2005年1月作家出版社出版《贺敬之文集》6卷本。同年4月7～9日"贺敬之文学创作国际学术研讨会"在武汉举行。事实表明，贺敬之对中国现当代文学事业的发展做出了多方面的杰出贡献。吉狄马加称赞说："从烽火连天的战争年代，到社会主义建设时期，再到改革开放的历史新时期，贺敬之先生的人生足迹贯穿了中华民族从实现民族独立走向崛起和伟大复兴的壮阔历程。而先生始终是一个沿着这一历程奋勇前进的战士，一个满怀激情为时代、为祖国放声歌唱的歌者，一个当之无愧的人民诗人，赢得了广大读者普遍的爱戴和尊敬。"③刘云山高度评价贺敬之说："他在60多年的创作生涯中，始终沿着《讲话》指引的道路，以人民群众丰富的生活实践为创作源泉，广泛吸收中外文明成果，满腔热情地歌唱祖国、赞美人民、讴歌时代，自觉把个人的艺术创造融入无产阶级革命和社会主义建设的伟大事业之中。他创作的新歌剧《白毛女》，诗作《回延安》《放声歌唱》《雷锋之歌》等，已经成为中国现当代文学史上当之无愧的经典之作，鼓舞和激励了一代又一代人。"④

贺敬之始终坚持与人民同心、与时代同步、与历史同行。他创作的新歌剧《白毛女》、政治抒情诗集《放歌集》和新古体诗选集《心船歌集》是分别代表他文学道路上延安时期、新中国五六十年代和社会主义新时期三个阶段文学实绩的标志性著作，是他用毕生的精力与心血奉献给祖国和人民的宝贵的精神财富。我们应当仰视贺敬之文学成就，更应当仰望贺敬之精神的高度。1986年11月3日他写给女儿贺小风的信中说："人生匆匆，

①　陈玉福：《贺敬之与中国新诗——为中国新诗百年而作》，《文艺报》2017年8月11日。

②　卢伟宗：《人民的贺敬之》，陆华、祝东力编《回首征程》，文化艺术出版社，2005，第137页。

③　吉狄马加：《致"贺敬之文学创作国际学术研讨会"的贺辞》，陆华编《贺敬之研究文选》上册，文化艺术出版社，2008，第13页。

④　刘云山：《致"贺敬之文学生涯65周年研讨会"的贺信》，陆华编《贺敬之研究文选》上册，文化艺术出版社，2008，第6页。

足迹无多，回顾来路，为人民、为祖国贡献甚少，思之惭然，稍有可自慰者，乃区区一滴，自奔投延水，流汇黄河，滔滔万里，虽百曲千折，从未悔少时初衷，更不改入海之志。今日观之，不亦可谓壮哉乎？"① 他的"初衷"就是坚信马克思列宁主义真理，为共产主义事业奋斗终身！

毛泽东在《纪念白求恩》中高度赞扬白求恩的"国际主义的精神"和"共产主义的精神"。他强调说："我们大家要学习他毫无自私自利之心的精神。从这点出发，就可以变为大有利于人民的人。一个人能力有大小，但只要有这点精神，就是一个高尚的人，一个纯粹的人，一个有道德的人，一个脱离了低级趣味的人，一个有益于人民的人。"② 人民诗人贺敬之毕生努力遵循伟大领袖毛泽东这样的教导做人。

最后，选录古人一首诗和传主本人一首诗及一段诗为本书作结：

> 千锤万击出深山，烈火焚烧若等闲。粉身碎骨全不怕，要留清白在人间。
>
> ——（明）于谦：《石灰吟》

> 三生石上笑挺身，又逢生日说转轮。百世千劫仍是我，赤心赤旗赤县民。
>
> ——贺敬之：《归后值生日忆此行两见转轮藏》

> 生，一千回，/生在/中国母亲的/怀抱里，/活，一万年，/活在/伟大毛泽东的/事业中！
>
> ——贺敬之：《雷锋之歌》

1993 年 12 月至 2017 年 8 月断续写于

北京市朝阳区劲松寓所椿榴斋

---

① 丁正梁：《贺敬之新古体诗选释》，中央文献出版社，2008，第 161 页。
② 毛泽东：《纪念白求恩》，《毛泽东选集》第二卷，人民出版社，1952，第 653～654 页。

附 录

贺敬之主要著作目录

《白毛女》（新歌剧），延安新华书店，1946；晋察冀新华书店，1947；人民文学出版社，1952。

《并没有冬天》（诗集），上海泥土社，1951。

《笑》（诗歌集），五十年代出版社，1951。

《朝阳花开》（诗集），作家出版社，1954。

《乡村的夜》（诗集），作家出版社，1957。

《周子山》（大型新秧歌剧），音乐出版社，1958。

《放声歌唱》（长篇政治抒情诗），中国青年出版社，1957；人民文学出版社，1959。

《放歌集》（诗集），人民文学出版社，1961，1972年再版。

《雷锋之歌》（长篇政治抒情诗），中国青年出版社，1963。

《贺敬之诗选》（诗集），山东人民出版社，1979。

《贺敬之诗选》（修订本），山东文艺出版社，1984。

《贺敬之文艺论集》（文论集），红旗出版社，1986。

《回答今日的世界》（诗集），四川文艺出版社，1990。

《贺敬之代表作》（诗歌剧作选），河南人民出版社，1992。

《贺敬之诗书集》，中国文联出版公司，1996。

《贺敬之诗选》（诗集），人民文学出版社，1997。

《贺敬之谈诗》（诗论集），人民文学出版社，2004。

《贺敬之文集》（6卷本），作家出版社，2005。

陈志昂、黄大岗、陆华编《贺敬之词作歌曲集》，中国文联出版社，2006。

《心船歌集》（新古体诗选集），线装书局，2011。

《心船歌集》（新古体诗选增补本），中国书籍出版社，2013。

《贺敬之评传》主要参考文献

王宗法、张器友编《贺敬之专集》（"中国当代文学研究资料丛书"），江苏人民出版社，1982。

尹在勤、孙光萱：《论贺敬之的诗歌创作》，上海文艺出版社，1983。

丁永淮：《贺敬之诗歌论》，华中师范大学出版社，1988。

郭久麟：《论贺敬之的诗》，北岳文艺出版社，1991。

贾漫：《诗人贺敬之》，大众文艺出版社，2000。

陆华、祝东力编《回首征程：贺敬之文学生涯65周年纪念文集》，文化艺术出版社，2005。

张永健主编《挥毫顶天写真诗》（"贺敬之文学创作国际学术研讨会论文集"），作家出版社，2006。

丁正梁：《贺敬之新古体诗选释》，中央文献出版社，2008。

陆华编：《贺敬之研究文选》（上、下册），文化艺术出版社，2008。

丁七玲：《贺敬之》，中国文史出版社，2015。

何火任主要著述目录

《谌容研究专集》（编撰），贵州人民出版社，1984。

《艺术情感》（专著），长江文艺出版社，1986。

《当前文学主体性问题论争》（主编），海峡文艺出版社，1986。

《中国当代名作家小传》（主编），文化艺术出版社，1990。

《张洁研究专集》（编撰），贵州人民出版社，1991。

《中国文学大辞典》（参与主编，本人主编 210 万字），天津人民出版社，1991。

《毛泽东诗词大辞典》（参与主编，本人主编 65 万字），中国妇女出版社，1993。

《当代文学论集》（论文集），西南师范大学出版社，1996。

《文苑觅英》（论文集），社会科学文献出版社，1996。

《毛泽东诗词研究丛刊》第一辑（参与主编），中央文献出版社，2000。

《毛泽东诗词研究丛刊》第二辑上、下册（参与主编），中央文献出版社，2005。

《毛泽东颂诗大典》（主编），中央文献出版社，2003。

《老一辈革命家颂诗大典》（主编），中央文献出版社，2004。

后 记

记得大约在 1987 年春夏间的一天，我应邀参加陈涌和马良春二位先生召开的"中国现代作家评传丛书"撰写出版工作会议，会上我承担了《贺敬之评传》的撰写任务。可是不久，文学所领导又安排我参与大型《中国文学大辞典》的主编工作。这是一项中国文学从古代到当代大百科全书式的工程，卷帙浩繁，工作量很大。我承担其中当代文学部分 210 多万字的主编任务。这部 8 卷本、共计 1750 万字的大型文学工具书，由天津人民出版社于 1991 年 10 月出版。历经 4 年，我才脱身，开始进行《贺敬之评传》的撰写准备工作，收集资料，走访当事人，研读作品。1993 年底我开始动笔撰写。可到 1994 年，又主要由我负责组建中国毛泽东诗词研究会。

从 1994 年 12 月至 2010 年 5 月我连任三届中国毛泽东诗词研究会常务副会长兼法定代表人，十多年特别是前 10 年我的主要时间、精力和心血都用在了毛诗会工作和毛诗研究事业上，只能在时间的夹缝中断续进行《贺敬之评传》的写作，先后写出了前 9 章初稿，定稿了引言、第一章、第二章和第四章发表在中央和地方刊物上。直到 2010 年后我才将大部分时间用在"评传"的写作上，但其间我又因心脏病和胃肠病曾 3 次住院治疗，写作时断时续，进展很慢。至 2015 年我虽又写出第十章初稿，由于我不断看到新的资料，反复研究，对已写出的第九至十章很不满意，曾先后三易其稿，并增写了第十一章，才成现在这个样子，我仍有一些不甚满意之处，只能如此，先拿出来多听听专家和读者的意见吧，盼望能得到高人的指点。

如鱼饮水，冷暖自知。

在本书完成过程中，得到了多方面领导、同志和亲友的真诚支持与热情帮助：

中国社会科学院离退体干部工作局和文学所专管离退休干部工作的领导及工作人员在本书立项、结项、出版等环节都非常认真负责，费心尽力；

社会科学文献出版社社长谢寿光、人文分社社长宋月华及杨春花同志热忱支持和筹划本书出版，责任编辑周志宽先生认真负责、一丝不苟地审定书稿清样，付出许多心血，保证了书稿质量；

中央文献研究室原副主任李捷和中央文献出版社总编室负责人王春明二位同志真诚支持本书出版工作并提供了前七章三校清样，为后来的录入创造了有利条件；

中国作家协会郑伯农、中国社会科学院文学所曾镇南二位专家认真审读了书稿，提出了宝贵建议；

浙江省临海市日用制罐厂厂长戴世法诗友积极赞助本书的出版；

廊坊北华航天工业学院宋苍松同志为本书录入、校对、排清样本，做了许多烦琐工作，非常严谨，精神感人；

我的夫人王子华非常认真、细致地反复多次校对全书清样，花费大量心血，付出了艰辛劳动；长子何险峰为收集资料、网购有关书刊也费心尽力；

得知我近些年患腰椎管狭窄病行动很不方便，北京空军招待所翟洪林、龚小勤夫妇长期利用工余时间来家给我做保健按摩，使我能够坚持写作。

对以上诸位领导、同志、亲友对我工作的支持和帮助，在此一并表示衷心感谢！

何火任

2017 年 8 月于劲松寓所

图书在版编目（CIP）数据

贺敬之评传 / 何火任著. -- 北京：社会科学文献
出版社，2020.3

（中国社会科学院老年学者文库）

ISBN 978 - 7 - 5201 - 6168 - 8

Ⅰ.①贺… Ⅱ.①何… Ⅲ.①贺敬之 - 评传 Ⅳ.
①K825.6

中国版本图书馆 CIP 数据核字（2020）第 026235 号

中国社会科学院老年学者文库

贺敬之评传

著　者 / 何火任

出 版 人 / 谢寿光

责任编辑 / 周志宽

出　　版 / 社会科学文献出版社·人文分社（010）59367215
　　　　　　地址：北京市北三环中路甲 29 号院华龙大厦　邮编：100029
　　　　　　网址：www. ssap. com. cn

发　　行 / 市场营销中心（010）59367081　59367083

印　　装 / 三河市东方印刷有限公司

规　　格 / 开本：787mm × 1092mm　1/16
　　　　　　印张：25　字数：384 千字

版　　次 / 2020 年 3 月第 1 版　2020 年 3 月第 1 次印刷

书　　号 / ISBN 978 - 7 - 5201 - 6168 - 8

定　　价 / 248.00 元